自由与秩序

——互联网经济法治精神

陈 兵———著

知识产权出版社

全国百佳图书出版单位

—北京—

图书在版编目（CIP）数据

自由与秩序：互联网经济法治精神/陈兵著. —北京：知识产权出版社，2020.9
ISBN 978 - 7 - 5130 - 7159 - 8

Ⅰ.①自… Ⅱ.①陈… Ⅲ.①网络经济—经济法—研究 Ⅳ.①D912.294

中国版本图书馆 CIP 数据核字（2020）第 171949 号

内容提要

本书从市场竞争法治展开（竞争是现代市场经济发展的力量源泉与机制动能），结合
数据法治（重点考察数据保护与共享的法理及实践）、算法与人工智能法治（规制智能业
态引发的权利、安全、伦理等问题）、应用场景法治（阐明互联网经济法治理论于不同具
体场景下的多元理解），从四个维度系统而深刻地论述了互联网经济时代法治化治理的不
同面向和合理进路。如何在新技术外衣下透析和把握互联网市场经济运行与发展的本相及
规律，如何维护市场经济公平自由的竞争秩序、推进互联网经济在法治轨道上平稳前行是
作者着力想解决的理论命题与实践难题。

责任编辑：可　为　　　　　　　　　责任校对：王　岩
封面设计：博华创意·张冀　　　　　　责任印制：孙婷婷

自由与秩序

——互联网经济法治精神

陈　兵　著

出版发行：知识产权出版社 有限责任公司		网　　址：http：//www.ipph.cn	
社　　址：北京市海淀区气象路 50 号院		邮　　编：100081	
责编电话：010 - 82000860 转 8335		责编邮箱：keweicoca@163.com	
发行电话：010 - 82000860 转 8101/8102		发行传真：010 - 82000893/82005070/82000270	
印　　刷：三河市国英印务有限公司		经　　销：各大网上书店、新华书店及相关专业书店	
开　　本：720mm×1000mm　1/16		印　　张：23.5	
版　　次：2020 年 9 月第 1 版		印　　次：2020 年 9 月第 1 次印刷	
字　　数：450 千字		定　　价：118.00 元	
ISBN 978 - 7 - 5130 - 7159 - 8			

序：互联网时代需要什么样的经济法治

　　人类科技的飞速更新和快速迭代使有着信息高速公路之誉的全球互联网信息通信技术及应用得以创新发展和广泛适用。特别是自 20 世纪 90 年代始，互联网全功能介入我国经济社会发展以来，以互联网为代表的信息通信技术和数字计算技术及其市场化、商业化及产业化对我国经济社会现代建设与发展产生了深刻影响，其中，互联网经济各新业态及新型商业模式已然或正在颠覆式地改造现代社会的基本组织结构和生产生活方式。

　　互联网经济向纵深发展，加剧了信息通信技术与数字计算技术的融合与创新，从互联网到物联网、万维网，从信息通信基础设施到移动信息通信终端，从数据到大数据、超级计算、人工智能算法等，一系列新科技、新设施、新产业纷至沓来，彼此间相互融合发展，日益渗透到经济社会发展过程中，与传统产业深度融合，不断催生出各种新业态，为新经济发展带来巨大机遇。新技术的发展在推动互联网产业布局不断优化，促进互联网经济规模不断扩大，提升互联网经济整体效益，为民众福祉带来巨大增长的同时，也引发了诸多新的法治问题和规制风险，对经济社会治理带来了全新挑战，向互联网经济法治化发展提出了更多要求和更高标准，互联网时代的经济法治亟待更新与扩容。

　　面对以信息通信技术和数字数据技术为代表的互联网时代新技术进步对经济法治的强烈冲击和现实挑战，尽管国内外理论界和实务界对此作出了积极回应，但是尚未取得普遍的共识。互联网经济法治，乃至互联网法治仍然面临"马法之议"的挑战，即互联网经济法治之独立性尚未得到确信。然而，无论现阶段就互联网经济法治的内涵与外延的理解和讨论作何解，有一点是可以肯定的，即互联网经济法治引起社会各界的广泛关注，其特殊性与时代性必须得到正视。

　　在理论上，结合互联网经济和科技发展的特点，研究者不断推陈出新，提出诸多新的理论分析尝试以适应现实需要，研究的范畴和方法从以工业时代的经济法治特别是竞争法治框架套用互联网经济问题的单一做法到依据互联网发展现状的多层次、多归属、跨学科特征引入综合性多维度分析，价值判断也从消费者福利、经济效率等经济性价值取向迈向多元利益平衡。特别是对消费者隐私安全、劳动者权益、环境保护、可持续发展等非经济性价值的关注，为互联网经济法治问题的创新解决提供了有益的理论参考。

在实践上，各国和地区根据自身互联网经济的发展状况和国情现实，在立法上因应时宜，针对数据特别是大数据、平台经济、人工智能、工业互联网、物联网、智能车联网等出台相关产业发展规划、战略远景以及行业规范及一般守则，持续更新制度供给，积极回应互联网经济纵深发展给现有制度规范带来的诸多挑战，在很大程度上回应了"马法之议"的困惑。同时在法律实践上通过诸多经典案例和执行活动，不断总结经验，改善和优化法律实施，为强化互联网经济法治的落实与推进提供了宝贵的可资借鉴的实证素材。

我国在互联网经济高速发展的大背景下，积极尝试，果敢行动，制定和颁行了一系列产业政策和法律法规，并就相关重大案件作出了在全球范围内具有时代性示范价值的司法裁判和执法决定，以有效应对互联网经济创新发展的需要。譬如，近年来在重要立法和修法上，2017 年修订的《反不正当竞争法》增设"互联网专条"，规范互联网经营者的竞争行为；2018 年《电子商务法》出台，推进电商产业的健康有序发展；2020 年《〈反垄断法〉修订草案（公开征求意见稿）》针对互联网行业市场支配地位的认定提出一系列标准；2020年《中华人民共和国民法典》问世，完善对个人信息和数据的私法保护。在重要政策文件的颁行上，2019 年 8 月国务院办公厅印发的《国务院办公厅关于促进平台经济规范健康发展的指导意见》首次提出"聚焦平台经济发展面临的突出问题，遵循规律、顺势而为，加大政策引导、支持和保障力度，创新监管理念和方式，落实和完善包容审慎监管要求，推动建立健全适应平台经济发展特点的新型监管机制，着力营造公平竞争市场环境"；2020 年 5 月中共中央、国务院印发的《中共中央　国务院关于新时代加快完善社会主义市场经济体制的意见》明确提出"加快培育发展数据要素市场，建立数据资源清单管理机制，完善数据权属界定、开放共享、交易流通等标准和措施，发挥社会数据资源价值。推进数字政府建设，加强数据有序共享，依法保护个人信息"，坚定扶持数字经济发展的政策导向。

在司法裁判上，2014 年最高人民法院在 3Q 反垄断案终审判决中适用SSNDQ 方法来判定互联网相关市场界定，为其他国家和地区的互联网领域反垄断案件的审理提供了富有意义的参考；在执法决定上，2015 年国家发展和改革委员会对高通滥用知识产权行为反垄断案作出了高额处罚并颁布了相关行政禁令，其中对高通滥用知识产权违法竞争的系列行为及其商业模式的实证分析，为其他国家和地区竞争执法机构调查并处罚高通滥用知识产权违法竞争的行为提供了思路和借鉴。以上政策法律的制定和司法执法活动的展开，在很大程度上推动了我国在互联网经济法治领域的规范体系和实践能力的建设和提升，标志着我国在互联网经济治理法治化方面的日趋成熟。

与此同时，也必须清醒地认识到，虽然我国互联网经济法治理论与实践不断完善——主要表现为制度规范体系的成熟和司法执法经验的丰富——但是与日新月异的互联网经济发展现实相比，仍然存在很大的提升空间和改进可能，面临统筹互联网市场全局发展，兼顾多方主体利益以及发展、创新、竞争、安全等多元价值动态平衡的基本问题，在互联网经济产业化和国际化发展中仍存在不少结构性矛盾和制度性障碍。在互联网经济法治理论与实践的建设与发展进程中，既要考虑维护公平自由的市场竞争秩序，提供互联网市场经济发展的机制动力，促进互联网经济创新发展，又要强化制度监管，保障市场的安全、高效、有序运行；既要保障市场准入机制畅通，充分释放市场多元主体创新活力，又要保护各方主体的正当合法权益，保证市场的安全稳定运行；既要推动各类生产要素的流动与使用，特别是新型数据要素的市场化、商业化及产业化发展，最大限度发挥资源生产要素的价值，又要构建公平合理的利益分配机制，使互联网经济发展红利惠及各方主体；既要不断完善本国体制机制，促进国内经济社会持续健康发展，又要紧跟世界整体发展趋势，应对国际风险与挑战，在多元价值体系下积极主动参与全球互联网经济法治规则的制定与施行，努力从互联网经济大国走向互联网经济强国。基于此，我们实现互联网经济法治的发展与进步，须牢牢把握互联网经济发展的总体方向，统筹兼顾各方主体利益与多元价值目标，从传统的规范治理走向规范与场景相匹配的动态效果治理，建立和完善全周期、全空域、全流程、全场景、全价值的互联网经济法治系统。

在此，建议立足互联网经济发展的现实，坚持以互联网经济发展中出现的各类法治问题为导向，结合新近理论发展和实践成果，立足现实国情，对大数据、平台、算法、人工智能等新经济业态及影响下的互联网市场竞争秩序进行全面、深入、系统的专题研究，总结分析近些年来互联网经济法治理论与实践的发展状况及具体应用场景。在此基础上，回顾和评价我国互联网经济法治的实况，整理近年来对互联网经济法治观察与研究的相关成果，发现以下领域出现的问题涵摄了互联网经济法治运行的主要点与面。

首先，互联网经济发展过程中面临的市场竞争模式创新及其法治化治理挑战，是当前和未来互联网经济法治理论创新与实践改进的重中之重。围绕竞争这一互联网经济的核心机制展开，重点讨论数字经济、共享经济特别是平台经济下互联网市场竞争秩序的状况及规制重点、难点以及发展方向，展望和探讨未来互联网市场竞争规制面临的主要挑战及其可行的因应之策，推动工业时代市场竞争法治向数字时代市场竞争法治稳定有序的转型和升级，丰富互联网经济法治理论的内涵及其外延。

其次，结合互联网经济发展中数据治理的现实需求和法治实践经验，提高对数据作为新型市场要素的法治化治理水平，已成为互联网经济法治发展的重点方向。从数据特别是大数据这一当前互联网经济发展的新型要素着手，检视互联网经济纵深发展中数据治理法治化的困境，全方位考察经济法治下数据保护与共享的法理与实践，探索互联网经济发展中数据治理的法治进路，着重论及多元共治下数据法治的理论价值与实践可能是摆在当前和未来互联网经济法治研究与实践中亟待破解的难题。

互联网经济法治能否真正跨越"马法之议"，在一定程度上取决于对数据这一全新市场要素的规范与治理。在这一过程中经济法治对数据治理的回应尤为重要，是在当前法治体系下亟须改革且较易突破的法治领域。通过构建数据特别是大数据的市场化、商业化及产业化发展的政策规范体系，落实并推动竞争政策基础地位在数据治理领域的实现是改革的主要抓手和可行进路。在此基础上，逐步建立与数据运行相关联的分类分级治理、差别且平等治理、动态平衡治理、安全发展治理以及创新竞争治理等回应互联网经济纵深发展特征的经济法治原则，将是互联网经济法治发展的时代任务。

再次，针对互联网经济纵深发展过程中的核心技术和领投产业，对算法和人工智能技术及其市场化、商业化、产业化发展中的法治化需求，已成为互联网时代经济法治理论与实践的新领地，是科技创新推动经济法治变革的典型表征，"科技+法治"已成为互联网经济法治的时代特征。面对这一新时代的新现象，经济法治创新与改革已驶入无人区，全球尚无成熟经验可以借鉴，当前本土的法治实验及实践亦可能成为全球范围内的标准与样板。因此，更需把准政治方向，以社会主义核心价值观为基点，以多维综合法治观为引领，穿透算法与人工智能技术及产业市场规制的现状，聚焦科技创新之于法治变革的重要意义，关注互联网数字经济场景下算法与人工智能治理的基本法理与主要实践，充分认识到建立以消费（者）法治为核心的算法与人工智能法治系统的重要性和迫切性。以此为核心内容，解构并重构经济法治在互联网时代下的多元主体结构及其行为规制逻辑，强调多元主体共建共治共享的经济法治系统。

复次，以互联网、大数据、工业互联网、物联网、算法、人工智能等技术及其商业模式的具体应用为出发点和落脚点，打通经济法治运行中文本制定与解释适用之间的堵点，以互联网经济各新业态的具体应用场景为对象，以具体应用中的问题为导向，改革和创新互联网经济法治理论与实践。为此，需结合互联网经济发展中不断出现的各类新业态，聚焦和解析互联网经济发展中的重大案件、事例或普遍关注的热点问题，深描和总结互联网经济在代表性应用场景下的法治实验及经验教训，阐释互联网经济法治理论于具体场景下的多元理解，构建因应互联网经济发展演变的具体的法治化发展进路。

最后，必须清醒地认识到互联网经济法治的建设与发展是国家治理体系和治理能力现代化建设的重要组成部分。这一过程需社会多方主体加强合作，共同推进。既需要立法机关、行政机关、司法机关的科学立法、严格执法、公正司法，又需要企业、个人及社会团体组织的主动学法、自觉守法、积极用法；既需要实务界积极摸索、总结经验，又需要理论界主动探索、提供指导；既需要完善国内治理，促进国内经济主体的紧密联系、有序协作，又需要适应全球化发展趋势，加强互联网经济治理的国际合作，实现不同国家和地区以及跨国经济主体之间的互联互通。如何在统筹国内国际两个大局的基础上，推动各方主体的团结协作、互利共赢，构建多元主体共建共治共享的互联网经济法治模式，已成为新时代互联网经济法治化发展的时代使命和重大课题。

当前，互联网经济的浪潮奔涌向前，已成为席卷全球的新产业、新业态、新模式的三新经济的典型代表，更是推动和发展其他类型三新经济业态发展的关键基础设施，特别是在此次全球新冠疫情的影响下，各类互联网经济新业态不断涌现。譬如，无接触经济、"种草经济"等正在挑战现有市场经济法治体系。只有不断促进经济法治理论与实践的完善与进步，才能更好应对挑战，把握新时代、新机遇。

我国正处在一个最具历史发展机遇的时代，也正在步入在一个最具各类风险的时代。经济发展与改革，始终是时代的主旋律。应积极推动经济法治逻辑、原则、规范及方法的体系化变革与一体化更新，从经济法治的基础设施到经济法治的操作系统的整体化升级，实现互联网时代经济法治的现代化与智能化，为我国从互联网经济大国迈向互联网经济强国，提供坚实可靠的法治保障。

法治是人类文明的至高形态，是经济社会发展不同阶段的最大公约数。其中经济法治与民主法治构成了国家法治的两翼，经济法治更是其中的主翼。没有经济法治的革新与发展，民主法治的建设与完善则失去了根基，国家法治亦无从谈起。

正所谓法治昌则国家强！

是为序。

陈兵

2020 年 8 月 28 日

第一编　竞争法治 ………………………………………………… 1

本编导读 ……………………………………………………………… 2

数字经济高质量发展中的竞争法治变革 ………………………………… 5

互联网市场固化趋态的竞争法响应 …………………………………… 9

互联网经济发展对《反垄断法》调适的影响及回应 ………………… 22

从高通案看平台商业模式的反垄断法规制 …………………………… 37

因应超级平台对反垄断法规制的挑战 ………………………………… 50

互联网市场支配地位认定方法再探 …………………………………… 62

互联网平台"封禁"行为的反垄断法解读 …………………………… 73

互联网经济下重读"竞争关系"在反不正当竞争法上的意义 ……… 84

优化《反不正当竞争法》一般条款与互联网专条的司法适用 ……… 99

《反不正当竞争法》下互联网平台"封禁"行为考辨 ……………… 110

互联网平台经济竞争治理向何处去？ ………………………………… 120

第二编　数据法治 ……………………………………………… 125

本编导读 …………………………………………………………… 126

大数据的竞争法属性及规制意义 …………………………………… 129

如何看待"数据垄断" ……………………………………………… 146

互联网时代用户数据保护理路探讨 ………………………………… 151

竞争法治下平台数据共享的法理与实践 …………………………… 163

释放"数据红利"　互联网经济再出发 …………………………… 176

互联网经济下半场　如何打通数据共享通路 ……………………… 180

数字经济下如何加快数据共享 ……………………………………… 185

民法典时代个人数据（信息）的保护和开发 ……………………… 189

第三编　算法与人工智能法治 ………………………………… 195

本编导读 ……………………………………………………… 196

如何看待"算法为王"及其治理 ………………………… 198

法治经济下规制算法运行面临的挑战与响应 ………… 204

把社会主义核心价值观融入人工智能立法的必要与可能 …… 221

新时代人工智能立法的经济法治观 …………………… 231

人工智能场景下消费者保护理路反思与重构 ………… 237

第四编　应用场景法治 ………………………………………… 251

本编导读 ……………………………………………………… 252

数字经济发展与法律规制系统创新 …………………… 255

搭建从工业互联网到先进制造业的法治桥梁 ………… 273

共享经济需在法治轨道上运行 ………………………… 277

互联网平台经济法治化发展需多方努力 ……………… 281

分享经济对税收治理现代化的挑战与应对 …………… 286

人工智能时代应加快智能税收法治系统建设 ………… 299

互联网时代房地产税的信用定位与法治实践 ………… 313

法治维度下看互联网医疗 ……………………………… 326

抗击新冠肺炎疫情中个人信息保护的法治慎思 ……… 330

网络直播带货的商业热捧与监管冷思 ………………… 345

将直播带货带入法治轨道 ……………………………… 352

"地摊经济"重启与更生的法治轨道 ………………… 357

后　记 ……………………………………………………………… 363

第一编
chapter 1
竞争法治

本编导读 / 2

数字经济高质量发展中的竞争法治变革 / 5

互联网市场固化趋态的竞争法响应 / 9

互联网经济发展对《反垄断法》调适的影响及回应 / 22

从高通案看平台商业模式的反垄断法规制 / 37

因应超级平台对反垄断法规制的挑战 / 50

互联网市场支配地位认定方法再探 / 62

互联网平台"封禁"行为的反垄断法解读 / 73

互联网经济下重读"竞争关系"在反不正当竞争法上的意义 / 84

优化《反不正当竞争法》一般条款与互联网专条的司法适用 / 99

《反不正当竞争法》下互联网平台"封禁"行为考辨 / 110

互联网平台经济竞争治理向何处去? / 120

本编导读

在以大数据、算法、人工智能等核心基础技术为中心的数字计算科技不断突破和更迭的新时代，互联网经济迎来新的发展机遇。与此同时，技术进步带来的"颠覆式创新"也为互联网经济发展法治化治理带来全新的挑战。在未来一段时间内，互联网经济与传统实体经济的深度融合将成为国家新经济发展的战略重点和实践难点。其中，如何在新技术外衣的覆盖下透析和把握互联网市场经济运行与发展的本相及规律是重要的理论命题和实践难题，解决这一难题的关键抓手即要牢牢把握互联网市场经济公平自由的竞争秩序的维护与推进，在充分发挥市场根本性调节作用的同时推动政府、市场及社会团体的多元合作，共同推进互联网经济在法治轨道上平稳前行。

竞争是现代市场经济发展的力量源泉与机制动能。互联网经济的发展离不开科学合理、规范有效的市场竞争秩序及其合规机制。基于此，首编围绕互联网经济市场竞争法治展开，为续编拟将讨论的数据、算法与人工智能以及应用场景的法治化治理专题提供观察视角和理论基调。

在《数字经济高质量发展中的竞争法治变革》一文中，通过对近年来数字经济发展历程的回顾，总结当前数字经济法治化治理中遇到的诸类问题，阐明竞争法治因应数字经济变革的主要维度和基本要旨，强调现行竞争治理的制度理念和实践模式亟待围绕数字经济高速发展中不断涌现的各类新业态运行的现实场景予以调整和创新，重点围绕"物联网与共享经济""大数据与平台经济""算法与人工智能"等展开竞争法治的改革与完善。在《互联网市场固化趋态的竞争法响应》一文中，以数字经济下互联网市场出现的竞争固化趋势这一现象为观察对象，在提炼互联网市场的动态竞争、跨界竞争及数据竞争、智能竞争等特征的基础上，揭示互联网市场竞争固化可能阻碍市场创新发展的现实危害和潜在风险，并从制度革新与实践改进两个层面提出了消解与优化之策。

具体落实到反垄断法适用层面，在现行《反垄断法》已实施十余年之际，有必要针对互联网经济发展中出现的新问题作出及时有效的回应。在《互联网经济发展对〈反垄断法〉调适的影响及回应》一文中，从经济学与法学交叉研究的视角，着重探讨了《〈反垄断法〉修订草案（公开征求意见稿）》中新增的鼓励创新、网络效应、规模经济、锁定效应、掌握和处理相关数据的能力等因素对互联网经济适用反垄断法的基本原则、规则及主要方法的影响及现实意义。

《从高通案看平台商业模式的反垄断法规制》一文选取与移动通信标准必要专利技术发展息息相关的高通案件为视角，通过对全球范围内高通滥用市场支配地位相关问题规制经验的比较，提出建立规制滥用知识产权垄断的开放性生态竞争系统对促进创新与竞争的关键性与必要性，为进一步规制平台商业模式奠定理论基础。

互联网平台作为互联网经济发展中的关键主体和基础设施有力有效地推动和支持了互联网经济的高速增长，同时也引发了围绕互联网平台竞争行为所产生的系列法治问题，引起了诸多国家和地区竞争执法机构的普遍关注。《因应超级平台对反垄断法规制的挑战》一文指出当前超级平台已然从市场要素发展为要素与市场的联合体，通过梳理国内外相关研究和实践，提出对平台施行"强监管、早监管、长监管"的规制模式的必要与可能，探索建立审慎科学的"预防＋事中事后＋持续"的规制逻辑。《互联网市场支配地位认定方法再探》侧重于对反垄断分析方法的再读，倡导回归消费者需求本身的基本逻辑，以此完成相关市场界定，在此基础上明晰化认定互联网市场支配地位的三维分析框架，辅以反事实推演，基此更新传统反垄断法分析方法在互联网场景下适用的逻辑起点和关键环节。在《互联网平台"封禁"行为的反垄断法解读》一文中，选取当下引起社会各界广泛关注和热议的平台"封禁"行为作为具体场景和研究对象，提出应当在坚持包容审慎监管的前提下，动态权衡平台"封禁"行为的正负效应，明确竞争争议行为的发生市场、行为效果的产生市场，以及行为发生到效果产生之间的传导市场等影响具体竞争行为违法性判定的相关市场和关联市场。

在反不正当竞争法适用层面，《互联网经济下重读"竞争关系"在反不正当竞争法上的意义》从司法实践中备受关注的"竞争关系"探寻为切入点，通过对北京、上海、广东等互联网竞争案件高发地法院大量新型不正当竞争案件的实证分析，系统深入研究了互联网语境下"竞争关系"之于竞争行为违法性认定的意义正在发生质的改变，明确提出"竞争关系"不再是认定不正当竞争行为发生的前提要件，"行为正当性"标准正在成为认定不正当竞争行为相对独立的基准，应破除大民事审判思维和竞争关系相对性的约束，引入多元价值判断和实质利益平衡的理念和方法，以回应互联网经济发展之现实需要。在《优化〈反不正当竞争法〉一般条款与互联网专条的司法适用》一文中，则进一步研究了《反不正当竞争法》新增的第 12 条"互联网专条"与第 2 条"一般条款"在司法实践中的衔接适用问题。在《〈反不正当竞争法〉下互联网平台"封禁"行为考辨》一文中集中讨论了互联网平台封禁用户自主分享链接行为的法律属性，提出应将重心放在平台是否出于"恶意"妨碍或限制市场竞争秩序的运行及用户合法权益的实现上，在这一过程中需重点关注平台、平台内经营者以及消费者用户三方权益的动态平衡。

以《互联网平台经济竞争治理向何处去?》一文作为本编小结与展望，在总结诸多现实问题的基础上，展望互联网经济发展中已然或未然的主要竞争法治挑战，其中介评了韩国公平交易委员会治理平台竞争的经验和动向，在此基础上结合我国互联网经济发展的特征与趋势，提出了我国对待互联网竞争治理的基本态度和原则。

数字经济高质量发展中的竞争法治变革

　　基于信息通信技术和数字数据技术而产生，通过互联网和万维网拓宽和发展的数字经济正以前所未有的速度颠覆性地改变人类的生产方式和生活方式，推动经济高速发展。根据国家互联网信息办公室最新数据显示，2018 年我国数字经济规模达到 31.3 万亿元，占 GDP 比重达 34.8%，按照测算，到 2030 年，数字经济占 GDP 比重将超过 50%，全面步入数字经济时代。数字经济已经成为我国新时代经济发展和产业转型升级的重要平台应用和支撑动能，是参与全球经济竞争的重要场域和竞争优势。正如党的十九大报告中所指出的"加快建设制造强国，加快发展先进制造业，推动互联网、大数据、人工智能和实体经济深度融合，在中高端消费、创新引领、绿色低碳、共享经济、现代供应链、人力资本服务等领域培育新的增长点、形成新动能"的加快建设互联网数字经济强国理念和路径，精准定位了数字经济之于实体经济，特别是对先进制造业发展的积极意义和重要价值。基于此，探讨如何推动和保持数字经济在我国的高质量可持续发展成为支持和夯实我国新时代经济社会高质量可持续发展，以及应对与战胜国内外来自科技、贸易及金融等方面重大挑战的关键创新之举和必需设施建设，受到社会各界的密切关注。

　　"数字经济"概念诞生于 20 世纪 90 年代。在 1994 年，"数字经济"（Digital Economy）词组首次出现。在 1996 年，美国学者唐·泰普斯科特在《数字经济：网络智能时代的承诺和危险》中正式提出数字经济概念。时至今日，主要国家和地区以及重要国际组织也都给出了对数字经济含义的相关界定。美国经济分析局咨询委员会在其报告中指出，测量数字经济除应包括电子商务的部分外，还应测量新的数字服务，譬如共享经济和免费互联网服务；英国经济社会研究院认为，数字经济是指各类数字化投入带来的全部经济产出；韩国将数字经济定义为以互联网在内的信息通信产业为基础的所有经济活动；经济合作与发展组织（OECD）的定义相对简单，认为数字经济是通过电子商务实现和进行的商品和服务贸易，其三个主要部分是数字数据、数字科技和数字基础设施。在 2016 年杭州 G20 峰会上发布的《G20 数字经济发展与合作倡议》则认为，"数字经济是指以使用数字化的知识和信息作为关键生产要素、以现代信息网络作为重要载体、以信息通信技术的有效使用作为效率提升和经济结构优化的重要推动力的一系列经济活动"；也有分析报告从内容上解释数字经济的含义，即"数字经济包含数字产业化和产业数字化两大部分，作为一种技术经济范式其已经超越了信息产业部门的范畴，是信息经济、信息化发展的高级阶段"。

综合上述概念，共通之处在于均认可电子商务是数字经济运行的重要载体和重要表现形式，现代互联网络，尤其是移动互联网及信息通信技术的普及和广泛适用构成了数字经济的核心组成部分。然而，当前数字经济的高速发展并未止于互联网络和信息通信技术的广泛适用，而是走向了以互联网络为基础的信息通信技术与数字数据技术深度融合的数字经济发展的高阶形态，譬如大数据经济、平台经济、算法经济及人工智能经济等，正在或已经形成以数据采集、储存、分析、使用及流通、交易、分享为诸环节组合的全周期运行场景。由此，围绕数字经济的全周期运行规律，提出数字经济生态产业链的概念，凸显生态产业链上"数字的市场化和市场的数字化"相互融合与及时转化的发展特征。同时，强调法学和科技的融合与尝试，形塑效率、创新、自由、公平等多元价值和目标于一体的数字经济竞争生态系统，共享科技发展与法治激励相融合的数字经济竞争法治红利。

近年来，我国制定和实施了多项中央政府文件和有关法律法规来激励和规范"数字中国"建设。然而，当下数字经济的运行依旧面临不小的困境，站在数据生态产业链的维度观察，从数据资源利用的整个纵向过程分析，可发现现行法律规范对消费者（用户）和经营者间的权利、义务及利益的分担与共享似乎有所涉及，但是又并没有明确地给予规定。现行规制系统面对蓬勃发展的数字经济似乎仍是"捉襟见肘"。具体而言，现有数字经济发展的法治障碍可大致归结为以下两方面：一是现行制度供给不足，分散的立法结构和体系无法为数字经济各个参与主体提供及时充分有效的合规指引和科学保护，立法的科技含量和整体质量有待提升，亟待制定和实施体现数字经济特征的国家基本法律；二是当前实施机制乏力，除"条条块块"割裂式的法律实施体制有待改善外，实施机制缺乏现代化与科技化支撑，也是窒碍法律实施效果正向彰显的瓶颈。

进一步聚焦数字经济深度发展给各行业经济增长方式和商业竞争模式带来的冲击甚至是革新，深刻引发了全球竞争格局和模式的颠覆性改变。数字经济竞争呈现为在全球场景下的动态竞争、多边竞争、跨界竞争、（大）数据竞争、平台竞争、算法竞争、智能竞争以及信用竞争等新旧经济业态混合竞争相融合的态势。因此，数字经济竞争也对现行的市场竞争法治基础理论与实践方式带了巨大挑战，现行竞争法治理论体系和实践模式面临重大改造甚至是重构。

面对数字技术革新和数字产业发展引发的数据爬取与反爬取、流量劫持、恶意不兼容、软件干扰等新型不正当竞争行为，从奇虎360与腾讯QQ的"3Q大战"、新浪微博与脉脉数据之争，再到时下抖音与腾讯之间的"头腾大战"，以及微信与抖音、多闪之争，数字经济从业者充分利用数字经济竞争的新特征，利用大数据传导优势和精准预测功能，打破线上线下界限迅速成长为拥有巨大市场支配力量的平台聚合体，譬如微软、Facebook、亚马逊、苹果、Google、奈飞、阿里、腾讯、百度、京东、滴滴等，都存在滥用平台优势的风险——引发用户隐私服务降级，限制用户数据转移，进而侵害用户自由选择与公平交易的权益，亦存在平台间算法共谋、具有支配地位的平台经营者的算法歧视行为对现行反垄断法下的禁止限制、排除竞争和保护消费者权益之规定的适用所带来的挑战。

鉴于此，现行竞争法治的制度理念和实践模式亟须围绕数字经济高速发展中不断出现的各类新业态运行的现实场景予以调整和创新。譬如，从互联网到物联网发展过程中出现共享单车、网约车等分享经济或者共享经济业态，在为广大民众带来极大便利、活化市场要素配置的同时，也引起了诸多法律问题。其中有的是传统法律关系的线上化，然而本质上仍然可以依靠现有法律规则的解释予以适用；而有的则为一种全新的基于数字科技，包括信息科技和数据科技深度融合而引发的新的法律关系，亟须通过修法或立法予以规范。此外，数据及大数据的多维属性，数据提供者的多归属性，与数据相关行为在不同环节引发的不同法律关系，数据原始提供者、数据控制者、数据经营者以及数据开发加工者等，对位于不同运行环节和经济业态下的数字经济参与者之间的法律关系，都有待进一步明晰。尤其是欧盟在2018年5月25日正式实施迄今最为严厉的《通用数据保护条例》后，对全球数字经济的发展和全球竞争带来了巨大影响。

为此，当下和未来竞争法治的制度设计与实践选择，有必要从数字经济发展的诸新兴业态及运行的各阶段入手，重点围绕"物联网与共享经济""大数据与平台经济""算法与人工智能经济"以及终将实现的"从数字经济到信用经济"的发展。以数字经济与竞争法治的基础关系为切口，挖掘和厘清由互联网发展至物联网之场景下竞争法治面临的挑战，聚焦从网络时代到数据时代变革下大数据与平台经济发展面临的竞争挑战和竞争规制，提出未来在人工智能场景下竞争法治变革与重塑的实然与应然。在这一过程中对数字经济下作为消费者的用户隐私保护与知识产权创新的关系平衡，以竞争法治为工具和进路，强调竞争法治的建构与实施应"以人为本"，以此规范各类数字科技的创新开发和应用，做到"以竞争促创新，以竞争提质量，以竞争保安全"，适时创新竞争法治，包括理念、范畴、制度及方法等方面要素。

值得展开的是，回归数字经济发展的元点和基点，从改善经济社会服务人类主体性价值的初衷出发，建构了数字数据化的经济社会样态，极大地便利了广大民众的生产生活，提升了消费和生产的效率，特别是推动了以消费数据为中心的反向定制的智能化生产和研发工程的生成和创新，实现了数字数据的市场化和市场的数字数据化。在这一系统性和整体性的发展中最为核心的要素是以数字形式记录下来的海量用户的行动轨迹即数据。犹如，普遍提及的21世纪是"数据为王"的时代，"得数据者，得天下"，数据可以赋能竞争，未来市场的竞争实质上是数据竞争，尤其是大数据与算法的创新竞争。这一切都源于数据，数据的真实性和可信赖，以及对数据的善用，构成了数字经济未来可持续发展的基石和准则。

正是在这个意义上讲，数字经济的可持续发展亟须创新竞争法治的基本理念、范畴及运行，从现行竞争法治以市场行为的事中事后的规制为中心，转向对市场主体及行为的行动数据的科学审慎的事前评估，与事中事后一体化联动的动态竞争规制模式；从竞争法治的市场行为禁止法特性转向以市场行为倡导法和市场行为禁止法相结合的具有主动性、积极性、鼓励性特征的市场经济综合激励法规，成为融合正向激励与负向约束于一体的为市场主体在数字经济市场上积极主动地参与合规经营提供指引和规范的立体规范体系，为数字经济高质量可持续发展提供经济法治保障。

（原文刊于《人民论坛》2020年第3期，收入本书时有改动）

互联网市场固化趋态的竞争法响应

一、问题提出

互联网在我国全功能介入经济社会场景，特别是移动互联终端的广泛普及衍生了各类新经济业态，对市场竞争行为和竞争模式的改变带来了巨大影响，也给人类社会的消费理念、消费结构及消费模式带来了颠覆性变革。在极大便利化经济社会生产生活的同时，互联网经济业态发展的弊端也逐渐显现。譬如，交叉网络外部性对用户的锁定效应、赢者通吃的平台聚合性排他效应以及不断演化的超级平台或平台经济体可能形成的其他竞争者进入市场的核心设施效应等，都给互联网经济市场竞争的健康可持续发展带来了挑战和危害。这方面的挑战和危害已经显现。譬如，针对 Facebook 存在的滥用市场支配地位导致的用户隐私受到侵害的风险，美国反托拉斯法学者斯里尼瓦桑女士（Dina Srinivasan）2019 年 5 月 28 日在《纽约时报》上撰文明确表达了在互联网时代，Facebook 等超级平台存在通过排除其他平台竞争者竞争的方式，致使用户隐私服务产生降级的后果，直接损害了消费者的隐私利益，建议通过反垄断法来直接回应互联网场景下的隐私保护挑战。[1] 同年 2 月，德国联邦卡特尔局（Federal Cartel Office，FCO）就对 Facebook 滥用市场支配力违法收集和使用用户数据的行为颁发了禁令。[2] 虽然，同年 8 月 26 日德国杜塞尔多夫地区高级法院临时暂停了德国联邦卡特尔局对 Facebook 作出的禁令，但是德国联邦卡特尔局表示将向联邦最高法院提起上诉，最终该案所引起的争议并未得到实质性解决。由此可见，多国的反垄断实施经验足以说明各国反垄断执法机构已逐步重视超级平台这一竞争新要素，并开始逐步探索以互联网超级平台为核心的新

---

[1] SRINIVASAN D. Why Privacy Is an Antitrust Issue the Demise of Facebook's Competition Has Put Our Data at Risk [N/OL]. The New York Times, 2019 – 05 – 28 [2020 – 01 – 26]. https：//www. nytimes. com/2019/05/28/opinion/privacy – antitrust – facebook. html.

[2] STAUBER P. Facebook's Abuse Investigation in Germany and Some Thoughts on Cooperation Between Antitrust and Data Protection Authorities [J]. Competition Policy International Antitrust Chronicle, 2019 (2)：2 – 9.

监管模式。

为应对当前互联网领域的竞争过度集中现象及演化所形成的互联网领域竞争固化趋态，准确解析和有效消解互联网市场竞争固化的原因与危害，重点剖析互联网平台滥用市场力量的行为表现，本文拟从互联网市场竞争的主要特征——动态竞争入手，分析互联网市场竞争的基本样态，在此基础上探讨互联网市场竞争中可能或已经形成的诸类型的市场壁垒，进而聚焦在互联网竞争固化趋态演化中出现的诸如相关市场界定困难、滥用市场支配地位行为认定方法失灵等竞争法适用问题，由此从立法、司法、执法以及守法等维度提出相关应对方案。

二、互联网市场竞争的特征与效果

互联网市场竞争的动态特征是相对传统经济形态竞争的静态特征而言的。在传统经济模式下，"静态"特征主要源于古典经济学的静态竞争观。该理论主要考虑了传统市场所具有的"静态"特征，以价格竞争为主，排除其他非价格因素的竞争，将完全竞争与完全垄断视为两个完全不同的市场竞争状态。❶ 如今互联网市场中创新等非价格因素已成为经营者之间竞争的关键要素，并且市场竞争周期相对较短，呈现出与传统经济模式完全不同的动态竞争（Dynamic Competition）特征。互联网市场竞争所具有的特征符合熊彼特的"创新理论"（Innovation Theory）中提出的动态竞争的特征，即"将垄断作为市场竞争中的一个环节，将竞争视为一个具有周期性的动态过程，由此完成了从均衡经济学到演化经济学的转变。在这个过程中，创新构成了市场由均衡状态向不均衡状态转化的内在动力，同时凸显出创新在经济发展中所具有的破坏性及其蕴含的巨大能量"。❷ 进言之，在动态竞争环境下，市场竞争的"动态"特征会使竞争充满活力，此时垄断结构仅构成市场竞争的一部分，不会对市场的自由公平竞争秩序产生威胁，所以熊彼特认为市场能够实现自我调节，❸ 无需竞争法等外部制度和手段的介入甚或干预。互联网市场是否真的如熊彼特所述无需竞争法等外部制度和手段进行干预，该问题需要从互联网市场所呈现的"动态"特征方面进行研判分析。

---

❶ 胡小红. 两种不同的竞争观与我国反垄断法的政策取向 [J]. 中国工商管理研究, 2005（4）.

❷ 朱战威. 互联网平台的动态竞争及其规制新思路 [J]. 安徽大学学报（哲学社会科学版），2006（4）.

❸ 熊彼特. 资本主义、社会主义与民主 [M]. 吴良健, 译. 北京：商务印书馆, 2005.

（一）市场准入基准降低与跨界竞争普遍

随着信息技术的飞速发展以及软硬件基础的不断成熟，互联网产品进入市场所需的资本和技术要求大幅降低，经营者进入和退出更加灵活自由。此外，由于互联网商品（含服务）具有易获取性和较大的差异性，用户基于相同或者类似的需求同时使用两个或两个以上的商品的现象比较普遍，用户的多归属性成为常态。用户多归属性产生的分散效应有效地降低了用户对于主导经营者的过度依赖，新进入的经营者能够较为顺利地进入相关市场并吸引用户以此扩大用户基础，❶客观上降低了市场准入的门槛。

基于互联网市场准入基准的降低以及资源共享范围的扩大，不同行业之间的竞争边界不断被打破，互联网市场出现了新的竞争格局，经营者跨界竞争的现象愈加凸显。互联网平台进行跨界融合及打造平台一体化经营，成为互联网经济下普遍且重要的竞争模式。譬如，当前互联网经营者提供的商品多以软件及服务为基础，并通过互联网、物联网等工具和平台向用户提供，当其在某一端市场积累了海量用户资源后，经营者便会在已有商品的基础上叠加增设诸多其他商品及功能，以将自身在现有市场上形成的竞争优势传导至市场上，成为其他细分市场上的跨界竞争者，从而谋取新的利润增长极。譬如，腾讯在其推出的社交应用商品的基础上，将社交需求与用户的其他需求相结合，形成腾讯音乐、腾讯视频等商品，迅速且有效地在在线音乐市场、在线视频市场上进行跨界竞争，占据了各相关市场的大部分份额。从消费者需求端而言，腾讯在精细化市场的进军也为广大用户提供了更多选择空间。

（二）市场结构对竞争效果影响弱化

在传统市场经济中，经营者在资本和生产上的集中会形成较高的市场支配力，使其能够决定市场内商品的价格和产量，且很可能形成高度集中的独占或寡头市场结构，对市场竞争产生严重的限制，甚至是排除效果。在互联网市场经济中，随着去中心化的兴起与实现，市场结构对市场竞争效果的影响逐渐弱化。

去中心化得益于区块链技术的整合发展和广泛运用。区块链技术不依赖第三方管理机构或硬件设施，没有中心管制，通过分布式核算和存储，各个节点实现了信息自我验证、传递和管理，是实现去中心化的最佳设计和实现

---

❶ 殷继国. 大数据市场反垄断规制的理论逻辑与基本路径［J］. 政治与法律，2019（10）.

场景。❶ 同时，区块链技术所具有的去中心化的特性有助于削弱市场结构集中化对竞争效果的负面影响。譬如 Coinkite 是一家位于加拿大的比特币企业，提供比特币钱包和支付终端服务；与具有中心化的贝宝（PayPal）支付平台不同，集中的数字平台提供商寻求通过紧密结合（coupling）的平台层获得垄断权力，以获得难以复制的独特配置。相反，分散的数字平台提供商故意将平台层分离（decouple），以动员第三方进行创新，加速市场中心结构的破坏,❷ 由此推动了去中心化的实现。虽然就区块链技术中的数字货币形式的应用出现了较多争议，但是如今区块链技术已不再局限于比特币的运用，在公司治理、社会治理、平台运营等领域得到了广泛的适用。❸ 可以预见，区块链技术及理念在互联网市场的广泛运用，将极大削弱垄断型市场结构对竞争效果的不利影响，从技术革新维度，可以成为推进互联网市场限制、排除竞争问题消解的一剂良药。

（三）多边市场构造上价格的非对称性

平台并非互联网市场所特有的产物，互联网技术的高度发达使平台能够同时为不同用户群体提供高效便捷的服务，使得平台不再单纯扮演中介者的角色，平台经营者逐渐演化成市场交易的主导者和管理者。因此，在互联网市场中参与经济活动的主体并非仅有买方和卖方，而是由包括平台、广告商、消费者、内容提供商在内的多元主体。❹ 互联网平台的双边性或多边性使得经营者的竞争策略变得更加灵活多样，经营者能够在保持收益不变的情况下，通过转移不同用户之间的成本实现不同的经营策略，由此出现了双边或多边市场价格的非对称性特征。

双边或多边市场的价格非对称性使得平台能够通过调整不同端市场上的价格来实现不同的经营效果。譬如，Google 作为全球知名的搜索平台，其在为用户提供免费的搜索服务的同时，会在页面上显示广告，将平台的赞助商的排位提前，提高用户的点击率。在这种模式中，免费的服务能够吸引大量的普通消费者，而对于广告商而言，用户越多，其通过 Google 平台得到的推广效果也

---

❶ 姚忠将，葛敬国. 关于区块链原理及应用的综述［J］. 科研信息化技术与应用，2017（8）.

❷ KAZAN E, TAN C W, LIM E T K. Towards a Framework of Digital Platform Disruption: A Comparative Study of Centralized & Decentralized Digital Payment Providers ［R］. Auckland: ACIS, 2014.

❸ 汪青松. 区块链作为治理机制的优劣分析与法律挑战［J］. 社会科学研究，2019（4）.

❹ 陈兵. 互联网平台经济运行的规制基调［J］. 中国特色社会主义研究，2018（3）.

越好。❶ 可见，不论是对于作为一般用户的普通消费者，还是对于作为企业用户的广告商抑或第三方经营者及平台自身而言，免费模式都能够满足其相应的需求并带来可观的利益。然而随着免费模式的推广，价格不再是消费者选择商品所主要考虑的要素，此时影响用户选择的往往是质量、功能等非价格要素。此时，双边或多边市场结构上的价格的非对称性现象愈来愈突出，出现了"前端让利 + 后端定价""单边零定价 + 多边整体定价"等多种定价模式。

（四）互联网平台特征引发竞争固化趋态

互联网市场具有双边或多边市场构造，呈现出价格的非对称性、交叉网络外部效应（Cross - Group Network Externality）等特征。

首先，正是交叉网络外部效应的存在使得市场上的其他竞争者尤其是用户基础薄弱的初生企业，进入相关市场存在天然的难以逾越的障碍。用户数量的缺失导致的不仅是平台吸引力的严重不足，更使得其面对相关市场中的用户规模竞争者无法展现其竞争优势，从而无法真正有效地在市场上存活。故而，在交叉网络外部性特征促成的互联网市场固化趋态下，互联网市场容易出现"赢者通吃"的竞争效果，即"强者愈强，弱者恒弱"。

其次，用户锁定效应也称为用户黏性或转移成本（Switching Costs），即用户想要转换使用其他具有替代性商品（这里的商品包括商品和服务）时，会受到转移成本的"限制"而无法合理地自由转移。转移成本之所以能在互联网市场中普遍存在，是因为互联网市场是以数字化、数据化、信息化为存在和发展基础的新产业类型，在互联网领域中大量存在的无形资源在现实生活中并没有物质载体，财产形态难以固化。

最后，大数据成为互联网市场固化的诱因主要源于其强大的预测功能。平台经营者可以借助大数据技术强大的分析能力，分析庞大的用户数据以掌握竞争对手或潜在竞争对手的相关信息，且能够及时有效地采取相应的对策对其竞争对手特别是潜在的竞争者实现科学预防甚至是预防性精准打击。客观而言，大数据技术和资源在激励创新、优化资源配置的同时，也可以成为进一步巩固处于市场支配地位者优势和力量的主要工具；大数据不仅能产生正向激励，也能推动逆向激励的出现和固化。

---

❶ MANNE G A, WRIGHT J D. Google and the Limits of Antitrust: The Case Against the Antitrust Case Against Google [J]. George Mason University Law and Economics Research Paper Series, 2011 (34): 1 – 76.

三、互联网市场固化对竞争法的挑战

面对互联网市场竞争不断固化的趋态，现行竞争法律体系及实施机制表现得较为乏力，已难以适应互联网经济发展新形势的要求，主要体现为现行竞争法在互联网相关市场界定、经营者市场支配地位的认定，以及对传统限制、排除竞争行为在互联网场景下的违法性认定等方面受到诸多挑战。

（一）相关市场界定困难

任何竞争行为均发生在某一相关市场上，界定相关市场就是明确经营者竞争的市场范围。在竞争法视阈下界定相关市场是分析市场竞争行为的逻辑起点，对认定经营者的市场竞争活动具有前提性和基础性的意义。虽然我国现行《反垄断法》第 12 条、《国务院反垄断委员会关于相关市场界定的指南》（以下简称《指南》）以及《禁止滥用市场支配地位行为暂行规定》（以下简称《暂行规定》）等相关法律法规中均有相关规定，但是在面临互联网相关市场的界定时仍然存在需要进一步明确、细化甚至是增新的地方。

1. 相关商品市场的界定

互联网市场具有的双边性或多边性特征并叠加互联网商品功能的复合性，给相关商品市场的界定带来了巨大挑战。现有界定相关商品市场的方法都显露出一定的局限性，难以有效应对互联网市场固化趋态下相关市场界定的难题。

需求替代分析，指根据需求者对商品功能用途的需求、质量的认可、价格的接受以及获取的难易程度等因素，从需求者的角度确定不同商品之间的替代程度。[1]供给替代分析是根据其他经营者改造生产设施的投入、承担的风险、进入目标市场的时间等因素，从经营者的角度确定不同商品之间的替代程度。[2]对供给替代分析而言，一个市场的进入门槛越低，意味着有更多的经营者可能进入该市场，该市场即可能出现良好的供给替代性。供给替代分析法主要着眼于潜在竞争者进入目标市场的可能性。[3]

假定垄断者测试法（SSNIP），主要通过价格的增减和收益的变化来界定

---

[1] 《国务院反垄断委员会关于印发〈关于相关市场界定的指南〉的通知》（国反垄发〔2009〕3号，2009 年 7 月 6 日发布）第 5 条。

[2] 《国务院反垄断委员会关于印发〈关于相关市场界定的指南〉的通知》（国反垄发〔2009〕3号，2009 年 7 月 6 日发布）第 6 条。

[3] 姚辰. 双边市场中相关市场的界定问题研究［J］. 吉首大学学报（社会科学版），2018（S2）.

相关市场。假设根据 SSNIP 测试法将经营者的商品进行小幅度提价，譬如，将免费商品改为收费商品，即使价格提升的幅度极小，对于用户（消费者）而言，由免费到收费的转变实际上已经构成了质变，即改变了互联网盈利的基本商业模式。事实上，互联网领域零定价模式会激励互联网商品之间的激烈竞争，在某些领域进入门槛极低，一旦收费将会产生更多免费的替代商品迅速进入相关市场，目标商品将会丧失大量的用户基础，需求量呈现断崖式下跌，失去原有的市场覆盖率——这里很难使用市场份额的表述，主要是基于用户的多归属性。故此，在 SSNIP 测试法中假定的价格变动行为在互联网市场上的适用有一定的局限性。❶

2. 相关地域市场的界定

相关地域市场，指需求者获取具有较为紧密替代关系的商品的地理区域。这些地域表现出较强的竞争关系，在反垄断执法中可以作为经营者进行竞争的地域范围。❷然而在互联网市场中由于全球网络化、数字化及信息化的发展，互联互通成为可能，使得互联网双边或多边市场上提供的商品能够突破传统线下市场存在的地域限制，在全球范围内顺畅流通。基于网络化和虚拟化使得互联网商品的运输成本几乎不存在，如若不存在传统文化、语言习惯等民族性和地方性限制，相关地域市场可以界定为全球市场。

2013 年广东省高级人民法院作为一审法院在审理 3Q 案时，基于互联网的开放性和互通性，指出经营者和用户均无国界，用户的语言偏好和商品使用习惯不能作为划分地域市场的唯一依据，且即时通信商品（包含软件及服务）的市场参与者在全球范围内提供和获得即时通信商品时，并无额外运输成本、价格成本或者其他成本，认定腾讯所提供的即时通信商品的相关地域市场应为全球市场。❸次年，最高人民法院在该案二审中认为，一审法院关于该案相关地域市场的界定欠妥，界定相关地域市场所关注的是境外经营者能否及时进入并对境内经营者形成有力的竞争约束，境外经营者虽然在技术上能够向中国大陆地区用户提供即时通信商品，但是实际上并不意味着其能够及时进入并对境内经营者形成有力的竞争约束，故二审认为应基于需求方选择商品的实际地域范围，以及境外即时通信商品经营者的实际情况来判定 3Q 案中的

---

❶ 刘贵祥. 滥用市场支配地位理论的司法考量 [J]. 中国法学，2016（5）.

❷ 《国务院反垄断委员会关于印发〈关于相关市场界定的指南〉的通知》（国反垄发〔2009〕3 号，2009 年 7 月 6 日发布）第 3 条第 3 款。

❸ 广东省高级人民法院（2011）粤高法民三初字第 2 号判决书，北京奇虎科技有限公司诉腾讯科技（深圳）有限公司等滥用市场支配地位纠纷案。

相关地域市场为中国大陆地区市场。可见，在互联网竞争案件中经营者相关地域市场的界定需要参考多种要素，其中用户语言偏好、使用习惯、文化传统以及政府的互联网管制措施等诸因素都会影响互联网相关地域市场的界定。

3. 相关时间市场的界定

对传统经济下相关市场的界定，时间维度更多是存在于特殊情况下，主要考虑消费峰期、季节性、产品的代际更替等；而在互联网相关市场界定中，互联网市场动态竞争的特征决定了相关市场的时间维度理应成为相关市场界定的常态。从动态竞争的角度看，创新在相关时间市场的界定中具有重要意义：一是互联网商品可进行快速升级换代，商品的生命周期短暂，无论是消费者需求还是相关商品技术都具有很强的时效性，新技术的开发和使用可能迅速改变市场竞争状态与竞争格局，原有的高份额企业可能因为自身的保守与缺乏对市场的洞察而走向没落；二是互联网商品需要投入大量的时间与精力进行研究与开发，企业因此会申请大量知识产权，知识产权期限对于相关市场界定会产生极大影响。这其中还包含知识产权与反垄断会涉及的法益平衡问题，一方面要保障企业的创新积极性，另一方面要保障市场的自由竞争，知识产权期限是对垄断相关市场的法定例外。故此，从知识产权的法定期限来看也需要对互联网相关时间市场予以分析。

在界定相关时间市场的过程中可以更深入地考察市场竞争环境，以及市场上的现实的和（或）潜在的竞争。从理论上讲，互联网市场动态竞争的特性会使得市场在时间上无限延长，使得相关市场的时间段的选取具有不确定性，故此需要依据一定原则将时间要素"定型"。在相关时间市场的界定中，可采取合理预期原则。该原则是指在相关时间市场界定中，以长远发展原则为基础，依据现阶段的市场竞争情况对时间范围作出合理的预期，从而确定以及分析现在及未来一个时间段内的市场竞争情况。在对互联网相关时间市场进行合理预期时，要注重商品生命周期、知识产权期限、创新周期等因素的相互作用，同时各因素之间应综合评估，对不同类型的商品的各个因素也要有所侧重。以在线支付商品（包含应用及服务）为例，支付商品较为稳定，生命周期较其他互联网商品相对较长，应重点分析创新因素，在合理预期范围内加大对支付商品所提供的增值服务和叠加服务的考察，譬如，支付宝提供的支付红包、蚂蚁森林能量等。而对于部分软件商品虽然立法规定了一定的知识产权期限，但是大部分软件的生命周期并未能达到此期限，故在界定相关时间市场时

应结合商品生命周期，对相关时间市场的范围作出合理设置。❶

（二）认定市场支配地位方法失灵背景下传统竞争违法行为的重读

随着互联网新经济的纵深发展，近年来世界范围内超级平台的崛起，改变了互联网市场经济早期发展的基本组织样态和商业行为模式，互联网市场呈现出由起初的低门槛准入和去中心化运行到逐渐显现出向结构中心化和行为聚合化的转向。面对这一新形势的悄然出现和快速增长，现行《反垄断法》的适用遇到了严峻挑战。具体而言，在互联网市场中普遍存在的双边或多边市场结构使得相关法律关系的识别日益复杂，某一市场上的竞争行为的效果可能出现在其他一边或多边市场上，致使涉嫌违反竞争行为的认定难度增加，违法限制、排除竞争行为更具隐蔽性。譬如，在互联网市场上，受到双边或多边市场结构中交叉网络外部性的影响，经营者可以通过调整价格结构和定价策略实现不同的市场效果，价格的非对称性成为互联网市场商业模式的常态。为平衡不同市场间不同用户的需求，经营者往往会对需求弹性较大的一边收取低于成本的定价，以吸引其参与到多边平台市场上进行交易。❷ 故此，互联网经营者降低或者提高价格的行为可能仅是一种商业策略，该策略的使用很可能基于多边市场本身的特性而非滥用市场支配地位的行为。如此现行反垄断法理论与实践中对经营者在市场上降低价格，甚至低于成本价的定价行为的认定态度和方法就很可能难以适用于互联网双边或多边市场结构的情况。互联网竞争行为的复杂性和竞争效果的模糊性正在挑战现行《反垄断法》的经典理论原理与传统实践原则。

四、应对互联网市场固化的建议

随着互联网新经济不断地纵深发展，其基本组织样态和商业行为模式正在发生变化。这种变化既不同于传统经济样态和行为模式，也有别于互联网经济自身早期发展的状态。这就为现行竞争法治体系的制度构造和实际运行带来了挑战。当前，互联网市场组织形态和竞争行为从早期的去中心化和开放竞争向高度趋中心化和封闭排他竞争转向，出现了以超级平台竞争为表征的固化竞争，这正在成为互联网市场发展的未来趋态。故此，为应对互联网市场固化的

---

❶ 杨文明. 网络经济中相关市场的界定［J］. 西南政法大学学报，2012（4）.
❷ 蒋岩波. 互联网产业中相关市场界定的司法困境与出路：基于双边市场条件［J］. 法学家，2012（6）.

进一步加深所带来的反竞争危害和潜在风险，亟须从竞争法治体系的制度和实践层面作出及时有效的响应，以保障和激励互联网市场经济在我国持续健康的发展。

（一）革新制度方法

首先，竞争法需调整和健全关于相关市场界定和市场支配地位认定的相关规定。值得注意的是，虽然相关市场界定仍是认定市场支配地位的重要基础，但是随着互联网市场的不断发展变化，商品功能日益多样化且具有复合性，导致不同市场的边界日益模糊。对于此种情形，有学者认为可以适当弱化对相关市场界定的依赖性，改从其他因素入手判断经营者的市场支配地位，❶ 可以尝试改变现有的以市场份额为主的市场支配地位认定标准，结合互联网市场构造下的交叉网络效应、用户锁定效应等特征，引入更加多元化、灵活化的符合互联网行业特征和竞争特性的识别标准。

其次，对于传统反竞争行为在互联网场景下的识别与认定问题，需要结合互联网经济新特征及其不断演化的情势及时更新适用标准，制定更加灵活智能的适用规范。譬如，对上述提及的涉嫌掠夺式定价行为的识别，仅依据一方市场的定价行为并不能达到正确评估的目的，特别是对大数据环境下经营者可能实施的反竞争行为的识别，还需明确制定评估经营者掌握和处理相关数据的能力的参考标准，从多维度提供观察经营者数据能力的规范依据。譬如，规定经营者实施的哪些行为会对其他竞争者的数据收集利用产生限制等。当然，多维度的评价体系可能导致对反竞争行为的识别更加困难，故可以考虑在充分结合相关理论研究及实践经验的基础上，细分互联网产业相关行业，将行业特征和标准纳入具体制度的实施指南中进行细化甚或量化，使识别方法具有确定性和可操作性。

（二）改进实施机制

当前，在相关规范尚未有效跟进的情况下，在具体案件中发生的相关市场界定、市场支配地位认定，以及反竞争行为违法性识别等问题，对具体实施人员综合素养提出了更高要求。首先，实施人员需要能够准确把握竞争法基本原理，综合运用法学、经济学、统计学及案件所涉专业领域的相关知识；其次，在提高反垄断法司法执法工作人员入职门槛的同时，做好定期专业能力提升培

---

❶ 亓玉霞. 互联网行业滥用市场支配地位认定中的相关问题分析：基于"奇虎诉腾讯垄断案"的思考 [J]. 中国价格监管与反垄断，2018（12）.

训，针对互联网新经济发展的特征和规律开展司法执法理论及实务研讨，组织跨机构、跨地域、跨领域的办案经验交流，提升司法执法人员对互联网市场所涉专业性、技术性问题的了解；最后，注重专家团队建设，培养具有善于发现和研究新问题、擅长办理复杂案件的专家型人才，做好"传帮带"的工作。

在做好实施人员及团队培养和建设的同时，依据互联网新经济发展的最新特点和现实规律，调整和改良司法执法程序及责任机制以保障相关立法目的有序有效实现就显得十分重要。程序机制是检验法律实施水平，衡量实践科学性、公正性的关键指标和必要支撑。互联网新经济的诸多新特点，可以在保证司法执法结果公正且合理的情况下，对程序进行适当的"减负"。譬如，通过引入快速审查机制（Quick Review Mechanism），简化经营者市场支配地位的证明程序和要件等，从而降低举证成本，提高诉讼效率。❶ 当然这种程序优化或者说"减负"是有限度的，必须以遵从证据特别是直接证据的合法性、真实性及客观性为基础，保障证据与证明问题之间的关联性及盖然性的成立为前提，方可简化必要程序以确保现有反垄断法律法规适应互联网新经济向纵深发展且快速变动的趋势。同时，根据互联网市场活动的特点，对司法执法环节所适用的方法和手段进行调整和优化，尤其是对电子证据的固定、提供、采信等问题。这一点在 2019 年 12 月 25 日最高人民法院公告的《最高人民法院关于民事诉讼证据的若干规定》（法释〔2019〕19 号）中已有规定，下一步需要完善的是将程序性规定与反垄断法实体规则相融合。

值得注意的是，因应互联网动态竞争的特征，企业所面临的潜在竞争比现实竞争更为激烈，创新成为衡量市场竞争的关键要素，在实施机制中引入系统的创新评估方法显得尤为关键和必要。创新评估必须坚持多措并举、一体化系统评价的原则，尽快建立科学的创新评价指标体系，在对创新科技发生和运行的现实或潜在场景的精准分析和科学预估的基础上，客观评价互联网信息技术和数字数据技术创新的效益与风险。在这一创新竞争中最重要的是技术竞争。对于技术竞争需要重点考察研发活动，不仅要区分其支出和发展趋势，更要考虑开展研发的难易程度，综合分析产品创新所带来的性能提高，以及对于消费者消费活动的影响；不仅要关注类似技术的特征和应用，更要着眼于不相似或非同质化技术所带来的相似应用场景，将创新评估挖掘延伸到产业阶段，做好专利和产业数据挖掘与专家评价的融合，谨慎界定动态竞争的竞争范围，从而真实地反映市场竞争样态。与此同时，还应提高评估实施人员对创新评估的认

---

❶ MANNE G A, WRIGHT J D. Google and the Limits of Antitrust: The Case Against the Antitrust Case Against Google [J]. George Mason University Law and Economics Research Paper Series, 2011 (34): 1 - 76.

同感，加强创新评估贯穿于反垄断经济分析的全过程，做好创新评估与其他传统反垄断分析要素及方法的科学对接，完善反垄断实施机制。

（三）转变规制理念

面对互联网新经济的纵深发展，新技术的运用和创新正在改变市场竞争规制的基本原则与方法，但仍有待于进一步观察和检验。在这一背景下，审慎宽容与及时有效看似一组矛盾的实施理念，然而两者却需要密切配合，交互使用。简言之，既不要过度干预，也不要缺乏调控，在防治假阳性增多引发的过度实施反垄断法的同时，更需要注意对假阴性现象导致的反垄断法实施不足的风险的化解，后者可能在互联网场景下更加值得关注。

事实上，在推动反垄断法于互联网领域的实施过程中，成本最低、效果最优的莫过于参与竞争的各类主体主动守法。基于此，鼓励和支持互联网企业主动守法，积极构建行业自治和自律规范，打通国家法与行业软法之间的运行通道，将竞争法治观念、文本及实施机制通过普法宣传、行业培训、企业治理、人员遵从等维度注入互联网企业能力建设之中。此外，互联网企业作为互联网市场竞争最重要的参与者和作为互联网市场竞争秩序维护者的政府在反垄断法守法层面的理想情形是经营者和政府都能自觉遵守反垄断法，不仅要防止经济上的垄断，也要预防基于行政权力滥用发生的垄断。只有这样才能更好培育和运行竞争文化，❶ 切实有效地推动反垄断法对互联网市场固化趋态的应对。

五、结　语

互联网市场竞争所展现出的强烈的动态特征，客观上能有效促进市场自由公平竞争，降低和减弱垄断可能产生的危害。然而该动态竞争特征的存在，并不意味着互联网市场可以无需竞争法等外部制度和手段的调控而实现完全的自我调节。在互联网新经济向纵深发展的过程中，全新的更难突破的市场壁垒正在形成，数据作为互联网市场竞争新的核心要素在激励创新的同时，正在不断固化超级平台已经形成的市场支配地位。互联网市场的组织结构和行为模式正朝着高度中心化和排他聚合化的方向转变，这极大增强了对互联网领域反竞争行为识别与认定的难度。故此，有必要聚焦在互联网市场固化趋态演化中出现的问题，从制度革新和实施优化等维度提出应对方案。虽然互联网市场竞争的

---

❶ 陈兵. 我国反垄断执法十年回顾与展望：以规制滥用市场支配地位案件为例的解说［J］. 学术论坛，2018（6）.

动态性仍是当前市场发展的主基调，但是不能忽视固化趋态亦可能对市场竞争、科技创新以及消费者利益造成不可逆的损害，故必须对互联网市场不断强化的竞争固化保持高度重视。

（原文刊于《江汉论坛》2020 年第 3 期，收入本书时有改动）

互联网经济发展对《反垄断法》调适的影响及回应

　　《反垄断法》自 2008 年 8 月施行后将迎来首次大修，为适应新时代经济社会发展的新定位和新动向，国家市场监督管理总局于 2020 年 1 月 2 日发布了《〈反垄断法〉修订草案（公开征求意见稿）》（以下简称《公开征求意见稿》），旨在与 2019 年 9 月 1 日起实施的《禁止滥用市场支配地位行为暂行规定》《禁止垄断协议暂行规定》《制止滥用行政权力排除、限制竞争行为暂行规定》及尚未出台的《经营者集中审查暂行规定》（已于 2020 年 1 月 7 日发布征求意见稿）等配套规章协同优化我国现行反垄断法律体系。《公开征求意见稿》呈现出进一步明确国家市场监督管理总局执法地位、引入公平竞争审查制度、提升反垄断法执法处罚力度等亮点，❶ 其中第 21 条新增"认定互联网企业市场支配地位"所需考量因素引发了社会各界广泛关注和讨论。

　　在互联网相关产业蓬勃发展的同时，互联网新经济及各种业态对现有法律规范体系的冲击和挑战日益明显，特别是给构筑于现代工业经济组织形态及经济行为模式上的市场规制法律体系的正当性与适用性带来了严峻考验。《反垄断法》作为我国社会主义市场经济体系现代化建设中的基本法，尽管在颁布后的十余年间对市场经济的规制作用明显，但面对不断涌现的互联网新型竞争行为，特别是对平台经济体等新型互联网企业涉嫌滥用市场力的行为仍显乏力。基于此，此次《公开征求意见稿》针对互联网行业可能出现的限制、排除竞争行为作了专门性规定，如在立法目的条款中增设"鼓励创新"的内容，但在具体的实体和程序条款设计中仍存在诸多不足，亟待深入研读，以及时回应社会各界对互联网经济被纳入《反垄断法》调整时面临的挑战与困惑。

---

❶　陈兵.《〈反垄断法〉修订草案（公开征求意见稿）》的亮点与重点［EB/OL］.（2020 - 01 - 13）［2020 - 01 - 21］. https：//www.thepaper.cn/newsDetail_forward_5466487.

一、从增设内容"鼓励创新"来看规制互联网经济的总体思路

从《公开征求意见稿》第 1 条立法目的中添加"鼓励创新"后的整体表述中可以看出，此次修订《反垄断法》的主要初衷是促进新时期国家治理现代化建设进程，关注互联网数字经济新业态发展，与国内外反垄断通行做法接轨等。前沿科技产品和服务的不断创新促使各行业经营者不断追求最大利润、扩张市场份额、保持竞争优势已是普遍共识，"大众创业、万众创新"理念释放出制度化的积极信号，故将"创新"纳入立法初衷正当其时。需注意的是，该表述对于各行业影响程度不尽相同，以互联网行业为代表的新经济业态相较传统行业将从中受益巨大，主要可在互联网行业自身内在需求与反垄断规制外部结构两方面得以体现。

（一）动态创新为互联网经济的驱动力

互联网经济本质上由其商品和服务（以下统称"商品"）不断创新为驱动力，高度的动态创新性是互联网行业的基本属性与命脉所在。❶ 结合著名经济学家熊彼特提出的"创造性毁灭"（Creative Destruction）理论，互联网经济环境下技术创新速度的加快不仅对既有技术的打击更具毁灭性，且技术革新周期大幅缩短使得回收技术成本更加困难。唯有不断适应激烈的竞争环境、协调创新过程中各方利益，才能在"创造性毁灭"的巨大压力下长期保持市场优势地位。

从工业和信息化部网络安全产业发展中心近五年发布的"中国互联网企业 100 强发展报告"，可看出互联网行业的高度动态创新特性（见表1）。

表 1　2015—2019 年中国互联网企业十强排行榜及排名变化

排名	2015 年	2016 年	2017 年	2018 年	2019 年
1	阿里	阿里（→）	腾讯（↑1）	阿里（↑1）	阿里（→）
2	腾讯	腾讯（→）	阿里（↓1）	腾讯（↓1）	腾讯（→）
3	百度	百度（→）	百度（→）	百度（→）	百度（→）
4	京东	京东（→）	京东（→）	京东（→）	京东（→）
5	360	360（→）	网易（↑2）	网易（→）	蚂蚁金服（原属阿里）
6	搜狐	搜狐（→）	新浪（↑8）	新浪（→）	网易（↓1）

---

❶ PITOFSKY R. Antitrust and Intellectual Property：Unresolved Issues at the Heart of the New Economy [J]．Berkeley Technology Law Journal，2001（16）：535 – 560.

排名	2015 年	2016 年	2017 年	2018 年	2019 年
7	网易	网易 (→)	搜狐 (↓1)	搜狐 (→)	美团 (↑1)
8	新浪	携程 (↑1)	美团 (↑3)	美团 (→)	字节跳动 (↑3)
9	携程	唯品会 (↑5)	携程 (↓1)	360 (↑1)	360 (→)
10	搜房	苏宁 (↑9)	360 (↓5)	小米 (↑1)	新浪 (↓4)

注：（→）为排名不变，（↑N）为相较上年度排名上升 N 位，（↓N）为相较上年度排名下降 N 位。

表 1 中，除具有行业领先地位的阿里、腾讯、百度和京东连续五年保持前四名外，后续企业排名几乎每年都有变化。而阿里和腾讯作为我国互联网行业第一梯队，两者的排序也非一成不变，整个互联网行业在动态创新驱动下的竞争之激烈与合作之博弈可见一斑。

借助技术创新，在位企业可不断强化其竞争优势地位，但从另一角度而言，互联网行业激烈的创新竞争会使该行业内企业获得或失去优势地位比传统行业更快，故技术创新速度越快，企业保持市场优势乃至垄断地位的周期越短、难度越大。问题的症结在于，针对互联网行业的反垄断执法能否实现消费者权益保护与科技产业创新间的协调平衡。反垄断执法部门的不当干预将挫伤互联网行业的创新内在驱动力进而最终折损社会整体福利，但高度的动态创新性又极易使科技巨头在有意无意间越过法律的规制边界。鉴于互联网行业的高度动态创新性为其内在的发展原动力，故有学者建议对该行业的反垄断规制"宜宽不宜严"。❶然而，当前国内外反垄断执法经验及《公开征求意见稿》新增条文所传达的信号显示，互联网行业监管呈总体收紧趋势，故有必要进一步明确"内部创新—外部监管"的反垄断规制逻辑，以为后续明确互联网行业反垄断具体考量因素奠定合理性基础。

（二）创新竞争为反垄断规制的出发点

技术创新作为衡量市场绩效的重要指标，如何在创新与竞争间实现协调平衡是理论学界长期致力解决的重要命题。目前，以西方经济学家为主的代表性观点集中于技术创新与市场结构两者关系表征，体现为以下三种典型流派。

其一，寡头垄断有利于创新。以熊彼特为代表的学者强调垄断的市场结构

---

❶ 傅瑜，隋广军，赵子乐. 单寡头竞争性垄断：新型市场结构理论建构：基于互联网平台企业的考察 [J]. 中国工业经济，2014 (1).

更有利于实现技术进步。同时，为保持其垄断地位，巨头企业有足够的内在驱动力持续、密集地进行科技创新。其二，完全竞争更有益于创新。以肯尼斯·阿罗为代表的学者认为充分竞争的市场环境更能激发创新潜力。在完全竞争环境下，企业迫于生存压力和发展需要，将始终以创新为第一要务。其三，垄断与竞争并存适宜创新。以卡曼和施瓦茨为代表的学者将最有利于创新的市场结构定义为垄断与竞争并存。在该结构下，影响技术创新的因素来源于三方：竞争程度、企业规模和垄断力量。当竞争与垄断相互制约时，企业既能避免寡头与合谋所带来的创新惰性，又能避免完全竞争环境下市场力量分散所导致的创新不足。

基于上述三种流派的观点，聚焦互联网行业创新与竞争两者关系，笔者认为，采取竞争性垄断市场结构进行分析更契合行业特征与监管需要。这一市场结构在保持科技企业内在创新动力之余，能够有效激发市场自我约束力，从而降低反垄断规制过度干预的风险。结合互联网行业的高度动态创新性、较低的市场进入门槛、较快的技术革新周期，使得互联网企业为获得垄断地位的巨额利益，在完全竞争的生存压力下要时刻保持科技创新的原动力。

1995 年美国司法部与联邦贸易委员会在联合发布的《知识产权许可反垄断指南》中首次提出"相关创新市场"概念，倡导执法机构应从动态角度评估市场，充分认识创新作为一种非价格因素在提升社会福利、降低垄断消极影响上的突出作用。《公开征求意见稿》在向社会公布时，在第 1 条立法目的中新增"鼓励创新"的内容，在宏观层面是对当前市场经济各行业赋予的制度新动能，在微观层面则有大力倡导互联网等新经济业态之意。在国际视野上，此次修订表明我国要主动吸纳反垄断执法、司法发达国家和地区的最新成果经验；在国内情势上，《反垄断法》作为现代化市场经济制度运行的基本法，明确鼓励创新将为我国未来发展数字经济、建设数字强国、把握发展先机提供重要的合法性依据，为后续互联网行业反垄断规制思路的具体展开设置基本出发点。

二、从互联网竞争主要特征解析反垄断规制架构

《公开征求意见稿》在"鼓励创新"的总体思路下，为进一步明确互联网领域反垄断规制架构而重点新增第 21 条相关内容，从认定"互联网等新经济业态经营者具有市场支配地位"这一角度针对性廓清互联网竞争主要因素特征。相较 2019 年 9 月 1 日起施行的《禁止滥用市场支配地位行为暂行规定》（以下简称《暂行规定》）第 11 条，《公开征求意见稿》删除了"相关行业竞争

特点""经营模式""用户数量""技术特性""市场创新""经营者在关联市场的市场力量"等因素，仅保留"网络效应""规模经济""锁定效应""掌握和处理相关数据的能力"四项因素。根据文义解释，《公开征求意见稿》似乎是对互联网经营者市场支配地位的考量因素进行了一定幅度的限缩。而实际上，以微观经济学垄断理论结合立法技巧，《公开征求意见稿》第21条的新增内容明确表达了两层含义：第一，凸显互联网行业经营者区别于一般经营者的显著特征；第二，须尽量精准概括互联网经济业态核心特征。仔细考察前述四项保留因素，实则相互关联并体现了互联网行业盈利模式的全周期流程。

（一）网络效应

网络效应作为互联网产业的本质特征，被置于《公开征求意见稿》第21条新增内容的第一顺位，其重要性可见一斑。随着互联网经济发展，以平台为代表的双边市场模式得以广泛运用，直接和间接网络效应界限日益模糊，互联网平台两端客户间呈现出动态融合的交叉网络效应，即平台一边用户效用除受本方产品及用户数量影响外，还受平台另一边产品质量和数量及用户规模影响。故对互联网平台企业而言，相较于单边市场环境下所要考量的网络效应类型，交叉网络外部性正日益成为平台型企业运营决策过程中不可或缺的关键性因素。

当然，传统产业经由互联网实现物理联结，同样具有一定程度上的网络效应。但因其核心产品多为具有客观物理属性的实物产品，受限于信息网络传输虚拟性，难以做到互联网产业般的便捷流通、实时反馈、指数增长。此外，传统行业以稀缺物理资源为生产要素，用户网络地域范围相对狭窄，难以将互联网效用发挥至极致。而互联网行业语境下的网络效应具有庞大的用户体量，一旦用户数量达到规模临界点，将形成正向经济价值反馈机制，进而产生锁定效应，提升转移成本，形成"赢者通吃"的市场现象。这正是当前反垄断规制介入的直接原因。

（二）规模经济

网络效应作为互联网产业有别于传统产业的首要特征，为分析互联网市场模式提供了逻辑起点，但真正促使互联网产业具有市场结构颠覆性力量的却是基于需求供给双方庞大的规模经济。遗憾的是，"规模经济"作为《公开征求意见稿》关涉互联网经济业态新增条款中的重点表述内容，原始语义却源自工业经济规模化生产基础理论，在互联网语境下尚缺乏准确定义，有必要结合前述网络效应的三种模式对其内涵范畴与竞争策略予以界定。

首先，在直接网络效应作用下，扩大用户数量是经营者在市场竞争中保持优势地位的关键所在。对于经营者而言，互联网产业的产品兼容性选择与技术标准代替了传统产业的产品价格与质量成了主要考量因素。此外，网络效应会凸显某一技术的先进性和易用性，从而使其成为行业通用技术标准。掌握该标准的企业可因"马太效应"迅速达到规模临界点，从而锁定用户、提升转移成本并最终垄断市场。

其次，在间接网络效应作用下，互联网产品互补类型、数量和质量成为经营者市场竞争的主要着眼点，通常采用捆绑搭售或纵向一体化竞争策略。捆绑搭售作为互联网常见销售现象，借助互联网庞大用户基数和价格杠杆原理，可有效提升互联网产品差异化，迫使独立销售捆绑产品的竞争对手降低价格，对经营者获取高额利润作用明显。❶ 此种策略的消极影响是，互联网上下游企业施行纵向一体化后通常会形成双寡头垄断竞争性市场结构。

最后，交叉网络效应使得平台双方交易规模在"鸡蛋相生"循环中迅速扩大，平台借助合理定价结构使其在一方低价甚至免费情况下仍能保持高额利润。平台经由撮合两边用户需求的方式形成强依存性，在此基础上通过价格歧视先行提升平台一边消费者预期从而推动该边网络规模形成，再借机将聚合而成的大规模用户需求传导至平台另一边完成规模化聚集。因此，双边市场模式下定价策略成为互联网平台企业竞争市场份额的关键所在。

尽管对规模经济分析的逻辑起点主要源自用户需求，但需求与供给间的共生关系使得互联网行业在供给端同样发展迅猛，较高市场集中度有利于发挥需求与供给双重规模经济优势从而大幅提升行业利润。无论是直接网络效应下经由产品兼容与标准统一对用户规模进行快速积累，还是间接网络效应下互补品企业间横向捆绑搭售或纵向一体化联合，抑或交叉网络效应下平台以倾斜价格结构对双边用户规模进行循环扩展，都将产生需求规模后的巨量经济价值。Google、Facebook、亚马逊等世界知名科技巨头在借助网络效应形成规模经济后，除向一般用户提供标准化共性商品外，尤其善于挖掘和满足个性化需求从而形成互联网经济的"长尾效应"，在很大程度上加剧了对市场竞争秩序的潜在威胁。网络效应、规模经济与长尾效应三者间的内在关联如图 1 所示。

---

❶ CHOI J P, STEFANADIS C, et al. Tying, Investment, and the Dynamic Leverage Theory ［J］. RAND Journal of Economics, 2001, 32 (1): 53 – 58.

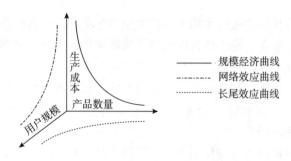

图1　网络效应、规模经济与长尾效应三者间的内在关联

工业经济背景下的规模经济曲线结合互联网时代的网络效应曲线，在用户规模与产品数量二维平面投射出的曲线即为"长尾效应"经济。由于互联网仓储管理便捷，检索反馈迅速，商品种类丰富，即便是需求量不大的产品亦可借助互联网用户庞大规模基数而提升利润总量。随着互联网行业竞争日益激烈，具有优势地位的科技企业尤其是平台型企业将用户需求开发至极致并精确锁定，使用户对平台的依赖性不断加深，在基础数据复制接近零边际成本、同质化竞争激烈之背景下，充分利用长尾效应中用户需求在不同类型产品上的表征，有效提升用户转移成本，对其他经营者形成竞争优势，甚至形成排除、限制竞争效果。

（三）锁定效应

长尾效应对互联网行业经营者尤其平台型企业易形成正向效用，但对互联网一般用户则易形成某种消极影响。用户锁定效应将限制需求流动性，从而提升企业在互联网市场中的优势地位，使其能够实施垄断性竞争策略并获得高额利润。该过程本质上是互联网企业利用"长尾"经济模式同用户进行博弈。在分析"用户锁定"内涵之前，须对其产生的直接诱因和核心概念即转移成本予以明确。相较于传统产业，互联网等具有强网络效应与庞大用户基数的产业领域形成转移成本更加隐蔽，对行业间竞争秩序的潜在影响通常难以被准确预估，因此也愈发受到现行市场规制法律体系的重点关注。观察转移成本的运作机理可知，表面上互联网行业经营者以其竞争策略不断提高用户黏性，降低用户消费弹性，从而使在位企业始终保持市场优势地位乃至一定程度的垄断效果。实际上，科技巨头旨在保持"斯坦克尔伯格"先发优势，无形中不断提高市场进入壁垒。❶ 当潜在竞争者试图进入该市场争夺份额时，其产品在定价

---

❶　王琦，吕廷杰. 先发优势与互联网互联互通阶段政策［J］. 北京理工大学学报（社会科学版），2006（1）.

上不能高于在位企业产品价格与转移成本间的差值。换言之，转移成本越高，新进入企业产品定价只有更低方能吸引用户改变产品选择。这对于新兴互联网企业的市场进入无疑将造成重大阻碍。

（四）掌握和处理数据的能力

网络效应、规模经济及锁定效应等特性代表着互联网经济业态在物理基础、经营者与用户三个层面的突出指征与内在关联。原始数据经由大数据处理分析再结合企业特定算法后，数据运算结果能够帮助互联网企业尤其平台型企业进行精准预测和科学决策。当前，社会广泛关注的人工智能与区块链技术无一不以海量信息数据和强大网络效应为基础，故数据已成为未来经济发展的重要战略资源，被纳入反垄断等市场竞争规制视野属应有之义。《公开征求意见稿》将"掌握和处理相关数据的能力"作为考察互联网企业滥用市场支配地位的主要因素之一正当其时，然而《公开征求意见稿》的表述较为概括，须结合当前竞争法学界关于数据研究主流的观点对其进行明确界定。

自以互联网为代表的数字经济迅猛发展之时起，竞争法学者便积极呼吁对其核心数据要素进行重点关注和市场规制。❶ 若考虑单个数据或某类数据并不具有特殊意义，但若数据体量很大且能对现实社会生活进行精确映射，那么该类数据集就将具备经济价值意义上的变现转化效果。这就是当前以平台为首的互联网巨头竞相争夺数据资源、维护自身数据生态的根本原因。❷ 反垄断法律规制是当前在更大范围内推动数据创新、提升数据效率、维护数据正义的重要制度工具。数据或大数据市场的反垄断规制需要从市场竞争正向激励价值与逆向垄断风险双重维度，积极平衡数据共享与数据专享关系，合理设定反垄断规制限度，最终实现反垄断法分析范式升级更新。❸

在具体规制中，应采用以反垄断法为主、其他法律为辅的综合路径，协同《反不正当竞争法》《电子商务法》《网络安全法》《电子签名法》《网络交易管理办法》《互联网广告管理暂行办法》《网络零售第三方平台交易规则制定程序规定（试行）》等法律、法规或规章，对市场竞争中具有正向激励价值的市场反馈预测与市场链接功能，及可能具有逆向垄断风险的数据获取和处理能力予以反垄断因应规范，从而促进并规范数据市场的有序竞争。综合《公开

---

❶ 陈兵. 大数据的竞争法属性及规制意义 [J]. 法学，2018 (8).
❷ 韩春霖. 反垄断审查中数据聚集的竞争影响评估：以微软并购领英案为例 [J]. 财经问题研究，2018 (6).
❸ 殷继国. 大数据市场反垄断规制的理论逻辑与基本路径 [J]. 政治与法律，2019 (10).

征求意见稿》第 21 条中四项要素特征的学理内涵，可如表 2 所示对应分配反垄断规制依据，以期为未来互联网行业反垄断规制设置制度衔接入口。

表 2　互联网竞争要素反垄断规制理路及依据

规制要素	要素主要内涵	对象主体范畴	反垄断规制依据
网络效应	①直接网络效应 ②间接网络效应 ③交叉网络效应	物理基础层	①经营者集中 ②横向、纵向垄断协议 ③滥用市场支配地位
规模经济	①用户数量 ②横向兼容、纵向一体化 ③倾斜定价结构	经营者层	①经营者集中 ②横向、纵向垄断协议 ③滥用市场支配地位
锁定效应	①技术锁定效应 ②用户锁定效应	用户技术层	①以反不正当竞争法为主 ②以反垄断法为主
数据能力	①市场反馈预测（正向） ②市场链接作用（正向） ③数据安全风险（逆向） ④市场进入壁垒（逆向）	法律规制层	反垄断法为主协同下列相关法律、法规或规章： ①电子商务法、电子签名法 ②反不正当竞争法 ③网络安全法 ④网络交易管理办法

三、互联网领域反垄断法调适的初步方案

《公开征求意见稿》中除了直接关涉互联网行业的第 1 条立法宗旨与第 21 条滥用市场支配地位考察因素外，还有诸多亮点将为包括新经济业态在内的多种市场主体提供制度新动能。当然，总计 8 章 64 条《公开征求意见稿》仍有不足之处，过分苛责其立法滞后或步伐保守并不具有实际意义。但对法律基本术语不明确、权责比例不协调等非时效性问题，有必要建言献策以坚定当前反垄断立法的总体方向与制度自信，推动我国竞争法律体系现代化升级并与国际接轨。

（一）关键概念须明确语义理由

除前文重点分析的《公开征求意见稿》第 21 条外，其余间接关涉互联网行业反垄断规制的概念术语，无论删减或新增均应进行理由阐释或适用解读，以保持立法的内在逻辑协调一致。有关的概念术语具体包括《公开征求意见稿》第 20 条删除的"条件相同"与第 23 条调整了现行《反垄断法》第 20 条

规定的"施加决定性影响"要件，以及第 30 条所对应的"停表制度"。

关于《公开征求意见稿》删去"条件相同"的相关表述，第 20 条仅表述为禁止"没有正当理由，对交易相对人在交易价格等交易条件上实行差别待遇"，对比早前颁行的《暂行规定》第 19 条，删除了对交易相对人要求其"条件相同"的表述。现行《反垄断法》第 17 条与《暂行规定》第 19 条保持一致，均强调"条件相同"，且《暂行规定》中将其明确阐释为"交易相对人之间在交易安全、交易成本、规模和能力、信用状况、所处交易环节、交易持续时间等方面不存在实质性影响交易的差别"。在《公开征求意见稿》中删除"条件相同"的表述于实体规定上放大了经营者滥用市场支配地位的空间，同时于法律适用程序上也存有隐患，建议国家市场监督管理总局对其立法考量进行理由说明。

《公开征求意见稿》在第四章"经营者集中"部分将现行《反垄断法》中"对其他经营者施加决定性影响"的表述删除，将其调整纳入"控制权"范畴，并阐释其内涵为"指经营者直接或者间接，单独或者共同对其他经营者的生产经营活动或者其他重大决策具有或者可能具有决定性影响的权利或者实际状态"。出于建立和维护市场有效竞争之目的，"经营者集中"应当涵盖能够直接或者间接对其他企业产生支配性影响以致能够改变市场结构的其他经济活动，如两个企业共同建立一个长期的且具有独立经济实体功能的合营企业，即它们共同的子公司因为这个子公司的建立可以改变市场结构，这在美国《反托拉斯法》、《欧共体竞争法》中都被视为企业并购活动，如《美国克莱顿法》第 7 条和《欧共体并购条例》第 3 条第 4 款的规定。❶ 然而，在 2020 年 1 月 7 日国家市场监督管理总局公布的《经营者集中审查暂行规定（征求意见稿）》（以下简称《经营者集中暂行规定》）第 1 章"总则"第 3 条第 3 款仍然表述为"对其他经营者施加决定性影响"，体现了由于立法工作步调不统一迫使法律位阶较低的规范性文件只能被动延续旧法表述。故《反垄断法》《经营者集中暂行规定》在后续修订过程中，"经营者集中"这一术语应当在语义内涵及条文设计上保持一致。

此次《公开征求意见稿》亮点颇多，在审查时限方面新增第 30 条"停表制度"便是其中之一。其中列举的几种情形所需时间不计入经营者集中审查"两阶段"时限，增加了个案处理中程序上的灵活性，避免了如撤回再重新申报情况下僵化的审限要求所带来的不必要程序性操作。但停表制度的适用条件和适用方式应受到较为严格的限制，否则可能会削弱审限的正面作用，导致审

---

❶ 王晓晔.《中华人民共和国反垄断法》中经营者集中的评析［J］. 法学杂志，2008（1）.

限的延长和不可预测性。遗憾的是，《经营者集中暂行规定》关于审查时限相关条文，并未对"停表制度"进行具体阐释，仅有第 26 条"在审查过程中，国家市场监督管理总局可以根据审查需要，要求申报人补充提供相关文件、资料。鼓励申报人尽早主动提供有助于对经营者集中进行审查和做出决定的有关文件、资料"这一倡导性规定。若设置单行规范性文件对停表制度进行专门限定会耗费更多的立法资源，将其纳入经营者集中专项规定中应是较为恰当的制度安排，但后续配套规章并未对其进行条文规定的详细解读令人困惑。

（二）反垄断执法机构权责应统一

对比现行《反垄断法》，《公开征求意见稿》第一章第 11 条明确规定国务院市场监督管理部门为反垄断执法机构。《公开征求意见稿》在第一章"总则"部分开宗明义地确立了国家市场监督管理总局在反垄断执法体系中的主体地位，并可"设立派出机构或者授权省、自治区、直辖市人民政府相应的机构，依照本法规定负责有关反垄断执法工作"。积极意义不言而喻，以往多头管理混乱、执法资源不足等弊端被有效克服。但纵观《公开征求意见稿》，对反垄断执法机构权责范畴的界定仍较为概括，且对反垄断执法机构"放权"明显大于"限权"，这对包括互联网企业在内的市场主体而言无疑加大了监管风险应对压力。

首先，赋予了执法机构主动干预调查权。例如，《公开征求意见稿》第 24 条规定"经营者集中达到申报标准，经营者未依法申报实施集中的，或者经营者集中未达到申报标准，但具有或者可能具有排除、限制竞争效果的，国务院反垄断执法机构应当依法进行调查"；第 52 条规定"反垄断执法机构依法对滥用行政权力排除、限制竞争的行为进行调查。被调查的行政机关或者法律、法规授权的具有管理公共事务职能的组织、经营者、利害关系人或者其他有关单位或者个人应当按照要求报告相关事项、提交相关资料，并就报告事项和提供的资料作出说明"。这使得反垄断执法机构可以在合法授权下主动参与经营者集中和行政垄断调查。尤其第 24 条对尚未出现的反竞争风险进行提前预防，其防患于未然的积极作用不言而喻。但反垄断执法机构调查的具体适用流程、限制条件等又未言明，在互联网经济日新月异的动态语境下难免会受质疑。

其次，涉及经营者集中的新增条款赋予了执法机构一定的追溯权。《公开征求意见稿》第 34 条规定"未达申报标准的经营者集中，经调查具有或者可能具有排除、限制竞争效果的，国务院反垄断执法机构可以按照本法第 32 条、第 33 条规定作出处理决定。经营者已经实施集中的，国务院反垄断执法机构还可以责令停止实施集中、限期处分股份或者资产、限期转让营业以及采取其他必要救济措施恢复到集中前的状态";第 51 条规定"国务院反垄断执法机构作出经营者集中审查决定后,有事实和证据表明申报人提供的文件、资料存在或者可能存在不真实、不准确,需要重新审查的,国务院反垄断执法机构可以根据利害关系人的请求或者依据职权,依法进行调查,并撤销原审查决定"。这两条规定促使包括互联网企业在内的经营者在对交易进行反垄断合规判断时,除了需要判断是否符合申报标准外,还需要对可能造成的竞争影响进行一定预判,否则极可能受到反垄断执法机构的调查。

然而,《公开征求意见稿》对反垄断执法机构的义务性规定篇幅极少,仅在第 46 条中有较为直接的表述,即"反垄断执法机构及其工作人员对执法过程中知悉的商业秘密和个人隐私负有保密义务"。法律是权利(力)义务相统一的有机整体,《公开征求意见稿》对反垄断执法机构赋权无可厚非,这是实现立法目的、保障实施效果不可或缺的,但义务性规定的弱化极易导致执法过程中监管机构因缺乏制度约束而过度干预、过分裁量或权力寻租。

（三）坚定立法方向,激励自主创新

在《公开征求意见稿》第 1 条立法目的中增加"鼓励创新"内容之后的整体表述中可知此次修订具有关注互联网数字经济新业态、接轨国内外反垄断通行做法等立法初衷。《公开征求意见稿》的新增内容即第 4 条的"强化竞争政策基础地位"、第 9 条的"建立和实施公平竞争审查制度"、第 17 条的"禁止经营者组织、帮助其他经营者达成垄断协议",以及将现行《反垄断法》第 13 条的"垄断协议"内容抽出单设为第 14 条等,均体现出《公开征求意见稿》对反垄断法修订的严谨性、科学性及时效性的全面考量,对于互联网行业等新经济业态予以肯定和支持的态度,传递出未来立法的积极信号。但总体而言,仍然预留了较大的立法空间,尤其在互联网行业反垄断规制条文设计上稍显简略。以认定互联网经营者市场支配地位为例,互联网领域的市场支配地位认定问题一直是世界性难题,要不要界定相关市场、界定方法如何选择、支配地位如何认定等问题始终是反垄断法实施的主要瓶颈问题。《公开征求意见稿》参照了《电子商务法》第 22 条以及《暂行规定》第 11 条中的有关规定,进行了概括化的表述,表明未来互联网领域类似奇虎诉腾讯滥用市场支配地位案中的"二选一"现象将不会再超脱于反垄断规制体系之外。但关于规制的具体操作路径与认定标准,《公开征求意见稿》并未言明。2019 年 8 月 8 日,《国务院办公厅关于促进平台经济规范健康发展的指导意见》(国办发〔2019〕38 号)(以下简称《指导意见》)曾要求国家市场监督管理总局负责制定出台网络交易监督管理有关规定，依法查处互联网领域滥用市场支配地位限制交易、不正当竞争等违法行为，严禁平台单边签订排他性服务提供合同，保障平台经济相关市场主体公平参与市场竞争。《指导意见》作为规范性文件，其相关政策精神可以纳入此次《公开征求意见稿》中，以为后续法律法规预留制度入口。尽管此次《公开征求意见稿》在某些问题上留有遗憾，但其方向和思路是值得肯定的，应当坚定不移地保持并逐步加快修法速度。

此外，在此次反垄断系列修法活动中，除以上立法缺憾外，亦不乏具有积极意义的重要转变，借助敏感条文内容的删减使得反垄断立法定位更加明确，法律实施更具国际视野。我国现行《反垄断法》第31条规定"对外资并购境内企业或者以其他方式参与经营者集中，涉及国家安全的，除依照本法规定进行经营者集中审查外，还应当按照国家有关规定进行国家安全审查"，而《公开征求意见稿》第36条将该相关内容简化为"经营者集中涉及国家安全的，应当按照国家有关规定进行国家安全审查"。外资并购中国家安全审查的规定说明中国关于引进外资的经济政策已根据现实国情进行了适当调整。高度重视引进外资和国家经济安全间的利益冲突固然有必要，但外资并购中的国家经济安全审查不属于国家竞争政策范畴，且关涉互联网的经济业态天然地具有全球化特性，国家经济安全审查的任务不应当由反垄断执法机构承担。特别在《国家安全法》出台以后，涉及经济领域的国家安全问题已经得以明确，反垄断法律群域仅需提供制度衔接入口即可。如此，既缓解了当前反垄断执法资源紧张的压力，又降低了互联网等经济领域外资合作的政治敏感度，在同国际通行做法的接轨上又迈出了关键一步。再结合后续《经营者集中暂行规定》中反垄断执法机构对企业并购审查相关条文的表述，可以看出，基本上没有单设与境外企业经营者合并的注意事项，更没有国家安全审查的类似规定，由此体现了我国反垄断法律体系在坚持制度自信基础上的日趋成熟和完备。

（四）互联网经济中亟待回应的挑战

接下来可具体结合《反垄断法》三大主要违法行为规制类型，针对互联网行业已经显现或潜在的风险进行及时有效的跟进与应对。

第一，警惕数字化卡特尔对垄断协议制度及其规制方法的冲击。随着数字经济的发展，互联网环境下的大数据结合特定算法能够轻易形成"数字化卡特尔"这一更为隐蔽的新型垄断协议形式，相较于传统垄断协议而言既能利用实时数据操控卡特尔，又能借助企业间数据选择性共享传递市场分割合谋信号，整体隐蔽性更强且波及面更广。此类基于数据算法形成的默示合谋虽短期内难以进行有效监管，但需提早在立法中预留制度入口，警惕其潜在的反竞争风险。

第二，回应互联网经济新型市场竞争行为对滥用市场支配地位行为规制制度的挑战。近年来出现了一系列如互联网平台排他性交易、封锁屏蔽、数据拒绝交易推高市场准入门槛、大数据杀熟损害消费者利益等涉及滥用市场支配地位行为的反竞争行为和现象，且有常态化、规模化、公开化愈演愈烈的趋势。从长远看对初创型中小经营者、平台内经营者、作为普通消费者的用户以及第三方开发者的利益造成了较大的反竞争危害，或者是暗埋了巨大的抑制创新的潜在风险。

第三，关注数字经济特别是数据经济发展对经营者集中控制制度的现实挑战和潜在威胁。目前国内数字经济领域的并购较为普遍，包括"阿里收购饿了么""美团收购摩拜""滴滴收购优步"在内均引发社会各界对市场垄断的担忧。其共同点是，在激烈的平台竞争中，被收购企业为争夺市场不惜成本投入，虽交易额多达数十亿元但年度盈利却多为负值；受制于现行《反垄断法》规定，反垄断执法机构通常难以进行管辖。故针对互联网经济领域的并购，诸如对预防性收购、原料封锁，甚至混合并购中的市场力量传导等潜在反竞争风险都值得纳入未来反垄断规制视阈之中。

当然，不仅限于以上几个维度，对数字经济场景下市场竞争行为出现的新特点，《反垄断法》应当且确有必要予以高度重视。无论是从现有反垄断法基础原理的扩容抑或是对现有《反垄断法》实施制度的新解，还是从根本上创新《反垄断法》原理及机制，面对互联网经济的挑战，反垄断法学界及实务界都不能视而不见，必须积极响应起来。

四、结　语

此次围绕反垄断进行的一系列修法活动，相较于现行《反垄断法》《经营者集中审查暂行办法》《国务院关于经营者集中申报标准的规定》等法律、法规或规章而言，在实体规定与程序规定上均有了较大改进。虽然仍存在前文所述的立法缺憾，但无论是在明确"鼓励创新"的立法定位还是顺应互联网发展国内情势及国际视野上均值得肯定。需注意的是，以《公开征求意见稿》为契机，国家层面传递出一种明确的方向信号：在未来反垄断案件执法司法活动中应减少以产业政策和政治导向为依据的适用情形，在加强经济分析和借鉴国内外先进经验基础之上，反垄断执法机构原则上仅执行国家的竞争政策。在竞争政策与其他政策特别是产业政策发生冲突的时候，竞争政策应处于优先适用的基础性地位。当然，在世界经济一体化大趋势和大国博弈日渐激烈背景下，对美国、欧盟以及其他反垄断执法发达国家和地区的有益经验应持续予以关注或借鉴。总体而言，《公开征求意见稿》对我国现行《反垄断法》虽有补足，然而其 8 章共 64 个条文并不可能解决实践中与市场竞争相关的所有问题，特别在界定互联网新兴经济体相关市场、认定市场集中度、分析企业合并的潜在反竞争效果、分析与企业并购相关的经济效率等一系列问题上，都需要未来的反垄断立法、执法以及司法机关和理论学界提供比较明确的法律意见，以进一步构建和丰富我国反垄断法律体系。

（原文《互联网经济发展对反垄断法调适的影响及应对——以〈《反垄断法》修订草案（公开征求意见稿)〉第 21 条为中心的展开》刊于《辽宁师范大学学报（社会科学版)》2020 年第 5 期，收入本书时有改动）

从高通案看平台商业模式的反垄断法规制

高通是全球最大的专利技术许可经营者，同时也是世界上占有市场支配地位的移动通信基带芯片的制造商和销售商。高通拥有移动通信（Mobile Communication）技术领域的大部分标准必要专利（Standard Essential Patents，SEPs），譬如 CDMA（2G）、WCDMA（3G）和 LTE（4G）等移动通信标准技术，生产芯片和手机时所需要使用的移动通信技术，均需高通对标准必要专利进行许可。与此同时，高通也利用在基带芯片市场上的纵向一体化垄断地位，将芯片供应作为强迫交易相对方签订不公平专利许可协议的筹码，向竞争对手及下游手机生产商施加压力。在业内，其商业模式招致了"专利流氓"的恶名，专利许可所需要缴纳的高额专利费也被戏称为"高通税"。[1]

一、全球主要竞争执法机构对高通的反垄断调查

近年来，主要自 2015 年中国国家发展和改革委员会对高通滥用知识产权行为予以处罚以来，高通在移动通信市场上利用其在标准必要专利许可上的支配地位和基带芯片制造与供应上的支配地位的相互交叉传导的商业行为引起了一些国家和地区竞争执法机构的高度重视，在世界范围内掀起一股反高通滥用知识产权垄断的竞争执法新浪潮。以下选择主要竞争法执法区域的执法情况简要述之。

欧盟委员会竞争执法部门曾针对高通开展过两次反垄断调查。第一次调查始于 2007 年，高通的专利许可行为违反公平、合理、非歧视（FRAND）承诺，违反了欧盟竞争法条款。[2] 欧盟指出，高通可能存在的行为会导致消费者在购买手机时支付更多费用。此外，还会延缓 3G、4G 技术的发展。然而，第

---

　　[1]　李晓磊. 专利、反垄断纷争：苹果与高通的诉讼之战［N/OL］. 民主与法制时报，2017 - 11 - 06［2018 - 11 - 22］. http：//www. mzyfz. com/cms/benwangzhuanfang/xinwenzhongxin/zuixinbaodao/html/1040/2017 - 11 - 06/content - 1300961. html.

　　[2]　Commission Initiates Formal Proceedings against Qualcomm［EB/OL］.（2007 - 01 - 10）［2017 - 11 - 19］. http：//europa. eu/rapid/press - release_MEMO - 07 - 389_en. htm？locale = en.

一次调查最终在 2009 年被撤销。❶ 在 2015 年 7 月，欧盟又对高通展开了新一轮的调查，调查的主要内容集中在两个方面：其一，高通是否提供了排他性回扣（exclusivity payments）；〔有证据表明，高通自 2011 年起向一家主要手机及平板电脑制造商支付高额费用，要求该企业仅使用高通的芯片生产手机及平板电脑〕其二，高通是否实施了掠夺性定价（predatory pricing）。❷ 经调查，高通为巩固其在移动通信技术市场上的支配地位，企图以掠夺性定价的手段把英国无线技术公司 Icera 排挤出市场。目前调查仍在继续。在 2017 年 7 月，针对欧盟要求其提供旧材料辅助调查的上诉失败，高通必须继续配合调查，否则将面临每日 58 万欧元的罚款。欧盟竞争执法机构对高通的态度也趋于严厉，正如欧盟时任竞争专员玛格丽特·韦斯塔格（Margrethe Vestager）指出，有效竞争是刺激创新的最佳途径，欧盟更希望企业间的竞争能够植根于产品本身，以使消费者购买到的手机产品能够物有所值。

美国联邦贸易委员会（Federal Trade Commission，FTC）也在 2017 年初开始对高通进行反垄断调查。FTC 指控高通利用其在基带芯片市场上的支配地位向手机制造商及弱势竞争者强加具有反竞争性的供应和许可条款。其中，FTC 对高通的指控主要集中在三个方面：第一，高通的"不许可，无芯片"政策，即仅在手机制造商同意高通认可的专利许可条款时才供应芯片；第二，拒绝将专利许可给竞争对手使用；第三，高通为达到挤压苹果的效果而降低专利许可费，阻止苹果从其竞争对手处获得基带芯片。与欧盟相同，FTC 也指出高通阻碍了原本会使消费者获利的科技创新，而这样的行为可能造成的后果不仅限于无线传输技术，更可能影响包括消费者产品、交通工具、建筑等其他物联网环节的互联性。

除了欧美竞争执法区域，亚洲主要竞争执法区域内的竞争执法机构也持续关注高通实施的反竞争行为。譬如，中国国家发展和改革委员会（以下简称"发改委"）在 2015 年 2 月对高通作出了严厉的行政处罚。发改委认定高通在中国 CDMA、WCDMA 和 LTE 无线标准必要专利许可市场以及基带芯片市场上占有支配地位并实施了反竞争行为。在无线标准必要专利许可市场上，高通的违法行为体现在滥用其在无线标准必要专利许可市场的支配地位，收取不公平的高价专利许可费，包括对过期无线标准必要专利收取许可费和要求被许可人

---

❶ Commission Closes Formal Proceedings against Qualcomm〔EB/OL〕. (2009 – 11 – 24)〔2017 – 11 – 19〕. http：//europa. eu/rapid/press – release_MEMO – 09 – 516_en. htm? locale = en.

❷ Commission Opens Two Formal Investigations against Chipset Supplier Qualcomm〔EB/OL〕. (2015 – 07 – 16)〔2017 – 11 – 19〕. http：//europa. eu/rapid/press – release_IP – 15 – 5383_en. htm.

将专利进行免费反向许可，以及滥用在无线标准必要专利许可市场的支配地位，在无线标准必要专利许可中，没有正当理由搭售非无线标准必要专利许可。在基带芯片市场上，高通则滥用其市场支配地位，在销售基带芯片中附加不合理条件。最终发改委对高通作出了 60.88 亿元人民币的罚金，并责令高通停止滥用市场支配地位的违法行为。

中国台湾地区竞争执法机构也在 2017 年 10 月 11 日发布公告，依据台湾地区有关规定认定高通以不公平的方式直接或间接阻碍其他同行业竞争者，处以 234 亿新台币（约合 51 亿元人民币）的罚款。中国台湾地区竞争执法机构与发展改革委认定的违法事实大致相同。除了科以巨额罚款外，台湾地区竞争执法机构还要求高通停止以下活动：第一，在已签订的协议中适用要求竞争者提供诸如芯片价格、客户、销售数量以及产品模型编号等敏感信息的条款；第二，在已签订的零件供应协议中适用手机制造商使用未经授权的专利则不提供芯片的条款；第三，在已签订的协议中适用向交易相对方提供回扣以换取排他性交易权的条款。此外，台湾地区竞争执法机构还要求高通在 30 天内以书面形式告知竞争对手和交易相对人，他们可以在收到通知起的 60 天内要求与高通修改合同，签署新合同，同时还要依据诚信互惠的原则协商条款。高通不得在协议中禁止对方将争议诉诸诉讼或仲裁。最后，高通还要每六个月上报协商结果。这方面的矫正措施与韩国公平交易委员会于 2016 年 12 月作出的对高通的处罚决定中的矫正措施十分相似。

除了中国发展改革委和台湾地区竞争执法机构对高通予以反垄断调查和处罚外，韩国公平交易委员会（KFTC）也对高通滥用知识产权垄断进行了反垄断调查。早在 2009 年 KFTC 就启动了对高通的第一轮反垄断调查与处罚。当时普遍使用的无线通信技术还仅限于 CDMA 及 GSM（全球移动通信系统）两种，高通已完全占据了 CDMA 专利市场及基带芯片市场。为了维持其市场地位，高通采用收取歧视性专利费、提供附条件回扣的行为将竞争对手排挤出市场。最终 KFTC 对高通处以了约合 2.087 亿美元的罚金，针对高通的三种垄断行为进行了规制。在 2016 年底，KFTC 又一次发布了对高通的处罚决定。而这次的处罚对高通构成了近乎致命的打击，直接矫正高通的整体市场行为和商业模式。

纵观全球主要竞争执法机构对高通滥用知识产权掀起的反垄断浪潮，欧盟委员会竞争执法机构最新一轮的调查还在继续，美国 FTC 刚刚宣布开展对高通的调查，其结果遥遥无期。中国发改委的处罚决定对高通的规制作用有限，巨额罚款只是对高通造成了短期利益影响。中国台湾地区的处罚，也很难从根本上抑制高通的反竞争能力。对比考察韩国，高通尚未认可 KFTC 的矫正措施，正在积极寻求上诉。根据最新的首尔高等法院的审理结果——"于 2017 年 9 月 4 日，驳回了高通的请求，继续执行 KFTC 要求高通针对其专利授权方式采取整改措施的命令。但是，要求法院撤销 KFTC 裁定的判决仍未作出"❶，究其根本，很大程度上在于 KFTC 的处罚决定触及了高通商业模式的核心，能从根本上瓦解其反竞争行为及其危害。KFTC 在处罚决定书中详尽地分析了高通的违法事实，并对高通具有反竞争性和反创新性的商业模式进行了系统全面的剖析，开创性地针对高通的整体商业模式提出了系统性的矫正措施。下文深度解析其裁决内容，发掘并阐明韩国规制滥用知识产权的行动向度，并结合中国当下激励知识产权创新与维护市场公平自由竞争的双重需求，探讨韩国经验的有益启示。

二、高通案反竞争行为及矫正措施评析

在 2016 年 12 月，KFTC 对高通及其两个附属公司（以下统称"高通"）处以了约合 9.12 亿美元的罚款，并针对其具有反竞争性的商业模式提出矫正措施，原因是高通滥用其在移动通信标准必要专利市场和基带芯片市场上的支配地位，限制排除竞争，收取高额专利许可费，强制免费反向许可以及附件不公平交易条件等。❷ 目前，虽然高通已经上诉，但是韩国法院撤销 KFTC 裁定的可能性非常小，且案件审理过程并不影响裁定的执行。这一点在前文中已有述明。❸

（一）高通滥用市场支配地位行为透视

自 20 世纪末始，随着无线移动通信技术的快速发展，为了提升不同技术之间的互用性（interoperability），减少下游制造商的投资损失，无线移动通信技术逐渐趋于标准化，各国一般都会确定 1 ~ 2 种技术作为本国的标准无线通信技术，也即后来的无线通信技术市场中的标准必要专利。专利许可市场源于

---

❶ 韩国法院驳回高通上诉 要求调整专利授权行为 [EB/OL]. (2017 - 09 - 04) [2018 - 04 - 18]. http: //tech. qq. com/a/20170904/200529. htm.

❷ Korea Fair Trade Commission. KFTC Imposes Sanctions Against Qualcomm's Abuse of SEPs of Mobile Communication.

❸ 需要补充的是，根据韩国诉讼审级制度的规定，实施三审终审。具体到 KFTC 裁决的案件，由于 KFTC 具有准司法权，其裁决被认为是初审，高通不服 KFTC 裁决可以向首尔高等法院，直至最高法院上诉。目前，2009 年 KFTC 对高通作出的处罚裁决，2012 年 9 月被上诉至最高法院，目前尚未审结。可以预见，高通在韩国的诉讼过程将是漫长的，在诉讼中并不影响裁决的执行。

这样一些原始技术，最初具有代表性的是由高通完全持有的 CDMA 技术，以及由诺基亚、索尼、爱立信等公司持有的 GSM 技术。这些原始技术作为基础供给，通过专利许可流向下游零部件制造市场及手机制造市场，处于上游市场的专利持有者往往具有难以撼动的市场影响力。由此，无线移动通信产业可被划分为 4 个市场：专利许可市场、零部件市场（包括基带芯片等）、手机制造市场以及通信服务市场。高通掌握着无线移动通信产业的大部分标准必要专利，同时还把持着以无线移动通信技术为基础的基带芯片制造与供应市场的命脉，它占据支配地位的专利许可市场和基带芯片市场处于整个无线移动通信市场的上游，具有显著的纵向一体化垄断经营者特征。高通的竞争对手生产和开发产品需要从高通处获得专利许可使用权，下游手机制造商不得不依赖高通的通信技术，这使得高通在竞争中总能占据优势地位。在专利许可市场，高通目前拥有最多的标准必要专利，包括 CDMA 全部技术、WCDMA 技术的 27% 以及 LTE 技术的 16%。在基带芯片市场，高通同样在 CDMA 芯片市场占有垄断地位，市场份额在 2008 年已经占到约 98.4%，虽然后来有所下降，但是仍然具有市场控制力。在 WCDMA 和 LTE 芯片市场，高通虽不像拥有 CDMA 技术那样能够形成完全的垄断，但由于目前无线移动通信技术领域要求新的技术必须对旧的技术有兼容性（backward compatibility），即 WCDMA 和 LTE 芯片也必须能够兼容 CDMA 技术，故此，高通的专利许可是同类竞争者和手机制造商不得不面对的难题。

进一步分析，高通建立了一种基于其纵向一体化垄断地位而实施的交叉相互传导的商业模式，即通过在两个相互关联的相关市场上的支配力的相互传导，达致一个完全闭合的反竞争系统并不断强化该闭合系统。❶ 具体而言，第一，拒绝或限制向芯片市场上的竞争对手许可标准必要专利；第二，通过将芯片供应条款与专利许可条款联系在一起，将其在芯片市场上的支配力传导于专利许可市场上，以看似公平、合理、非歧视的合同形式绕过 FRAND 承诺，实质上强迫交易相对人签订和履行不公平的合同内容；第三，在未经合理议价或者说不存在合理议价空间的前提下，强迫交易相对人接受单边决定的专利许可条款，只提供打包专利许可，并要求手机制造商进行免费的反向专利许可等；第四，通过免费的反向专利许可，高通形成专利保护伞（patent umbrella），进

---

❶　此处所提的"闭合系统"是指由至少两个或以上相关市场上的支配力相互传导形成的有机的可循环往复的整体性商业模式。通过对单一相关市场上的行为予以规制是无法破除的，外部经济力更是无从介入，极易呈现为一种平台运行模式，即与之相关的所有资源和用户都依赖于该平台企业展开具体的经营活动。

一步巩固其在移动通信标准必要专利市场上的支配地位，对芯片市场上的竞争对手形成强大的不可摆脱的控制力。这样一来又巩固了其在芯片市场上的支配地位，进而能对手机制造企业产生基于芯片市场支配力传导的巨大控制力。周而复始，循环下去，一个反竞争和反创新的闭合垄断系统越来越固化和严密，使处于这个系统中的每一个经营者都难以摆脱。正基于此，KFTC 从以下具体违法事实分析入手，评估高通滥用行为的反竞争危害，期望从根基上打破这种强大的看似合法的，而实质上却反竞争与反创新的闭合型商业模式。

（二）高通滥用市场支配地位行为的违法事实

首先，高通违反 FRAND 承诺限制了标准必要专利授权。为保障技术创新和公平竞争，持有标准必要专利的企业都需要遵循 FRAND 承诺，不得不合理地限制或禁止其他企业使用其专利。高通始终拒绝或限制对手使用其持有的无线移动通信标准必要专利，包括三星、英特尔和威盛（VIA）在内的 3 家公司都签署了标准必要专利许可协议，但是高通却拒绝签署。在芯片制造竞争对手联发科（MediaTek）的要求下，高通也仅是与其签署了不完整的许可协议，协议中限制了竞争对手销售和使用芯片的权利。此外高通还要求其对手报告诸如产品模型销售数量、模型种类及客户名称等敏感销售信息。

其次，高通运用在基带芯片市场的支配地位将控制力传导于专利许可市场。高通的狡黠之处在于将自己占据支配地位的两个相关联的相关市场联系起来，以芯片供给作为杠杆，强迫手机制造商与之签订不公平的专利许可协议，对不使用高通专利的企业则不供应芯片。此外，高通还以终止芯片供应作为与手机制造商磋商的筹码，规定在手机制造商不签订或不执行许可协议时，可以单方面终止供应芯片。

再次，专利打包许可，强迫签订不公平协议，要求手机制造商免费反向许可。高通仅为手机制造商提供复杂的打包许可，不进行必要专利与其他专利，或是 2G、3G 和 4G 技术的区分，要求手机制造商连同非必要的专利一起接受，否则将不许可其使用标准必要专利。此外，在未经合理议价或不存在合理议价空间的情况下，高通强迫手机制造商接受单边决定的许可条款。免费反向专利许可也是高通维持市场支配地位的手段。使用高通的芯片和专利，手机制造商则必须将手机上的其他专利许可给高通使用。这就为高通提供了专利保护伞，客观上强化了高通的市场支配地位。

最后，将以上行为组合成为一种缘其纵向垄断地位的具有闭合性的反竞争商业模式。高通凭借在专利市场和芯片市场上的支配地位，对竞争对手限制或拒绝标准必要专利授权，与手机制造商签订各类不平等交易协议，巩固了其在两个市场上的支配地位，增强了其在谈判中的控制力。这种商业模式形成一种循环系统，使得高通能维持并利用其在专利许可和基带芯片两个市场的支配地位。

(三) 高通滥用市场支配地位行为的危害

长期以来，高通的这种具有闭合性的反竞争商业模式对两个市场形成了交叉传导的反竞争危害，在严重抑制两个具有关联性的相关市场上的自由公平竞争的同时，也深度阻碍了移动通信科技的进一步创新。

在芯片市场上，高通一直采取"双重标准"。一方面从其他企业获得专利许可，另一方面拒绝将自己掌握的专利许可给他人使用。高通拒绝向竞争对手进行专利许可授权的行为一方面限制了竞争对手获取客户，另一方面也能插手竞争对手和对手客户间的交易过程。譬如，竞争对手与未获得高通专利许可授权的手机制造商交易时就会面临专利侵权的困境，而在和与高通签署了专利许可协议的手机制造商交易时，这些手机制造商又不得不履行高通制定的不公平协议条款，故此，无论如何高通都可以实质性地参与到竞争对手与其客户的交易中实施干扰。高通在芯片市场的反竞争的巨大危害具体可以通过两个指标更为直观地反映。其一，主要芯片制造商陆续退出市场，市场进入受限。在德意志银行确定的 11 家主要芯片企业中，有 9 家已经退出了市场。尽管在 2008 年芯片市场的规模已经扩大了近两倍，然而，由于高通拒绝许可的行为，仍没有新的显著的竞争者能进入市场。其二，高通在芯片市场的市场份额和集中度始终在稳步上升。

在专利许可市场，高通作为大量移动通信标准必要专利的持有者，将购买芯片作为获取专利许可前提的行为使得 FRAND 承诺失效。手机制造商除了高通的芯片之外没有其他选择，故此无法在协商中与高通处于平等的地位。主要竞争执法机构都将许可人（高通）以专利侵权为由，在法庭上对"自愿"的被许可人（手机制造商）申请禁令救济的行为，视为违反竞争法的行为。何况在高通的商业模式下，由于不公平协议的存在，无须通过诉讼高通即可立刻停止供应芯片，以此来胁迫手机制造商遵从其不公平交易条件，强化其对市场的控制力。另外，高通的一揽子许可协议也违反了 FRAND 承诺，除了要求被许可人接受含有非必要的专利之外，在无线移动通信技术已经取得进步、高通的技术已经被显著削弱的情况下，囿于打包许可协议的存在，高通仍不改变专利许可费率。与此同时，在没有支付合理对价的情况下，高通及其客户都可以使用原本属于手机制造商的专利。这类明显违反公平合理交易规则的专利许可收费和许可使用条件构成了对移动通信标准必要专利市场竞争秩序及其他经营者的利益损害。而且，由于高通商业模式的广泛适用，无线通信技术领域的研发创新工作遭受重创。由于免费反向专利许可条款强制书写于协议之中，手机制造商丧失了研发投资的动力。又由于高通单方面决定支付的专利许可费率，手机和芯片制造商也都失去了开发新技术的热情。高通窃取了这一领域所有市场参与者的研发成果，严重阻碍了科技进步。

（四）KFTC 对高通采取的具体矫正措施

KFTC 适用韩国《垄断规制与公平交易法》（Monopoly Regulation and Fair Trade Act）第 3-2 条第 1 款第 3 项的滥用市场支配地位，以及第 23 条第 1 款第 4 项中的两类不公平交易行为的规定对高通进行了处罚。除了约合 9.12 亿美元的罚款外，KFTC 更希望能从根本上矫正其商业模式，允许更多经营者进入相关市场，从根本上改变闭合型反竞争的市场结构。其一，KFTC 要求高通针对专利授权协议与其他芯片供应商进行善意磋商，不得对专利许可范围或权利设置不合理限制。KFTC 还进一步明确了开展磋商所应履行的必要程序。其二，禁止高通利用芯片供应作为杠杆强迫交易相对人执行专利许可协议，并不得随意变更或删除协议中的相关条款。其三，高通不得向手机制造商强加不公平的合同条款，当手机制造商需求变更时，则需重新进入磋商程序。KFTC 特别强调禁止高通强加打包许可或免费反向专利许可等条款。其四，在未来实践中，高通需要将 KFTC 的矫正措施以及其需要遵守这些措施的这一情况通知给手机制造商和芯片制造商；并且，如高通根据矫正措施修改或删除协议条款，也要及时向 KFTC 报告。从以上矫正措施中不难看出，KFTC 将对高通进行持续的矫正和监管，以达到完全清除高通一直以来所实施的反竞争商业模式的严重危害的竞争法规制目的。

三、高通案反竞争行为规制的实践总结

在 2016 年，KFTC 总结了以往的经验教训，在新一轮的反垄断调查与处罚中抓住了高通反竞争行为及模式的根本，重拳出击，最大程度上撼动了高通的反竞争活动的根基，遏制了其反竞争能力的进一步强化，有利于重塑开放型竞争生态系统。KFTC 为全球范围内的反高通滥用知识产权垄断树立了模式典范，其经验值得推广。

首先，应加强与提升多维度多向度合规调查的力度和强度。从调查维度来看，2009 年 KFTC 重点调查了高通滥用市场支配地位的三项行为：收取高额歧视性费用，在购买一定数量芯片时给予回扣，以及专利到期或无效后仍收取专

利费。而在 2016 年的调查中，KFTC 着重关注了高通利用杠杆作用将其在专利市场与芯片市场的支配力联系在一起的交叉传导结构，并特别指出了高通将其所有违法行为结合起来，形成了一种反竞争的商业模式。由此可见，未来调查基于知识产权行使而出现的滥用市场支配地位违法行为的关键已不再局限于单个行为本身，或者说不能基于单向度的单一相关市场上的行为进行违法性分析，而需因应与知识产权行使相关的所有相关市场上的行为综合效果的多向度考察，尤其是注意经营者行为整体性和系统性的调查，以及蕴含于整体性与系统性之下的多种法律适用竞合的考察。换言之，从以前的单维度单向度的平面化的单项行为考察，转向为多维度多向度的立体化的多行为综合模式考察。此类注重整体性与系统性模式规制的方法更适应在激励知识产权创新与维护市场自由公平竞争的双重需求下，对可能涉嫌反竞争和反创新的市场行为的规制激励需求，旨在建立一个开放的生态型竞争与创新系统。

其次，应有效针对违法垄断经营者的反竞争能力进行根本矫正。在 2009 年 KFTC 的行政裁决中，仅对以上提到的三项行为分别进行了规制，责令高通停止从事这三项活动。但是在 2016 年的行政处罚决定中，KFTC 除了对高通单个行为的矫正外，还特别要求高通在与交易相对人交易的各个环节都要进行平等协商，并将矫正结果及时上报于 KFTC。KFTC 此次的矫正措施将重点放在了削弱高通的反竞争能力，破除其交叉传导的纵向一体化垄断结构，从而使高通一直以来横行无阻的商业模式得到彻底瓦解。简言之，2016 年 KFTC 对高通作出的行政处罚不仅关注现实的反竞争损害，更关注对造成该类反竞争损害的能力遏制，以保障从根本上恢复移动通信标准必要专利许可市场和芯片制造及供应市场上的竞争活力，鼓励科研创新激励与自由公平竞争之间的良性循环。

再次，应加大对经营者商业模式与交易过程的持续性监管。在 2016 年韩国高通案中，最为显著的一个特征是 KFTC 从 2009 年高通案中主要规制滥用行为和矫正滥用后果到规制高通商业模式以及对其交易过程的持续性监管的转变，明显扩大和延展了竞争规制的范围和链条。从 KFTC 的行政裁决中可以看出，之所以作出如此大的规制转变，甚至可以说是逆放松规制（deregulation）之大势而强化了对滥用知识产权的规制，甚或有过度规制（over regulation）之虞，究其原因是多方面的。其一，由于长期以来高通的滥用行为所形成的坚固的反竞争商业模式，危害之甚，如不下猛药难以去沉疴痼疾，单项性（针对单项行为本身发布禁止命令）和一过性（一次性缴纳巨额罚金）的矫正措施很难彻底解决问题。其二，滥用知识产权和保障知识产权之间的边界始终处在模糊状态，往往需结合个案情况具体分析。其三，知识产权激励制度与公平自由竞争机制在实践中的平衡关系不易把控，呈现出不同时空下相似行为效果各异的复杂镜像。故此，只有深入交易活动的各个具体环节之中，才能抽丝剥茧精巧处理，有些情况下还需结合当时的国内经济政策与国际竞争环境加以统筹、协调和确定。以上因素共同导致了 2016 年韩国高通案的复杂和备受关注，客观上为 KFTC 处理该案提出了新要求。

最后，应重视和提高反垄断调查的参与度与透明度。公正令人信服的审裁结果在很大程度上源自程序的公开透明，只有程序公正才可能实现实质正义。如前述，在韩国 KFTC 的裁定相当于初审裁定，具有准司法的性质，故此，对涉案当事人利益影响重大。其裁定一旦作出，尤其是对案件事实的认定、对上诉法院乃至终审法院的判决都具有实质意义，所以其程序的公开透明，以及是否保证涉案当事人有充分的参与权和抗辩权都受到了各方关注。犹如 KFTC 行政裁定书中所述，经过七次听证，包括两次同意命令（content decree）审查和一次案件深度评估（in‐depth review），组织了与之有关联的企业参与听证。参会的企业不仅限于韩国本土的三星、LG 等公司，还有美国的苹果、英特尔，以及中国的华为等。这样的程序设置不仅增加了案件调查的透明度和参与度，力求达成所作出裁决的全面性与公正性，更为促进国际反垄断交流和合作提供了契机，有利于针对高通这类全球性巨型企业的反竞争行为及模式的合规治理提供平台和经验。

四、高通案对中国规制滥用知识产权的启示

虽然 2015 年 2 月发改委就高通在中国大陆市场上滥用市场支配地位的垄断行为进行了处罚，在一定意义上刺激了全球其他主要竞争执法区域的反高通调查行动的展开，但是基于高通在第一时间内迅速交齐了高额罚款，该案件并未得到更多讨论。事实上，在发改委对高通作出处罚后，中国大陆相关市场上的竞争格局改观不甚明显。高通在中国大陆市场上的行为虽有收敛，然而并未实质性地改变其盈利模式。而且后续跟踪评估其矫正措施的行为并未得到关注，这一点是有待改进的。故此，还需在以下方面予以关注：

第一，更新观念，建立系统思维，重视竞争激励与创新保护之间的动态平衡。保护知识产权本质上是保护创新，然而，保护的范畴不仅限于承认其合法的排他性权利，更在于为创新提供公平自由的竞争激励环境。现实中知识产权的运行易形成排他性市场效果，竞争法规制需紧跟其过程，及时纠正实践中出现的问题，激活市场的能动性和自更性，以自由公平的市场竞争秩序激励知识产权的创新发展。创新保护与竞争激励之间是动态平衡的关系，亦即持续的创新有赖于自由公平的市场竞争机制的良好运行，即便创新保护客观上会对竞争

产生一定时空范围内的限制。近年来关涉滥用知识产权垄断的案件层出不穷，在很大程度上源于知识产权行使过程本身的排他性与公平自由竞争机制运行之间的边界不易识别，缺乏系统思维下多向度对创新保护与竞争激励间平衡关系的把握。知识产权与竞争激励表面上虽显示出矛盾的特性，但本质上却有着相同的目的，都是为促进创新，保证良好的竞争环境，最终使消费者获利、没有竞争法治作为保障的知识产权制度是不完整的❶。故此，必须处理好知识产权保护法制与自由公平竞争法制之间的适用竞合问题。尽管对知识产权的保护是促进创新的制度前提与实践要求，但是规范知识产权行使过程应着眼于大局，强调知识产权行使对公平自由竞争秩序的必要尊重。若一味追求对知识产权的绝对保护则会损伤整个市场的竞争秩序，长此以往反而会侵蚀知识产权创新所需要的自由竞争环境。这一点在 KFTC 于 2016 年对高通案的处理过程中清晰可见。故此，绝对化的知识产权创新保护客观上往往表现为一种严密的排他性限制竞争，很可能造成抑制创新激励的局面，须依据市场场域发展的实际情况及时动态调整，在知识产权创新保护与公平自由竞争维护之间找到平衡点，实现两者的动态平衡。

第二，建构科学的开放型竞争生态系统（opening Eco – system of competition），激发知识产权行使中持续性创新动能的释放。犹如，KFTC 在 2016 年处理高通案时所尝试的对滥用知识产权垄断的规制，应注重持续地矫正具有反竞争性和抑制创新的商业模式，为其他经营者从事创新激励和竞争自由提供机制保障。换言之，从整体站位和系统维度上，构建有利于释放在知识产权创新领域那些具有持续性创新特质的经营者的市场动能的科学的开放型生态竞争系统，充分实现制度建设与系统构建给市场自由竞争和知识产权创新带来的机制体制改革红利。对知识产权保护，其目的是鼓励创新发展，且这一发展过程必须是可持续的。知识产权作为创新发展的源元素必须得到长期的有效供给，只有通过合法授权和行使才能保障其得到可持续性的生产。为此，必须着力于整体性和系统性制度建设，以制度作为基石支撑知识产权领域的可持续性创新动能的释放。结合 KFTC 对高通案的处理经验，建立科学的开放型的知识产权竞争生态系统，由对特定商业模式的竞争规制过渡到对整个知识产权竞争生态的建设，无疑利于从根本上治理滥用知识产权的反竞争行为和模式，实现可持续性创新动能的释放。

第三，建立健全竞争规制的正当程序，提高规制滥用知识产权垄断的公信

---

❶ 王先林. 我国反垄断法适用于知识产权领域的再思考 [J]. 南京大学学报（哲学·人文科学·社会科学），2013（1）.

力和实操性。无程序，则无救济。无论是对滥用知识产权垄断之受侵害人的救济，还是对滥用知识产权行为人在接受规制时可能面临的权利受损的救济，譬如，在韩国高通案中，KFTC对高通违法事实所作的调查与高通所提出的抗辩，以及事后提请的上诉等都体现了程序公开透明的价值，正当程序理应成为建立开放型竞争生态系统的基石与进路。尤其是在中国大力推进知识产权创新保护与市场公平自由竞争双重需求的当下，正当程序及其严格遵守变得尤为重要和弥足珍贵。只有程序正当、公开、透明，才能尽可能保证实质正义的实现。至于如何建立健全当前竞争规制的正当程序，还需进一步尝试与实践。然而，有一点可以肯定的是，面对保护知识产权创新与增进自由竞争效率的双重需求，中国应当建立自信、自立、自主的竞争规制法律与实施机制。只有对制度机制充分自信，做到心中有数、熟练操控，才能有勇气和底气尽可能公开整个调查与救济过程，切实有效提高竞争规制的透明度。

第四，关注具备知识产权优势的科技型平台企业的合规监管，扩宽规制滥用知识产权优势的视阈范畴。韩国2016年高通案折射出的对"一手托两家——基带芯片制造商和手机制造商"式的具有市场优势力的涉及知识产权滥用的平台型经营者的规制，绝不能仅就某单项行为或某单一市场结构而采取行为规制方法或结构规制方法，必须对经营者的诸多市场要素，如市场地位、经营行为、商业模式等采取系统规制，尤其是在当前和未来大数据技术与资源的实际运用中往往关联巨型的科技型平台企业的运行，传统的以市场结构和经营行为为主要分析对象的规制思路和方法亟待升级，整体的系统规制方法有待进一步明确化、精细化及专业化的情况下。换言之，须扩宽规制滥用知识产权的范畴，将规制滥用知识产权与其所涉及的商业模式和平台地位结合起来，不仅从规制知识产权的法理与技术上考虑——是否有利于创新，如何激励创新，还要加入对经营者商业模式和平台地位的考察——产权运作模式的合理性与正当性。知识产权不仅涉及权利本身，还关联承载产权运行的具体商业模式。这一点可从韩国高通案的矫正裁决中窥见一斑。

五、结　语

在全球范围内与高通经营模式类似的经营者并非一家，尤其是在互联网科技领域存在为数不少的平台型经营者，一方面拥有强大的科技实力，另一方面占据大量的数据资源，在多个相关市场上存在相互传导支配力的可能。简言之，这些经营者是拥有强大科技力量与雄厚市场力量的混合巨头。故此，面对科技力与市场力紧密结合的独寡占巨头的经营行为，不应再局限于经营者的单项行为，而是要从多维度和多向度审视其多行为组合而成的商业模式，从根本上遏制其反竞争能力，持续性监管其市场行为，合理建构开放型竞争生态系统，以竞争激励促持续创新，充分释放经营者的创新动能。

中国反垄断案件不断增加，尤其是在知识产权保护和滥用领域出现了相互交织、不易识别的诸多案件，中国已经成为世界反垄断法实施的主要执法区域。在国际社会共同关注下，虽然中国在规制滥用知识产权反竞争领域已经取得了一定成绩，但是未来道阻且长，尚缺乏充分的实践经验和制度供给，必须积极借鉴有益做法，加大实践力度，探索整体性和系统性的规制方法，提升规制效率。与此同时，积极建设更加科学合理和全面系统的反垄断规制体系，以促进创新发展和激励自由竞争双增进为目标，以平衡排他性保护与开放性竞争为抓手，以遵循正当程序为根基，优化和提升知识产权法与竞争法实施的合力，切实有效实现制度创新和制度激励在国家知识产权可持续创新发展和市场自由公平竞争秩序维护中的基础地位和核心价值。

（原文《从高通案看韩国规制滥用知识产权垄断新发展》刊于《北京理工大学学报（社会科学版）》2019年第3期，收入本书时有改动）

因应超级平台对反垄断法规制的挑战

一、问题缘起

平台（经济）并非一种全新的商业存在（模式），其在诸多熟悉的产业，如信用卡、购物中心、媒体广告、电力与通信等行业中一直扮演着重要角色，是一种现实或虚拟空间，该空间可导致或促成双方或多方客户之间的交易。❶研究显示，依托互联网、物联网及大数据技术和设施的各类平台在全球主要国家和地区的发展已呈现高度聚集化，互联网场景下的平台经济体或曰多边平台（Multi–side Platform）已现端倪。❷该类平台聚合体（Platform Group）可描述为，通过线上线下要素和资源的积聚，依凭数字数据技术和商业模式创新自成生态竞争系统（Eco–Competition System），借助对用户海量数据的收集、整理、分析及运营反哺自身发展，实现同行业与跨行业联合或集中的实质控制，以增强和巩固其市场力量的多边平台构造，呈现多边整体性、系统生态性、超算智能性等特征。❸为行文方便，本文将使用"超级平台"（Super Platform）来统一表达"平台经济体""多边平台"或"平台聚合体"的形式和内容。

超级平台中心组织的运营规模和经济体量相对较小，呈现高度聚合样态。同时基于动态竞争的特征，其经营活动辐射面宽广，体现为去结构化与强组织化相叠加之特征。该类平台使社会资源得以重新分配，在科层化和集中化被弱化的同时，随着超级平台的逐渐成型，各类资源又呈现出更甚于以往的聚集，强中心化发展趋势已现。❹建立在数据流、资金流、物流等基础上的平台经济呈现出有形与无形的双重特点，其经济体量、市场影响力及行为控制力始终处

---

❶ 徐晋，张祥建. 平台经济学初探 [J]. 中国工业经济，2006（5）.

❷ 阿里研究院. 数字经济 2.0 报告：告别公司，拥抱平台 [EB/OL]. (2017 – 01 – 08) [2020 – 06 – 22]. https：//www.sohu.com/a/123707582_505891.

❸ 王磊，马源. 新兴互联网平台的"设施"属性辨析及其监管取向 [EB/OL]. (2019 – 08 – 12) [2020 – 06 – 22]. https：//mp.weixin.qq.com/s/MlFghRWs8ZSJQtb0fD5eHQ.

❹ 李安. 人工智能时代数据竞争行为的法律边界 [J]. 科技与法律，2019（1）.

于浮动状态，所涉及的市场边界模糊，表现为强烈的动态竞争。这种动态竞争赋予了平台经营者不同于其他经营者的竞争优势，同时也使互联网市场竞争呈现愈发集中之势。这种过于集中的市场力量无形中加剧了滥用市场力的风险，极易放大"赢者通吃"的互联网场景下的竞争法则。若不加以适当监管，则会使这种动态最终走向固态，形成并固化"顺者昌、逆者亡"的互联网市场结构，最终抑制动态竞争，损害科技创新，减损消费者利益。

更甚者，当前全球主要超级平台已突破了虚拟网络界限，将触角延伸至实体经济领域，互联网场景下的混业跨界经营已成常态。2019 年 2 月 6 日德国联邦卡特尔局（FCO）就 Facebook 滥用行为作出的裁定在很大程度上就是对现行反垄断规制理念及实施机制适用于超级平台时可能遇到问题的一次创新尝试，❶但尚未彻底回答超级平台给反垄断规制体系及实施带来的挑战。鉴于此，有必要通过对国内外主要反垄断理论与实践的梳理，总结归纳超级平台对反垄断法规制带来的主要挑战，在此基础上结合我国现实需要，尽快建立包容审慎的适宜激励和规范超级平台发展的分级分类的开放型生态竞争法治系统。

二、主要国家和地区对超级平台疾速发展的响应

随着数字经济在全球的迅猛发展，主要国家和地区均出现了线上线下高度融合的超级平台，其竞争法学界和执法机构已就该类平台可能或已经引发的排除、限制竞争行为，损害消费者行为展开了研讨或调查。譬如，美国自芝加哥学派占据反垄断理论与实践主流地位以来始终主张效率优先，对市场力量愈发集中的超级平台持较为宽松的态度。然以亚马逊为代表的超级平台在实践中所展现出的具有垄断嫌疑的经营模式引发了学界和实务界对传统理论的反思。欧盟市场上虽然较少有超级平台的出现，但是近年来的案例显示欧盟市场竞争始终在遭受来自美国超级平台的冲击。故此，欧盟率先出台被称作"数据保护宪章"的《通用数据保护条例》（General Data Protection Regulating，GDPR），而其专门规制平台经营者行为的立法草案也在酝酿之中。我国自"人人诉百度案""奇虎诉腾讯案"以来，尽管对互联网平台企业或双边市场相关法律问题的研讨逐渐丰富，但对规制由超级平台引发的限制、排除竞争行为的系统性研究成果鲜见，亟待补强。

---

❶　STAUBER P. Facebook's Abuse Investigation in Germany and Some Thoughts on Cooperation Between Antitrust and Data Protection Authorities［J］. Competition Policy International Antitrust Chronicle, 2019：1 – 9.

（一）超级平台动摇了美国反垄断理论的基石

美国很早就开始了对平台企业反竞争行为的讨论，最初的研究（可追溯到 2000 年左右）主要集中在经济学领域。经过近十年的发展，美国主要互联网平台企业在不断遭受（接受）各国和地区反垄断调查（审查）的过程中变得日益强大，更加关注线上线下跨行业的融合与集中。这无疑对自芝加哥学派以来一直奉行效率主义或曰消费者福利至上的美国反垄断理论及实践带来了不容忽视的挑战，引发如下热议，在一定程度上动摇了美国的反垄断法理基础。

第一，构筑于信息技术与数字技术之上的超级平台是否会构成垄断威胁。互联网场景下超级平台往往借助信息和数字技术的发展不断创新，优化用户体验，预测甚至引导用户行为来强化和固化超级平台的聚合力和传导力。以莉娜·汉（Lina Khan）为代表的新布兰代斯运动（NBM）倡导者将超级平台视为对美国当前反垄断理论的最大挑战之一。❶第二，超级平台市场力量的高度集中是否必然损害竞争。以美国司法部为代表的观点认为"大并不是坏"，然近年来此观点正不断受到挑战。数据显示，在过去几年里，超级平台企业的高度集中已经弱化了竞争，使企业降低了创新研发的投入。此外，新进入者的减少、市场活力的降低很可能是由于一些处于顶端的企业占据了大部分市场份额从而提高了市场进入壁垒。对个体影响而言，大多数消费者并未享受到应有之福利，企业所获利润也并非源自效率，而是来自强大的市场力量，即消费者承担了更高的定价。❷第三，消费者福利主义难以对超级平台进行竞争评价。美国反垄断法采取的理论学说历经了由注重市场结构的哈佛学派向主张效率的芝加哥学派的转变。后者对美国当代反垄断法体系产生了深远影响，实践中对效率的追求通常表现为对大企业的宽容，由此形成了美国当下宽松的反垄断规制局面。

（二）欧盟竞争法多元价值体系对平台经济体的回应

近些年来欧盟的竞争法体系也不断受到来自美国微软、Google、Facebook等超级平台的挑战。在理论上，不同于美国深受芝加哥学派的强烈影响，欧盟

---

❶ 新布兰代斯主义主张重新审视反垄断法的宗旨，面对当前形势，特别需对超级平台采取相对严厉的反垄断执法，重视市场结构，批判唯消费者福利原则是从的态度。KHAN L M. The New Brandeis Movement：America's Antimonopoly Debate［J］. Journal of European Competition Law & Practice，2018（9）：131－132.

❷ STEINBAUM M, STUCKE M E. The Effective Competition Standard：A New Standard for Antitrust［J］. The University of Chicago Law Review，2019，87（2）：595－623.

在竞争立法上并未遵从单一的评判标准，而是强调多元价值的考量。❶欧盟（欧共体）竞争法制定之初的首要目的就是维护欧盟（欧共体）的一体化，竞争政策需服务于政治需求。❷牛津大学阿里尔·扎拉奇（Ariel Ezrachi）教授也认为，在数字经济下仍要将欧盟竞争政策的多元宗旨置于核心位置，即不仅要保护竞争者与消费者，更要注意市场结构和竞争环境，以此来维持欧盟的稳定。

实践中，欧盟竞争执法机构对超级平台的监管态度也逐渐由宽松转向严厉。其一，对科技平台的监管倾向于事前监管（ex ante regulation）;❸其二，指出平台内竞争同样需要关注；其三，对科技平台的信任问题。尽管欧盟对Google等平台的反垄断法规制还处于个案规范阶段，但可以想见的是，随着规制平台经营者相关法案的出台，欧盟将会对互联网平台经济展开更加严格的治理。❹这一判断从2019年2月6日德国对Facebook在收集、合并和使用用户数据时滥用市场支配地位行为的裁定中可窥见一斑。

（三）中国对超级平台反垄断法规制研究亟待补强

当前，超级平台在我国已基本成型，市场格局和竞争形态渐趋固化。然而，现行国内法律规范最接近规范平台经济的法律仅有2019年1月1日起施行的《电子商务法》，调整平台经营者（特别是超级平台经营者）的竞争活动仍需依靠《反垄断法》和《反不正当竞争法》。但是，超级平台的诸多特征决定了传统分析方法具有局限性。

整理近十年来我国学者公开发表的与规制平台经济或双（多）边市场垄断相关的主要文献可以发现，关注点相对分散化，尚未能将平台经济体视作整体来展开系统的规制研究。在既有的研究中，平台经济或双（多）边市场上的相关市场界定一直是关注焦点。2009年"人人诉百度案"拉开了互联网领

❶ CHEN B. Erasing the Misunderstanding on China's Anti – Monopoly Law: A Comparative Study [J]. Frontiers of Law in China, 2011, 6 (4): 609 – 634.

❷ WESSELING R. The Modernisation of EC Antitrust Law [M]. Oxford: Hart Publishing, 2002: 480 – 481.

❸ Regulation on Promoting Fairness and Transparency for Business Users of Online Intermediation Services [EB/OL]. (2019 – 02 – 01) [2020 – 06 – 22]. https://ec. europa. eu/digital – single – market/en/news/regulation – promoting – fairness – and – transparency – business – users – online – intermediation – services.

❹ 除对Google采取持续调查和处罚外，自2018年秋欧盟也开展了多项针对亚马逊商业行为的反竞争调查，且对美国大型科技公司的反竞争审查越来越多。FORREST K B. Big Data and Online Advertising: Emerging Competition Concerns [J]. Competition Policy International Antitrust Chronicle, 2019 (4): 1 – 7.

域的反垄断大幕，双边市场下相关市场界定问题进入人们视野。❶有学者从剖析平台的特征入手，指出平台具有间接网络效应。❷特别是 2013 年的"3Q案"，部分学者对法院两审判决均持否定意见，再次引发对平台经济相关市场界定问题持续深入的讨论。❸当前，学界逐渐意识到传统的需求替代分析方法和供给替代分析方法已无法充分反映双边或多边市场的特点，应该拓展相关市场界定的新思路。例如，采取从利润来源的角度界定相关市场，❹ 依据供给特征选定独立产品作为相关市场界定的起点，❺ 以及正确对待可证明反竞争行为的直接证据等。❻ 也有研究认为应坚持传统分析方法，不过需要界定多个市场并考虑双边市场下的新特征。❼

除此之外，围绕超级平台市场结构和商业模式也出现了如下热议。（1）重点关注价格垄断行为的讨论：其一，针对平台通常对用户端提供免费服务，存在掠夺性定价之嫌问题；❽ 其二，对平台可能存在价格垄断嫌疑进行讨论。❾（2）针对平台经营者勒令销售商统一销售策略这种类似于行业协会决定性质的协同行为，当前我国反垄断法对平台经营者尚无有效回应。❿（3）滥用市场支配地位的行为可能以"二选一"的方式出现。⓫（4）除平台本身外，

❶ 李剑. 双边市场下的反垄断法相关市场界定："百度案"中的法与经济学［J］. 法商研究，2010（5）.
❷ 苏华. 多边平台的相关市场界定与反垄断执法发展［J］. 价格理论与实践，2013（8）；赵莉莉. 反垄断法相关市场界定中的双边性理论适用的挑战和分化［J］. 中外法学，2018（2）.
❸ 王先林. 互联网行业反垄断相关商品市场界定的新尝试：3Q 垄断案一审法院判决相关部分简析［J］. 中国版权，2013（3）；张江莉. 互联网平台竞争与反垄断规制以 3Q 反垄断诉讼为视角［J］. 中外法学，2015（1）；许光耀. 互联网产业中双边市场情形下支配地位滥用行为的反垄断法调整：兼评奇虎诉腾讯案［J］. 法学评论，2018（1）.
❹ 蒋岩波. 互联网产业中相关市场界定的司法困境与出路：基于双边市场条件［J］. 法学家，2016（6）；孙晋，钟瑛嫦. 互联网平台型产业相关产品市场界定新解［J］. 现代法学，2015（6）.
❺ 张江莉. 多边平台的产品市场界定：兼论搜索引擎的产品市场［J］. 竞争政策研究，2018（1）；张江莉. 论相关产品市场界定中的"产品界定"：多边平台反垄断案件的新难题［J］. 法学评论，2019（1）.
❻ 宁立志，王少南. 双边市场条件下相关市场界定的困境和出路［J］. 政法丛论，2016（6）.
❼ 许光耀. 互联网产业中双边市场情形下支配地位滥用行为的反垄断法调整：兼评奇虎诉腾讯案［J］. 法学评论，2018（1）.
❽ 王宇. 双边市场中价格行为的反垄断法分析［J］. 价格理论与实践，2014（5）；黄勇，杨利华. 第三方支付平台企业掠夺性定价的反垄断法分析［J］. 河北法学，2016（4）.
❾ 高翔. 电商平台价格垄断行为规制初探［J］. 价格月刊，2018（11）.
❿ 焦海涛. 平台经营者统一销售策略行为的反垄断法适用［J］. 法学，2015（7）.
⓫ 焦海涛. "二选一"行为的反垄断法分析［J］. 财经法学，2018（5）.

作为平台发展的要素，如数据相关问题也需得到重视。❶

在关于平台经济（特别是超级平台）的反垄断法规制研究的不断推进中，有学者明确提出平台本身作为一个整体——既作为市场，又作为产品；平台经济体既作为平台市场的管理者，又作为平台产品的提供者——也存在诸多需要规制的问题。❷ 对超级平台是否需要反垄断法规制，即规制的正当性和必要性，以及如何具体规制，即规制的可行性与操作性的基础理论研究和实践模式设计尚处于起步阶段，亟待理论深耕。

三、重读反垄断法的目标：从单一评价走向多元融合

超级平台高度的市场集中度和极具动态的竞争特点冲击了反垄断法的谦抑理念。面对可能存在的垄断行为，竞争执法或司法活动应以更加灵敏的触觉来回应数字经济下的平台经济竞争，在遵循包容审慎规制原则的大前提下，适当前移规制链条，设立保护性预防规制阈值和安全区。❸ 亟须结合平台经济发展的现实，调整反垄断法适用的价值选择，从有利于消费者利益和创新激励的角度审视反垄断法的实施。进言之，消费者利益应成为反垄断法保护的直接利益，在其实施中必须重新审视市场结构中中小经营者存在的必要性和现实性，而非仅仅以效率或产出最大化下的单一价值目标为标准。

（一）实现对消费者利益的直接保护

反垄断法旨在促进市场经济效率的提升，维护市场公平自由的竞争秩序，对消费者福利的保障处在间接或终极的层面，❹ 并不赞成将消费者利益作为反垄断法直接保护的法益，更多情况下反垄断法对消费者利益的保护是一种反射保护。然而，数字经济的发展使得以消费者需求为中心的市场结构和产消格局逐步形成，在交易中消费者扮演着越来越重要甚至是支配者的角色。❺

在互联网场景下，消费者可能遭受的直接侵害首先体现在隐私保护服务上。超级平台利用既有竞争优势在持续获取数据，且在运用大数据技术不断挖掘和计算的过程中会放大"赢者通吃"的效果，即数据会不断地向超级平台

---

❶　陈兵. 数字经济发展对市场监管的挑战与应对：以"与数据相关行为"为核心的讨论［J］. 东北大学学报（社会科学版），2019（4）.

❷　陈永伟. 平台经济的竞争与治理问题：挑战与思考［J］. 产业组织评论，2017（3）.

❸　陈兵. 互联网平台经济运行的规制基调［J］. 中国特色社会主义研究，2018（3）.

❹　王晓晔. 反垄断法［M］. 北京：法律出版社，2011.

❺　陈兵. 改革开放40年消费者法嵌于市场经济发展的嬗变与展望［J］. 学术论坛，2018（5）.

归集，其后果会使超级平台拥有更强大的数据抓取和挖掘能力，循环往复地强化消费端和其他端上用户对平台的黏性，致使用户（消费者）转向成为不可能或是成本过高，深层次巩固了超级平台对用户的锁定效应。如此一来，相对于超级平台而言，用户的自由选择权、知情权、公平交易权，乃至于平等对待的权利都将受到挑战和侵害。

（二）新布兰代斯运动推动对市场结构的关注

在"互联网"向"物联网"进阶过程中，全球经济社会深刻且真实地实现了"万物相联"基础上的"去中心化"和"去结构化"转向，而超级平台的出现又使得经济社会结构和行为模式以另一种方式呈现"聚中心化"和"强组织化"趋势。

平台表象上为各类用户提供交易机会和交易场景，保障交易安全，提高交易效率，单纯从经济学原理上讲是有效率的，能够增进社会总剩余；然实质上看，平台（尤其是超级平台）构成了对用户最强有力的竞争对手，也构成了对用户长期可持续发展的最大威胁。此际，超级平台已从单纯经济学意义上的一种市场要素演变为一种具有经济和社会意义双重性的要素市场及其管理者。换言之，超级平台的发展最终会使其成为具有准管制主体身份和权力的要素经营者和管理者。这对其用户来说，无疑是在市场结构上被设置了竞争妨碍。虽然这种结构性和制度性的竞争机制在很大程度上具有效率性和便宜性，但是会损害除了经济效率价值外的其他社会价值。现今主要的超级平台兼具市场和社会的结构性特征，如同在竞技场上运动员和裁判员的混同，对自由公平的市场竞争秩序及激励创新的可能都产生极大威胁。

从此意义上言，当前在美国兴起的新布兰代斯运动为重新审视以消费者福利或者社会总剩余等经济价值为唯一导向的反垄断法实施提供了难得的视角。事实上，反垄断法实施目标的多元化在世界主要国家和地区的反垄断法或竞争法制定和实施中是一种常态，都可在历史上找到典型例证。

四、重塑反垄断法的规制逻辑：从事中事后到全周期联动

传统经济学认为"政府应当在市场经济中充当'守夜人'角色"，然而事实表明市场会出现失灵，此际政府干预就构成了经济法学诞生的逻辑前提和研究基调。❶而谦抑理论的出现进一步推动了对政府监管与市场调节关系的研究，

---

❶ 刘大洪. 论经济法上的市场优先原则：内涵与适用［J］. 法商研究，2017（2）.

明确了市场的第一性。在市场调节优于政府调控的前提下，国家干预应"以一种克制和谦逊的方式嵌入市场失灵的边界划定当中"。❶在互联网平台经济下，特别是在互联网经营者集中案件中，有学者仍主张坚持谦抑理念，注重扶持互联网产业的发展，充分发挥科技创新之优势。❷但同时也要注意到，构筑于信息科技和数字科技颠覆式创新之上的平台经济的发展使得市场竞争正负效果的不可预测性显著增强，即便在负向效果发生后及时引入规制，其对市场结构和竞争秩序的损害已恐难改变。故此，建议在坚持包容审慎的大前提下，因应引入"保护性预防规制"来防治不可挽回的风险。❸

（一）"数据竞争"加剧"动态竞争"推动规制理念更新

在实践中，数据是任何平台企业（尤其是超级平台）巩固和维持其市场力量的核心要素和重要基础。然依现行反垄断法规制逻辑，很难在数据规模和质量与企业规模间建立起周延的正相关关系——缺乏评价数据力量与企业市场力量之关联的有效工具。这就导致了竞争主管机构很难及时、精准地审查和规制数据驱动型经营者集中，以及其他以数据为基础和媒质的可能存在限制、排除竞争和直接损害作为消费者的用户的正当利益的现象。

动态竞争下的竞争主管机构倾向于事中事后规制，形象地描述就是"让子弹飞一会儿，让竞争行为持续一会儿"，通过采取包容审慎的监管态度和原则，给新生事物更多的成长空间和时间。此举也符合当下简政放权的市场化改革理念和市场监管战略。❹然而，平台经济的发展超乎竞争主管机构的想象。这一点已在 2019 年美国 FTC 和 DOJ 针对本国科技巨头的各项执法调查中窥见一斑。其态度转变之快，也让其他国家和地区的竞争主管机构瞠目结舌，总的趋势是"强监管，早监管，长监管"。特别是面对超级平台经营者导致的损害结果一旦形成则难以通过事中事后监管予以矫正和恢复的危险，需要采取科学审慎的预防性监管，辅以长期的跟踪监管，尤其是对超级平台的商业模式和运营系统的可持续性和生态发展予以实时监管，及时发现问题并予以矫正。

（二）"跨多边市场竞争"和"未来竞争"呼吁规制链条前移

在传统的线下场景下，相关市场通常包括商品市场和地理市场。受到物理

---

❶ 孙晋. 谦抑理念下互联网服务行业经营者集中救济调适 [J]. 中国法学，2018 (6).

❷ 詹馥静，王先林. 反垄断视角的大数据问题初探 [J]. 价格理论与实践，2018 (9).

❸ 陈景辉. 捍卫预防原则：科技风险的法律姿态 [J]. 华东政法大学学报，2018 (1).

❹ 陈兵. 简政放权语境下政府管制改革的法治进路：以负面清单为突破口 [J]. 法学，2016 (2).

因素的限制，经营者很难实现大跨度的不相关的市场进驻，其所在的相关市场相对固定，现存竞争规制模式和方法可以较好地预知并应对市场力量集中行为。

事实上，当前反垄断法基于行为禁止法的定位，强调事中、事后的规制逻辑本无可厚非。然而，实践中却显露出规制系统存在漏洞，产生了实际危害和潜在风险。为此有的地方竞争主管机构尝试设置预防性合规审查机制。虽然其具体效果还有待进一步观察，但是由竞争主管机构引导和推动事先规制的实践却颇值得肯定，对积极因应超级平台的预测性和反馈性竞争行为有着重要意义。超级平台利用自身优势可以事先对存在竞争威胁的初创企业进行"竞争审查"和"风险评估"，根据风险等级对其采用"雪藏""封杀"，或直接用丰厚的条件收购等，从源头上消除现实潜在或未来可能的竞争对手。这种行为存在扰乱竞争秩序和阻碍创新之风险，也不易被现行竞争主管机构觉察。

面对互联网科技巨头尤其是那些已经成长为超级平台的科技公司，若只关注其市场结构及对初生企业成长创新的威胁尚不够，还需从其多边竞争的具体行为可能产生的反竞争危害或潜在风险入手，强调科技本身特别是已具有科技创新能力的超级平台运用科技进行反竞争的新形态。诸如部分平台会使用独特算法对搜索结果进行排序已是众所周知的事实，比如前些年我国发生的百度与"莆田系"医院事件，又如近期欧盟委员会对 Google 利用比价功能显示对自己有利而对竞争对手不利行为的高额处罚。然而，导致这种结果的根因通常是算法技术所直接呈现的，是计算机直接运算之结果，其程序设计有可能因涉及商业秘密而不予公开、其算法行为因具有很强的隐蔽性，故而使得相关证据的获取和固定很难。

五、重建反垄断法的规制方法：从恪守经典到自主创新

超级平台除了具备双边市场结构的所有特征外，还体现为强烈的多边性、闭合性及生态性，尤其是通过多边市场上的相对优势、交互传导，形成了一个封闭的市场竞争系统。诚如莫西·吴教授所言，当前超级平台对作为一种生态系统的互联网市场经济的发展产生了一种持续的反竞争效果，是对创新的一种抑制。所以，需着力讨论的是如何改良和建构现行反垄断法规制方法以及未来可能的反垄断法规制整体框架。

（一）重新审视超级平台反垄断法规制中相关市场界定的方法及现实意义

现行反垄断法规制超级平台的反竞争违法行为时通常遇到的问题之一是如何认定其构成滥用市场支配地位行为。其中的困难，一方面源于互联网市场竞争中普遍存在的动态性和创新性，支配地位的形成和丧失在时间维度上存在瞬时性；另一方面在于超级平台竞争中特殊存在的多边性和整体性现象，使传统的需求或（和）供给替代分析方法在超级平台相关市场的界定中出现失灵。❶那么，这是否意味传统的相关市场界定方法完全不适用于数据场景下超级平台相关市场的界定呢？答案是否定的。现在的问题是需以消费者利益的直接保护为反垄断法实施的价值目标来考量对超级平台的反垄断法规制。

故此，对超级平台竞争行为的反垄断法规制应从大局入手，着眼于整体平台市场力量的评估，引入结果导向型的分析法，注重对消费者体验及实现路径、成本、方式的综合考量，弱化对价格因素及量化分析的依赖，考虑以新布兰代斯运动为肇始的多元利益和多元价值的再塑，推动对数据场景下整个反垄断法治的变革。

（二）构建适宜平台经济持续发展的分类治理的法治化生态竞争系统

超级平台之所以谓之"超级"，关键在于其搭建了一个平台生态系统（Platform Ecosystem），且不断优化和强化这一系统，成为该系统的控制者和监管者，对参与该系统的所有主体及人员有着"生杀予夺"的绝对权力（利），如断流量、封端口、锁链接等。平台生态系统是"由平台及参与者构成的生态"。这里的平台可以视作多主体的集合，这些主体共同参与到同一项生产活动中，且其选择和行为是相互依赖的。❷为此，在对超级平台的反垄断法规制中应将其多边性和整体性构造视作一个生态系统，给予联动的一体化规制。

首先，强化平台自我规制与准公共规制的联合。应充分重视平台，尤其是超级平台的自我规制建设，鼓励平台根据自身特征建立自治章程，实现系统自治，合规竞争。在此过程中，加强与政府部门的合作，畅通政企双向合作交流机制，积极探索超级平台经政府核准授权的在一定程度上享有的平台内准规制权力，在实现平台自我规制的同时，担负起平台内监管责任。

---

❶ 张晨颖. 平台相关市场界定方法再造 [J]. 首都师范大学学报（社会科学版），2017（2）.

❷ BOUDREAU K J, HAGIU A. Platform Rules：Multi – Sided Platforms as Regulators [J]. Harvard Business School Working Papers，2008.

其次，畅通社会多元主体共治渠道，实现"平台共治与善治"，激励"平台竞争与创新"。理顺平台竞争秩序，规范平台竞争行为的逻辑起点应立基于数据治理，由此推动和实现平台共治和善治。通过推动和实现数据领域的多元共治与善治，预防和规制超级平台基于数据不正当归集、原料封锁、拒绝交易、附加不正当理由交易等行为实施的限制、排除竞争及损害消费者利益的违法行为。

再次，坚持和完善政府主导的包容审慎监管，更新监管理念，创新监管方法，建新监管队伍，注重激励与约束的平衡，施行分级分类监管，推动平台经济高质量发展。当前对以超级平台为代表的新兴互联网平台经济的监管总趋势是"强监管，早监管，长监管"。这一倡导在我国有着同样的期待和必要。此外，应当对新兴的经济业态和经济组织抱持包容审慎的态度，防止"一管就死，一放就乱"的怪圈再次上演。

最后，着重强调的是在对超级平台的反垄断法规制中，施以各种矫正措施，恢复市场自由公平的竞争秩序固然重要，但仍远远不够，还需考虑竞争规制作为一种重要的经济建设与发展机制在整个国家经济发展中的时代定位和基础作用。犹如2018年11月陈荣隆教授在评价台湾地区竞争执法机构与高通达成反垄断和解时所指出，他认为一国或地区竞争主管机构应在具体个案中权衡各方利益，究竟选择反垄断处罚还是和解，保护竞争抑或保护竞争者都应综合考量，还主张在维护竞争秩序的过程中不仅要注重竞争政策，也应考虑产业政策，两者如同车之两辕，鸟之两翼，相互促进，协同发展。❶换言之，通过完善竞争规制助力产业发展，以竞争政策的制定和实施推动产业结构的优化和升级，为面向市场化的经济体制改革提供科学合理的制度保障。特别是在涉及高新技术创新开发的领域，从规制科技到科技规制乃至科技治理，既要考虑到对整个行业乃至整个市场竞争生态秩序的维持，也要考虑到对整个行业乃至未来整体经济的可持续创新动能的激励。

六、结　语

随着信息通信技术和数字数据技术的深度融合，以互联网、物联网、大数据、超级计算、算法设计与优化为基础技术和重要支撑的数字数据时代的平台经济得到了飞速发展，正在推动数字经济向更高形态的人工智能经济蓬勃进

---

❶ 台湾辅仁大学陈荣隆教授做客我院主讲"从高通案谈电子产品公平交易"[EB/OL].（2018 - 11 - 28）[2020 - 06 - 22]. http：//law. nankai. edu. cn/2018/1128/c4826a115261/page. htm.

发。人类社会首次深刻地感受到科技对生产生活结构和模式的颠覆性改变，人类正在高速迈向并跨越以人工智能算法为核心的下一个奇点式发展的关口和风口。在此过程中，以数据、大数据及算法为核心的超级平台的产生和发展构成了人工智能奇点式发展的重要支撑和关键设施，引发了一系列关于激励抑或约束超级平台及商业模式发展的争论，特别是自 2019 年起在全球主要竞争法司法和执法区域内爆发了大量的针对超级平台的争诉和调查，挑战着主要国家和地区的竞争法理论与实践。然而，受到传统竞争法理念、理论、原则、规范、逻辑及方法等整套成体系化建制的约束，现行竞争法的价值目标、规制逻辑及实施方法尚未能及时、有效地回应超级平台带来的突如其来的严峻挑战。

超级平台作为科技巨头庞然大物在依循现行竞争法基本理论、逻辑及施行方法的场景下显得游刃有余、得心应手，一次次挑战各主要国家和地区的竞争主管机构及当地司法机关。这在很大程度上都揭示出当下竞争法特别是反垄断法亟须因应以超级平台为代表的数据科技巨头的挑战而作出重大改变，包括：对自身价值目标的重新审视，从单一评价走向多元融合，校准以反垄断法为基石的竞争法治的运行目标，更多关注对消费者利益的直接保护，正视非竞争性价值目标的客观影响；对现行规制逻辑的重新建构，从注重事中事后规制走向因应数字经济发展特征的全周期联动；对现有规制方法的重新构造，从严格恪守消费者福利主义的经济分析方法走向自主创新的吸收定量与定性评价方法在内的整体分析方法。建立因应超级平台特征的分类治理的生态化竞争法治系统，注重竞争规制与竞争促进在当前我国经济社会高质量转型升级阶段的特定时代意义，即对超级平台的反垄断法规制要遵循"虽坚持包容审视监管，但不等于放任不管，要合理设置观察期，防止一上来就管死"。换言之，我国对超级平台的反垄断法规制需要做到动态平衡，实现科学规制、合法规制及创新规制的三融合。

（原文刊于《法学》2020 年第 2 期，收入本书时有改动）

互联网市场支配地位认定方法再探

一、问题提出

互联网经济成为当下经济发展的主要动力。线上市场（Online Market），特别是"线上＋线下"市场（Online to Offline Market）呈现出区别于传统线下市场的结构和行为特征，为现行反垄断法实施带来了巨大挑战，特别是对滥用市场支配地位行为的认定。界定相关市场与认定经营者在该市场上的市场支配地位密切联系，两者具有逻辑上的连贯一致性。互联网双边或多边市场特性与传统反垄断理论无法完美融合的现象理应引起重视。

当前，有关互联网相关市场界定以及市场支配地位认定的争议不少。一是强调对现有需求替代分析方法的重视，认为其价值和功能完全能够适应对互联网双边或多边市场构造下相关市场界定的需求，❶并在此基础上主张相关市场界定是认定经营者市场支配地位的前提；二是认为互联网相关市场界定的具体方法需要进行改良，无论是传统的需求替代分析方法，还是普遍适用的假定垄断者测试法（Small but Significant and Not‑transitory Increase in Price，SSNIP）、临界损失分析方法（Critical Loss Analysis，CLA）等以价格要素为核心的分析方法，都无法很好地解释和适用于双边或多边市场构造下的相关市场界定；❷三是基于相关市场界定与市场支配地位认定之间具有逻辑上的连贯一致性，选择以市场支配地位认定为结果导向的相关市场界定方法，主张研究目标的不恰当选取，难免为分析工具的选择带来偏差，相关市场界定并不是反垄断案件分

---

❶ 许光耀. 互联网产业中双边市场情形下支配地位滥用行为的反垄断法调整：兼评奇虎诉腾讯案 [J]. 法学评论，2018（1）；许光耀. 反垄断法前沿问题的研究进展 [J]. 价格理论与实践 [EB/OL]. [2020‑02‑19]. http：//kns. cnki. net/kcms/detail/11. 1010. F. 20200219. 1537. 002. html.

❷ 张晨颖. 平台相关市场界定方法再造 [J]. 首都师范大学学报（社会科学版），2017（2）；王健，安政. 数字经济下 SSNIP 测试法的革新 [J]. 经济法论丛，2018（2）；陈兵. 因应超级平台对反垄断法规制的挑战 [J]. 法学，2020（2）.

析的终点，而是得出最终结果的工具和必由进路，❶ 由此可能动摇反垄断法适用的根基，即跨越相关市场界定，在滥用市场支配地位损害证据明显的情况下，直接认定经营者的市场支配地位。❷ 当然，也有其他有别于以上三种基本观点的意见，即将双边或多边市场构造作为一个平台体进行整体评估，由平台自身形成一个相关市场，对其市场力量的判定来源于对其用户利益能否产生反竞争效果上的危害，譬如构成剥削性的限制交易等。但是对互联网相关市场界定的态度基本上可以划定为坚持论、改良论或跨越论。

现行反垄断法上关于互联网市场支配地位分析工具和规则的缺乏，致使很难令人信服地将假定垄断者的市场支配地位予以认定。这已构成互联网经济发展对反垄断法适用带来的主要挑战，也成为保障和激励互联网经济进一步创新发展的行业瓶颈，使大量的中小企业和广大用户难以充分享受互联网经济规模增长和创新发展的红利。故此，拟从互联网双边或多边市场构造、用户需求导向以及商品和服务综合化发展等特征为切入点，以探索经营者市场支配地位的认定方法为研究目标，遵从相关市场界定与市场支配地位认定之间的逻辑连贯性与一致性，从比较分析现有相关市场界定方法的差异性和可用性展开，结合互联网市场行业特征和行为特点，尝试搭建适合互联网市场支配地位认定的三维构造，并引入反事实推演方法在市场支配地位认定中的适用。

二、互联网对市场支配地位认定的挑战

相关市场界定是分析和认定市场支配地位滥用案件的第一步，互联网双边或多边市场结构使得传统以价格为中心的分析方法不能完全适用。由此，最高人民法院在奇虎诉腾讯案（以下简称"3Q案"）❸ 二审中适用了 SSNDQ（Small but Significant and Non – transitory Decrease in Quality）测试法，❹ 即幅度不大但有意义且并非临时性的质量下降，对原有定量分析方法进行改良。随着互联网领域相关市场及支配地位的认定难题愈发突显，互联网经济下相关市场

---

❶ KATZ M, SALLET J. Multisided Platforms and Antitrust Enforcement [J]. The Yale Law Journal, 2018 (127): 2142 – 2175；王晓晔. 反垄断法的相关市场界定及其技术方法 [M]. 北京：法律出版社，2019.

❷ WALLER S W. Antitrust and Social Networking [J]. North Carolina Law Review, 2012 (90): 1771 – 1806.

❸ 北京奇虎科技有限公司与腾讯科技（深圳）有限公司等滥用市场支配地位纠纷上诉案，最高人民法院（2013）民三终字第 4 号民事判决书。

❹ 张小强，卓光俊. 论网络经济中相关市场及市场支配地位的界定 [J]. 重庆大学学报（社会科学版），2009 (5).

界定及市场支配地位认定的方法引起了国家最高竞争执法机构的高度重视，❶
期待能尽快对此作出科学合理、有效便捷的方法设计。

（一）互联网相关市场界定难题

替代分析方法主要基于交叉价格弹性原理产生，考察其他条件不变的情况
下某种商品的需求量对其替代品价格变动的反应灵敏程度，❷ 具体可分为需求
替代分析和供给替代分析两种。在我国反垄断实践中，需求替代分析方法是相
关市场界定中经常使用的方法。在普遍采取零定价的互联网市场上，价格因素
作用的弱化对传统分析方法带来了巨大挑战，故此，应当从需求替代性分析方
法的本质对现有方法进行更新。

1. 以价格为中心的定量分析方法存在局限性

基于交叉价格弹性原理，在实践中引入了假定垄断者测试即 SSNIP 的定量
分析方法来界定相关市场。以 SSNIP 测试法为基础，又衍生系列以价格的变动
作为核心的定量分析方法。然而，在互联网双边或多边市场结构中，网络外部
性催生的零定价商品使得这一系列方法难以直接有效适用。归根结底，SSNIP
测试法的核心在于通过商品价格的变化来观察消费者对替代商品的选择，以此
将具有替代关系的商品划定为一个相关市场。然而，在现实中互联网双边或多
边市场上交易的实际参与者涉及多个用户群，故此，这种变化也需要考虑多个
市场及多组用户的共同作用，无法采用将 SSNIP 测试法运用于某一单边市场或
将多边市场叠加的方式来界定相关市场范围。在适用 SSNIP 测试法等定量分析
方法时，需要考虑市场所有边的经营活动以及各边市场间的互动，不能将目光
仅局限于某一边市场。❸故针对互联网双边或多边市场的特征，诸多经济学研
究主张更新经济测量模型来实现相关市场的精确界定。然而，目前尚未出现满
足互联网经济特征的模型，❹ 在现阶段出现的大多数互联网案件的分析中，也
大多采用了定性分析的方法来界定相关市场。

2. 定量分析方法在互联网领域运用的改进

为应对价格因素衡量效果的减弱，在 3Q 案中最高人民法院适用了 SSNDQ

❶ 陈兵. 反垄断法修订草案征求意见稿的重点与亮点［EB/OL］.（2020 – 01 – 13）［2020 – 06 –
22］. https：//www. thepaper. cn/newsDetail_forward_5466487.

❷ 王晓晔. 反垄断法的相关市场界定及其技术方法［M］. 北京：法律出版社，2019.

❸ EVANS D S. The Antitrust Economics of Multi – Sided Platform Markets［J］. Yale Journal on Regu-
lation，2003（20）：325 – 381.

❹ 林平，刘丰波. 双边市场中相关市场界定研究最新进展与判例评析［J］. 财经问题研究，
2014（6）.

测试法。这种方法采用以服务质量部分下降是否导致用户转向或者是流失的分析来划定零定价市场的边界。然而，在实际操作之中商品质量的标准尚无法明确界定，质量下降的程度也难以准确估量，故此，这一方法在实践中的运用存在一定难度。类似改进方法还包括 SSNIC 测试法，即小而显著的非临时性成本增加。该方法以用户所需支出的成本变化代替价格因素，其中用户成本包含用户的隐私成本、时间成本等，也可以用户的转移成本为考察对象。❶与 SSNDQ 测试法类似，SSNIC 测试法所采取的隐私、时间、转移成本等因素的量化分析也存在困难。尽管以上两种改良方法在实际运用中仍然存在一些问题，但是从测试方法的改进可以看出，随着价格要素无法作为消费者需求的敏感反馈指标后，相关市场界定方法逐渐向消费者需求本身回归。无论是商品质量抑或用户成本，都是更加贴近和直观反映消费者在互联网交易中需求的要素。

3. 从消费者需求出发审视相关市场界定工具

在前述《国务院反垄断委员会关于相关市场界定的指南》中指出，虽然界定相关市场的方法不是唯一的，但是始终要把握商品满足消费者需求这一基点。在界定相关市场过程中，当传统方法遭遇挑战时，应回归消费者需求这一基点，以此作为校正界定相关市场工具的标准。

针对相关市场界定这一步，美国联邦贸易委员会和司法部在 2010 年发布的《横向合并指南》（Horizontal Merger Guidelines）中弱化了相关市场界定在经营者集中案件的作用，认为可以在一定情况下跳过这一步骤。❷然而，反对意见也十分鲜明：相关市场界定不仅是反垄断案件分析的逻辑起点，❸ 更为反垄断分析框架乃至整个反垄断法体系奠基，因此除非有适当方法来替代，否则不应轻易略过相关市场的界定。❹ 即便是在边界模糊的互联网市场上，各商品仍因消费者需求的不同存在核心功能上的差异。譬如，尽管社交应用及服务与支付应用及服务都能实现社交功能，但是消费者在支付应用上的活动是为满足支付需求，由此产生的社交互动是支付活动的附属物，并不能由此就认定社交应用及服务与支付应用及服务具有替代性，将其划入一个相关市场，否则可能

---

❶　日本《数据与竞争政策调研报告》要点与启示［EB/OL］.［2020 – 06 – 22］. http：// lawv3. wkinfo. com. cn/topic/61000000466/9. HTML.

❷　Horizontal Merger Guidelines，§ 4，at 7［EB/OL］.［2020 – 02 – 25］. http：//www. justice. gov/ atr/public/guide lines/hmg – 2010. html.

❸　蒋岩波. 互联网产业中相关市场界定的司法困境与出路：基于双边市场条件［J］. 法学家，2012（6）.

❹　CRANE D A. Market Power Without Market Definition［J］. Notre Dame Law Review，2014（90）：31 – 79.

将市场界定过宽。故此，针对互联网相关市场的界定，需牢牢把握消费者需求在相应商品核心功能上的反馈，以此作为界定相关市场的基准。

（二）互联网市场支配地位认定困境

在双边或多边市场结构下互联网经营者的市场支配地位的一般衡量标准也受到了挑战。我国现行《反垄断法》将市场份额作为认定经营者市场支配地位的重要基准。长期以来，这一做法经常遭受诟病，尤其在互联网双边或多边市场上每一边市场上商品的定价实际上取决于所有边的综合竞争水平。鉴于此，亟须对互联网市场支配地位认定所采取的一贯方法进行检视，结合互联网行业特征和竞争特点，优化经营者市场支配地位的认定方法。

1. 市场支配地位认定的一般方法与不足

我国现行《反垄断法》借鉴了市场结构标准，而市场结构标准将市场份额作为核心。[1] 依据此标准，若经营者在相关市场上长期占据很高的市场份额，则可以认为该经营者很可能具备市场支配地位。[2]然而，在实践中市场份额并非判断经营者市场支配地位的唯一标准，市场份额仅是经营者"控制市场的结果和一般表征"，经营者对市场的控制能力才是决定其市场支配地位的根本。故此，对经营者市场支配地位的判断要考察其是否具有维持较大市场份额的控制力。这种控制力往往通过行业特征和市场竞争情况得以体现，故还需要综合考虑除市场份额外的其他因素。[3]

2. 互联网下市场份额指示作用的弱化

在计算经营者市场份额的现有方法中，大多是以销售额或营业额作为基础。然而，在互联网领域零定价市场上无法统计销售额或营业额，而在收费市场上又难以将该收费市场上的销售额或营业额与零定价市场直接对应起来。为此，有学者主张可尝试以用户数量或销售量等指标来替代销售额和营业额。[4]就用户数量来说，互联网市场上的消费者通常存在多归属现象，因此不同商品的用户存在重叠，若以用户数量相加总数会超过100%。[5]在国外案例中，法院

❶ 邹越. 竞争性垄断视野下互联网企业 市场支配地位的认定 [J]. 税务与经济, 2018 (4).

❷ 王晓晔. 反垄断法 [M]. 北京：法律出版社, 2011.

❸ 刘贵祥. 滥用市场支配地位理论的司法考量 [J]. 中国法学, 2016 (5).

❹ 叶明. 互联网行业市场支配地位的认定困境及其破解路径 [J]. 法商研究, 2014 (1)；高重迎. 双边市场中市场支配地位的认定问题分析 [J]. 价格理论与实践, 2016 (4)；张素伦. 互联网服务的市场支配地位认定 [J]. 河北法学, 2013 (3).

❺ 陈兵. 网络经济下相关市场支配地位认定探析：以"3Q"案为例 [J]. 价格理论与实践, 2015 (9).

也尝试运用销售量标准进行计算，譬如统计网站的访问量、浏览量等。❶ 然而，由于互联网市场始终处于动态运行状态，只截取某一时刻或时间段的数据是否能准确反映经营者的市场力量还存在争议。此外，由于互联网市场动态竞争的特点，在当前市场中占有较高的市场份额并不必然预示经营者能够维持这种市场控制力。❷互联网市场通常处于竞争性垄断状态，竞争与垄断的特征都被强化，即使一个经营者具有较高的市场份额，仍然不能忽视该经营者同时也面临着激烈的竞争。❸故此，在兼具双边或多边市场构造和动态竞争特性的互联网领域，应关注在互联网经济中影响经营者市场地位的特殊因素，并对这些因素进行综合考察。

譬如，德国对《反对限制竞争法》进行第十次修订，新增条款§18（3a）着重强调了多边市场及其产生的网络效应，指出在判断市场力量时应当注意以下五点因素：（1）直接和间接网络效应；（2）同类服务的多栖性及用户的转移成本；（3）网络效应给经营者带来的规模效益的增长；（4）经营者获取数据的能力；（5）创新驱动型竞争的压力。此外，修订中还提出重视经营者在其他市场上市场力量的传导。❹

3. 认定经营者市场支配地位因素的重心发生转移

在互联网场景下，结合《反垄断法》第18条及《禁止滥用市场支配地位行为暂行规定》第11条，判断经营者市场支配地位的因素建议在续用现行方法的基础上所有侧重。首先，重视对行业特征和市场竞争特点的考察，相对弱化市场份额因素的作用。其次，重视互联网市场区别于传统市场的特性，重新审视互联网市场上的市场壁垒考察指标。重点关注用户寻求替代商品中需付出的转向成本。这一成本最终将加诸新进入的经营者身上，❺ 实质上构成了新经营者进入相关市场的重要壁垒。再次，在以市场份额判断经营者市场支配地位的方法被削弱后，需要构建新的分析框架将新的判断因素纳入框架之中以便在实践中应用。需求关系与供给关系始终是反映市场结构的根本所在，因此需要

---

❶　张素伦. 互联网服务的市场支配地位认定 [J]. 河北法学, 2013 (3).

❷　陈兵. 网络经济下相关市场支配地位认定探析：以 "3Q" 案为例 [J]. 价格理论与实践, 2015 (9)；杨文明. 市场份额标准的理论反思与方法适用：以互联网企业市场支配地位认定为视角 [J]. 西北大学学报（哲学社会科学版）, 2014 (3).

❸　叶明. 互联网行业市场支配地位的认定困境及其破解路径 [J]. 法商研究, 2014 (1)；邹越. 竞争性垄断视野下互联网企业市场支配地位的认定 [J]. 税务与经济, 2018 (4)；焦海涛. 论互联网行业反垄断执法的谦抑性：以市场支配地位滥用行为规制为中心 [J]. 交大法学, 2013 (2).

❹　Act against Restraints of Competition [EB/OL]. [2020 – 02 – 25]. https：// www. gesetze – im – internet. de/englisch_gwb/englisch_gwb. html.

❺　王健，安政. 数字经济下 SSNIP 测试法的革新 [J]. 经济法论丛, 2018 (2).

从纵向需求及横向供给的双维度出发予以构建。此外，互联网市场的动态竞争特性决定着需要将经营者在关联市场的市场力量考虑在内，故此还需考察双边或多边市场间的联动效果。最后，强化对市场竞争显性效果的考量。当前对互联网市场特征的研究还存在一定局限性，在多边市场环境下众多因素的交织可能将问题更加复杂化。故此，可以适当增强直接证据在反垄断案件中的适用，以反事实（counterfactual）推演作为补充证明过程，从应然和实然对比的维度，辅助认定经营者在相关市场的支配地位。❶

三、互联网市场支配地位认定理路

在互联网下认定经营者的市场支配地位仍需以相关市场的界定作为逻辑起点，在出现零定价商品市场导致价格因素弱化，假定垄断者测试难以适用的情况下，建议围绕消费者需求，挖掘消费者需求在商品功能上的反馈，增加消费者需求分析在相关市场界定中的比重，以商品核心功能作为出发点，通过对功能要素的叠加划定精确的相关市场范围。具体而言，从消费者角度出发的纵向需求与从其他经营者角度进行反馈的横向供给构成判断互联网经营者市场力量的双维度，同时把握互联网市场的动态竞争特性，将经营者在关联市场的影响力作为第三维度进行考察。在此基础上，通过引入反事实推演方法增强直接证据的补强效果，经由应然和实然状态的比对，进一步证明经营者是否具有市场支配地位。

（一）以消费者需求为中心改进相关市场界定方法

互联网市场消费（者）需求导向性显著，消费（者）需求通常经由商品的功能反映出来。当前，虽然互联网市场边界愈发模糊，商品趋向综合化和同质化发展，但是基于互联网的双边或多边市场特性，在价格非中立的市场上往往有一边市场作为该经营者的核心业务市场，其对应的核心商品是吸引消费者以增强网络效应的根本所在。故此，建议相关市场的界定围绕该核心商品市场展开。

首先，以核心功能确定核心商品。为充分吸引消费者注意力，大多数为满足消费者核心需求的商品都具有免费的特性。然而，往往多边市场或平台上可能存在多种免费商品，需要从消费者对某一商品的核心需求出发进行区分。譬如，目前市面上各个互联网经营者提供的网页、手机、PC 客户端等大多能提

---

❶ 梅剑华. 人工智能与因果推断：兼论奇点问题［J］. 哲学研究，2019（6）.

供广泛意义上的在线社交服务，但是其中一些社交服务只是附属于其核心功能而次生。以社交应用和支付应用为例，从消费者需求的角度出发，选择使用社交应用是为了实现沟通需求，使用支付应用是为了实现支付需求，两者有根本性差异，尽管两者都具备社交功能，但是却不能纳入同一相关市场。核心商品的确定，从消费者角度出发是对该商品功能的需求，从经营者角度来看则是其主营业务的形式体现，这是同一问题的两面。需要注意的是，核心商品所在的市场不等同于主要盈利市场，譬如，搜索引擎市场的服务往往是免费的，而经营者依靠在线广告市场盈利。

其次，通过功能要素叠加精确界定相关市场范围。在划定核心商品后，需要寻找具有需求替代关系的其他商品，以此界定相关市场的范围。此时，界定相关市场的过程与假定垄断者测试过程呈现相反的思路：后者是以目标商品为起点，通过价格因素的变化做加法，将所有替代关系的商品或服务纳入相关市场范围；前者则是先划定一个较大的范围，再根据消费者需求的细化直至基本需求的锁定做减法。消费者个性化、多元化的需求借助互联网市场被无限放大，互联网即时反馈的特性使得消费者需求占据更加重要的地位。互联网经营者需要提供更充分、更全面的服务才能满足消费者不断增长的需求，以此牢牢锁定消费者偏好，强化消费者用户黏性。

最后，需要考虑供给替代作为补充分析的要素，即其他竞争者的供给难度。在传统市场中如果一个不生产某种商品的企业在无需大量投入成本的短期内就可生产同类商品，那么可以认为具有供给替代性。❶在互联网市场上数据和算法作为经营者开发商品的主要原料，实现商品复刻通常无需大量成本，故此，大多数互联网经营者实现短期内的供给并不困难。然而，从互联网市场竞争的实际生态环境观察，情况却截然相反："赢者通吃"的现象颇为普遍，供给替代真正实现的情况并不多，也不成功。究其根本，其他经营者尽管可以实现供给，但是囿于网络效应、锁定效应等因素，最终往往形成供给无效的局面。这一局面也是经营者市场支配地位的一种反映。

（二）构建认定市场支配地位的三维分析框架

纵向维度代表着消费需求，横向维度代表着供给可能，这两个维度所要考察的根本问题是消费者转向成本如何衡量，以及经营者在相关市场上的力量如何妨碍消费者的转向。在互联网市场上，对经营者市场支配地位的分析应围绕消费者及其需求展开，其中，用户的转向成本构成了对互联网经营者市场支配

---

❶　王晓晔. 反垄断法［M］. 北京：法律出版社，2011.

地位的重要考察指标。具体而言，当经营者降低服务质量或提出无正当理由的要求，致使用户正当需求无法得到满足或用户权益受到无正当理由的限制或损害时，需要借助转向成本对用户是否能实现自由合理的转向进行分析。若不能实现合理正当的转向，则在很大程度上可反映经营者具有市场支配力。

同时，亦可将用户转向问题导入横向维度的供给考察，即在用户期待转向时，相关市场上是否有充足、有效的供给可能。对经营者来说，最为关键的市场壁垒由用户的转向成本构成，在其他经营者期待用户转向自己的商品时，转向成本最终需要由新的经营者承担。此时一个新的经营者实际上需要承担两方面的成本：其一，生产研发新商品的成本；其二，抵消消费者转向成本所需要付出的补贴或让利。❶此外，另一种可能性是同样由于锁定效应，市场上原有的能实现有效供给的经营者很可能早已在竞争中被排挤出市场，当用户想转向时市场上已几乎没能满足用户全方位需求的其他经营者，用户转向难度显著增强，此时在横向维度上也可以认定该经营者具有市场支配地位。❷ 消费者的转向随着经营者市场力量的增强呈现以下过程：起初转向可能，消费者因偏好或商品优势而转向意愿低，到后来市场上有效供给逐渐减少，经营者商品降级，消费者不满而期待转向，此时市场上已经供给不足，最终导致转向困难。

除纵向和横向维度外，还可根据互联网跨界竞争的特点考察经营者在其他市场上的市场力量的形成过程，将市场间的联动作为考察经营者市场支配地位的第三维度。经营者在其他市场上的市场力量的形成可以从两方面观察：一方面，经营者可利用在一个市场上的支配地位将市场力量传导到关联市场或非关联市场，在关联市场或非关联市场上实施搭售、排他性交易、掠夺性定价等行为；另一方面，经营者能够借助在一个市场上的力量轻松影响或进驻一个新的与其主营业务关联性不强的其他市场，并体现出较强的竞争力。故此，考察经营者在关联市场甚至非关联市场上的影响力能够更加清晰、客观地识别和判定经营者在相关市场上的市场力量。可以此作为判断经营者市场支配地位的第三维度，与纵向、横向维度相结合，共同搭建互联网市场支配地位分析的三维架构。

---

❶ 王健，安政. 数字经济下 SSNIP 测试法的革新 [J]. 经济法论丛，2018 (2).
❷ 陈兵. 从高通案看韩国规制滥用知识产权垄断新发展 [J]. 北京理工大学学报（社会科学版），2019 (3).

（三）引入反事实推演方法补强对市场支配地位的认定

除三维分析架构外，还可以通过对应然事实和实然事实的比对进行反事实推演，考察影响经营者对相关市场竞争格局产生现实效果的实际原因，以此作为补强分析。互联网经营者的生产和运营成本主要集中于大数据、算法、云计算等数字数据技术的投入和研发。数据具有非竞争性，相对容易获取，算法具有可复制性，因此除前期研发活动外在后续经营活动中边际成本近乎为零，在相关市场上本应出现繁荣的竞争景象，基于技术创新产生的新商品应呈现高速更新迭代的事实。然而，事实上互联网市场上经营者集中度不断增强，呈现出"赢者通吃"的特征，可以假设在互联网相关市场上存在具有市场支配地位的经营者，且该经营者实施了扰乱市场正常竞争秩序的滥用市场支配地位的行为。尽管该经营者的行为尚未能够借助反垄断法理论和现行规则予以直观评价，但是却可以从现实效果的形成上反向推演该经营者具有市场支配地位。以上推演过程实际上是强调对直接证据的运用。

四、结　语

步入互联网时代，市场经济的组织结构和竞争模式发生了颠覆性的变化。其中双边或多边市场构造、用户需求主导以及市场边界模糊等特征，虽然引发了现行反垄断法上相关市场界定和市场支配地位认定理论和方法在互联网场景下法律适用的困惑，但是对互联网市场下的反竞争行为的分析仍然没有脱离传统市场上竞争法适用的基本规律。现有反垄断分析方法蕴含深意，认定市场支配地位及其滥用行为时，尚不能完全脱离相关市场界定这一重要步骤，相关市场的界定需要与市场支配地位的认定保持逻辑上的连贯性和一致性。

当前，在互联网相关市场的界定过程中价格因素显著弱化，以往采取的以价格为核心的定量分析方法适用性降低，建议应回归消费者需求替代分析的根本，突出商品的功能要素对消费者需求的反馈作用，以此作为界定相关市场的基准。互联网市场动态竞争的显著特点，在很大程度上削弱了以市场份额评判经营者市场支配地位的功用，故此，建议针对经营者所在相关市场的行业特征和竞争状况来评估其市场力量，借助纵向需求替代和横向供给替代来考察消费者转向成本和转向难度。同时，还应重视对经营者在其他关联市场或非关联市场上影响力传导和形成过程的考量，一并构建互联网市场支配地位的三维分析架构。值得注意的是，引用反事实推演的形式可以补强对当时市场竞争显现效果形成的多维原因的分析，以此来帮助认定经营者在相关市场上的支配地位。当前，以互联网、物联网及大数据为基础的新经济业态的发展对我国经济社会发展起到至关重要的作用。现实中互联网经济已成为促进我国经济增长、增强创新活力的重要力量，互联网市场上公平自由竞争市场秩序的维护和促进已构成了新时代国家治理体系和治理能力在市场经济规制领域现代化的重要表征和推进基础。以反垄断法为基础的竞争法治担负着引领和规范社会主义市场经济秩序、激励和维护公平自由竞争的重要使命，理应对互联网领域出现的新挑战作出科学合理及时有效的回应。推动反垄断法理论与实践的范式转化，吸收更多有利于互联网经济可持续健康发展的新元素和新因子，以保障社会主义市场经济公平自由的竞争和鼓励基础核心技术创新作为反垄断法在互联网领域适用的最高目标，深入推进社会主义市场经济秩序的现代化、法治化及国际化建设和完善。

互联网平台"封禁"行为的反垄断法解读

一、问题提出

近年来，互联网领域竞争中有关"封禁链接、封闭 API 接口"的案件层出不穷，且大多数与微信等腾讯系软件商品有关，与腾讯系发生过纷争的有淘宝代表的阿里系、百度系以及头条系等。之所以会出现这类现象，在很大程度上源自以微信应用为基础的在线复合型社交商品所打造的商业生态系统的价值利益和竞争优势的日益凸显，这一点从杭州铁路运输法院 2019 年 8 月 8 日判决的"微信商业生态系统不正当竞争案"中可窥见一斑，审理法院明确"互联网领域商业生态系统所带来的经营模式符合相关法律规定，该经营模式形成的商业利益和竞争优势依法受到法律保护"。❶

从反垄断法的角度来说，其主要规制经营者达成垄断协议、经营者滥用市场支配地位、具有或者可能具有排除、限制竞争效果的经营者集中三大垄断行为。所谓微信"封禁"飞书的行为是否构成反垄断法上滥用市场支配地位行为，需要结合相关证据来进行全面综合的判断。

有观点认为，腾讯公司在在线企业协作办公相关市场上具有支配地位，封禁行为既涉嫌构成《反垄断法》第 17 条第 1 款第（4）项"限定交易"形态的滥用市场支配地位垄断行为，又涉嫌构成第 17 条第 1 款第（5）项"附加不合理交易条件"和第 17 条第 1 款第（6）项"差别待遇"形态的滥用市场支配地位垄断行为。另一方面，腾讯运营的网络生态平台还具有反垄断法意义上"必要设施"属性，是企业经营者进入若干互联网相关市场进行竞争的必需平台工具，因而腾讯有义务免费或以合理价格允许此类经营者利用其平台工具进入相关市场竞争，如果腾讯拒绝其他经营者以合理交易条件利用其平台工具，就涉嫌构成违反《反垄断法》第 17 条第 1 款第（3）项的"拒绝交易"

❶　深圳市腾讯计算机系统有限公司、腾讯科技（深圳）有限公司等与杭州科贝网络科技有限公司等不正当竞争纠纷案，杭州铁路运输法院（2018）浙 8601 民初 1020 号民事判决书。

形态的滥用市场支配地位垄断行为。❶

相反，也有观点认为，在飞书与微信的相关争议中，微信很难被认定为"必需设施"，因为飞书进入市场竞争的渠道非常广泛，微信只是其中一个渠道，并非"必不可少"。再者说，微信对飞书的处置行为虽然发生在微信这一社交软件平台上，但该行为在本质上很难说是针对社交行为，确切地讲应当是针对软件应用的分发行为。对于该行为是否构成滥用，应当分析微信在软件应用分发市场上是否具有市场支配地位，而不应当简单地以微信在即时通信领域的市场力量下结论，在适用反垄断规则的时候应当特别谨慎，防止滥用《反垄断法》而干扰正常的商业竞争行为。❷

从表象上分析，此次微信"封禁"飞书事件可以视为"头腾大战"的延续，是头条系和腾讯系在精细化远程办公市场的再度"交锋"，其核心竞争点依然是用户和流量，更准确地说是用户在某一软件所停留的时长及注意力。然而，从本相上看，则涉及互联网领域在线推广宣传服务市场上是否存在经营者滥用市场支配地位行为的识别与认定问题，这一点实际上在广东省深圳市中级人民法院判决的"深圳微源码公司诉腾讯微信公众号垄断案"中已有述明。❸

由于实证证据方面的限制，这里暂且不对腾讯"封禁"行为是否构成反垄断法上的违法行为下定论，仅就关涉该行为属性认定的核心焦点，从反垄断法基本原理和经典实践的维度展开分析，以期为当前社会各界热烈关切和激烈讨论的互联网"封禁"问题提供理性客观的观察视角和分析工具，科学有效地推动互联网行业治理的市场化、法治化及国际化，持续提升我国在互联网产业发展中的全球竞争力和科技创新力。

二、"封禁"行为是否构成滥用市场支配地位

在现行《反垄断法》框架和规则下，认定滥用市场支配地位通常需要从界定相关市场着手，继而认定行为人在相关市场是否具备支配地位，分析涉嫌反垄断违法行为的主要特征，最后通过评估争议行为是否具有或者可能具有排除、限制竞争效果来判断行为是否具有违法性。

---

❶ 翟巍. 法律视野下腾讯微信封禁飞书的行为属性 [EB/OL]. (2020 – 03 – 06) [2020 – 06 – 22]. http：//www. law – lib. com/lw/lw_view. asp? no =32820.

❷ 黄晋. 从飞书与微信纠纷看平台竞争问题 [EB/OL]. (2020 – 03 – 09) [2020 – 06 – 22]. https：//mp. weixin. qq. com/s/8ZiXb41SfOMPF6PbP9jZQg.

❸ 深圳微源码软件开发有限公司与腾讯科技（深圳）有限公司、深圳市腾讯计算机系统有限公司垄断纠纷案，深圳市中级人民法院（2017）粤03民初250号民事判决书。

(一)相关市场界定

应当重视最高人民法院在奇虎诉腾讯反垄断案中所采取的方法，即在相关市场界定阶段并不主要考虑平台竞争的特性，仍需聚焦传统市场下相关市场界定的考量，在识别经营者的市场地位和市场控制力时可适当考虑平台特性。值得注意的是，互联网平台呈双边或多边构造的特征，多边市场上的用户需求是不同的。那么，相关市场的界定则需考虑以争议行为为导向，结合争议行为的效果所发生的某边市场，一并予以考察。

简言之，如果行为与效果都发生在同一市场上，则该市场作为相关市场予以认定，就相对容易。然而，如果行为发生的市场与效果产生的市场不在同一市场，则至少考虑两个市场上的相关市场界定问题。在有的情形下，还可能涉及中间传导市场，即第三个市场，应当注意市场力量所由来的源泉市场和限制竞争效果发生的市场可能不一致。这需要从正反向两个向度来识别经营者是否存在滥用市场支配地位的行为。

以微信"封禁"飞书为例，按照需求替代性分析，至少存在两种需求，包括即时通信需求和在线办公需求，看似只需在相关市场界定阶段对这两个市场进行竞争约束分析即可。然而，值得关注的是，从即时通信市场到在线办公软件市场，存在一个力量传导市场，即在线推广宣传服务市场，没有这一市场的存在，很难解释"封禁"行为的发生以及可能涉及的反垄断违法。复盘微信对飞书的"封禁"，我们不难发现，如果微信没有在即时通信市场上的庞大用户基数和基于多边复合型商品叠加增值的良好用户体验，其对用户的黏性不可能得以长期保持，由此也成就了其在在线推广宣传服务上的强大竞争力。作为在线办公软件，飞书在很大程度上可能是要利用微信在在线推广宣传服务市场上的优势。

当然，无论飞书是否考虑到微信在在线推广宣传服务市场上的优势，客观上讲，微信对在线推广宣传飞书都是有价值的。这里就出现了一个问题，微信有没有义务帮助或者无条件让飞书使用？这一价值的来源在于何处？在这里可以假设，微信在即时通信市场上的力量，通过在线推广宣传服务市场传递到了在线办公软件市场。如果微信的"封禁"行为构成滥用市场支配地位行为，如下前提必须满足：（1）微信在即时通信服务市场上具有市场支配力；（2）微信在即时通信服务市场上的力量足以让微信在在线推广宣传服务市场上具有支配力，否则飞书完全可以通过其他通道参与在线办公软件市场上的竞争活动；（3）最关键的是，微信的"封禁"行为直接导致飞书所在的在线办公软件市场上正常的市场竞争秩序受到扭曲。也即，在此事件中需要界定三个有关联但并不是充要关系的相关市场。

该事件的特点在于，"封禁"行为表面上发生在即时通信服务市场上，但直接针对的是飞书利用微信在在线推广宣传服务相关市场上的价值的行为。然而，行为效果发生在飞书所在的在线办公服务相关市场上。

（二）市场支配地位认定

在互联网市场动态竞争特征的影响下，所谓市场份额发挥的作用并未像以往显得举足轻重。以微信"封禁"飞书事件为例，倘若认定该"封禁"行为构成滥用市场支配地位行为，则首先需确定经营者具有市场支配地位。经营者通过相关技术手段限制用户接触对象商品的能力所产生的竞争损害程度，是依据市场支配地位来区分的，倘若实施该行为的经营者并不具有市场支配地位，其"封禁"行为并不会具有足够的反竞争效果，其用户仍然可以从其他渠道获取对象商品。但倘若经营者具有市场支配地位，则存在很强的用户黏性，其采取的"封禁"行为将在很大程度上限制用户的转向意愿，提高用户转移成本。此外，还可以通过反向推演的方法来判断经营者是否在相关市场上具有支配地位。譬如，微信"封禁"飞书的行为是否使微信在在线办公软件相关市场上的地位快速提升，实现市场力量的成功传导，以及包括企业用户和个人用户在内的微信用户是否因"封禁"行为而流失达到一定比例等。

"反垄断法所关注的重心并非个别经营者的利益，而是健康的市场竞争机制是否受到扭曲或者破坏"。争议行为是否违反《反垄断法》，最终还是要聚焦到行为所引起的竞争效果上来。在互联网相关市场的边界和市场支配地位的存在与否都不十分清晰的场景下，可在某种程度上考虑弱化对相关市场界定和市场支配地位认定明确度的要求，将重心放在限制竞争效果的分析上。

我国《反垄断法》对限制、排除竞争效果的考察并不着眼于单个经营者具体利益的实现与否，而着眼于公平自由的市场竞争秩序是否受到扭曲或者破坏。事实上，任何竞争行为都会产生竞争者间的利益减损，竞争与损害相伴而生、如影随形。一般来说，市场上的限制竞争效果可以价格上升、产量下降、创新受阻、有力竞争者的减少、商品或服务多样性的减少等为指标。在互联网行业免费服务端，应当重视竞争要素的变化，亦即消费者/用户选择的服务指标的变化。传统的商品特征、价格、用途等对消费者言，已不是影响其选择的决定因素，影响用户选择的是用户体验、转移成本等非价格要素。

以微信"封禁"飞书的行为为例，该行为客观上可能导致个别用户体验下降、成本增加，譬如，影响飞书的潜在用户，迫使飞书现在的用户弃用飞书或者降低飞书的使用频率，影响部分看重综合办公体验的消费者的选择。当然，这种情况的发生很可能是市场合理竞争的客观结果，用户必须为自身的选择和偏好承担必要且适当的成本和代价。故，对限制竞争效果的考察，不能单凭主观推定，需要实证证据作为支撑。在没有举证责任倒置的另行规定的情况下，应当遵循"谁主张，谁举证"的原则。

（三）滥用市场支配地位行为分析

根据滥用市场支配地位行为的特点和性质，可以将其分为剥削性滥用和排他性滥用，前者是指拥有市场支配地位的企业可以不受竞争的制约，向交易相对人提出不合理的交易条件，特别是不合理的价格；后者是指拥有市场支配地位的企业为了排挤竞争对手，或者为了将市场力量不合理地扩大到相邻市场而实施的限制竞争行为。❶ 一般来说，互联网市场中直接针对消费者的剥削性滥用行为并不是通过操控价格来获取利益，而是表现为迫使用户接受不平等的格式条款和服务，或者在用户不知情的情况下利用用户的信息牟利；互联网市场中的排他性滥用行为比较常见的则有拒绝交易、免费捆绑、拒绝兼容和交叉补贴等表现形式。❷

反垄断法所禁止的拒绝交易行为的构成要件为：经营者具有市场支配地位；经营者直接或间接地从事了拒绝交易行为；拒绝交易行为没有正当理由；拒绝交易行为已经造成或可能造成排除、限制竞争的后果。❸ 在我国的反垄断法体系当中，是将拒绝提供必需设施作为市场支配经营者拒绝交易的一种形式来加以规制。现行《反垄断法》第 17 条第 1 款第（3）项明确禁止具有市场支配地位的经营者"没有正当理由，拒绝与交易相对人进行交易"。国家市场监督管理总局则在《禁止滥用市场支配地位行为暂行规定》中的第 16 条第 1 款第（5）项进一步明确"拒绝交易相对人在生产经营活动中，以合理条件使用其必需设施"的为拒绝交易行为的法定情形之一。

必需设施原理（Essential Facility Doctrine）主要是要求拥有必需设施的经营者不得恣意地拒绝交易。必需设施原则的适用可以提高必需设施的利用率、活跃竞争、从而提高效率、增加消费者的福利，但另一方面，从拥有必需设施的经营者或者潜在的投资者的角度来说，也可能会降低其投资积极性，从长远来看又有可能是不利于效率提升和消费者利益保护的。如此正反两方面的效

---

❶　王先林. 竞争法学［M］. 北京：中国人民大学出版社，2018.

❷　寿步. 互联网市场竞争中滥用市场支配地位行为的认定［J］. 暨南学报（哲学社会科学版），2012（10）.

❸　徐孟洲，孟雁北. 竞争法［M］. 北京：中国人民大学出版社，2018.

果，哪一方面发生的可能性更大、最终的综合效果会是怎样，在很大程度上取决于经济、社会条件，因此，对必需设施原理的适用对象、规制程度存在多种多样的讨论和法理。

在美国，真正对必需设施原则的适用条件作出详细阐述的当属 1983 年的有关长途电话服务经营者要求与市话网络互连的"MCI"判决，❶判决指出，必需设施原则的适用需具备以下 4 个条件：（1）设施必须为占主导地位的企业所控制；（2）其他竞争企业缺少能够生产、复制该种设施的现实能力；（3）缺少该种设施将使企业无法在相关市场里竞争；（4）提供该种设施是可行的。❷ 欧洲则是在 20 世纪 90 年代初期，欧盟委员会通过一系列有关港口设备的开放决议将必需设施原则引入了欧盟竞争法。❸ 欧盟委员会认为："适用必需设施原则的结果就是导致那些拥有这些必需设施的企业将承担特殊的责任和义务。"❹

而我国国家市场监督管理总局在 2019 年 6 月 26 日公布的《暂行规定》第 16 条第 2 款中则指出，在认定争议行为是否构成拒绝交易相对人在生产经营活动中，以合理条件使用其必需设施的违法行为时，应当综合考虑以合理的投入另行投资建设或者另行开发建造该设施的可行性、交易相对人有效开展生产经营活动对该设施的依赖程度、该经营者提供该设施的可能性以及对自身生产经营活动造成的影响等因素。

首先，从"以合理的投入另行投资建设或者另行开发建造该设施的可行性"来看，在互联网领域的平台竞争当中，网络效应、用户锁定效应明显，这就对大型平台的可复制性提出了挑战；但另一方面，互联网平台相比电信网、港口、电力网等基础设施来说，其制度上的、经济层面的市场进入壁垒还是相对较低的，而且用户多栖性、动态竞争、创新竞争特征明显。那么，对于究竟互联网大型平台是否存在以合理的投入另行投资、另行开发建造的可能性就很难作出直观的判断，需要包容审慎地看待。

其次，从"交易相对人有效开展生产经营活动对该设施的依赖程度"来看，被封禁的经营者开展经营活动是否高度依赖该平台，或者说，对于被封禁

❶ MC I Communications v. American Tel. & Tel. Co., 708 F. 2d 1081, 1132 – 33（7 th Cir. 1983）.

❷ 林平，马克斌，王轶群. 反垄断中的必需设施原则：美国和欧盟的经验［J］. 东岳论丛，2007（1）.

❸ Decision 94/ 19 of 21 December 1993, Sea Con2 tainers/ Stena Sealink［1994］OJ L15/ 8, and De-cision 94/ 119 of 21 De2 cember 1993, Port of Rodby［1993］OJ L55/ 52.

❹ 祁欢. 欧盟竞争法"基础设施原则"司法实践研究［J］. 广西民族大学学报（哲学社会科学版），2007（5）.

的经营者来说，该平台是否具有不可替代性是需要具体分析的。仅以某平台拥有海量用户为由，尚不足以认定其构成反垄断法意义上的必需设施，仍需按照反垄断法结合相关市场来对其替代可能性进行判定。如果某特定平台对于交易相对人的经营活动的开展虽然不是必需的，但在该平台上开展业务会使交易相对人的经营活动更加顺畅，那么很难认定该平台属于"必需设施"。

最后，从"该经营者提供该设施的可能性以及对自身生产经营活动造成的影响等因素"来看，大型互联网平台的开放，一方面可能有利于其他经营者的业务开展，使竞争更加活跃，另一方面也可能带来平台经营者投资积极性的丧失、平台维护成本的提高、由平台承载量增加而引发的服务质量不稳定、用户信息流动的不确定性等风险。设施的经营者提供该设施的可能性以及对自身生产经营活动造成的影响等因素也可以看作是对拒绝提供必需设施行为是否存在"正当理由"的考察。即使争议设施被认定为在下游的市场竞争中是必不可少且不可复制的，在设施的经营者具备正当理由的情况下，也可以拒绝提供设施。譬如，主张该设施难以容纳更多的商品或服务，或者容纳更多的商品或服务会造成质量下降，从而损害消费者利益；抑或设施的负荷增加，会增加维护费用，使交易成本上升，导致效率下降；也可能是使用设施的竞争者不具有利用该设施的必要技术条件。❶

另外，设施的经营者还可能主张其拒绝交易行为是起因于拟使用设施的竞争者拒绝支付合理的对价，这就会牵扯到平台的合理使用费的设定问题，平台经营者通过设定过高的使用费，同样可以起到拒绝交易的效果。那么，怎样的交易价格才是合理的，在交易双方对平台的合理使用费用产生争议的情况下，无疑反垄断法执法机构抑或是司法审判机关就将直面交易价格的设定问题，此时就又涉及平台的建设成本以及合理利润等的计算。

从《暂行规定》的第 11 条和第 16 条的内容分析，改革整合后的中央反垄断法执法机构有意引入必需设施原则来回应国内外各界普遍关注的互联网超级平台涉嫌滥用市场支配地位限制、排除竞争的问题。然而，必需设施原则的适用应当依据法律法规的规定，对实施后的影响进行综合评估，在未来必需设施理论适用时应严格遵循以下步骤：首先，分析认定拥有该设施的经营者在相关市场是否具有支配地位；其次，对该设施的不可复制性进行考察；再次，对该设施的必需性进行考察；最后，查验是否存在排除事由，衡量拥有必需设施的经营者是否有"正当理由"拒绝交易相对人的申请。

---

❶　张素伦. 竞争法必需设施原理在互联网行业的适用［J］. 河南师范大学学报（哲学社会科学版），2017（1）.

简言之，对于必需设施的认定从该原则产生之日起就饱受争议，适用必需设施原理在可能具有促进竞争的积极效果的同时，也可能伴随着较大的风险，倘若简单地适用该原理，不仅会妨碍正常的市场运行机制，更会难以平衡短期的竞争和长期创新的关系。对于当下诸类大型互联网平台是否需要以必需设施之名法定其开放义务，以及如何为其强制开发设定相对公平合理的交易条件，需要在用户利益保护、竞争自由、激励创新之间进行综合、全面的比较权衡。

（四）限制竞争效果评定

我国《反垄断法》第 17 条第 1 款明确"禁止具有市场支配地位的经营者从事下列滥用市场支配地位的行为"，那么，仅从条款规定本身进行分析的话，经营者只要构成第 17 条第 1 款中所规定第（1）项至第（6）项的行为，即可以直接推定上述行为可能导致排除、限制竞争的结果，并不需要另行进行个案分析来判断具体行为是否造成排除、限制竞争的效果。但是，《反垄断法》总则当中的第 6 条还明确指出："具有市场支配地位的经营者，不得滥用市场支配地位，排除、限制竞争。"那么，《反垄断法》总则第 6 条的规定是否可以看作是滥用市场支配地位行为的违法性判断要件规定，即，在认定规制滥用市场支配地位行为的过程中，除了相关市场的界定、市场支配地位的认定、滥用市场支配地位行为的分析以外，是否还需要另行对排除、限制竞争的效果进行分析，对此在立法解读上是存在争论的。

在奇虎诉腾讯反垄断纠纷诉讼当中，最高人民法院指出："即使被诉经营者具有市场支配地位，判断其是否构成滥用市场支配地位，也需要综合评估该行为对消费者和竞争造成的消极效果和可能具有的积极效果，进而对该行为的合法性与否作出判断。"❶ 这也就说明了，最高人民法院认为在反垄断民事诉讼当中，对争议行为的违法性判断应建立在效果分析的基础之上。另外，在原国家工商行政管理总局对利乐反垄断行为的行政处罚决定书中也表明了反垄断执法机构在滥用市场支配地位行为的认定中，对排除、限制竞争效果论证的关注。❷

此外，就《反垄断法》第 17 条第 1 款的条文设计来看，反垄断执法机构即使认定经营者从事了滥用市场支配地位行为，还需要考察行为是否具有正当理由。依据《暂行规定》经营者可以从多方面为自身行为的正当理由提出抗

---

❶ 北京奇虎科技有限公司诉腾讯科技（深圳）有限公司与深圳市腾讯计算机系统有限公司滥用市场支配地位垄断案，中华人民共和国最高人民法院（2013）民三终字第 4 号民事判决书。

❷ 原国家工商行政管理总局行政处罚决定书（工商竞争案字〔2016〕1 号）。

辩，譬如：有关行为是否为法律、法规所规定；有关行为对社会公共利益的影响；有关行为对经济运行效率、经济发展的影响；有关行为是否为经营者正常经营及实现正常效益所必须；有关行为对经营者业务发展、未来投资、创新方面的影响；有关行为是否能够使交易相对人或者消费者获益。

经营者提出的"正当理由"具有多样性、复杂性，这就要求反垄断执法与司法机构在涉嫌滥用市场支配地位行为的认定中，对正当理由抗辩的成立与否进行权衡，关注行为所带来的正、反两方面的经济效果，并遵循个案分析原则，通过具体分析来衡量滥用市场支配地位行为的影响。更为重要的是，滥用市场支配地位行为分析框架中的界定相关市场、认定市场支配地位、认定滥用行为、评估反竞争效果的四步分析步骤，并不是各自独立甚至孤立进行的，而应当是环环相扣，相互关联，不仅相关市场界定与市场支配地位认定需要考量市场行为与市场绩效，而且在认定滥用行为是否存在正当理由的过程当中也需要将行为所能实现的积极效果与反竞争效果进行权衡。因此，滥用市场支配地位分析框架中的四步分析步骤应当系统进行，相互应照，并保持内在逻辑上的一致性。❶

结合我国的反垄断执法和司法实践经验，并参考域外的立法经验，❷ 限制竞争效果可以价格上升或产量减少、商品或服务多样性的限制、创新阻碍、封锁效果以及竞争者的费用上升效果等为指标。在这种市场结构下，考察行为的反竞争性应主要评估行为对市场竞争的限制与排斥、企图独占市场、对消费者利益产生损害等因素，有时还需要综合考虑更多的因素。❸

在考察争议行为对消费者利益所造成的影响的过程中，鉴于互联网产业的平台经营模式，传统的价格因素对于消费者而言已不是影响用户选择网络产品或服务的决定因素，影响消费者选择的是用户数量、用户体验、转移成本等要素。因此，应更注重对消费者非经济利益的考察。如果企业能够证明其行为能明显增加消费者的选择自由，或者产品性能实现较大提升能明显提高消费者的满足感，那么消费者福利的改进可以视为排除互联网企业行为违法性的正当理由。相反，如果互联网企业的行为造成消费者福利减损，那么该行为则因缺乏正当理由而应被判定违法。❹

---

❶ 孟雁北. 论禁止滥用市场支配地位行为的分析框架：以利乐反垄断案为例 [J]. 竞争政策研究，2017（3）.

❷ 韩国《滥用市场支配地位行为审查基准》，韩国公平交易委员会告示第 2015 - 15 号，自 2015 年 10 月 23 日起施行.

❸ 张素伦. 互联网服务的市场支配地位认定 [J]. 河北法学，2013（3）.

❹ 叶明. 论互联网企业滥用市场支配地位的判定原则 [J]. 经济法论坛，2014（1）.

具体到微信"封禁"飞书事件，在考察限制竞争效果时，需要综合评估争议行为对消费者和竞争造成的消极效果和可能具有的积极效果，进而对该行为的合法性与正当性做出科学合理的判断。从用户的角度来看，鉴于互联网行业动态竞争和创新竞争的特性，以及互联网商品兼具个性化与普惠性特征的融合，应充分关注用户整体体验，既非某一个体体验，也非某一时点体验，亦非在某一方面的体验。同时，还要考虑到用户选择与经营者自由之间的动态平衡，以及用户为其消费偏好所应当付出的必要且合理的成本。虽然封锁封禁行为直接表现为在微信平台上不能直接打开飞书，需要复制链接，再由浏览器打开，这会给同时使用微信和飞书的用户造成不便，但是这种不便是否足以迫使用户不能自由选择在线办公软件，或者说迫使只能使用腾讯指定的在线办公软件，甚或影响了用户对所使用软件的整体体验及效果，需要结合争议行为前后的相关实证证据来加以判断，而且还需要对在线办公软件市场是否有充分的替代选择进行分析，对受影响的用户的范围进行分析，以及具体影响在线办公软件市场竞争秩序发生改变的原因——是基于不当的竞争限制抑或是市场竞争的优胜劣汰，才能最终判断这种不便对消费者利益有无重大影响。

三、结　语

互联网领域的"封禁"行为是否构成我国现行《反垄断法》上禁止的滥用市场支配地位行为，通常需要从界定相关市场着手，继而认定行为人在相关市场是否具备支配地位，分析涉嫌反垄断违法行为的基本特征，最后，通过评估争议行为是否具有或者可能具有排除、限制竞争效果来判断行为是否具有违法性。

在互联网领域相关市场的界定方面，需求替代的分析方法仍然可以适用，然而考虑到双边市场的特点，各边市场存在不同的需求，在具体的争议案件当中，可以以争议行为为导向，以争议行为所指向的商品或服务为出发点，进而围绕该商品或服务进行需求替代分析。在互联网领域市场支配地位的认定方面需基于相关市场创新竞争、动态竞争的特点，通过市场份额来推定市场支配地位的方法需要慎重适用。

在互联网领域"封禁"行为是否构成反垄断法上禁止的拒绝交易行为、特别是是否构成拒绝提供"必需设施"的认定方面，应遵循以下步骤：首先，分析认定拥有该设施的经营者在相关市场是否具有支配地位；其次，对该设施的不可复制性进行考察；再次，对该设施的必需性进行考察；最后，查验是否存在排除事由，衡量拥有必需设施的经营者是否有"正当理由"拒绝交易相对人的申请。适用必需设施原则，一方面可能有利于其他经营者的业务开展，使竞争更加活跃；另一方面也可能带来平台经营者投资积极性的丧失、平台维护成本的提高、由平台承载量增加而引发的服务质量不稳定、用户信息流动的不确定性等风险。倘若简单的适用必须设施原理，不仅会妨碍正常的市场运行机制，更会难以平衡短期竞争和长期创新的关系。对于诸如微信等大型互联网平台的开放与否，以及如何开放——为开放设定公平的交易条件，需要在用户利益保护、竞争自由、激励创新之间进行综合、全面的比较衡量。

在限制竞争效果的评定方面，《反垄断法》第 1 条表明该法是为了预防和制止垄断行为，保护市场公平竞争，提高经济运行效率，维护消费者利益和社会公共利益，促进社会主义市场经济健康发展而制定的。具体到平台"封禁"行为，需要综合评估争议行为对消费者和竞争造成的消极效果和可能具有的积极效果，进而对该行为的合法性与否作出判断。在考察争议行为对市场竞争机制所造成的影响的过程中，则需要综合考虑以下因素：（1）封禁行为是否造成行为人所经营的平台用户流失达到一定比例；（2）封禁行为是否可以使行为人的市场支配力发生转移；（3）在各个相关市场上是否还有其他竞争者或者潜在的竞争者、争议行为前后其他竞争者的市场份额或者市场进入情况如何。在这些效果因素的评价过程中，均需要实证证据作为支撑，具体案件具体分析，在法律没有明文规定举证责任倒置的前提下，应当遵循"谁主张谁举证"的原则。

（原文刊于《法治现代化研究》2020 年第 3 期，收入本书时有改动，部分内容刊于"澎湃新闻/澎湃研究所"2020 年 3 月 18 日，原题为《微信"封禁"飞书违反反垄断法？答案并不简单》）

互联网经济下重读"竞争关系"
在反不正当竞争法上的意义

一、问题提出

互联网经济的活跃发展诱发了大量不正当竞争案件的出现，互联网不正当竞争案件数量呈现不断攀升之势。笔者通过对从 2000—2018 年京、沪、粤三地互联网不正当竞争案件审理情况的梳理中发现，互联网不正当竞争行为的认定标准在各法院并不统一。尤其是在纳入统计的 176 起案件中，❶ 主审法官未明确论述诉争双方竞争关系的案件仅有 26 起，足见"竞争关系"之于不正当竞争行为认定的重要性。当前"竞争关系"之于不正当竞争行为认定呈现出纷繁复杂的镜像，更有法院将诉争双方是否存在竞争关系作为其判定诉争行为是否构成不正当竞争的前提条件。然而，互联网经济的高速发展，甚至是在有些领域的野蛮生长所诱发的各种新型不正当竞争行为使得该观点受到了质疑。申言之，对"竞争关系"本身的认定基准及其在新型不正当竞争行为中认定的作用已经成为反不正当竞争法中的焦点与难点。本文拟通过对当前司法实践中互联网新型不正当竞争行为中"竞争关系"认定的聚焦，深入研讨互联网经济下竞争模式的改变对"竞争关系"的影响，进一步厘清互联网经济下"竞争关系"对反不正当竞争法的意义。

二、对互联网领域新型不正当竞争案件的梳理及分析

在德国反不正当竞争法中，法官通过"案例群"简化法的发现，实现一

---

❶ 本文所有案件源自北大法宝法律数据库（http://www.pkulaw.cn/Case/），检索时间截至 2018 年 12 月 9 日。选案的标准是：（1）审结于京、沪、粤三地的各级法院；（2）年份以法院案号所确立的时间为准；（3）双方的争议焦点与互联网使用、互联网技术运用等互联网因素密切相关；（4）更重要的是，主审法官均依据《反不正当竞争法》第 2 条或部分具体条款予以裁判案件。

般条款具体化与具体的个案事实或问题相联系。❶ 在我国，司法案例虽非正式法律渊源，但其提供了丰富的数据资源。笔者通过对近二十年（2000—2018年）经由京、沪、粤三地法院审判结案的 176 件互联网不正当竞争行为案件的梳理和统计，从中窥析该类型案件对竞争关系的影响以及之于反不正当竞争法的意义。

（一）案件统计结果的考察

第一，案件数量及走势。如表 1 所示，通过 2015 年之前相关案件的审理，我国逐步建立起了行业内部的行为规范，对规范互联网领域市场竞争行为提供了有效指引，所以之后相关案件的相对减少符合合理预期。

表1　京、沪、粤法院 2000—2018 年互联网不正当竞争案件数量统计

年份	北京市（件）	上海市（件）	广东省（件）	年份	北京市（件）	上海市（件）	广东省（件）
2000	0	2	0	2010	5	1	0
2001	0	0	0	2011	10	1	1
2002	0	0	0	2012	2	1	1
2003	4	0	0	2013	6	1	1
2004	4	0	0	2014	11	6	0
2005	2	0	0	2015	21	19	4
2006	7	1	1	2016	18	9	5
2007	2	1	0	2017	12	5	6
2008	1	0	0	2018	2	0	0
2009	3	0	0	合计	110	47	19

第二，案件类型及数量。如表 2 所示，在互联网不正当竞争案中依据原《反不正当竞争法》第 2 条进行裁判的数量占到绝大部分，余下案件多为传统不正当竞争行为在互联网领域的衍生。通过对互联网新型不正当竞争案件的整理，大致可将其分为"软件干扰""截取流量""信息抓取"等三种类型（参见表3）。值得提及的是，三类不正当竞争行为在具体案件中时有交叉发生，一定程度上反映出互联网新型不正当竞争案件具有的混合性和复杂性特点。

---

❶ 范长军. 德国反不正当竞争法研究［M］. 北京：法律出版社，2010.

表2　互联网不正当竞争行为类型统计

类型	北京市	上海市	广东省
混淆行为	11	13	9
虚假宣传	9	8	2
商业诋毁	27	2	2
有奖销售	0	1	0
与知识产权交叉	3	7	5
适用原《反不正当竞争法》第2条	76	28	3
不构成不正当竞争	8	0	2

表3　"互联网不正当竞争行为"依原《反不正当竞争法》第2条判决行为统计

类型	北京市	上海市	广东省
截取流量	34	10	3
软件干扰	51	15	1
信息抓取	6	2	0

第三，竞争关系的辨识。在司法实务中，法院对"竞争关系"的判定大体上作两种分类，一是直接竞争关系❶，二是间接竞争关系。其中，认定为直接竞争关系的案件有80起，认定构成间接竞争关系的案件有31起，未明确说明诉争双方存在竞争关系的有11起。从数量上看，被法院认定为直接竞争关系的案件依旧占大多数。另值得关注的是，从整体趋势上看，法院对间接竞争关系的认定和运用正渐成一种趋态。

第四，法院的审裁思路。在新修订的《反不正当竞争法》第12条"互联网专条"出台前，法院对互联网领域新型不正当竞争案件的审裁思路通常围绕修订前的该法第2条的"一般条款"展开。通过对主审法官适用"一般条款"时具体考量因素的归纳，我们可以得出如表4所示的基本结论。进一步分析该结论可知，在互联网新型不正当竞争案件的审裁过程中，尽管对"2#1经营者合法利益受损"的考量仍占统计案件的绝大部分，但也不乏对"2#2竞争秩序""2#3手段的不当性""2#4消费者利益"等因素的考量，以及对"2#5诚实信用原则和公认的商业道德"的解释与适用。而且，更为重要的是，法官在裁判中往往会综合考量上述因素中的几种，较少只选择一个方向作为审裁思路。

---

❶ 需说明的是，下文提到的司法实践中法官所认定的"直接竞争关系"与学界界定的"直接竞争关系"略有差别，因前者参照的基准点多于后者，故其概念范围要大于后者。

表4 新型不正当竞争案件的审裁思路

审裁思路	北京市	上海市	广东省
2#1 经营者合法利益受损	62	26	3
2#2 竞争秩序	11	3	0
2#3 手段的不正当性	11	7	0
2#4 消费者利益	16	3	0
2#5 诚实信用原则和公认的商业道德	36	12	2

(二) 司法实践中所认定"竞争关系"的基本特征及作用

通过对互联网新型不正当竞争案件中"竞争关系"的整理与分类,可以归纳出其基本特征与作用。

1. "竞争关系"的认定基准从单一走向多元

如表5所示,在认定诉争双方竞争关系时,选择从经营范围入手的案件占了绝大多数。但在经营范围之外,主审法官将认定基准作了相应扩张,涵盖了服务对象、商业利益关联等,更偏向于综合认定,即综合两个以上基准要素进行考察,即只要争诉双方在基准要素的任何一点上存在交叉,即可认定竞争关系的存在。

表5 "竞争关系"认定基准要素

认定基准要素	北京市	上海市	广东省
经营范围	44	12	10
经营产品	11	0	1
服务对象	0	5	2
竞争行为	2	0	0
行为违反第2条就构成竞争关系	4	6	0
最终利益上存在竞争	1	0	0
商业利益上的此消彼长	0	5	0
服务的可替代性	0	3	0
业务上的利用和被利用关系	0	3	0
综合认定	25	3	2

2. "竞争关系"的认定趋势朝着扩容现有概念内涵和以新概念替代的两个方向改进

其一,扩大直接竞争关系的范围,不断增加认定直接竞争关系的基准要素,不再仅依托于商品或服务的可替代性。

其二，不对直接竞争关系进行扩展，而是提出间接竞争关系的概念，比如，"主营业务或所处行业不同的经营者，随时可能因业务领域的拓展行为而产生竞争关系。因此，判断经营者之间有无竞争关系，应着眼于经营者的具体行为，分析其行为是否损害其他经营者的竞争利益。"❶ 又如，"即使经营者提供的是不相同也非类似的商品或者服务，但如果经营者的市场交易行为损害了其他经营者的合法权益，扰乱了社会经济秩序，则此类行为也应当认定为不正当竞争行为。"❷

3. "竞争关系"认定模式上的补位式设计

其一，若能在审理中认定诉争双方的直接竞争关系，便不再从间接竞争关系上寻求突破。

其二，若认定直接竞争关系确有困难，便从基本事实出发，追根溯源至间接竞争关系。❸ 这进一步表明了在当前反不正当竞争法司法适用中间接竞争关系的作用在不断提升。

4. "竞争关系"在新型不正当竞争案件审理中呈现出适用的复杂情形

如表6所示，竞争关系所起的作用主要表现在以下三方面：一是经营者遭受不正当竞争损害；二是经营者负有尊重和合理避让义务；三是构成认定不正当竞争行为存在的前提。这从某种程度上体现出当前审理互联网新型不正当竞争案件所面临的复杂模糊的困局。

表6 "竞争关系"在审裁不正当竞争行为上的作用

作用表现	北京市	上海市	广东省
竞争损害	44	28	4
不正当竞争行为认定的前提条件	21	11	8
个案诉讼主体资格	9	0	1
尊重和合理避让义务	11	4	1
作为事实进行认定	0	1	1
责任承担	1	0	0
未明确指出	2	0	2

❶ "极路由"不正当竞争纠纷案，北京市海淀区人民法院（2014）海民（知）初字第21694号民事判决书。
❷ 北京爱奇艺科技有限公司与北京四象联创网络技术有限公司不正当竞争纠纷案，北京市海淀区人民法院（2017）京0108民初31800号民事判决书。
❸ 参见北京市第一中级人民法院（2013）一中民初字第2668号民事判决书。

综上可见，尽管当前实务中对"竞争关系"在审理研判新型不正当竞争行为上的价值作用及具体适用已有所讨论和实践，但仍缺乏系统性、全面性及整体性的论述，亟须理论深耕，以便能进一步厘清"竞争关系"在以互联网经济为基础的新经济业态下于反不正当竞争法适用的现实价值与改进思路。

三、对国内"竞争关系"学说的梳理与辨析

何为竞争关系，学界尚未达成统一认识。有学者认为："竞争关系又叫市场竞争关系，是指市场主体之间在竞争过程中形成的社会关系。"❶该定义看似简单明了，然因其仅介绍了竞争关系的形成机理，缺乏对其中关键要素的释明，故而留下了进一步解释的空间。自1993年《反不正当竞争法》实施以来，学界对竞争关系的认定出现了以下诸类学说：从竞争的范围和对象上，包括竞争关系的直接与间接之分、狭义与广义之别；从竞争的层次上包括竞争关系的横向与纵向之分，新近学说中还出现了"对向竞争关系"论。然而，各类学说之间的"同异"却未能被充分揭示，导致焦点不明，妨碍了对竞争关系在不正当竞争行为认定上的价值与作用的研究。是故，确有必要对各类学说予以系统梳理，从中归纳出争点，厘清"竞争关系"在不正当竞争行为认定乃至《反不正当竞争法》适用中的实际价值与功能。

（一）"竞争关系"认定标准的主要学说

1. 主流学说：直接竞争关系与间接竞争关系

竞争关系的直接与间接之分是认定竞争关系的主要分类标准。认定"直接竞争关系"有以下几个基点要素：一是商品的可替代性；二是竞争对手的性质；三是竞争者所处的经济环节。换言之，从商品的可替代性角度出发，直接竞争关系是指生产经营相同或相似，抑或可替代商品的经营者之间在特定的市场经营活动中争夺市场份额而形成的社会关系；❷从竞争对手的性质出发，直接竞争关系中的竞争对手是特定的而非不定的；从所处的经济环节出发，竞争关系是处于同一经济环节的经营者之间的制约关系，❸由此排除了上下游经营者之间的竞争关系。其不足之处就在于对竞争范围的限定过于狭窄，难以处理新型的不正当竞争案件。于是在此关系的基础之上，"间接竞争关系说"被

---

❶ 种明钊. 竞争法 [M]. 3 版. 北京：法律出版社，2016.

❷ 郑友德. 知识产权与公平竞争的博弈：以多维创新为坐标 [M]. 北京：法律出版社，2011.

❸ 刘继峰. 竞争法学 [M]. 3 版. 北京：北京大学出版社，2018.

提出。根据该学说，间接竞争关系来自对经济领域非直接竞争关系的描述，❶针对的是不特定甚至是所有竞争对手，表现为对竞争对手损害的间接性或者是直接损害消费者或其他经营者的利益。❷通过梳理两种关系可以得出如下结论：直接竞争关系与间接竞争关系之间不是对向关系，亦不属于交叉关系，后者是作为前者的一种补充而存在，由此可弥补前者之缺陷、合理扩大反不正当竞争法的适用范围。

2. 主流学说：狭义竞争关系与广义竞争关系

与竞争关系的直接与间接之分不同，狭义竞争关系与广义竞争关系系种属关系，前者只是后者中最为普遍的一种情形。

与直接竞争关系的切入点相似，狭义竞争关系亦从商品的可替代性出发，认为竞争关系是指商品间具有替代关系的经营者之间的相互争夺交易机会的关系，商品不相同、不具有替代关系的经营者之间不存在竞争关系，不发生不正当竞争行为。❸可见，狭义竞争关系与直接竞争关系在内涵上基本同一，可替换、可互用。

广义竞争关系认为的竞争关系是在直接或间接争夺交易机会的过程中，以不正当的方式，违反诚实信用原则而产生的侵害与被侵害关系，在谋取或破坏竞争优势的过程中既可能损害竞争对手，又可能直接侵害消费者，并通过侵害消费者而间接地损害竞争对手以外的经营者。

3. 其他学说：水平（横向）竞争关系和垂直（纵向）竞争关系

除上述主流学说外，还有水平（横向）竞争关系和垂直（纵向）竞争关系说，其中，水平（横向）竞争关系与直接竞争关系相同，强调在同一经济环节与竞争对手展开对竞争机会的争夺，垂直（纵向）竞争关系则强调竞争双方存在经营上的上下游关系。譬如，有学者曾举例，"某生产企业越过批发商，违反与批发商的合同，直接向零售商供应商品，以获得比批发价格高的零售利润，即和批发商产生纵向竞争关系。"❹然而，事实上水平（横向）竞争关系与垂直（纵向）竞争关系的本质并未离开商品的可替代性，只是从经济环节的层次出发进行了细分，同样隶属于直接竞争关系。故此，竞争关系各类学说间的争议焦点只能从间接竞争关系与广义竞争关系的区别中加以归纳。

---

❶ 王永强. 网络商业环境中竞争关系的司法界定：基于网络不正当竞争案件的考察 [J]. 法学，2013（11）.

❷ 焦海涛. 不正当竞争行为认定中的实用主义批判 [J]. 中国法学，2017（1）.

❸ 孔祥俊. 反不正当竞争法新论 [M]. 北京：人民法院出版社，2001.

❹ 郑友德. 知识产权与公平竞争的博弈：以多维创新为坐标 [M]. 北京：法律出版社，2011.

（二）间接竞争关系与广义竞争关系的区别

间接竞争关系与广义竞争关系均是以广角去看待竞争行为和过程，二者的共同点诚如前所述，但区别主要表现在如下方面。

1. 对"经营者通过不正当方式提升己方竞争优势"所产生的竞争关系评价不同

在间接竞争关系的语境下，经营者、竞争对手与其他经营者三方之间的关系如图1所示，经营者对无直接或狭义竞争关系的其他经营者实施了违反诚实信用原则等一般民事原则的争夺交易机会的行为，该行为构成对其他经营者的侵权，双方并未形成竞争关系，该行为之所以被评价为不正当竞争行为是因为其对竞争对手造成了间接损害，此际，经营者与竞争对手的关系不评价为直接或狭义竞争关系，而是间接竞争关系。

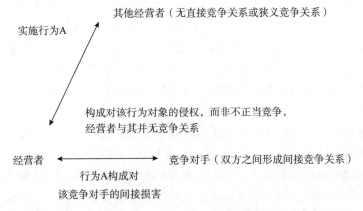

图1　在间接竞争关系语境下经营者、竞争对手与其他经营者之间的关系

而在广义竞争关系的语境下，经营者、竞争对手与其他经营者三方之间的关系如图2所示，经营者对无直接或狭义竞争关系的经营者实施了违反诚实信用原则等一般民事原则的争夺交易机会的行为，因该行为的实施对其造成了竞争损害，故双方之间形成了广义竞争关系。此时并不考虑经营者的行为对与其有直接或狭义竞争关系的竞争对手造成了何种影响，或言其对判断经营者与其他经营者之间的竞争关系并无影响。

由此可推知，间接竞争关系的双方是指经营者与其竞争对手。至于经营者对其竞争对手的竞争行为，诚前所述，直接竞争关系或狭义竞争关系天然地被包含于广义竞争关系之中，此际，讨论是否存在直接竞争关系或狭义竞争关系对于认定经营者与其他经营者之间是否存在广义竞争关系并无价值。

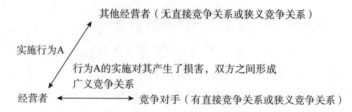

图2   在广义竞争关系语境下经营者、竞争对手与其他经营者之间的关系

2. 对"以不正当手段破坏不具有直接竞争关系或狭义竞争关系的其他经营者的竞争优势的行为"所产生的竞争关系评价不同

间接竞争关系说并不认可此种情况下实施行为的经营者与行为对象之间具有竞争关系，原因是：实施行为的经营者与行为对象之间并非竞争对手，持此观点的学者认为两者应通过侵权法来处理争议；而在广义竞争关系的理论下，实施行为的经营者与行为对象之间存在广义竞争关系，双方基于争夺竞争机会而产生了损害与被损害关系，在此情形下，竞争法得以适用。

3. 在"认定不正当竞争行为的地位作用"上，两类竞争关系说的区别在于"竞争关系的存在是否是认定不正当竞争行为的前提条件"

间接竞争关系说认为，间接竞争关系概念的出现已经弥补了直接竞争关系下反不正当竞争法适用范围过窄的问题，竞争关系的存在是认定不正当竞争行为的逻辑起点，如果诉争双方既无直接竞争关系，也无间接竞争关系，那么该行为就不应被认定为不正当竞争行为，而应通过侵权法或其他部门法予以解决。广义竞争关系说则认为，不正当竞争行为认定的核心在于竞争手段是否正当，竞争关系的认定属于损害认定的范畴，实无必要将其作为不正当竞争行为认定的前提条件。❶此一观点已十分接近于互联网经济下竞争关系的真相，以及竞争关系在反不正当竞争法上的实际价值。

综上，在以不当方式提升己方竞争优势和不当损害他人竞争优势的两种情势下，间接竞争关系与广义竞争关系的主要区别表现为：（1）经营者之间的竞争关系性质；（2）由此引发的该行为是否可认定为不正当竞争行为；（3）竞争关系是否是不正当竞争行为认定的前提条件。结合前文提到的当前实践中最为常见的"截取流量"和"软件干扰"两种互联网领域新型不正当竞争行为，前者可对位"以不当方式提升己方竞争优势"，后者可对位"不当损害他人竞争优势"。事实上，学理上讨论的两种行为在实践中已有被认定为不正当竞争行为的案例，诉争双方的竞争关系也得到了法院的认可，而非间接

---

❶ 孔祥俊. 反不正当竞争法的创新性适用 [M]. 北京：中国法制出版社，2014.

竞争关系理论所述"不当损害他人竞争优势仅构成侵权责任法上的侵权，双方不具有竞争关系"。这再次表明，竞争关系是否是不正当竞争行为认定的前提条件已成为当前理论界和实务界共同关注的焦点问题。

四、互联网经济下对"竞争关系"相对性的考察及反思

前述对近二十年间京、沪、粤三地互联网不正当竞争案件的整理与分析，以及结合对我国竞争关系学说的梳理及辨析，可以清晰地聚焦当下识别互联网经济领域不正当竞争行为的关键在于对竞争关系的识别，特别是竞争关系相对性的认定，以及其在判定不正当竞争行为上的价值与作用，这些将实质性地影响互联网经济下反不正当竞争法适用的范畴及效果。

（一）互联网经济对传统竞争模式的颠覆与重塑

学界对于"互联网经济"的概念尚无统一规范，对其的认识通常借助于"数字经济"的概念。有学者从广义视角将其定义为："互联网经济是基于互联网所产生的经济活动总和。"❶ 也有学者从互联网的基本运行及其精神实质出发，总结互联网经济的内涵是："互联网作为一种开放共享、分布关联、协同互利的时代精神，正在催生出一种新型的协同经济模式，并将成为未来社会的主要经济模式。"❷ 上述定义从互联网的工具属性和精神内核层面大致描述了互联网经济的部分特征。然笔者以为，对互联网经济蕴涵的核心要素至少还应包含下述平台、用户以及大数据三个要素。

可以认为，互联网经济是指企业以平台的搭建作为"流量入口"吸引用户，运用大数据对用户数据进行分析，以用户为中心进行研发和决策，在与用户的价值互动中实现盈利的一种协同发展经济模式。该新型经济模式对传统经济下竞争形态的颠覆主要表现在以下两个方面：第一，平台运营下跨界竞争成为主要竞争模式；第二，"以用户为中心"使得企业盈利方式由"经营产品"转变为追逐"连接红利"。❸

由此可见，互联网经济下的竞争模式是以跨界竞争为主的追逐"连接红利"的竞争，互联网经济作为一种去中心化、去结构化的经济运营业态，任何以特定关系说或相对关系说去评价其场景下的竞争行为和过程的做法皆已不

---

❶ 吴汉洪. 互联网经济的理论与反垄断政策探讨［J］. 财经问题研究，2018（9）.
❷ 杨培芳. 构建互联网时代的社会协同新经济模式［J］. 财经问题研究，2018（5）.
❸ 罗珉，李亮宇. 互联网时代的商业模式创新：价值创造视角［J］. 中国工业经济，2015（1）.

再适当，互联网经济下的竞争是一种开放的覆盖整个互联网市场的统合型竞争，竞争关系可谓动态发生、无处不在，连接竞争关系的行为更是层出不穷、形式多样，竞争行为与竞争关系之间并不必然发生关系。

（二）域外场景下"竞争关系"在竞争法上的真实状态

2004 年德国反不正当竞争法首次对"竞争者"概念进行了立法界定，2008 年《反不正当竞争法》沿袭之，具体竞争关系是作为竞争者的判断标准，不是经营者的判断条件，并且"不正当商业行为"概念取代了其中的"不正当竞争"概念，进一步扩大了保护范围，在德国法上竞争关系并非认定不正当竞争行为的前提条件。

相形之下，美国法上的不公平竞争（Unfair Competition）又被称为不正当经营行为（Unfair Business Practices）、不正当交易行为（Unfair Trade Practices）等。作为判例法国家，其判例对反不正当竞争理论的发展意义重大。1972 年肯塔基州上诉法院审理了 Galt House, Inc., v. Home Supply Company and Al J. Schneider 案，[1] 判决核心观点在于，若原告就其商号名称建立了商业信誉，即便是非竞争对手对其致害，反不正当竞争法依旧可为其提供保护。

日本《不正当竞争防止法》并无"一般条款"，而是仅规制被限定列举的不正当竞争行为。[2] 值得注意的是，作为民事特别法，日本《不正当竞争防止法》适用的基本思路受到了私法逻辑的左右，为了应对互联网经济深入发展带来的影响，其不得不放弃传统的对相对性逻辑的遵循，转而强调对市场竞争秩序的维护，前述对"搭便车行为"的规制即是这一价值取向的体现。

韩国的反不正当竞争立法与反垄断立法采取了合并形式，称为《垄断规制与公正交易法》，其中所规制的"不公正交易行为"的概念更接近于英美法的定义，竞争关系并非认定不正当竞争行为的前提条件，相较于我国反不正当竞争法上的"不正当竞争行为"，其范围更加宽泛，其中实现国民经济的均衡发展也是一个重要的立法目的。[3]

在国际法层面，《保护工业产权巴黎公约》（以下简称《巴黎公约》）同样规定了不正当竞争行为的判断标准。其第 10 条之二（2）规定："在工商业活动中违反诚实信用的任何竞争行为，构成不正当竞争行为。"但是，世界知识

---

[1] Galt House, Inc. v. Home Supply Co. , 483 S. W. 2d 107 (1972).

[2] 戴龙. 日本不正当竞争防止法的发展与最新动向 [M] //中国世界贸易组织研究会竞争政策与法律专业委员会. 中国竞争法律与政策研究报告：2015 年. 北京：法律出版社, 2016.

[3] 金河禄. 中韩两国反不正当竞争法之比较 [J]. 东疆学刊, 2014 (2).

产权组织国际局于 1996 年起草的反不正当竞争示范法在对不正当竞争行为的界定中抛弃了《巴黎公约》对"竞争行为"的表述，认为"在工商业活动中违反诚实信用的任何行为都构成不正当竞争行为"。● 并且在注释中特别强调，反不正当竞争法适用于当事人之间没有直接竞争关系的情形，即使当事人的行为不是指向竞争对手，但据此获取了竞争优势或增强了自身的竞争能力，也是影响竞争的行为。

通过对发达国家和地区的反不正当竞争法以及国际条约的比较可以发现，域外竞争法对竞争关系的要求并没有那么严格，而是更着眼于经营者实施的行为。在个案中对该行为进行考察，用以判断其是否需要受到反不正当竞争法的管辖，是否可被认定为是不正当竞争行为，都印证了反不正当竞争法作为"行为法"的属性。

（三）"竞争关系"相对性的消解

当前，受互联网经济去中心化和去结构化发展的广泛影响，市场竞争模式和行为呈现为跨界竞争与多维竞争下的流量争夺与数据占有，异质化竞争走向同质化争夺。与此同时，世界主要竞争法域的国家及国际组织对"竞争关系"的解读与认定的现实，透射出越发宽泛和灵活的态势，我国新修订的《反不正当竞争法》也展现出一种从狭义的规制竞争者的违法行为和保护经营者合法利益的"行为—法益"模式扩展至广义的规范市场中所有经营者的"行为正当性"模式，行为的正当性成为反不正当竞争法适用的关键基准。而在判断行为正当与否的法律推理中，如何理解"竞争行为所引发的竞争关系"，即通常法理上所追求的"法律事实引发法律关系"——行为构成一种法律事实——在反不正当竞争法适用中的映射，则构成了当前理论界与实务界亟待思考和回应的焦点问题，其直接影响甚或决定了反不正当竞争法在互联网经济甚至进阶形态之人工智能经济场景下适用的目标价值的选择和设定，以及与其他相邻法律部门的区别。

在互联网经济下，"竞争关系"相对性的解构推动了反不正当竞争法的规制进路从"行为—法益"模式进阶至"行为正当"模式。互联网经济下的经营者以跨界为主的追逐"连接红利"的竞争是其主要的竞争模式，其目的在于对作为消费者的用户及其数据资源的直接争夺。简而言之，在互联网经济下，"竞争行为"与"竞争关系"并不发生必然的逻辑联系。故此，若仍然依

● 孔祥俊，刘泽宇，武建英. 反不正当竞争法原理·规制·案例 [M]. 北京：清华大学出版社，2006.

循"竞争关系"之于"竞争行为"的逻辑意义，互联网经济下的竞争行为的合法性认定与违法性识别过程中就会出现一个鸿沟，合法与违法之间不是一个"非此即彼"的逻辑构造，因为互联网经济下"竞争关系"的多元属性和动态变化会使具体竞争行为的识别产生困难。为此，在互联网经济下必须要摒弃"竞争关系"对"竞争行为"的绝对意义，扩维对竞争行为正当性的识别基准，引入多元的价值判断和实质的利益评价。

事实上，互联网经济下，"竞争关系"已被"竞争行为"所吸收，"竞争行为"所至，"竞争关系"亦达。"竞争关系"随着互联网的无限扩展不再呈现"相对性"形态。退一步言，若欲挽留"竞争关系"之于"竞争行为"正当性判断的意义，其存在的意义仅是核定其他经营者利益遭受损害范围的界尺，而并非违法行为认定之前提要件。当然，其可在具体案件中作为参考要件，但绝非充要条件。

实践中，因受到"竞争关系是判断不正当竞争行为发生的前提条件"的思维定式的影响，在不正当竞争案件的审判中出现了这样一种现象：原告竭力主张"竞争关系"的存在以求得救济，被告竭力否定"竞争关系"的存在以摆脱不正当竞争行为及其损害之虞，❶ 受案法官为了认定竞争行为的性质而不得已必须竭力扩张"竞争关系"的阈值，以至于诉争双方"竞争关系"的存在成了案件审理的头号焦点，而忽略了对涉案行为本身是否正当的考量，以及对案件中其他要素，如市场竞争秩序、消费者利益等多元价值目标的综合考虑，极易陷入脱离事实判断的概念论争的黑洞。

当前，部分学说和裁判观点之所以坚持将"竞争关系"作为认定不正当竞争行为的前提条件，是因为未能全面厘清"竞争行为"与"竞争关系"二者之间的关系，只关注到传统经济下"行为—法益"模式的适用，而忽视了互联网经济下以跨界为主，追逐"连接红利"的竞争使得"竞争关系几乎无往而不在"的事实。❷ 倘若顽固恪守"竞争关系是不正当竞争行为发生的前提"的判断，无异于作茧自缚，不仅不利于对互联网经济下新型不正当竞争行为的防范与规制，而且不符合新修订的《反不正当竞争法》的立法意旨，在客观上限缩了反不正当竞争法适用的范围。故此，必须对竞争关系之于反不正当竞争法的意义作出贴合现实和顺应时代发展趋势的解读，即"竞争关系"

---

❶ 据笔者统计，在 176 件不正当竞争案件中，原告方主动提及与被告方存在竞争关系的案件有 68 件，被告方主动提及（以抗辩为主）的有 88 件，其中大多数都在否认与原告方存在竞争关系。

❷ 王永强. 网络商业环境中竞争关系的司法界定：基于网络不正当竞争案件的考察 [J]. 法学, 2013 (11).

相对性的消解在互联网经济下是一个不争的事实。

五、余　论

　　"竞争关系"之于反不正当竞争法意义的变化，主要体现在其相对性消解的维度上，这是顺应以"跨界+多元"竞争为主追求"连接红利"的互联网经济发展趋态的一种新情势。这一判读虽然值得进一步观察印证，但就其现实意义而言，以新修订的《反不正当竞争法》的实施为契机，在厘清与《反垄断法》《商标法》等相关专门法律的关系后，重新认知"竞争关系"之于反不正当竞争法的意义，有利于进一步廓清和推动反不正当竞争法体系的独立性生长，助力其精细化和专业化适用，克服大民事审判思维的过度影响，解扣传统经济下相对性逻辑构造对反不正当竞争法多元功能的束缚，释放其对社会公共利益、消费者利益等多元利益的保护乃至激励的动能。

　　当前，无论是理论界还是实务界对"竞争关系"的判读，一方面仍坚守其相对性逻辑构造，另一方面却在不断扩展"竞争关系"的边界范畴以回应实践中不断出现的新型不正当竞争行为的规制需求，两者看似在说理上达成了某种平衡，实质上已经走上了神形俱灭的窘境。即看似保留"竞争关系"相对性这样一种外观形式，期望通过不断的扩张解释使"竞争关系"相对性的内涵和具体形态能够适用于互联网经济下竞争关系无处不在的现实——处处在，即不再有其相对性。殊不知，此时的竞争关系已被消解和虚化，有的只是竞争行为。正所谓在互联网经济下"你不知道你的对手，你只需知道如何不被消灭"，动态竞争是常态，确定的竞争对手只是一种临时状态（Tentative State），每一个经营者所要争夺的只是作为消费者的用户及其数据资源，只有市场秩序和消费者才是清晰可见的。倘若继续固守"竞争关系的存在是认定不正当竞争行为的前提条件"的观点无异作茧自缚，放大私法逻辑，消解竞争司法的独立性，误导竞争执法的重点，将反不正当竞争法的适用范围限缩于私权保护，而非公共利益和第三方利益实现。申言之，互联网经济下的"竞争关系"相对性的消解所带来的是整个竞争法适用基准和规制机理的变革。

　　在遵循"竞争关系"相对性逻辑构造的场景下，竞争法适用的基准和规制模式强调"行为-法益"说，私权私益是保护的重点。当步入互联网时代，"竞争关系"在客观上被加速消解，无论是立法还是实践都开始转向对竞争行为正当性的判别，此时竞争法的适用范围和规制空间得以复位，这对归正竞争法之于社会主义市场经济基本法的地位大有裨益，亦是正逢其时。当对不正当竞争行为的判别模式进阶至"行为正当"标准时，"竞争关系"的存在实为发挥衡量经营者损害范围的界尺作用，行为之于市场竞争秩序和消费者利益的影响已成为认定不正当竞争行为的独立基准，多元价值判断和实质利益平衡乃为反不正当竞争法实施的应有之义。

（原文《互联网经济下重读"竞争关系"在反不正当竞争法上的意义——以京、沪、粤法院 2000～2018 年的相关案件为引证》，刊于《法学》2019 年第 7 期，收入本书时有改动）

优化《反不正当竞争法》一般条款与
互联网专条的司法适用

一、问题提出

伴随信息技术（Information Technology）和数字技术（Data Technology）在互联网领域广泛且深度的应用，也引发了越来越多以互联网市场为发生场景的新型不正当竞争案件的出现，这对已实施二十余年的旧《反不正当竞争法》的适用带来了巨大挑战。然而，在"不得拒绝裁判"之原则的约束下，于新《反不正当竞争法》实施前，司法机关通常以作为"一般条款"的第 2 条中的"诚实信用"和"商业道德"之规定来处理互联网新型不正当竞争案件，并由此形成了很强的路径依赖。[1] 以至于在新《反不正当竞争法》实施后，受案法院仍然习惯适用于"一般条款"来认定和裁决互联网新型不正当竞争行为和案件。

据相关司法数据显示，截至 2018 年年底，在与互联网相关，援引《反不正当竞争法》进行判决的案件中，约有超过 60% 的判决书将一般条款作为了判决依据。[2] "一般条款"的过度援引问题逐渐引发担忧。虽然现行《反不正当竞争法》增加了第 12 条以专门应对互联网新型不正当竞争行为——该"互联网专条"备受关注，但是，以新《反不正当竞争法》开始实施的日期为起点，截至 2019 年 5 月底，经由在北大法宝、中国判例网、威科先行、无讼、聚法等多个案例资料数据库的检索，仅找到四份适用新《反不正当竞争法》"互联网专条"进行判决的新型不正当竞争案件判决书，其中两份为同一案件的一审和二审判决书。

---

[1] 刘继峰，曾晓梅. 论用户数据的竞争法保护路径 [J]. 价格理论与实践，2018（3）.

[2] 国瀚文. 中国新"反不正当竞争法"的司法适用：基于"互联网专条"的分析与实践 [J]. 商业研究，2019（3）.

第一例为"爱奇艺诉搜狗"案，涉及流量截取问题。❶ 在一审判决书中，法院最终只依据"一般条款"进行了说理，认为经营者的行为必须达到"扰乱市场秩序、违反法律和商业道德"的程度且"可以为行为人带来竞争优势或足以给其他经营者造成损害"才应受到《反不正当竞争法》的规范，并由此驳回了原告的诉讼请求，且并未针对原告提出的"互联网专条"进行分析。该案二审维持原判。❷

第二例"爱奇艺、众源网络诉千影网络"案❸和第三例"优酷诉百狐网络"案，❹ 两案均涉及播放视频时运用其他软件将片头屏蔽、广告暂停播放的行为事实。在"爱奇艺、众源网络诉千影网络"案中，就被告行为是否构成不正当竞争行为，法院围绕新《反不正当竞争法》第12条"互联网专条"的第2款第（4）项展开说理，认为被告在此案中具有主观恶意，即便优胜劣汰是市场的自然选择，但是若竞争行为违反了竞争原则而不具正当性，则应当运用反不正当竞争法予以规范。尽管法院在此案中援引了第12条"互联网专条"，但是不难发现整个分析过程仍然延续了从前运用第2条"一般条款"中"商业道德"标准进行违法判定的思路，并未针对互联网专条本身之规定在说理上实现突破。类似地，在"优酷诉百狐网络"案中，审理法院援引的也只是"互联网专条"第1款的总括性规定，及第2款第（4）项的兜底条款。

由以上三个案例的判决不难看出，新《反不正当竞争法》第12条"互联网专条"在实施中尚存在一定问题。首先，法院仍习惯依赖于以第2条"一般条款"为基础的分析思路进行说理，将"一般条款"运用于互联网新型不正当竞争案件审裁的观念已根深蒂固。其次，"互联网专条"的规定无法涵盖所有类型的互联网新型不正当竞争行为，即便依据该条进行判决，目前也只是借助第1款及第2款第（4）项的宽泛规定，尚未有使用第2款第（1）至第（3）项所规定的三种具体不正当竞争行为类型规范予以审理的尝试。"互联网专条"的实施情况不尽理想，适用"一般条款"的情形仍居多数，这与类型化列举式立法无法有效涵盖不断发展和衍生的互联网新型不正当竞争行为有一

❶ 北京爱奇艺科技有限公司与北京搜狗信息服务有限公司、上海恩度网络科技有限公司其他不正当竞争纠纷案，上海市杨浦区人民法院（2017）沪0110民初12555号民事判决书。

❷ 北京爱奇艺科技有限公司与北京搜狗信息服务有限公司、上海恩度网络科技有限公司其他不正当竞争纠纷案，上海知识产权法院（2018）沪73终420号民事判决书。

❸ 北京爱奇艺科技有限公司、上海众源网络有限公司与宁波千影网络科技有限公司不正当竞争纠纷案，上海市徐汇区人民法院（2018）沪0104民初243号民事判决书。

❹ 优酷信息技术（北京）有限公司与徐州百狐网络科技有限公司不正当竞争纠纷案，北京市海淀区人民法院（2017）京0108民初54830号民事判决书。

定关联，也囿于对"一般条款"便宜性的依赖。故此，除需对"互联网专条"予以细化解释和不断完善外，更重要的是对"一般条款"与"互联网专条"的适用界限和衔接适用进一步厘清和优化。

二、互联网场景下《反不正当竞争法》司法适用的困境

互联网场域下多种技术的综合运用为一些传统不正当竞争行为披上了新技术的外衣，这类行为实际上仍属于传统行为在线上的延续，可沿用原先六种具体行为类型予以调整。在此主要的研究对象是无法纳入传统不正当竞争行为类型的新型行为，具有鲜明的技术型特征。然而，基于"一般条款"的适用在新型案件的裁判中业已形成一定范式，加之"互联网专条"的正式实施仅经过一年多时间，对于该条内容的解释和细化还尚未实现，分析论证还有待加强。因此，判定互联网新型不正当行为是否具有可责性还需从立法本意出发，处理好"一般条款"与"互联网专条"的适用衔接问题。

本文所讨论的新型互联网不正当竞争行为是以新型信息技术及数字技术为依托，在互联网场景下衍生出的科技型不正当竞争行为，行为与结果均发生于线上，通常呈现出技术创新的外观，实际上却以损害对方经营者利益作为目的，扰乱互联网市场的正常竞争秩序。这些行为不能完全归入1993年《反不正当竞争法》中规定的六种行为类型，因此无法选取具体类型的法条予以规范。近些年，以互联网新型不正当竞争行为为背景的案件频发，为司法实践带来诸多难题，在"互联网专条"出台前已经形成适用"一般条款"来予解决的惯例。

（一）"一般条款"在互联网新型不正当竞争案件中的适用

法律从制定的一刻起即有滞后性，"一般条款"的功能在于提出一般性法律原则，以便对法律中的列举式规定进行补充，为新型行为的规范留有缓冲余地，以优化法律的实施效果。在1993年《反不正当竞争法》制定之初，第2条并未完全作为一般条款的形式出现，而后在司法实践中通过对第2条的应用逐渐确定了其"一般条款"的地位。❶ 2017年修订的《反不正当竞争法》对"一般条款"进行了完善，根据实施近二十年以来我国市场经济的发展情况对相应表达进行了调整，例如将从前的"遵守公认的商业道德"改为了"遵守法律和商业道德"，舍弃了"公认的"这一模糊性表达，同时也更贴合法治社

---

❶ 孔祥俊. 论新修订《反不正当竞争法》的时代精神［J］. 东方法学，2018（1）.

会建设的需求。另外新法还对"一般条款"进行了扩容，在第 2 款中明确了对消费者合法权益的保护，也即对不正当竞争行为的认定，法官应当将消费者合法权益是否遭受侵害纳入考虑，回应了对消费者合法利益在反不正当竞争法中获得保护的需求。在过去的二十余年间，尤其是针对互联网场景下的新型案件，"一般条款"中规定的总括性要素成为判决疑难案件的主要依据，法条中一些概括性的规定也在实施过程中被具像化。

1993 年《反不正当竞争法》与现行《反不正当竞争法》在对"一般条款"结构与内容的规定上大致相似。以后者为例，我国《反不正当竞争法》第 2 条"一般条款"总共由 3 款条文构成，第 3 款主要划定经营者的范围，第 2 款对不正当竞争行为进行了界定，明确了不正当竞争行为应当存在扰乱市场竞争秩序，侵害其他经营者利益或消费者合法权益的损害结果，由此形成了对市场、经营者及消费者三层次的保障格局；同时，第 2 款也从侧面树立了对未包含在分则七种具体类型中行为是否属于不正当竞争行为的原则性标准，而不正当竞争行为的具体判定标准最终指向了第 1 款的规定，其中"诚实信用"及"商业道德"是学界公认的核心要素。❶

针对第 2 条的应用问题，我国最高人民法院在代表性的"海带配额案"中对"一般条款"的适用条件作出了详细阐释，明确指出适用"一般条款"界定不正当竞争行为应当同时符合三点要求：第一，法律未对该种竞争行为作出特别规定；第二，其他经营者的合法权益因该竞争行为而受到实际损害；第三，该种竞争行为确因违反诚实信用原则和公认的商业道德而具有不正当性或可责性。❷ 在司法实践中，法官通常围绕最高人民法院给出的分析方法遵循"损害＋违背诚实信用原则和公认的商业道德"这一基本思路进行说理。❸ 首先考察该行为的损害结果，是否构成对市场竞争秩序、其他经营者利益及消费者利益这三种反不正当竞争法所保护法益的伤害，在确认存在损害结果的前提下进一步对行为是否违背了诚实信用原则、法律和商业道德进行实质性判断。

具体到互联网领域案件的应用当中，针对"诚实信用"和"商业道德"的判定标准，"非公益必要不干扰"原则及"最小特权"原则在案件的审理过

---

❶ 原文是未修改前的法律条文，表述为"公认的商业道德"，新法中改为"法律和商业道德"，但核心观点未变，不影响这里的讨论。吴峻. 反不正当竞争法一般条款的司法适用模式［J］. 法学研究，2016（2）.

❷ 山东省食品进出口公司与马达庆、青岛圣克达诚贸易有限公司不正当竞争纠纷案，最高人民法院（2009）民申字第 1065 号民事裁定书。

❸ 新法修订后改为"遵守法律和商业道德"。王红霞，尹玉涵. 互联网新型不正当竞争行为的司法认定：兼论新修《反不正当竞争法》的适用［J］. 电子知识产权，2018（11）.

程中得以明确。在"百度诉奇虎插标"案中，❶ 最高人民法院阐明提供互联网产品或服务的经营者之间原则上不得相互干扰，对于某项服务或产品的选择取决于用户本身的决定，用户需要对自己的选择知情并同意，网络服务经营者在特定情况下可以不经同意或许可干扰他人互联网产品或服务的运行，但是应当确保干扰的必要性和合理性，由此确立了"非公益必要不干扰"原则。在该案的再审过程当中，❷ 法院进一步明确有特殊经营事项的经营者享有优先特权，例如本案中的安全软件，但实施干预行为应为实现功能所必需，即在干扰其他网络服务经营者活动的过程中拥有"最小特权"。这两项原则成为互联网场景下审查新型不正当竞争行为是否违反法律的重点考量标准。

总体而言，"一般条款"在新型互联网不正当竞争案件中的应用解决了法律无法及时修订情况下司法实践中的需要，在一定程度上缓解了法律滞后性的问题，填补了新技术发展带来的行为规范问题上的缺口。但是，"一般条款"仍属于原则性的规定，具有相当的抽象性，因此在司法实践中会导致适用标准不一，各法院思路各异等分歧，致使案件久拖难决、类案不同判。对于"商业道德"这一判断标准，一般认为可以将行业普遍认可的行业规则或行业准则作为参考，对于这种认定方式实践中也存在不一样的声音。在"百度诉奇虎"一案中，❸ 法院将中国互联网协会制定的《互联网搜索引擎服务自律公约》作为裁判依据，尝试契合一般条款中"商业道德"的要求，但是这种做法引起了广泛争议，这一公约中的规定尚未获得业界一致认可，其中采取的标准是否正当合理而应当被遵守仍有相当大的讨论空间。即使存在公认的行业标准，这种标准也"并不天然具有正当性"，❹ 行业标准能否被直接运用在司法审判当中仍需经过反不正当竞争法保护法益的充分衡量。

再具体到审判中确立的"非公益必要不干预原则"当中，学界对这一原则也存在质疑的声音。首先，对于哪一方的行为符合"公益"的保护标准就存在不同意见，该原则的一个弊端是缺失了判断遭受干扰的互联网商业模式其自身行为正当性的审查环节，而直接将这一受到干扰的商业模式默认为值得保

---

❶ 百度在线网络技术（北京）有限公司等与北京奇虎科技有限公司等不正当竞争纠纷上诉案，北京市高级人民法院（2013）高民终字第 2352 号民事判决书。

❷ 北京奇虎科技有限公司与北京百度网讯科技有限公司、百度在线网络技术（北京）有限公司商标权权属纠纷案，最高人民法院（2014）民申字第 873 号民事裁定书。

❸ 北京百度网讯科技有限公司、百度在线网络技术（北京）有限公司与北京奇虎科技有限公司不正当竞争纠纷案，北京市第一中级人民法院（2013）一中民初字第 2668 号民事判决书。

❹ 文中列举了一个常见的例子，例如，餐厅禁止自带酒水，这虽然是公认的标准，却不是一个良好的规则。宁度. 互联网领域反不正当竞争法一般条款的具体化进路：兼评不正当竞争纠纷司法裁判规则［J］. 电子知识产权，2017（4）.

护，由此缺乏从保护"公益"的角度责难干扰行为的前提依据。其次，"公益"的具体判断标准也存在疑问，不能仅凭借产生了负面效果就判定新型行为扰乱了竞争秩序，互联网领域技术更新迭代之快，新技术的产生必然会对现存技术造成打击，如果过早地而不加以区分地进行干预则可能造成阻碍创新的后果，实际上抑制了正常的竞争行为，况且这种限制尚缺乏实体法上的规范依据，因此"非公益不必要原则"的采用还应采取谨慎的态度。

在审理互联网领域不正当竞争案件时，依赖于总括性的"一般条款"予以判决，难免造成"轻方法重结论"的情况，由此形成在"一般条款下解决问题的惯性，最终不得不面对一般条款过度膨胀的后果"。面对每一个案件均需要针对"一般条款"进行说理事实上也加重了审判者的负担，新型案件的不断涌现使得法庭对"一般条款"的解读不断出现分歧。由此，司法界一直呼吁互联网不正当竞争行为类型化条款的出台，同时司法实践中已经积累了相当数量的案例，大量的新型案例为类型化"互联网专条"的形成奠定了基础。

（二）"互联网专条"适用的机遇与挑战

在修订 2017 年《反不正当竞争法》的过程中，历经多次讨论和修改，新增的第 12 条——"互联网专条"最终得以设立。互联网场景下的新型不正当竞争行为成为新《反不正当竞争法》分则中规定的第七类具体违法类型。本次新条款的出台是 1993 年《反不正当竞争法》后的又一次类型化立法尝试。

但是，学界对于类型化"互联网专条"的现实意义仍持保留态度，有学者认为正因为"互联网专条"是基于已有案例群的类型化实践，案例群本身的构成就具有一定的相似性，由此总结出的类型并不全面，仅能代表一部分典型案例，但互联网领域仍有新技术催生新型行为不断涌现，对已有案例进行梳理而成的"互联网专条"中规定的类型"既不互斥也不周延"，没有达到类型化条款的理想标准。[1] 另外，对于互联网新型不正当竞争行为的认定标准仍需在个案中继续探索、锤炼，尚未达到统一而明确的程度，因此现存案例群裁判依据不甚成熟，基于此提炼出的类型化条款基础不足，是否经得起推敲还有待检验。[2]"互联网专条"出台后的实施情况也在一定程度上印证了这种担忧，在新法实施的近一年半的时间里，真正适用"互联网专条"进行裁判的案件

[1] 蒋舸.《反不正当竞争法》网络条款的反思与解释：以类型化原理为中心 [J]. 中外法学, 2019（1）.
[2] 李扬. 互联网领域新型不正当竞争行为类型化之困境及其法律适用 [J]. 知识产权, 2017（9）.

屈指可数，类型化的"互联网专条"有遭受"闲置"的可能。

除去对互联网新型不正当竞争行为类型化的时机是否成熟的质疑外，"互联网专条"本身的设计也存在诸多问题。新设的"互联网专条"采取"概括＋列举＋兜底"的模式，第1款主要明确本条款适用于网络空间的经营活动，第2款前部分作出了原则性规定，禁止经营者以利用技术手段影响消费者选择等方式，阻碍其他经营者的正常经营行为，第2款详细列举了三项具体行为类型，分别可以概括为流量劫持、干扰和恶意不兼容，第2款第（4）项则作为兜底条款出现。

首先，"互联网专条"文本的内部逻辑存在矛盾之处。就第1款来说，其宣示意义大于其实际意义，直接运用于司法审判中的实用性极低。就第2款来说，四项内容中前三项是具体化的行为类型，但是正如前文分析，前三种类型往往无法满足实际所需，因此按照逻辑应转向第（4）项的兜底条款求助，然而兜底条款要素过于简单，字面含义过于宽泛，极易出现不恰当的扩大适用，因此对于一种新型网络不正当竞争行为仍然无法完全单纯依据"互联网专条"进行裁判，在司法实践中还需要借助"一般条款"结合立法目的进行补充论证。此外，第2款前部分的内容也可起到类似的兜底作用，实践中已经有案件适用了这一部分进行裁判，❶ 如此第2款第（4）项的设置尚不如第2款前部分更具有实际意义。因此"互联网专条"的原则性内容与兜底条款应在逻辑上进一步熟悉清晰，真正让法条的每一款均能拥有实际效用。

其次，"互联网专条"第2款仅根据既有案例梳理出三种具体行为类型，没有做到涵盖大多数类型的互联网新型案件。例如，近几年不断出现的数据爬取类案例，行为者的目的在于获取数据，而非简单意义上的流量劫持，数据本身已经被当作一种资产，甚至可以用于交易，构成了网络经营活动中的一项基本要素。在我国首例大数据不正当竞争案"淘宝诉美景"一案中，❷ 法院已经确认了淘宝公司对其旗下大数据产品中的数据享有竞争性财产权益，❸ 其他类似案件仍在不断涌现，但本次修法未能及时回应审判中对数据类不正当竞争案件的经验。

再次，就"互联网专条"条文本身来说，第2款存在"词不达意和字面

---

❶ 优酷信息技术（北京）有限公司与徐州百狐网络科技有限公司不正当竞争纠纷案，北京市海淀区人民法院（2017）京 0108 民初 54830 号民事判决书。

❷ 淘宝（中国）软件有限公司诉安徽美景信息科技有限公司不正当竞争案，杭州市中级人民法院（2017）浙 8601 民初 4034 号民事判决书。

❸ 陈兵. 法治视阈下数字经济发展与规制系统创新［J］. 上海大学学报（社会科学版），2019（4）.

含义太宽"的问题，从而可能将正当竞争行为也纳入规制调整范围。主要争议集中在第 2 款第（3）项的用词，"恶意"一词仅是主观的判断标准，❶ 若仅将关注点放置于主观层面的证明很可能走入舍近求远的误区。另外第 2 款第（4）项涵盖范围过广，将"其他妨碍、破坏其他经营者合法提供的网络产品或者服务正常运行的行为"作为兜底条款在一定程度上与已经在司法实践中得到确认的"非公益必要不干扰原则"相抵触，其概括性太强，体现出"高度裁量性"的特征，如果运用此条款对新型行为进行规范很可能打击到正常的竞争行为，因此需要对法条进行限缩解释。

最后，新《反不正当竞争法》与现行《反垄断法》调整范围之间存在部分重叠。针对新制定的"互联网专条"，该条第 2 款第（3）项与《反垄断法》中第 17 条中规定的拒绝交易或限制交易行为有所冲突，第（3）项的规定实际上囊括了具有支配地位或优势地位的经营者以不兼容的方式阻碍正常交易的行为，❷ 这种立法矛盾的存在对于实践中出现的行为最终应当适用《反不正当竞争法》抑或《反垄断法》来予以调整带来难题。《反不正当竞争法》与《反垄断法》之间的界限始终是我国法律修改中重点关注的问题，究其根本，两者背后的法理存在很大差异，《反垄断法》重点落在"限制"二字，因对于已经具有支配地位而实施了垄断行为的竞争者不得不采取必要的限制措施来恢复公平、自由的竞争秩序；而《反不正当竞争法》的实施仍然侧重于保护与鼓励，对于不正当的竞争行为进行及时矫正，从规范的目的出发，两者不应有所混同。

三、审裁互联网新型不正当竞争行为的司法理路

可以预见，互联网新型不正当竞争行为在新技术的推动下会呈现更多种类，司法实践也将面对更加强烈的冲击。围绕"互联网专条"的规定及时进行限缩解释与充分说理，切实将已经类型化的条款运用到实践当中。对于"一般条款"的适用也应适当减少，避免不必要的情形下继续运用原则性内容进行裁判的惯性做法，回归新《反不正当竞争法》的立法本意。

（一）对互联网新型反不正当竞争行为的认定应实现"包容审慎"

当前我国互联网产业正处于迅猛发展时期，互联网产业成为拉动我国经济

---

❶ 郑友德，伍春艳. 论反不正当竞争法的一般条款：兼论《反不正当竞争法（修订草案送审稿）》第二条的完善 [J]. 电子知识产权，2016 (6).
❷ 田小军，朱莹. 新修订《不正当竞争法》"互联网专条"评述 [J]. 电子知识产权，2018 (1).

增长的主要产业之一，互联网新技术的表现形式时常会呈现出较为激进的外观特征，因此对于新型互联网竞争行为的司法裁判应当实现"包容审慎"，以促进"激励与约束的平衡"为监管态度，切勿轻易将新型行为纳入不正当竞争行为范畴予以限制，将技术创新扼杀在摇篮里。

第一，互联网新型不正当竞争行为的判定要为科技创新预留有充分余地。当前我们看待问题的角度存在局限性，随着经验的不断积累，从前对于互联网领域规则的伦理性认知很可能被打破，目前的在对案件进行定性的过程中还应更加审慎，尊重科学技术的发展，更加关注长期利益的实现。第二，互联网领域的新型行为一般具有较强的专业性，非专业的司法人员难免对技术的判断有所偏差，技术的问题还应当交予技术来解决。❶ 法院也认为，通常情况下主张反不正当竞争法的谦抑适用，这在实践中被称为"让子弹飞一会儿"的裁判理念，对于新的商业模式或竞争形式应当秉持宽容的态度，更多启发市场自发调节的作用，同时一定程度的司法指引仍然是非常重要的，这一点则需要通过精准适用法律条文来实现。❷

另一方面，将"包容审慎"的监管要求进一步具体到监管的依据当中，需明确损害结果不等同于可责性，也即一些时候损害结果的出现并不意味着这类互联网新型竞争行为就当然具有可责性。反不正当竞争法是"行为规制法，不是权利保护法"❸，即使一个案件有损害结果出现，这种结果是否正当，还需判断该行为是否扰乱了竞争秩序。有竞争就必有损害，这是市场竞争最根本的优胜劣汰，从逻辑链条出发，也不能仅因为竞争中的损害结果直接推导竞争行为的非正当性。由此，在反不正当竞争法实施的过程中，不能单纯依据某一行为外观上的不正当性，以及损害结果的存在就直接套用法条，而是应当更加重视说理过程，深究这种新型行为是否真的扰乱了竞争秩序、损害了消费者利益或其他经营者的合法权益。

（二）加快第 12 条"互联网专条"的解释与完善

秉持包容审慎的规范态度，当前"互联网专条"面临的最大问题即是条款中的模糊表达亟待澄清，为实现这一目标需要加快对"互联网专条"的解释与完善，具体而言可从以下两个方面入手：

---

❶ 张占江. 论反不正当竞争法的谦抑性［J］. 法学，2019（3）.

❷ 余杰. 移动平台软件干扰的反不正当竞争法规制：兼评"互联网专条"［J］. 竞争政策研究，2018（5）.

❸ 王红霞，尹玉涵. 互联网新型不正当竞争行为的司法认定：兼论新修《反不正当竞争法》的适用［J］. 电子知识产权，2018（11）.

一是适当进行目的性限缩解释。从完善法条设置的角度出发，首先应当对其中不规范的语言进行调整，这一点还需依靠条文的限缩解释实现。此外，还应当针对"互联网专条"的兜底条款进行细化，❶ 当前兜底条款的规定过于宽泛，应在此基础上适当增加限定性要素，将"其他妨碍、破坏"的行为具像化，增添一些情景，适当限制范围，对不正当竞争行为进行更加具体化的描述，力争减少波及正常竞争行为的可能性。

二是适当新增或调整禁止行为的类型。当前，第 12 条"互联网专条"的第 2 款仅针对三类具体行为类型进行了规定，这三种行为虽然具备一定的代表性，但是不能较全面地涵盖大多数不正当竞争行为。故而，对于既有的案例，应当再次进行梳理，按照一定的逻辑划分出种类更细致的案例群。结合这些案例群的已有判决，着重关注说理过程，在一定数量案例判决的基础上总结提炼，形成能够被广泛认可的结论，并将这些结论及时转化为法条，补充进"互联网专条"的立法中。针对可能出现的新案例，"互联网专条"的设置也应当体现出一定的前瞻性，尽管无法预测具体的行为类型，但是仍有一定的行为模式可以遵循。大多数新型不正当竞争行为还是在运用新技术的基础上超过了实施正当竞争行为所需的必要限度，损害了其他经营者或消费者的权益，扰乱了市场正常竞争秩序，应当延续这个思路来进一步完善兜底条款。

（三）明晰"一般条款"与"互联网专条"的适用边界与衔接

在"互联网专条"出台前，运用"一般条款"裁判互联网新型不正当竞争案件已经成为法院解决此类疑难案件的首选和必选。当"互联网专条"已经实施后，应当充分重视其作用，不能使新的类型化条款无意义。可以适当限制对"互联网专条"中兜底条款的适用，从文章开头分析的三个案例可以看出，即使法院适用了"互联网专条"作为裁判依据，仍然借助的是原则或兜底条款，这就如同刚刚走出了适用"一般条款"的"大圈"紧接着又被套入了"互联网专条"中原则性规定的"小圈"，何况后者被剖析的程度还远比不上前者，因此应当警惕这样的恶性循环。

与此同时，"一般条款"在"互联网专条"刚出台的过渡期内仍担负重要责任，面对互联网条款实在无法涵盖所有类型的新型不正当竞争行为，"一般条款"应当发挥补充的作用，以正确引导案件审判的走向。值得注意的是，

---

❶ 曾雄. 数据不正当竞争纠纷的司法实践：现存问题与解决路径 [J]. 信息安全与通信保密，2018（11）.

在 2017 年新修订的《反不正当竞争法》中，"一般条款"实际上也进行了扩容，内涵更加丰富。"一般条款"将消费者、经营者及竞争秩序综合考量的做法体现出"基于立法目的、聚焦于行为市场效果的分析方法"，多种利益的综合考量在法官审判案件的过程中极为重要，尤其是在应对新型案件时，在没有具体标准可以参考的情况下利益衡量的优势更为突出，"一般条款"的扩容为裁判说理带来了更多可能性。

因此，在"互联网专条"刚刚开始施行的阶段，在已经形成类型化条款的前提下，应当遵循以下逻辑：第一，尽量套用"互联网专条"中已经涵盖的类型；第二，经过充分说理论证后若发现该新型行为不能为第 2 款第（1）至（3）项的三种类型所包括，可以尝试运用兜底性条文，但是应注意需对条文进行适当的目的性限缩解释；第三，对于仅应用"互联网专条"确实无法进行说明的情形，可以尝试使用"一般条款"进行评价，但仍需遵循严格的论证过程，且做到贴合立法本意。

四、结　语

"互联网专条"的设置是我国《反不正当竞争法》又一次类型化列举立法的尝试，尽管当前该条款中还存在文义不够明确、范围相对宽泛、逻辑不甚清晰等问题，但是"互联网专条"的出台仍反映出立法工作与司法实践的紧密衔接，反不正当竞争立法对现实需要回应之及时，在相当程度上解决了用反不正当竞争法调整互联网新型不正当竞争行为的迫切需求，为司法实践提供了新的审裁依据。然而，应对当前互联网经济的迅速发展，面对新技术的更新迭代，目前的"互联网专条"需要严格按照立法目的予以限缩解释，并在成熟时机纳入新的行为类型。与此同时，"一般条款"对于互联网领域不正当竞争案件的裁判工作仍具有重要的指引作用，需在必要时对"互联网专条"进行补充。目前，为促进互联网经济的持续发展与技术创新，《反不正当竞争法》的适用仍需保持谦抑的态度，在维护市场竞争秩序，守住保护消费者或其他经营者合法权益这一立法要旨的同时，为科技创新与互联网经济之新兴业态的发展提供正向激励保障显得尤为重要。虽然，《反不正当竞争法》总体上言属于禁止性规范，但是，通过新《反不正当竞争法》的总则设置及其"互联网专条"的兜底条款分析，激励和保障互联网经济新业态的健康可持续发展也是其应有的时代使命。

（原文刊于《天津法学》2019 年第 3 期，收入本书时有修改）

《反不正当竞争法》下互联网平台
"封禁"行为考辨

近年来，在互联网领域有关"封禁""封杀"之类的报道不绝于耳，且有愈演愈烈之势。围绕该类行为与现象的学理讨论也越来越激烈，各类观点和结论差异较大，甚至呈现"针锋相对"的局面。目前，在我国竞争法领域，"封禁"或者"封杀"尚不是专门的法律术语，不能指代特定的行为及其效果。在实践中互联网领域的"封禁"或者"封杀"被运用于多种场合，既可以从技术层面解释，亦可以从商业维度理解，还可以从国家总体安全，特别是网络主权的立场看待，故对互联网领域"封禁"或者"封杀"行为属性的考辨需结合具体发生的场景予以解读，在此基础上，方可做出"封禁"行为是"反竞争行为"抑或"正常市场行为"的判定。囿于篇幅，这里仅从《反不正当竞争法》的维度解读和探索平台"封禁"用户自主分享相关经营者链接行为的基本属性及其治理方案。❶

一、互联网"封禁"行为的事件梳理及本相

2010年初爆发的"奇虎360与腾讯QQ"之争（以下简称3Q大战）开启了我国互联网领域规模经营者利用技术手段和平台商业模式——主要指利用交叉网络外部性影响用户体验，左右用户选择的互联网市场竞争模式，至今对此类市场竞争模式及其行为在竞争法上的属性仍没有定论，致使该类现象愈演愈烈。2013年11月25日，继微信封杀阿里旗下社交工具"来往"链接之后，手机淘宝也关闭了从微信跳转到淘宝商品和店铺的通道。❷

在2015年2月，也出现了微信封禁支付宝红包链接的情况。❸2018年8月

---

❶ 陈兵，赵青. 互联网平台封禁行为的反垄断法解读 [J]. 法治现代化研究，2020 (3).

❷ 李斌. 微信链接跳转淘宝后遭封杀 [EB/OL]. (2013－11－25) [2020－06－22]. http://news. youth. cn/gn/201311/t20131125_4267336. htm.

❸ 新华社批微信"疯狂封禁"：中国互联网行业陷入"囚徒困境" [EB/OL]. (2015－02－05) [2020－06－22]. https://www. thepaper. cn/newsDetail_forward_1301253.

23 日，广东省深圳市中级人民法院对深圳微源码软件开发有限公司（原告）诉腾讯（被告）封禁其公众号涉嫌滥用市场支配地位一案做出了一审判决。法院在判决中指出，被告作为微信公众号平台的运营方，不仅要保证微信公众号用户正常使用微信公众号服务，同时也承担着维护广大微信用户的良好使用环境和微信公众平台正常使用秩序之责任，涉及一定的社会公共利益。

2019 年 1 月 26 日，微信发布公告，明确禁止外部链接的测试、诱导行为。❶同年，10 月 18 日，微信公布了被称为"史上最严"的《微信外部链接内容管理规范》，在其中详细列举了各种违规类型，❷ 这与此前出台的一系列规定一并构成了微信平台对互联网社交环境综合系统的规范系统，为在线社交领域的"封禁"与"申诉"行为提供了依据。同时，也引发了对在线社交空间控制权及其归属的争议，即由微信平台主导并控制的在线社交空间，是属于公共空间抑或是由其运营的私人或准公共空间，不同情况下微信所享有的控制权及承担的管理义务。

2020 年 2 月 29 日，在因疫情而导致大量企业开启远程办公的背景下，字节跳动旗下办公套件飞书发布官方公告称，飞书相关域名被微信全面封禁，并且被单方面关闭微信分享 API 接口。❸随后，3 月 3 日，多地反馈"健康码"无法在微信端打开，微信方面回应是因为该码标记了口令类信息，触发了《微信外部链接管理规范》中的第 17 条"特殊识别码、口令类信息"，虽然随后经过技术调整已经恢复，但还是为广大公众在疫情当中的正常生活带来不便。

通过梳理以上互联网领域规模经营者之间频发的"封禁"事件，不难发现，各类"封禁"行为一般来说是针对有竞争利害关系的经营者，客观上大致表现为"拒绝交易"或者是"限定交易"。当然，这里的"拒绝交易""限定交易"只是存在于行为外观上，具体行为是否构成现行《反垄断法》上的滥用市场支配地位行为并不能轻易做出判定。

无论是当下频现的互联网平台"二选一"还是平台"封禁"行为，其本质都是利用平台技术优势及其巨大规模流量来实现其主要经营目的的商业模式和竞争行为，是典型的互联网领域"流量为王"赢者通吃的营商理念和行业

---

❶ 楚天. 微信封杀抖音是捍卫自身的"护城河"［N/OL］.（2019 - 01 - 28）［2020 - 06 - 22］. 新京报 - https：//baijiahao. baidu. com/s？ id = 1623919393734362331&wfr = spider&for = pc.

❷ 有关违规类型，具体参见：微信外部链接内容管理规范［EB/OL］.（2019 - 10 - 18）［2020 - 06 - 22］. http：//weixin. qq. com/cgi - bin/readtemplate？ t = weixin_external_links_content_management_specification.

❸ 字节跳动称旗下办公产品飞书被微信全面封禁［EB/OL］.［2020 - 06 - 22］. https：//www. thepaper. cn/newsDetail_forward_6239051.

特征的本能反应，甚或是互联网经营者之间彼此竞争的一种常态。❶ 当然，这其中并不排除基于国家安全利益和社会公共利益所实施的封锁屏蔽行为。在这一过程中互联网平台正在形成技术力量与经济力量的高度聚合，且这种聚合正在裂变为对当下经济社会组织结构和交互模式的一种新型的控制权甚或支配权，以资本、技术、权力三合一的数字化垄断技术帝国和"超级权力体"正在或已然形成，❷ 这对政府治理和市场自治都带来了巨大挑战，同时也释放了无限机遇。具体到互联网商业领域，首要任务便是识别和建立有助于平衡行业整体创新利益与行业个体经营者利益，分享行业整体发展之于广大普通用户利益实现的互联网新经济发展所带来的巨大利益的分配机制及其运行模式。

故此，聚焦互联网"封禁"行为的表象与本相的解读，需要运用大事件的分析方法，从中提炼基本共性和主要特征，据此审慎判断"封禁"行为在现行《反不正当竞争法》语境下的是与非。

二、互联网"封禁"行为的基本类型与竞争性解析

所谓"封禁"行为，可以发生在多种场景下，其中有些行为是经营者利用技术手段来实施的，有些则是利用市场优势地位来实施的，也有些是存在其他正当理由的。因此，"封禁"行为本身并不意味着当然违法，认定其违法性还需要个案分析，综合考虑行为的发生背景、行为目的和效果等因素。在《反不正当竞争法》视阈下，具体到对互联网平台"封禁"用户分享相关经营者链接行为之正当性探讨，有必要对分享链接行为是否由用户自主、自愿发起，还是基于外部因素诱导、误导甚或迫使用户非自愿的分享予以区别考察。

链接的经营者和（或）运营者通过诱导分享等方式，譬如要求用户分享，分享后方可进行下一步操作，或分享后方可知道答案等，通过利益诱惑，诱导用户分享并传播外链内容；或是采取夸张言语来胁迫、引诱用户分享等，❸ 未经他人平台的许可，利用他人的服务或者市场份额（力量）来进行商业运作并从中牟利，则涉及"搭便车"之嫌，放任此种行为也可能造成平台中广告

❶ 陈兵，徐文. 互联网经济下半场，如何打通数据共享通路［EB/OL］.（2020 – 05 – 18）［2020 – 06 – 22］. https：//www. thepaper. cn/newsDetail_forward_7444889.

❷ 樊鹏. 新技术时代国家治理的新方向［J］. 人民论坛，2020（2）.

❸ 具体类型和方式，参见：微信外部链接内容管理规范［EB/OL］.（2019 – 10 – 18）［2020 – 06 – 22］. http：//weixin. qq. com/cgi – bin/readtemplate？t = weixin_external_links_content_management_specification.

的泛滥，从而影响用户体验，平台经营者和（或）实际运营者有理由对此种行为予以管理。若链接分享行为是由用户自主发起的，且属于平台开放服务协议或规则中所约定或允许的服务类型，那么，用户则应享有分享链接的正当权益。在平台经营者以竞争为目的，实施阻碍用户自主分享相关经营者的链接的场景下，该竞争行为是直接施加于用户的，通过直接影响用户体验、阻碍用户行使正当权益的方式，间接地对竞争者造成影响，对此类行为的正当性和合法性应如何判断，则是亟待回应的问题。

　　经营者之间展开有序竞争是推动市场经济发展的原动力，无竞争则无发展。竞争行为应当遵守基本的诚实信用原则和商业道德，否则可能构成不正当竞争。一般来说，竞争活动应当以经营者向交易相对方提供更加优质廉价的商品或服务的方式来进行，形成经营者之间为提供更具吸引力的交易条件而形成你追我赶的良性循环过程，通过这样一个良性循环的竞争过程，最终会有利于消费者福利的增加。那么，经营者以直接损害消费者权益的方式来开展竞争，则不符合一般的良性竞争行为的特征。具体来说，消费者的合法权益不仅应当包括《消费者权益保护法》等法律上所明文规定的法定权利，也应当包括基于合法的合同约定而产生的约定权利，若在平台与用户（消费者）的服务协议中约定了用户享有分享链接的权利，而平台又"封禁"用户自主分享特定的与该平台有竞争关系的链接、限制用户合法权利的行使，则应由平台经营者来提供正当理由，譬如，基于用户信息安全、用户体验的提升等；否则，则可以推定平台是出于竞争的目的而限制用户权利的行使。当这种以直接限制用户权利来实施的竞争行为有可能危害到公平的竞争秩序，譬如，受损害的消费者范围广、类似行为具有反复多发性，就有必要从《反不正当竞争法》的角度对其进行合理规制。

　　鉴于目前的理论成果和司法实践已对损害其他经营者合法权益的不正当竞争行为展开了较广泛的研究与探索，在现有理论研究和司法实践经验的基础上，拟从平台"封禁"相关经营者链接行为的另一维度——作为消费者的用户的合法权益为切入点，对《反不正当竞争法》下平台妨碍用户自主分享相关经营者链接行为的管制的正当性和合理性，及其方法手段的必要性与适当性进行分析，论证在现行《反不正当竞争法》下可以有效实现对直接损害消费者合法权益的不正当竞争行为的合理规制。且从司法实践维度分析，人民法院在对竞争行为的不当性判断方法上，亦展现出一种由侧重对特定商业模式的保护过渡为对消费者合法权益、其他经营者合法权益，以及市场公平竞争秩序等社会公共利益予以动态平衡考量的趋态。故，建议在适用《反不正当竞争法》回应对直接损害用户合法权益的竞争行为的不正当性分析时，应区别于经营者直接损害其他经营者合法权益的情形，更加注重对消费者合法权益予以直接保护的必要性与重要性。由此，为互联网市场竞争行为的不正当性认定方法的革新和拓展提供新的维度，以构筑切实有利于消费者合法权益实现的良性的互联网生态竞争秩序和行为规范体系。

三、《反不正当竞争法》下消费者合法权益基准的重申

从立法目的上看，2017 年修订的《反不正当竞争法》中对立法目的原文进行了保留。可见，经营者的合法权益和消费者的合法权益都是《反不正当竞争法》所要保护的对象，当然这里的所称的"保护"既可以涵盖直接保护，也可以意味间接保护。

在 1993 年《反不正当竞争法》第 2 条第 2 款中将"不正当竞争"定义为"经营者违反本法规定，损害其他经营者的合法权益，扰乱社会经济秩序的行为。"经过 2017 年修订，《反不正当竞争法》第 2 条第 2 款"不正当竞争"的定义发生了明显变化，增加了"损害消费者合法权益"，有其必要性和必然性。譬如，有学者认为不正当竞争定义的修订意味着认定不正当竞争行为时，不是单纯考虑竞争者的利益受损，而是需要综合考虑公共利益、其他经营者（竞争者）的利益与消费者利益的受损情况。❶ 相应地，除了个别条款中明确规定了竞争要素，譬如第 11 条规定商业诋毁中的"竞争对手"外，竞争关系或者竞争要素不再是认定不正当竞争行为的必要构成要件，❷ 可以在考虑消费者利益和社会公共利益的基础上认定不正当竞争行为，从而通过反不正当竞争执法实现对消费者利益和社会公共利益的维护。实际上，这也正是在传统的不正当竞争行为的民事责任之外增加其行政责任的原因所在。

当然，也有学者指出，2017 年《反不正当竞争法》的修订虽然没有赋予消费者关于不正当竞争行为的诉权，但是这并不意味着《反不正当竞争法》对保护消费者权益的漠视。《反不正当竞争法》的制定目的和规范内容与消费者权益保护法存在根本差异，《反不正当竞争法》旨在通过禁止不正当竞争行为实现对消费者权益的保护，这是一种深层次的、根本的、整体的而且是间接的保护，主要是通过对公平竞争秩序的维护从更为宏观的层面上实现消费者利

❶ 王先林. 竞争法学 [M]. 北京：中国人民大学出版社，2018.
❷ 陈兵. 互联网经济下重读"竞争关系"在反不正当竞争法上的意义：以京、沪、粤法院 2008~2018 年案例为引证 [J]. 法学，2019 (7).

益最大化。❶ 申言之，虽然在我国《反不正当竞争法》上把消费者合法权益与经营者合法权益均纳入保护范围，且第 2 条第 2 款将"不正当竞争行为"定义为"损害其他经营者或者消费者的合法权益的行为"，明示将其作为判断竞争行为是否正当的重要标准，然而，第 17 条第 2 款却仅赋予了合法权益受损的经营者诉权，没有赋予消费者诉权，那么消费者合法权益究竟能否受到《反不正当竞争法》的直接保护，答案并不明确。为此，有必要通过对现有司法实践进行检视，探寻在司法机关审理不正当竞争纠纷案件之时，消费者权益是否已逐步上升为认定不正当竞争行为的一项相对独立的审判标准。

在"百度诉奇虎插标"和"修改搜索提示词"不正当竞争纠纷案中，北京市高级人民法院（二审法院）曾对规范互联网领域的竞争行为做出重要尝试，提出了"非公益必要不干扰原则"。❷ 这一原则的提出与适用无疑提升了对互联网领域竞争行为不当性判断的可预测性，然而，却更接近一种权利侵害式的侵权判断方式，从而引起了学术界的批判。

最高人民法院曾指出自由竞争和科技创新是互联网发展的动力之源，但是审慎监管不等同于不监管，自由竞争和科技创新的边界是保护他人合法权益。这一点需要以"是否有利于建立平等公平的竞争秩序、是否符合消费者的一般利益和社会公共利益为标准来进行判断"，科学技术上的进步不应作为评判的唯一标准，对某一行为所产生的正面与负面影响还需要反复权衡，且评价标准应当是多元化的，始终以社会利益和消费者权益的实现为基石的。❸

可以看出，最高人民法院在判断竞争行为的正当性时，一方面，强调对他人正当商业模式的保护，另一方面，也注重对消费者合法权益和社会公共利益进行综合考量的必要性，并明确提出了自由竞争和创新与不正当竞争的区别，需要以争议行为是否有利于建立公平的市场竞争秩序、是否有利于消费者合法权益和社会公共利益的实现为标准来进行判断。

虽然，现行《反不正当竞争法》未赋予消费者依照本法提起诉讼的权利，但这与以消费者合法权益作为竞争行为正当性判断标准并不冲突，竞争者对于损害消费者权益，进而危及合法有序竞争秩序的行为享有诉权，才能使《反不正当竞争法》保护消费者合法权益的立法目的得以实现。北京知识产权法院认为以 1993 年《反不正当竞争法》第 5 条、第 9 条、第 12 条以及第 13 条

---

❶　孟雁北. 论反不正当竞争法保护消费者权益目标的实现 [J]. 中国市场监管研究，2017（12）.

❷　百度在线网络技术（北京）有限公司等与北京奇虎科技有限公司等不正当竞争纠纷上诉案，北京市高级人民法院（2013）高民终字第 2352 号民事判决书。

❸　北京奇虎科技有限公司等与腾讯科技（深圳）有限公司等不正当竞争纠纷上诉案，最高人民法院（2013）民三终字第 5 号民事判决书。

的规定来看，其规范的都是直接侵害消费者权益的不正当竞争行为，因此需要充分考虑某一行为是否真正损害了消费者的利益。❶ 在该案二审中，北京市高级人民法院也支持了北京知识产权法院的一审判决并明确指出，互联网领域的竞争行为相对复杂，采用《反不正当竞争法》第 2 条作为裁判依据时，判断其是否违反了公认的商业道德还需要进行综合、整体层面上的衡量，最终需要实现竞争者、消费者及其他市场竞争者等多方利益的平衡。❷

随着司法经验的不断积累与发展，在百度与搜狗就搜狗输入法以下拉菜单形式提供搜索候选，点击搜索候选进入搜狗搜索结果页面的行为是否涉及流量劫持的不正当竞争纠纷案中，北京知识产权法院进一步强调，《反不正当竞争法》保护的是市场整体的竞争秩序而非某种具体的商业模式，由此从本案的涉案行为出发，即使是某一经营者率先采取了一种特定的商业模式并以此吸引客户，也不会由此产生排他性权利，而其他经营者采取与之相同或相近的经营模式只要不违反公认的商业道德则不会造成对竞争秩序的破坏。❸

通过对现有司法实践的梳理，可以看出司法机关在适用《反不正当竞争法》过程中，对竞争行为不正当性的判断思路，在早期的一些案件中侧重对经营者（原告）商业模式的保护，而在近年来的一些案件中发生了转向，开始注重其他经营者合法利益、消费者合法权益与社会公共利益的综合考量。当然，囿于统计资料的不完全，尚不能下结论说司法机关已经历了从对具体商业模式的静态保护至其他经营者合法利益、消费者合法权益、社会公共利益综合考量的转变，但至少在部分司法实践中呈现出一种逐步强调对消费者合法权益和社会公共利益维护的趋势，且在竞争行为不当性的判断过程中，用户知情权与选择权是否得到了保障是非常重要的因素。考虑到互联网市场竞争的新情况、新问题较多，竞争行为正当性的判断比较复杂，而维护互联网领域健康的竞争环境又十分重要，故认定互联网市场竞争行为的正当性，需予以更多、更充分的利益衡量。❹

---

❶ 北京百度网讯科技有限公司等与北京搜狗科技发展有限公司等不正当竞争纠纷案，北京知识产权法院（2015）京知民初字第 13 号民事判决书。

❷ 北京百度网讯科技有限公司等与北京搜狗科技发展有限公司等不正当竞争纠纷案，北京市高级人民法院（2017）京民终 5 号民事判决书。

❸ 北京搜狗信息服务有限公司与北京百度网讯科技有限公司不正当竞争纠纷案，北京知识产权法院（2015）京知民终字第 2200 号民事判决书。

❹ 孔祥俊. 反不正当竞争法新原理·分论 [M]. 北京：法律出版社，2019.

四、《反不正当竞争法》下强化对消费者合法权益的直接保护

在 2017 年《反不正当竞争法》的修订过程当中，规定了消费者合法权益与其他经营者的合法权益之间是"或者"的关系，可以理解为消费者的合法权益也可以受到《反不正当竞争法》的直接保护，经营者的竞争行为若直接侵害消费者的合法权益，而无论其是否对其他竞争者造成实际损害，即存在被认定为违反《反不正当竞争法》行为的可能性。

具体到互联网平台"封禁"用户自主分享相关经营者链接的行为，该行为直接作用于消费者用户，因该行为给其他经营者造成的损害是间接的，且对其他经营者造成的间接损害可能尚未发生，甚至未必会实际发生，即使对其他经营者的间接损害已实际发生，在其他经营者可以举证自己的实际损失，以及损失与争议行为的因果关系的情况下，可能遭受损失的经营者相对于消费者来说，更有意愿和能力通过民事诉讼的方式来维护自身的合法权益。

结合现行《反不正当竞争法》第 17 条第 2 款的规定"经营者的合法权益受到不正当竞争行为损害的，可以向人民法院提起诉讼。"有权依据《反不正当竞争法》提起民事损害赔偿诉讼的主体目前限于经营者，消费者合法权益直接受到经营者竞争行为的侵害时，要利用《反不正当竞争法》提起民事损害赔偿诉讼尚存在障碍。在这种情况下，负责《反不正当竞争法》执法的相关机构就有必要对用户权益影响大、再发频率高、对市场竞争秩序造成重大影响的平台"封禁"用户自主分享相关经营者链接等直接影响消费者合法权益的行为予以高度关注，唯有如此才更加体现《反不正当竞争法》区别于私法的独立价值。

更重要的是，对互联网平台"封禁"用户自主分享相关经营者链接的行为进行规制，在《反不正当竞争法》上有其合法依据。在《反不正当竞争法》的"互联网专条"即第 12 条第 2 款当中，具体列举了三种不正当竞争行为以及一项兜底条款，其中的第（3）项"恶意不兼容"可以涵盖互联网平台利用技术手段实施的"封禁"用户自主分享相关经营者链接的行为。

首先，互联网平台"封禁"用户自主分享相关经营者链接的行为是"利用技术手段，通过影响用户选择或者其他方式"来实施的，这是其区别于电子商务平台利用其交易关系上的优势地位胁迫入驻商进行"二选一"的特征。

其次，互联网平台"封禁"用户自主分享相关经营者链接的行为可能被认定为"不兼容"行为。虽然有观点认为，兼容是个计算机术语，不是个法律术语，也没有专门的法律法规对兼容做出过解读，在多任务操作系统中，几

个同时运行的软件之间，如果能稳定地工作，不出经常性的错误，就说它们兼容，否则就是不兼容。❶

事实上，有关"兼不兼容"的司法判断实践，在北京金山网络科技有限公司诉合一信息技术（北京）有限公司不正当竞争纠纷案中有所体现。北京市海淀区人民法院并没有否定优酷网视频针对猎豹浏览器拒绝提供播放服务的行为属于"不兼容"，而仅否定了行为的不正当性——主要基于"合一公司未持续对猎豹浏览器的不兼容行为"的事实认定。❷ 当然，对于何谓"不兼容"在现行《反不正当竞争法》上并没有明确具体的定义条款，这一点仍有待于立法层面进一步明确。

最后，对于互联网平台"封禁"用户自主分享相关经营者链接的行为是否出于"恶意"妨碍或者限制市场竞争，在很大程度上可以转化为行为是否具有正当理由，以及行为效果的适当性来进行判断。最高人民法院在司法实践中曾指出"正当的市场竞争是竞争者通过必要的付出而进行的诚实竞争。不付出劳动或者不正当地利用他人已经取得的市场成果，为自己谋取商业机会，从而获取竞争优势的行为，属于食人而肥的不正当竞争行为。"❸正当的市场竞争一方面不能以攫取他人的市场成果为手段，损害其他经营者的合法权益，另一方面要以付出诚实劳动为代价。而以竞争为目的，直接向消费者施加有损消费者利益的行为，譬如，互联网平台经营者仅出于竞争关系的存在、没有其他正当理由的情况下，阻碍用户自主分享特定经营者链接，则不应被认定为平台经营者为在竞争中胜出而付出的诚实劳动。当然，在是否存在正当理由的认定方面，还是需要结合个案予以全面分析，最终立足于市场竞争秩序的维护，慎重处理消费者利益保护与经营者正当利益实现的平衡关系。❹

五、结 语

近年来互联网领域愈演愈烈的"封禁"行为，发生在多种场景之下，既存在经营者利用技术手段实施的情况，也有经营者利用市场优势地位来实施的

---

❶ 张有义. 微信封抖音，不能将互联网壁垒等同于不正当竞争 [EB/OL]. （2019 – 01 – 27） [2020 – 06 – 22]. https：//www.yicai.com/news/100107954.html.

❷ 北京金山网络科技有限公司与合一信息技术（北京）有限公司不正当竞争纠纷案，北京市海淀区人民法院（2013）海民初字第 17359 号民事判决书。

❸ 北京奇虎科技有限公司等与腾讯科技（深圳）有限公司等不正当竞争纠纷上诉案，最高人民法院（2013）民三终字第 5 号民事判决书。

❹ 陈兵. 人工智能场景下消费者保护理论反思与重构 [J]. 上海财经大学学报，2019（4）.

情况，其中也存在经营者出于正当理由来实施"封禁"行为的情况。因此，对于"封禁"行为的违法性探讨，需要综合考虑行为发生的背景、行为目的、行为手段、行为效果等多种因素。其中，损害其他经营者或者消费者的合法权益，可能扰乱市场竞争秩序的"封禁"行为应当受到《反不正当竞争法》的规制。从3Q大战"二选一"开始，互联网平台经营者以消费者为直接作用对象来实施竞争攻防的行为就一直饱受争议，然而，诸如互联网平台"封禁"特定链接的行为却在互联网领域频繁上演。具体到互联网平台"封禁"用户自主分享相关经营者链接的行为，鉴于相关行为在互联网领域已经具备多发性，受该行为影响的消费者范围较广，以至于影响到互联网领域的竞争秩序，有必要适用《反不正当竞争法》对其进行规制。目前《反不正当竞争法》虽然将消费者的合法权益和其他经营者的合法权益都纳入了保护范围，却并没有赋予消费者诉权，故对直接作用于消费者的竞争行为还有赖于监督检查部门的关注。对直接影响广大消费者权益的竞争行为之违法性审查应将重心放在行为人是否出于"恶意"以及争议行为所产生市场效果的适当性考察，而对"恶意"的认定最终仍需回到维护市场竞争秩序的层面，对行为效果适当性的判断应综合考量平台经营者的合法权益、其他经营者的合法权益以及消费者的合法权益。

（原文刊于《中国应用法学》2020年第4期，收入本书时有改动）

互联网平台经济竞争治理向何处去？

互联网平台经济（以下简称"平台经济"）是利用互联网、物联网、大数据等现代信息技术，围绕集聚资源、便利交易、提升效率，构建平台产业一体化、生态化及智能化，推动商品生产、流通及配套服务高效融合、创新发展的新经济形态。平台经济在给生产生活带来巨大效益的同时，也带来了诸多问题，譬如，平台"二选一"大数据"杀熟"等已成为平台企业饱受争议的热点与焦点问题，这类问题不仅关系到平台领域公平竞争与自由交易的正当竞争利益的实现，更与广大的平台普通用户的利益息息相关，平台经济的深入发展呼唤竞争法治的变革。

一、平台经济呼唤竞争法治变革

近年来，发展平台经济成为我国建设社会主义现代化市场经济体系，发展"互联网＋"行动计划，深化市场经济体制改革转型升级的重要抓手，也是我国市场要素和资源流通领域深化供给侧结构性改革，推动经济高质量发展的一项重要举措。为落实党中央、国务院有关决策部署，加快推进商品市场以发展平台经济为重点开展优化升级，2019 年 2 月，商务部等 12 部门联合发布了《关于推进商品交易市场发展平台经济的指导意见》。2019 年 7 月 17 日，国务院总理李克强主持召开国务院常务会议，确定支持平台经济健康发展的措施，壮大优结构促升级增就业的新动能。会议指出，平台经济是生产力新的组织方式，是经济发展新动能，对优化资源配置、促进跨界融通发展和"双创"、推动产业升级、拓展消费市场尤其是增加就业，都有重要作用。要遵循规律、顺势而为，支持推动平台经济健康发展，一要发展平台经济新业态，二要优化发展环境，三要按照包容审慎要求，创新监管方式，探索适应新业态特点、有利于公平竞争的公正监管办法，推进"互联网＋监管"。

2019 年 8 月，国务院办公厅发布《关于促进平台经济规范健康发展的指导意见》（以下简称《意见》）。《意见》指出，为促进平台经济规范健康发展，需要多项政策措施的保障，其中便涉及公平竞争市场秩序的维护。而维护公平竞争的市场秩序则需要由国家市场监管管理总局来负责制定出台网络交易监督管理有关规定，依法查处互联网领域滥用市场支配地位限制交易、不正当竞争等违法行为，严禁平台单边签订排他性服务提供合同，保障平台经济相关市场主体公平参与市场竞争；维护市场价格秩序，针对互联网领域价格违法行为特点制定监管措施，规范平台和平台内经营者价格标示、价格促销等行为，引导企业合法合规经营。

二、法治建设对平台经济的响应与不足

我国有关市场行为规制的法治建设明显早于平台经济的发展。为了规范价格行为，发挥价格合理配置资源的作用，稳定市场价格总水平，保护消费者和经营者的合法权益，促进社会主义市场经济健康发展，早在 1997 年我国就制定了《价格法》，其中明确了经营者进行价格活动享有自主制定属于市场调节的价格的权利。为了促进社会主义市场经济健康发展，鼓励和保护公平竞争，制止不正当竞争行为，保护经营者和消费者的合法权益，1993 年我国制定了《反不正当竞争法》。为了预防和制止垄断行为，保护市场公平竞争，提高经济运行效率，维护消费者利益和社会公共利益，促进社会主义市场经济健康发展，2007 年我国又制定了《反垄断法》。结合立法当时的经济发展状况来看，以上三部法律均不是在平台经济高度发展的时代背景下制定的，欠缺针对平台经济特征的规制条款。

为了适应平台经济发展的时代背景，在 2017 年修订的《反不正当竞争法》中新加入了互联网专条（第 12 条）来规制经营者利用技术手段，通过影响用户选择或者其他方式，实施妨碍、破坏其他经营者合法提供的网络产品或者服务正常运行的不正当竞争行为；在 2019 年 6 月 26 日国家市场监督管理总局公布的《禁止滥用市场支配地位行为暂行规定》当中，则考虑到互联网等新经济业态的特点，新加入了诸如"网络效应""锁定效应""掌握和处理相关数据的能力"等适用于互联网领域市场支配地位认定的因素。而 2018 年制定于 2019 年 1 月 1 日起施行的《电子商务法》则更是针对"通过互联网等信息网络销售商品或者提供服务的经营活动"，即"电子商务"而制定的专门性的法律规定。

在《电子商务法》第二章第一节的一般规定当中，要求电子商务经营者因其技术优势、用户数量、对相关行业的控制能力以及其他经营者对该电子商务经营者在交易上的依赖程度等因素而具有市场支配地位的，不得滥用市场支配地位，排除、限制竞争。然而，下文中既没有列举电子商务领域中可能构成

滥用市场支配地位的典型性行为，也没有阐释所谓"排除、限制竞争"的认定方法。事实上鉴于界定相关市场与认定排除、限制竞争效果方面的困难，通过现行的《反垄断法》抑或《电子商务法》中禁止滥用市场支配地位的规定来规制平台领域出现的一些新型竞争战略行为是存在乏力之处的，这一点通过3Q大战当中最高人民法院对"二选一"等行为所作出的判决也可见一斑，譬如案件中涉及互联网双边市场条件下对相关市场及支配地位的认定，现行法律法规并不能有效解决这一问题。

在互联网平台领域现行滥用市场支配地位相关规定的适用性遭遇障碍的情况下，有必要对《电子商务法》第35条的规定予以高度重视，即电子商务平台经营者不得利用服务协议、交易规则以及技术等手段，对平台内经营者在平台内的交易、交易价格以及与其他经营者的交易等进行不合理限制或者附加不合理条件，或者向平台内经营者收取不合理费用。该条规定明显是以平台经营者和平台内经营者的纵向交易条件为规制对象，此处列举的各项行为均已"不合理"为限定条件，那么何谓"不合理"？只有揭示"不合理"的认定标准，才能使法律条文落到实处，提高执法的可预测性，有效地规制平台领域"不合理"的交易行为。

三、韩国治理平台竞争的经验分享

韩国竞争执法机构公平交易委员会（KFTC）于2020年5月公开表示现行《滥用市场支配地位行为审查基准》和《不公平交易行为审查指南》均不能很好地适用于具有双边市场特征的在线平台领域，因此为提高在线平台领域案件处理的严谨性、提高执法的可预测性，要专门制定适用于在线平台领域的执法指南。为此，KFTC还以在线平台领域的相关市场界定、市场支配力的判断标准、限制竞争性的判断基准以及平台自我优待行为、阻碍用户多归属行为、要求最惠国待遇行为等新型行为类型的违法性判断基准等课题为研究对象，专门组建了指南筹备特别研究小组。

在筹备制定新指南的同时，韩国竞争执法机构也并没有停滞规制互联网平台领域不公平交易行为的步伐。2020年6月初，据KFTC的官方报道，其首次对作为在线平台经营者的外卖APP单方要求"最低价保障制度"、干涉外卖餐馆自主定价权的行为作出了处罚决定，而处罚的依据则是《规制垄断与公平交易法》第23条第1款第（4）项滥用交易关系上的相对优势地位（干涉经营）的规定。在认定行为违法性的过程中，KFTC综合考察了市场状况、行为事实、相对优势地位的存在与否以及行为效果等多方面的因素。

从市场状况来看，首先，外卖 APP 是以向消费者提供附近外卖餐馆信息，然后向外卖餐馆传达消费者订餐信息的方式，来向外卖餐馆和消费者提供交易中介服务的在线平台。以销售额为基准的话，行为人"YoGiYo"是外卖平台中排名第二位的经营者，2017 年年末签约外卖餐馆 40118 家。随着外卖饮食市场的发展与智能手机普及率的增加，外卖平台的销售额也呈上升之势。

从行为事实来看，行为人"YoGiYo"从 2013 年 6 月 26 日开始对签约外卖餐馆实行"最低价保障制度"，禁止签约餐馆通过直接电话订餐、其他平台等渠道提供比自己平台上更低廉的价格。为了监督"最低价保障制度"的履行情况，"YoGiYo"还让职员以一般消费者的身份向外卖餐馆询价，且面向一般消费者承诺若自己平台的价格若高于其他销售渠道的价格则以优惠券的形式向消费者补偿 300% 的差价。从 2013 年 7 月至 2016 年 12 月，行为人"YoGiYo"通过消费者举报、竞争餐馆间的举报、自己的监督结果共发现 144 家餐馆违反"最低价保障制度"，并向该 144 家餐馆要求降低在自己平台上的价格、提高在其他平台上的价格等价格变更措施，对其中没按要求更正价格的 43 家餐馆则解除了合同。

从行为人的地位来看，经过执法机构的调查，使用外卖平台的消费者，多数有主要使用一种特定平台的倾向，呈现为一种单归属性（Single - homing），而外卖餐馆则呈现出同时使用多种外卖平台的倾向，表现为一种多归属性（Multi - homing），行为人"YoGiYo"是业界排名第二的经营者，外卖餐馆要想接触到使用"YoGiYo"应用（APP）的消费者则只能入驻该平台，故此相对于入驻餐馆来说，"YoGiYo"具有交易关系上的相对优势地位。

从行为效果来看，行为人"YoGiYo"实施的"最低价保障制度"限制了外卖餐馆的自主定价权，在"最低价保障制度"下，当"YoGiYo"提高平台手续费时，外卖餐馆在其他平台上的销售价格也都要随之上涨。

最终执法机构 KFTC 认定"YoGiYo"的行为系滥用自己交易关系上的相对优势地位、通过限制外卖餐馆的自主定价权从而干涉其经营活动的行为，从而对其下达了禁止命令，并处 4.68 亿韩元的罚款。执法机构表示通过此次执法旨在表明，在韩国国内外卖平台市场急速生长的背景下，外卖平台对小微型外卖餐馆实行限制自主定价等干涉经营活动的行为可能构成违法，并且不仅限于外卖领域，执法机关会持续关注其他在线平台领域是否存在滥用优势地位实施不公平交易的行为。

四、我国平台经济竞争治理的新维度

我国平台经济领域所取得的巨大经济效益有目共睹，这是毋庸置疑的；但近年来有关互联网领域各种竞争乱象的报道也是不绝于耳，互联网平台给人们的生产生活都带来巨大便利的同时，也将一些负面影响强加给了用户，譬如价格歧视、隐私侵犯、流量造假、数据垄断等问题。最近引起社会广泛关注的爱奇艺"超前点播"案便是平台借助于自身在影视剧播放行业的优势地位损害用户观看权益的案例，凸显出规制平台行为、保护用户权益的重要性。结合近期韩国的立法动向和执法进展来看，在平台经济的竞争治理方面，适时调查归纳平台领域具有典型性的争议竞争行为，研究探明行为的违法性认定标准，对我国的平台经济竞争法治是具有借鉴意义的。在韩国被作为理论研究和实践执法重点违法类型的平台自我优待、阻碍用户多归属、要求最惠国待遇行为，对我国的竞争监管执法和企业合规治理都具有启示意义。

在互联网平台这一新领域出现的新行为类型既有可能属于排除、限制竞争的滥用市场支配地位行为，也有可能属于不正当竞争行为，还有可能属于不合理的交易行为，在这种情况下有必要根据具体的市场状况、具体的行为特征来灵活运用《反垄断法》《反不正当竞争法》及《电子商务法》等多项法律规定来加以全面立体的规制。对平台领域竞争行为的治理不应囿于任何一部单行法律，综合灵活适用对限制竞争、不公平竞争、不公平交易的各项法律规范应成为平台经济领域竞争行为规制的新维度。在现行法律规定和实务经验的基础上，有针对性地考虑互联网平台领域双边市场的特征，进一步研究探讨指明平台领域相关市场的界定方法、市场支配力的认定标准，具象化互联网平台领域涉嫌违反竞争和公平交易相关法律法规的典型行为，进一步明确行为违法性的判断基准，譬如《电子商务法》第35条"不合理"的交易条件的判断基准，提高执法的可预测性，可以说是目前我国平台竞争法治的当务之急。完善相关配套法律法规建设，及时纠正互联网平台领域限制竞争行为、不正当竞争行为、不公平交易行为，方可树立良性、公平的竞争环境与交易秩序，助力平台经济的持续健康发展，使广大消费者真正从平台经济中受益。

（原文刊于《第一财经日报》2020年6月17日A11版，收入本书时有改动）

第
二
编
chapter II

数据法治

本编导读／126
大数据的竞争法属性及规制意义／129
如何看待"数据垄断"／146
互联网时代用户数据保护理路探讨／151
竞争法治下平台数据共享的法理与实践／163
释放"数据红利" 互联网经济再出发／176
互联网经济下半场 如何打通数据共享通路／180
数字经济下如何加快数据共享／185
民法典时代个人数据（信息）的保护和开发／189

本 编 导 读

　　随着互联网基础设施和各类移动终端的普及，物联网和万维网的广泛适用，万物相连场景下的以各类数据形式为表现和载体的超链接组织结构和运行方式成为当下和未来互联网经济发展的基础和平台。互联网时代的"链一切"和"一切连"已经成为一种现实，其中数据扮演了链接和传递的作用，成为市场经济的关键要素。

　　数据已然渗透到经济生产生活的方方面面。海量的多样化数据，特别是经过分析计算形成的大数据在提高生产效率、实现产业转型、提升要素配置效率、激发新动能、培育新业态方面具有巨大应用价值，成为互联网经济乃至整个国家经济发展的基础设施和核心动能。然而，数据在创造巨大经济价值之时，也产生了一系列数据治理问题。数据治理问题已成为社会各界关注的重点和难点，具体表现在数据确权与分级分类、数据获取与流通、数据发展与创新、数据竞争与安全等方面。本编旨在对互联网经济纵深发展中引发的数据法治理论困惑与实践困境进行探讨与反思，重点通过全方位考察竞争法视阈下数据保护与数据共享的法理与实践，有效搭建互联网经济发展中数据治理的法治进路。

　　在《大数据的竞争法属性及规制意义》一文中，明确提出大数据具有竞争法上的属性，解析大数据对市场竞争所产生的正向激励优势与逆向激励风险，论证了大数据对现行竞争法规制理念、规则体系及规制方式带来的挑战及改善进路，同时，提出应充分重视大数据技术在竞争法规制实践中的运用，提升竞争法实施的科技含量和技术手段，实现规制科技滥用与激励科技创新的平衡。

　　大数据的经济价值和社会价值愈发突显，已然成为互联网时代企业的核心资产和重要竞争力。然而，大数据赋能企业参与市场竞争的同时也出现了数据争夺和数据聚集现象，引起对数据竞争和垄断问题的高度关注。《如何看待"数据垄断"》一文提出，基于数据的多属性和多样态特征，应从动态和静态两种语境下理解数据垄断的实然性及其法律意义，认为静态语境下对数据本身的结构性垄断认定存疑，分析"数据垄断"问题应结合数据运行的不同样态和基本规律，关注藉由数据实施的对竞争过程或场景的动态垄断，形成对数据垄断概念与形态的科学、全面、合理的认识。

数据资源的高度汇集和数据技术的广泛应用，在助推互联网经济高速发展的同时，也促使围绕数据行为产生的垄断和不正当竞争问题不断涌现，用户数据权益面临损害风险。如何在保护用户数据安全的同时，促进数据的合理合规流通与共享成为互联网经济高质量发展的关键。在《互联网时代用户数据保护理路探讨》一文中，通过对 Web 1.0 至 Web 3.0 时代数据形态和属性定位以及保护方式的演变考察，提出当前用户数据保护方式僵化，应突破以私权权属确认为前提的静态保护模式，确立多元利益动态平衡的场景化保护模式，从数据保护的强化走向数据保护与共享相融合的发展。

数据只有在流通中才能被准确定位。以高质量的数据保护为前提，方能更好地促进数据高效合规流通，进而实现数据价值。《竞争法治下平台数据共享的法理与实践》以当前主要互联网平台企业"开放平台协议"的基本内容和运行规则为分析对象，探究互联网平台数据共享的现状以及存在的反竞争风险，论说了构建以数据共享与保护的二元价值动态平衡为基础的、以政府主导与其他多方主体合作参与为模式的数据"共建共享共治"法治系统的必要性与可行性。

从数据保护到数据共享的高性能合规流转能为互联网经济的高质量发展赋能增效，如何实现数据有序流通与合规共享已成为当下和未来我国互联网经济持续发展的关键。在《释放"数据红利" 互联网经济再出发》一文中，重点论及数据作为新型生产要素参与市场分配的现实及其对重构互联网经济新的利益分配机制所具有的重要价值，提出优化和调整数据赋能的实现方式和手段，实现数据生产资料的有效配置。随着互联网经济步入下半场，出现了一种基于"流量与数据"双轮驱动的竞争模式。在《互联网经济下半场 如何打通数据共享通路》一文中，明确提出要建立和维护互联网经济发展中公平有序的市场竞争秩序，亟须从数据权属、数据分类分级、数据开放等方面予以改进和完善，促进数据有序流通与共享。《数字经济下如何加快数据共享》一文则提出构建以"与数据相关行为"为标准的数据动态分类方法，建立"动态兼容性权益"下的数据共享模式，在此基础上设计数据共享的动态平衡同意机制，以消解现行数据分类模式下以静态排他性权利保护为主导的数据财产化机制可能对数据共享产生的抑制效果。

《民法典时代个人数据（信息）的保护和开发》聚焦我国 2020 年 5 月 28 日通过的《民法典》中有关个人数据和信息的规定，其中第 111 条、第 127 条及第四编第六章（第 1032 条至第 1039 条）的系列规定，在强化对公民隐私权和个人信息保护的同时，也对数据权属及与数据相关行为作出规定，呼应了互联网时代的发展要求，将为我国互联网数字经济的发展起到积极的规范和引领作用。《民法典》的出台，为构建统合数据保护与开发行为、兼顾各类数据主体多元利益动态平衡的法治系统奠定了基本法基础，有利于实现数据红利的进一步释放，切实有效推动数据治理法治化步入新时代。

大数据的竞争法属性及规制意义

伴随数字全球化及人工智能时代的到来，互联网已成为人类社会不可或缺的有机组成部分，正深刻影响甚至改变着人们的生产生活格局与方式。依托互联网的平台经济、大数据（Big Data）、云计算、算法以及进阶后的人工智能技术与经济业态等已成为新时代经济发展的助推器和新的增长点，尤其是大数据已然从互联网经营者的商业技术核心进阶到了国家乃至全球经济发展新布局和新战略的顶层设计中。从 2015 年 8 月《促进大数据发展行动纲要》（国发〔2015〕50 号）的发布到 2017 年 10 月党的十九大报告，都从国家发展战略全局的高度提出了我国大数据发展的顶层设计。党的十九大报告指出"推动互联网、大数据、人工智能和实体经济深度融合，在中高端消费、创新引领、绿色低碳、共享经济、现代供应链、人力资本服务等领域培育新增长点、形成新动能"。可以预见，在大数据及以其为基础的人工智能和共享经济成为新时代经济发展新动力的同时，围绕大数据及其相关的领域也可能会出现诸多问题。申言之，大数据不仅带来了商业竞争格局的改变，而且亦对现有的市场经营行为、商业模式及竞争秩序产生冲击，加之平台经济对传统竞争法规制思路和框架的挑战，更加剧了大数据对传统竞争法规制理论的颠覆。在此背景下，如何在互联网时代革新竞争法实践进路，竞争法如何回应围绕大数据广泛运用产生的市场竞争问题，正成为摆在学者面前的新时代经济社会发展中的热点和难点问题，亟须作出理论深耕。

一、数据到大数据的法律属性素描

当前，围绕大数据所展开的一系列法律问题已经引起了社会各界的广泛关注。法学界对大数据的研究主要集中于概念界定以及数据相关属性的层面，将大数据作为数据的下位概念展开递进式研究，将大数据作为一种独立现象和介质的法律属性的研究成果甚少，而将大数据置于竞争法层面的研究更是阙如。相对于理论研究的滞后，实践中已经出现了与大数据相关的竞争法问题或言纠纷，理论与实践的不相匹配要求法学界必须对大数据与竞争法之间的关系以及相应的规范及实施路径作出有效探索，尽快形成体系化、系统化的研究成果和实用有效的智库产品。

客观而言，大数据一词虽广被讨论，但对大数据的具体内涵以及相关概念的特征仍缺乏共识，有待进一步挖掘。基于此，本文拟先对数据、大数据概念及相关概念的特征属性加以阐释，在此基础上引申出对大数据竞争法品性认知上存在的不足或盲区，并进一步说明此一状况不利于全面准确地看待和分析大数据在实然与应然层面对市场竞争和竞争法的影响及意义。

（一）数据与大数据的界分

一般认为，数据是对于客观事物的逻辑归纳，是信息的表现载体与形式，是在计算机及网络上流通的于二进制基础上以 0 和 1 的组合而表现出来的比特形式。❶数据通常与存储在计算机上的信息相结合，在线商业模式（online business pattern）中的数据通常是指个人数据。❷ 数据有两个重要特征：一是它依赖载体而存在，即它只能依附于通信设备（包括服务器、终端和移动储存设备等），无上述载体，数据便无法存在（尽管云形式打破了传统数据的存储利用方式，但依然离不开相应的载体存储数据）；二是它通过应用代码或程序自然显示出信息，但信息的生成、传输和储存均体现为通过原始的物理数据来完成。❸

实践中，人们经常将"数据"（data）与"信息"（information）混用，然而信息的外延要大于数据，数据只是信息表达的一种方式，除电子数据外，信息还可以通过传统媒体来表达，❹亦即信息因其内容而具有意义，但这些具有特定意义的信息并不仅仅由电子数据来传播，数据作为信息技术媒介只为其首要特征。❺互联网技术系统打破了传统的信息先于媒介存在的状态，转而体现为网络具有通过数据产生信息的功能，如海量储存在 Cookie 里的网络行为数据即体现为用户的网络行为信息，这种网络行为数据正是大数据的基础形式。

---

❶ 迈尔－舍恩伯格，库克耶. 大数据时代：生活、工作与思维的大变革［M］. 盛杨燕，周涛，译. 杭州：浙江人民出版社，2013.

❷ LASSERRE B, MUNDT A. Competition Law and Big Data：The Enforcers' View［J］. Italian Antitrust Review，2017（1）：88.

❸ 梅夏英. 数据的法律属性及其民法定位［J］. 中国社会科学，2016（9）.

❹ 陆小华. 信息财产权：民法视角中的新财富保护模式［M］. 北京：法律出版社，2009.

❺ 化柏林，郑彦宁. 情报转化理论（上）：从数据到信息的转化［J］. 情报理论与实践，2012（3）.

何谓"大数据"，学界对其并无准确定义。国外对大数据的定性虽不统一，但对其部分特征已有共识，即大数据不是大量数据的简单叠加，而是具有多个维度，一般被概括为数量（volume）、速度（velocity）和多样性（variety），❶甚至包括增加的价值（value－increase）。❷数量是大数据的最基本要素，单个数据并无过高的价值，称为大数据，很大程度上是因其所依托的数据量庞大；速度是指数据生成的速度，还包括处理分析数据的速度，若数据不能被快速处理和分析，便会很快失去价值；多样是指信息数据种类的多样性和数据来源的多样性。在早期文献中，人们认识到大数据的核心在于预测❸，更多的是从思维方式和商业模式层面来讨论大数据的功能和价值，尚未能够系统地归纳大数据的属性，尤其是其法律属性。现在有部分学者则认为，大数据是一种技术，与供给相关，而非与需求相关。我国《促进大数据发展行动纲要》对大数据的表述是："大数据是以容量大、类型多、存取速度快、应用价值高为主要特征的数据集合，正快速发展为对数量巨大、来源分散、格式多样的数据进行采集、存储和关联分析，从中发现新知识、创造新价值、提升新能力的新一代信息技术和服务业态。"

目前，大数据尚难以被视为一种类似于消费商品的存在，其在日常生活中的价值定位仍需作进一步厘清。事实上，广义的大数据强调的是思维方式，强调使用大量多样且快速更新的数据来预测相应趋势，寻找各种现象之间的相关性；而狭义的大数据被视为技术，一种挖掘分析数据的计算机技术，运用云计算、机器学习等计算机手段，对人们在互联网上留存的信息进行收集、加工、再创造的计算机技术。笔者认为，在广义和狭义两个层面来阐释大数据的内涵与属性其实更有助于明晰大数据与市场竞争的关系，以及其在竞争法上的意义。

（二）数据的法律属性

大数据以数据为起点，学界对大数据的研究亦以数据为基础展开。目前学界对数据法律属性抑或法律品性的探索主要围绕数据的物权属性、人格权属性以及相应的刑法属性展开，关注的重点在于数据创造者与数据之间的权利归属

❶ BOUTIN X, CLEMENS G. Defining "Big Data" in Antitrust [J]. Competition Policy International Antitrust Chronicle, 2017, 1 (2): 3.

❷ STUCKE M E, GRUNES A P. Debunking the Myths Over Big Data and Antitrust [J]. Competition Policy International Antitrust Chronicle, 2015 (2): 2.

❸ 迈尔－舍恩伯格，库克耶. 大数据时代：生活、工作与思维的大变革 [M]. 盛杨燕，周涛，译. 杭州：浙江人民出版社，2013：16.

问题，偏重于私法层面，以及对应的基于对私益的严重危害达致刑事违法程度而课以刑事责任，较少涉及大数据对市场竞争秩序和消费者福利的影响的分析，更缺乏在竞争法视阈下对大数据法律属性的讨论，以及大数据对促进竞争法革新意义的评价。

如前所述，数据的法律属性是多维的。关于数据的人格权属性的讨论主要集中于数据作为公民个人信息的载体，由此衍生出公民个人信息权的定位、内涵以及相应救济机制的探索。尽管 2014 年《最高人民法院关于审理利用信息网络侵害人身权益民事纠纷案件适用法律若干问题的规定》（以下简称《若干问题规定》）首次明确了个人信息权益的侵权法保护定位，但在学理上，公民个人信息权益的法律属性及范畴始终界定不一。❶ 而在大数据时代下，不断扩充的公民个人信息已难以通过列举式实现全覆盖，加之公民较以往更加注重保护个人信息，多重因素叠加下的个人信息若仍单纯地将其归为现有权利体系中的某一类已不能适应或符合时代之要求。更关键的是，当前我国的权利救济体系尚未搭建起来，更多地是以侵害隐私权和名誉权为由请求侵权损害赔偿，缺乏单独以公民个人信息权受侵害为由主张侵权损害赔偿的机制。面对大数据时代下个人信息内涵的不断扩容，尽快确立作为独立人格权的个人信息权的存在，对各类个人信息实施在收集、处理、加工、存储、流转、交易上的全方面保障，是保护个人人格的必然要求。

关于数据的物权属性的讨论主要集中在数据是否具有传统民法的客体性和财产性上。数据具有非特定性，且缺乏独立性，导致其难以与"物"类似作为民法的客体。但是，有学者和裁判者都力图在传统民法体系中为数据增加一席之地，以求理论与体系的完整。对于数据的财产性也是争议颇多，有学者认为，数据因其非客体性，不具有独立的经济价值，而具有非财产性；❷ 但是，随着以贵阳大数据交易所为代表的数据交易市场的开启，可以预见，相关争议可能会变成过往，抑或会变得更加激烈，也就是说，数据的经济性是否可以证成其财产性仍需要作进一步的分析论证。

至于数据在私法领域的属性映射到刑法范畴，则主要聚焦在受刑法保护的公民信息的内涵范围该如何确定上。尤其是针对大数据技术通过对于看似简单无用的使用记录等数据能够分析出公民更多隐私信息这一实用特点，如何界定公民隐私信息范围以及如何识别互联网环境下危害公民隐私信息的行为及其严重危害性，这些问题都因网络因素的介入而变得复杂且难以回答。

---

❶ 张里安，韩旭至. 大数据时代下个人信息权的私法属性 [J]. 法学论坛，2016 (3).
❷ 梅夏英. 数据的法律属性及其民法定位 [J]. 中国社会科学，2016 (9).

（三）数据法律属性的扩围

数据在大数据技术的赋能下，已在诸多部门法上引起了激烈讨论。但是，前文对数据各个面向上法律属性的梳理与分析并不能阐明大数据在影响市场竞争秩序及消费者福利中所展现出的竞争法品性。

这也说明部门法的范畴和特征决定了其在观察维度和解释路径上的差异。大数据在当前市场经济运行中所展现出的正向和逆向激励已不能令人仅将其单纯地作为数据概念的下位概念来看待，在此前提下，对大数据所涵盖的法律属性进行独立讨论与深入研究成为必要。如果不能对大数据本身的法律属性进行阐释，那么围绕大数据所展开的一系列法律适用探索将会发生混乱。对竞争法而言，只有明确了大数据自身的竞争法品性，才能有助于围绕大数据展开一系列竞争法规制路径的探索。例如，大数据影响下的用户为获取相应服务而支付的数据"对价"是否公平，以及"对价"的质量能否得到保证，即质量不会随时间的推移而相对下降，或在质量无法得到保证时，基于数据的不可携带性或转移成本过高而引发对用户公平交易与自由选择的不公正限制，或是出现基于滥用大数据优势力扭曲或破坏市场公平自由竞争秩序的现象等问题，都需要更多地得到竞争法理念和技术的关照。

基于此，为了厘清基于数据而发展起来的大数据在竞争法上的意义，就需要先行分析大数据于市场竞争在正向与逆向激励上的显现状态及其行为逻辑，在此基础上再进一步探讨大数据在竞争法上的属性及对竞争法革新的价值，由此得出大数据之于竞争法的现实意义。

二、大数据于竞争法上的意义

（一）大数据对市场竞争的正向激励价值

大数据之于市场竞争的功能体现在多个方面，以微软（Microsoft）收购领英（LinkedIn）、Facebook 收购 WhatsApp、TomTom 收购 TeleAtlas 等为代表的跨市场经营者兼并案，集中展现了大数据强大的市场反馈预测循环加强效应和链接传导功能。具言之，相关商品市场的经营者在海量用户数据的支持下，积极推进现有产品服务的更新换代，促使了相关技术的进一步升级，加剧了市场竞争的程度，推动跨市场的融合，进而导致相关市场的竞争更加复杂多样。而且，在不相关市场上，经营者兼并过程中所展现的链接传导功能对市场竞争产生了正向激励结果，推动相关市场内的经营者寻求多种途径来增强自身的竞争力，促使整个市场的自由竞争度得到极大提升。

1. 大数据的市场反馈预测价值

以微软与领英兼并案为例延伸展开的一系列产品（销售）经营者兼并社交软件案，甚至可延伸到产品（制造）经营者兼并互联网平台的相关案例，都显示出一个共同的特点——两个不处于同一相关市场的经营者选择合并，凸显出与传统竞争市场兼（合）并的不同。在传统竞争法视阈下，对市场竞争秩序的评价通常聚焦于某一相关市场，并以相关市场界定为前提和基础。❶然而，随着互联网经济的高速发展，相关市场及其界定在竞争规则中核心的基础地位开始受到挑战，尤其是在经营者集中审查案件中"不相关市场"和"未来市场"❷概念开始受到各界关注。其中，大数据作为技术和资源被广泛运用于市场，在为"不相关市场"和"未来市场"的竞争提供支持的同时，也带来了挑战。

以"微软并购领英案"为例，微软并购领英的动议及决策的作出与领英拥有丰富成熟的大数据资源关系密切，此举可视为是微软基于大数据强大的市场反馈和预测功能加强了对"不相关市场"和"未来市场"上竞争优势的争夺与整合。申言之，在大数据技术和资源的支持下，从以往只能收集使用很少数据、数据范围窄而缺乏多样性，到可以收集分析数以百兆或千兆计的数据量，加上高效能的数据分析处理能力以及再利用，使得数据的价值飙升。作为经营者的微软通过借助大数据技术不断收集、分析这些数据，进一步优化其产品内容和体验服务，使用者与经营者则通过数据反馈预测功能开展对产品改进的互动。而大数据将这一反馈预测机制的作用加速放大，成为微软并购领英行动的一个重要支持。

2. 大数据的市场链接价值

继续以"微软并购领英案"为例作进一步观察，微软的主要经营领域和主要产品及服务要想在互联网产业深度发展的今天继续保持其行业优势地位，就必须要不断优化既有产品，研发创造新产品，这些皆需依托对大量用户使用数据的研究与分析。于是，其经营者将目光转移到寻找大量用户的数据流上，而拥有大量数据流的社交软件的代表领英进入其视野。微软通过兼并领英可获取领英拥有的大量用户数据流，而互联网平台型市场具有的用户黏性和锁定效

---

❶ 王先林. 论反垄断法实施中的相关市场界定 [J]. 法律科学（西北政法大学学报），2008 (1).

❷ 龙睿，李丽. 德国 2017 年《创新：反垄断审查实践的新挑战》调研报告摘要 [EB/OL]. [2020 - 06 - 22]. http://mp. weixin. qq. com/s/ERxdfeFeZVHuyE9kzSNudw.

应（即社交平台的转换成本较高❶——用户的社交生活以社交软件为依托），使得用户难以在短时间内转向使用其他社交软件，如此一来，微软便能持续、稳定且有效地获取大量用户的使用数据，这无疑为其进一步巩固在计算机软件市场的优势地位奠定了大数据设施基础。

　　微软与领英本无经营业务交集，前者主打职场办公软件，后者是职场社交平台，但是两者的目标受众（都专注职场）具有相似性和融合性。通过大数据技术抓取领英用户的海量数据，可形成有效的市场反馈信息，再辅以云计算和数据的自主学习技术对使用者需要信息的分析和挖掘，甚至预测，在更新优化原有产品的基础上，研发出创新产品及服务，保持其在计算机系统及软件开发市场上的优势地位。在此过程中，作为互联网技术和资源的大数据将原本不存在直接竞争关系的市场联系起来，成为原有产品市场上经营者附加的竞争优势。此时在原有的产品市场上，微软并没有兼并直接的竞争对手，也不存在明显的算法技术优势，市场看似公平自由，但其背后依托领英平台亿级用户数据流的支持，通过大数据优化现有算法更好地收集和分析了数据，从而实现了自我优化和创新，凸显出"雪球效应"价值，并已经建立起了巨大的技术优势和数据资源来进一步巩固其对用户的吸附力。不可否认，大数据作为附加的竞争优势已对原有市场的竞争秩序产生了重大影响（参见图1）。

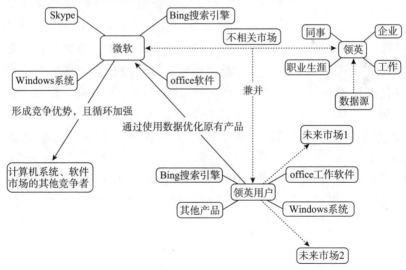

图1　微软兼并领英案图解

❶　HAUCAP J, HEIMESHOFF U. Google, Facebook, Amazon, eBay: Is the Internet Driving Competition or Market Monopolization? [J]. DICE Discussion Paper, 2013, 83: 7.

（二）大数据对市场竞争的逆向激励风险

承前所述，大数据之于市场竞争的功能展现是多维度的，在对经营者参与市场竞争起到正向激励作用的同时，亦给市场竞争利益及相关利益埋下了潜在风险，其中由大数据垄断引发的个人隐私安全问题已经引起了广大用户和监管当局的关注。大数据技术的逐步提升和广泛使用使得占据数据优势的经营者越来越强，进一步强化了"赢者通吃"的互联网市场竞争格局，加速独寡占市场结构的形成，而这很可能造成现存免费服务质量的相对下降，以及数据源封锁对相关市场内其他经营者的不利影响，并为市场潜在的进入者设置了不正当的进入壁垒。而且，大数据强大的预测功能会让现有市场支配地位者伺机消灭市场新进竞争者所可能带来的投机性威胁，大数据对市场竞争的逆向激励会对市场竞争秩序及参与主体的正当利益产生严重损害。是故，有必要对大数据于市场竞争的逆向激励作用作出系统分析，并就大数据市场的垄断问题展开理论与实践的研究。

1. 潜在的损害用户数据安全的风险

随着互联网发展向大数据阶段的深度推进，数据驱动的商业战略和行为有时会引发隐私安全与竞争法适用的关联问题。数据驱动的合并，如Facebook收购WhatsApp，可能会减少提供给消费者的隐私安全保护上的非价格竞争。传统竞争法关注的重点是市场上自由公平竞争秩序的维护与消费者公平交易资格和自由选择机会的实现，在该维度上，隐私安全并不在竞争法适用的视阈之下。同时，当传统市场上的经营者侵犯消费者隐私安全时，通常较易锁定侵害主体及其行为，透射出的法律关系也较为明确，一般通过请求侵权损害赔偿即可实现权利救济，这些皆与竞争法实施无涉。

然而，大数据环境下的平台经营者获取数据是建立在消费者授权基础上的，是其为消费者提供基础性免费服务的对价。对于该对价的性质目前法律上尚未予以明确，仅是作为使用条款存在，未与平台提供的基础性免费服务构成对价关系，这无疑给平台场域下消费者隐私安全法律保护的实现设置了障碍。因为对价关系的缺失，所以很难认定为消费损害。具言之，当消费者授权平台经营者收集其个人数据后，消费者每一次的使用都会留下数据记录，这就使经营者有充分机会和正当理由掌握消费者的行动轨迹，正可谓"一次授权，始终有效"。在此基础上，平台经营者借助人工智能技术，通过机器学习自主挖掘数据，可进一步锁定消费者的更多信息（隐私）。此际，一旦发生信息泄露或滥用事件，往往造成难以评估的危害。可以预见，可信可靠的隐私安全服务将成为平台经营者未来参与市场竞争的重要非价格因素，必须给予高度重视。

2. 存在设置过高进入壁垒损害潜在竞争者利益的风险

大数据于市场竞争的优势在于预测，当经营者（尤其是那些已具有市场支配地位的经营者）利用大数据资源与技术进行市场竞争预测时，通常会先于其他竞争者和竞争规制者发现影响其市场地位的未来挑战和潜在竞争者。也就是说，由于经营者与竞争规制者所处的立场不同，即便是竞争规制机构可以或者已经发现未来的竞争者构成潜在的（指投机性的）威胁，却苦于没有足够的证据证明市场自由公平的竞争秩序可能因此受到损害，故而也就无法提前规制现在看来不具有危害竞争秩序但未来存在极大竞争损害的行为。然而，现行市场上占据市场支配地位的经营者完全可以利用大数据资源与技术预测并消灭潜在的或未来的威胁，这具体表现为以大数据资源和技术迫使新进入市场者接受不正当的交易条件，通过"雪球效应"在产品市场一侧建立优势地位，阻碍潜在的或未来的竞争者自由公平地进入市场。于此情形，在当前竞争法规制理念和框架之下，竞争规制机构尚难以依法有效地介入相关的调查与审查，由此放任了对未来市场上自由公平竞争秩序的预期损害行为的发生。

实践中，经营者（尤其是已在平台经济中占据支配地位的经营者）凭借其集中拥有的大数据资源和技术，会对其他经营者产生难以预估的影响。在很大程度上，在涉及大数据市场上的经营者集中交易都会产生竞争力聚集和竞争力传导效应，客观上较传统领域的经营者集中更易提高市场进入的壁垒，尤其是在以平台大数据为核心竞争力的经济领域更是如此。此外，一旦拥有大数据资源和技术的经营者选择与某一竞争者合并，就容易出现所谓的大数据领域的核心基础设施使用问题，该经营者就有可能妨碍其他经营者获取相关大数据资源，这无疑为其他经营者进入相关市场设置了畸高的进入壁垒，尽管在形式上其他经营者可以向这些拥有大数据资源的经营者申请 API 端口，但是定价及运营模式均无法做到真正的公平公正，因为此时其他的经营者还不具有谈判的筹码和实质上的对抗力，数据源闭锁效应得以凸显。不难发现，数据源闭锁对市场上其他经营者而言具有十分危险和难以识别的潜在的反竞争限制（参见图 2）。

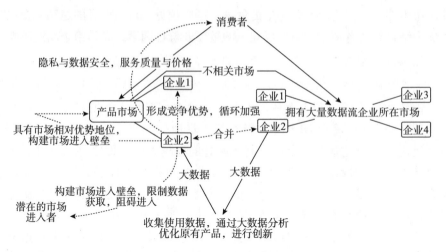

图2 大数据对市场竞争逆向激励图解

三、大数据应具有竞争法属性

竞争法的核心在于保护市场自由竞争秩序和维护消费者利益。竞争法视阈下的竞争是指经营者之间在商品经济活动中为了获取更大的经济利益而进行较量的行为，[1] 是在法治框架下对交易机会和资源的自由公平的争夺。对垄断与不正当竞争的规制就需要借助法律之手，竞争法即是规范市场自由公平竞争秩序的基本法律制度，该法是调整在规制垄断和不正当竞争过程中发生的经济关系的法律规范的总称。[2]我国的竞争法以反垄断法和反不正当竞争法为核心，其中反垄断法的核心在于保护自由竞争秩序，反不正当竞争法的核心侧重于保护公平竞争秩序。[3]综合两法之核心，竞争法的核心则在于保护自由公平竞争的市场秩序。

基于大数据运行中对数据收集和算法的设计及使用，单纯的数据分析技术的运用正面临价值层面的拷问，譬如，曾发生的 Facebook 滥用数据市场优势力事件透射出大数据的中立性在互联网经济的激烈竞争中正在发生变化。尤其是在前面分析了大数据对市场竞争秩序的各项激励功能后，大数据对于市场竞争活动的影响远比预期复杂，可能产生现行竞争法无法回应且难以恢复的不可逆反的竞争效果。是故，在以互联网为核心和平台构建经济生态已成为时代主

---

[1][2]杨紫烜. 国家协调论［M］. 北京：北京大学出版社，2009.

[3] 王晓晔. 我国反垄断立法的宗旨［J］. 华东政法大学学报，2008（2）.

题的当下，竞争法理应对以大数据、云计算、人工智能、区块链为主导的新经济作出积极回应，扩展和延伸竞争法的规制范畴和规制逻辑。

虽然大数据作为一种计算机技术和数据资源已被广泛认可，对其的使用也被视为是技术革新的一种表现，有着巨大的创新潜能和市场价值，原则上应予鼓励和支持；但是若大数据的选择性甚至歧视性使用对广大用户和其他经营者产生了交易压迫，就会构成一个基于优势滥用而出现的妨碍自由公平交易之情势，可以肯定的是，这种妨碍将长期存在并有逐渐强化之势。当很难甚至是穷尽前文所言的私法救济皆无力改观时，我们就应该考虑从竞争法维度对大数据市场结构及其运行过程予以规制。

作为互联网进阶时代一个不争的事实，大数据已经成为从事互联网经济的广大经营者——不论是具有市场支配地位的经营者，抑或与之可能产生竞争关系的其他经营者——参与市场竞争的重要组成部分和核心竞争力。大数据作为技术与资源的集合，理应归入竞争法规制的范畴，并由此前展竞争法规制的基本逻辑。其实，在围绕互联网构建经济运行新生态已是当下主流认知的背景下，以技术中立和资源开放审视大数据运用而不加干预的观念已经落后于实然。犹如前文对大数据于市场竞争的正向和逆向激励的分析所示，大数据已然对市场竞争产生了重大影响，而且对消费者利益的威胁亦始终存在，如果放任其对现实竞争利益与消费者利益的影响，着实有悖于竞争法制定与实施的基本价值目标。所以说，将大数据纳入竞争法视阈予以调整不仅符合大数据的基本特征，而且满足竞争法运行的现实价值。总体而言，大数据应该具有竞争法属性，并受到竞争法规制。

四、大数据对竞争法实施的挑战与机遇

在肯定大数据具有竞争法属性的基本判断后，接着我们需要关注的就是大数据如何影响竞争法的实施。换言之，大数据对竞争法的实施究竟带来了哪些现实挑战，与此同时亦可能基于大数据技术和资源广泛应用于法治生活而给竞争法实施带来了一定机遇，即大数据该如何促进竞争法实施的整体化系统革新？

（一）大数据对竞争法的规制理念提出了挑战，促进了竞争法规制逻辑的调整

如前所述，大数据强大的市场反馈与预测功能能够让拥有大数据优势的经营者伺机消灭投机性威胁，压制"不相关市场"和"未来市场"上出现的竞争对手，通过传导大数据优势力和巩固相关市场优势地位来实现对"不相关

市场"和"未来市场"的延伸，让其竞争优势在更大的时空范围内得以建立并维持，由此形成"雪球效应"。

事实上，当大数据被广泛运用于市场竞争之际，竞争法传统的注重事中、事后规制相结合的理念已经受到了严峻挑战。申言之，被视为投机性威胁的新进入或潜在进入的经营者原本可通过正常的市场竞争成长为保持市场一定时空范围内自由竞争度的重要力量，但因大数据技术和资源被已具有市场优势地位的经营者广泛使用和集中掌控，导致越来越多的新进入者或潜在进入者选择依附于现有市场上的寡头经营者——接力顺势进入相关或不相关市场，让原本就缺乏有效竞争力的互联网市场更加缺乏新鲜血液与活力。针对这一现实，传统竞争法的规制理念及其行为模式已无法及时回应上述所言的潜在的风险，只能在危害结果发生之后施以救济，更甚者，这种事后救济也无力改变已经完成的市场结构和商业模式。

若将大数据对竞争法规制理念的挑战置于整个互联网时代下互联网科技对法治理论与实践带来的根本性挑战与如何回应的维度观察，其实质上就是对大数据等互联网技术引发的各类科技风险应该适用何种法治原则和分析方法的拷问。当前成本效益论和预防原则是两种主流的辨识标准，且两者间存在明显的对立。成本效益论的支持者认为，预防原则不仅付出的代价过高因而昂贵，而且不具事实可行性。但也有学者认为，由于成本效益分析的反事实论证属性、无法回应价值通约的问题以及科技风险的人为属性，所以预防原则应成为政府以法律手段因应科技风险的主要原则。❶由是可见，如果将理论聚焦到竞争法对大数据所引发的规制风险的回应上，那么可以认为传统的事中、事后规制，尤其是事后规制方式则属于典型的成本效益分析方法，而此处所主张的基于大数据的强大市场反馈与预测功能能够让拥有大数据优势的经营者伺机消灭投机性威胁的现实以及可能出现的对市场竞争产生的逆向激励风险，前移竞争规制的逻辑起点，更加符合预防原则实施的基本要求。但与此同时，如何保证行使事前规制的实际效果，审慎克制事前规制权力的制度风险，避免滥用事前规制的危险，则是更加重要且无法回避的实践问题。

（二）大数据对竞争法的规则体系提出了挑战，促进了竞争法规则建设的完善

前已述及，基于大数据技术与资源的广泛运用，尤其是大数据优势被平台经营者所掌握，现实中出现的各类复杂的交互关系已引起了不同法律部门的关注，目前主要集中在民事和刑事法律领域，对涉及竞争法律关系，或属于广义

---

❶ 陈景辉. 捍卫预防原则：科技风险的法律姿态［J］. 华东政法大学学报，2018（1）.

上的市场规制法律关系的讨论尚未进入研究者视野，相关理论研究匮乏，加之竞争执法机构和司法机关对大数据所涉及的竞争法律关系在多数情势下仍然保持着审慎的克制姿态，相关规则建设和司法解释尚付阙如，使得既有的相关规则系统亦缺乏对大数据竞争与垄断行为的体系化与一致性的文本表达，无法及时展现竞争法制的时代特征。

囿于规则体系的不健全，诸如大数据竞争法属性的辨识标准，滥用大数据技术与资源限制、排除竞争的违法认定基准及规制手段、责任承担方式，滥用大数据技术与资源侵害用户自由选择权与公平交易权的认定标准与表现形式，大数据驱动型经营者集中的审查要素，大数据企业和平台经营者或大数据企业间的纵向或横向协议或共谋行为的认定基准，大数据市场认定基准，大数据引发的用户数据安全风险的防范与救济等问题都有必要作进一步的澄清。对此，建议在多部门密切合作之下，尽快出台有关大数据竞争法适用指南，或制定更为广泛的涉及数据行业的竞争法实施规范，将行业标准的执行纳入竞争法统一适用的范畴之中，尽可能地协同行业发展与综合竞争执法之间的政策性与制度性冲突。在此过程中，应以竞争政策为基础，加强对新增的行业发展政策和行业部门立法的公平竞争审查，确保行业正当利益与竞争规范价值的协同并进。

（三）大数据对竞争法的规制方式提出了挑战，促进了竞争法规制方式的优化

大数据技术与资源得以广泛使用与我国移动互联网的普及和互联网平台经济的高速增长密不可分，大数据技术与资源正在成为中国经济参与世界竞争的核心竞争力之一。然而，不可否认，风险也因此暗埋于下。在突破传统经济体制、创新商业模式的同时，也使得现行竞争法规制方式无法有效地应对随之而来的新型违法竞争行为和巨大商业风险。譬如，现行竞争法规制中普遍采用的结构规制和行为规制在面对具有明显动态竞争（dynamic competition）特征的"大数据＋互联网平台"经济活动时，经营者的市场行为类型及跨度变得更加复杂而难以预期，从相关市场到不相关市场，乃至未来市场上的市场地位也伴随大数据强大的市场预测与链接功能下不断增多的混合竞争和模糊竞争样式而变得难以被准确认定。

实践中单纯依靠对经营者单一行为或特定行为，以及经营者所具市场结构来判断经营者某一时段的市场行为和市场地位是否具有反竞争性的做法已然不能适应现实的需要，也无法准确反映其市场创新与市场垄断之间的敏感界限。事实上，在保护科技创新的合法垄断与滥用知识产权垄断之间本来就具有很强的模糊性，不易被实践所辨识，导致了当前对涉及大数据的违法竞争行为的规

制效果总是有些差强人意，甚至竞争执法机构自身也觉得缺乏正当性和妥适性，亟待革新现有的竞争规制方式，引入综合性的系统规制方法。

在此方面不妨参考韩国对"高通案"的处理模式，重点关注韩国公平交易委员会（KFTC）对利用优势传导和交叉维持行为组合所结成的反竞争商业模式的规制经验。2016 年 12 月 KFTC 在裁决"高通案"中，对高通"三个单项行为有机组合成的商业模式"的反竞争性和反创新性的关注可以说是促使其在经过七次听证，包括两次同意命令（content decree）审查和一次案件深度评估（in - depth review），仍然不接受高通的承诺整改计划，最终作出严厉处罚的根本原因。而且，在处罚决定书中 KFTC 一直强调对高通的处罚措施具有开创性，首次对反竞争和反创新性的商业模式采取了矫正措施，关注经营者行为的一体化与有机化，力图建立一个开放性的促进竞争的生态系统。

虽然韩国"高通案"与本文讨论的大数据对竞争法规制方式的挑战并不契合，甚至有些"风马牛不相及"，缺乏佐证力，但是若从该案所涉及的商业模式与单项行为之间的有机联系分析，案件折射出对"一手托两家（基带芯片制造商和手机制造商）"式的具有市场优势力的平台型经营者的规制。绝不能仅就某单项行为或某单一市场结构而采取行为规制方法或结构规制方法，必须对经营者的诸多市场要素，如市场地位、经营行为、商业模式等采取系统规制，尤其是在大数据技术与资源的实际运用中往往关联互联网平台企业的运行，传统的以市场结构和经营行为为主要分析对象的规制思路和方法亟待升级，整体的系统规制方法有待进一步明确化、精细化及专业化（参见图 3）。

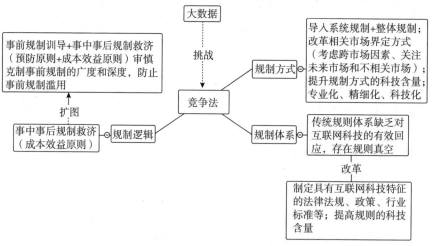

图 3　大数据对竞争法的挑战图解

面对挑战的同时，值得进一步思考的是，由于大数据技术与资源被广泛使用的巨大影响和无限可能及其运用于当前和未来法治生活的客观现实和发展趋态。大数据之于竞争法实施的促进作用，所带来的发展机遇同样不容忽视，主要体现在以下两方面。

1. 扩展竞争法实施维度，突显和肯认竞争法对消费者利益保护的直接价值

随着人工智能时代的到来，大数据技术和资源的广泛运用，平台经营者在互联网场域下的竞争活动，已经具有了区别于传统线下市场竞争的特征，价格及其弹性作为一种基本且显著的竞争标尺和测量指标已经无法精准描述竞争的真实境况和实际程度了。此时，消费者利益的内涵和外延已然发生了变化，消费者对非价格要素的竞争所引起的质量基准的高低提出了要求，并且对质量提供者的选择权利提出了合理期待。扩展言之，对基于数据驱动而出现的各类市场行为的竞争法考察，必须关注到消费者（用户）对服务质量及其可选择的权利作为平台经营者市场行为之竞争合规性的重要组成部分的认知与期待，消费者利益保护不仅包括价格维度的利益保护，还包括非价格维度的利益保护，这在大数据竞争环境下尤为明显。

甚至可以认为，如前文提及，消费者对其隐私保护的质量及其选择接受何种服务提供者的权利，在很大程度上只能依靠数据驱动型市场竞争秩序的自由公平维持方得以实现。进言之，在数据驱动型市场竞争环境下，欲提升对消费者隐私的保护，必须维护该相关市场上的自由公平竞争秩序，以此激励相关平台经营者不断警惕和提高对隐私（数据）的保护，如不能满足消费者对隐私保护的正当诉求，则消费者必须赋予选择转移于其他服务提供者的权利和负担公平合理转移成本的可能。此时，消费者利益已经构成数据时代竞争法实施的直接目的，成为竞争法实施的独立诉求，而非一种反射式的间接利益。

2. 增进竞争法实施信度，提升竞争法在维持互联网市场秩序上的基础地位

大数据技术与资源被广泛运用，有助于打破"信息孤岛"困局，实现数据共享，客观上深刻影响了各类法律的实施。尤其是，随着人工智能时代的到来，保护原则的适用范围和可能得以扩展，强调了提前预防的必要与价值❶，这具体到竞争法实施领域，则表现为有针对性地规制涉嫌滥用大数据优势排除、限制竞争的行为，以及在算法运行领域出现的算法歧视、算法黑箱、算法共谋等侵害消费者利益、损害公平自由竞争秩序的行为等新型反竞争和反消费者利益的行为。由此，对现行规制方式和规制技术的科技含量提出了更高要

---

❶　陈景辉. 捍卫预防原则：科技风险的法律姿态［J］. 华东政法大学学报，2018（1）.

求，以科技手段规制科技滥用，将有利于更好地推动竞争法的实施，助力竞争法实施智能化建设。在扩展竞争法实施维度的同时，提高竞争法实施精度，其直接效果则在于对竞争法在互联网领域市场竞争中基础地位的维护和巩固。只有清晰认识到大数据对竞争法实施带来的深刻变化，才能准确判断竞争法实施在当前和未来以数据为驱动型的升级后的互联网产业发展中的基础地位，增进竞争法实施的信度。

此处提及的信度，一方面指竞争法实施的可靠性（reliability）和稳定性（stability），另一方面则强调竞争法实施的实效性（effectiveness）和信任度（confidence）。前者源自"信度"在统计学上的意义，指测验结果的一致性、稳定性及可靠性，具体到大数据技术对竞争法实施的影响，主要表现为提高竞争法实施的可预测性和可信赖感，在扩展竞争法实施维度和延展竞争法规制环节的同时，利用大数据技术防止竞争法滥用的风险。后者对"信度"的理解，更多是站在对大数据于竞争法实施的美好愿景的维度，希望通过大数据技术和资源的广泛使用提升竞争法实施的实际效果，增进社会各界对竞争法于市场经济尤其是互联网经济健康发展的重要意义和信任程度。

五、结　语

移动互联网的普及带动了互联网经济的高速发展，给大数据技术的迅速成熟与大数据资源的巨量增长提供了物质基础和实践场域，互联网时代已正式步入更高进阶的大数据时代。可以预见，以互联网技术和平台经济的广泛适用和普遍接受为基础，融合大数据技术与资源，将会为下一阶段市场经济竞争带来全新格局与视阈。大数据作为一个聚合概念将会无限扩展和无限可能地影响市场竞争。

透过对大数据于市场竞争的正向激励价值与逆向激励风险的分析可以发现，大数据具有强大的市场反馈与预测功能，能够通过数据优势传导有效链接不相关市场或未来市场，形成在纵向和横向市场上的跨时空竞争优势，并将这类优势持续传导和交叉维持下去。尤其是在大数据优势被平台企业掌握或通过协议、经营者集中等方式俘获后，极易出现滥用该优势限制、排除竞争的危害，不仅会损害其他经营者的自由公平竞争利益，也对消费者利益产生压制风险。尤其是当现有市场支配地位者利用大数据技术和资源消灭潜在的竞争威胁，构筑过高的市场进入壁垒时，更是以牺牲市场自由公平竞争秩序为代价来维持和巩固其市场支配地位，其动机和行为的反竞争性和封闭性显露无遗，其危害之巨、影响之深必须予以高度重视。

故此，当前亟待从大数据自身特征及竞争法属性评价入手，在充分结合大数据于市场竞争的激励功能的基础上，聚焦大数据给竞争法规制理念、规则体系及规制方法等带来的挑战，适当扩展竞争法规制的逻辑链条，由强调事中、事后规制，前展至事前规制，并引入系统规制，建立具有预防性和整体性的规制系统。与此同时，还应充分重视大数据技术在竞争法规制实践中的运用，提升竞争法实施的科技含量和科技手段，达致规制科技滥用与激励科技创新的平衡。

（原文刊于《法学》2018 年第 8 期，收入本书时有改动）

如何看待"数据垄断"

一、问题提出

目前社会各界对数据垄断争议不断，无论是学术界，抑或是实务界，以及各界别内尚未达成一致意见。数据垄断既可作为事实现象予以描述，亦可作为法律现象予以解读，其本身存在多重意蕴。对数据垄断概念的理解不同，会导致对数据垄断的实然性及其在法律上的意义得出不同认识。对数据垄断的判断主要有两种观点，包括对数据本身的垄断结构或借助数据运行实现的垄断过程或场景。从数据垄断的不同类型入手，考察数据垄断的实然性及可能的效果，有助于细致全面地看待数据垄断的实然性及其对竞争的影响。

随着数字经济向纵深发展，数据作为一种新型生产要素，已然成为数字信息时代先进生产力发展的重要驱动力，成为互联网企业的核心资产，甚至构成互联网行业整体创新的基础性关键原料，"得数据者得天下"，已成为互联网经济下半场创新发展的真实写照。在国家新一轮基础建设所涉及的七大领域中，数据中心建设成为重中之重。这其中就关乎如何看待数据市场化与产业化过程中已然出现的数据竞争与垄断的治理问题，毫无疑问，数据竞争与垄断问题治理的法治化将是不得不正视且妥帖解决的要点与结点，这对科学有序高效合规开放数据市场至关重要。数据只有在流动中才能被准确定位，才能产生其源源不断的价值，才能真正成为拉动和推动新时代先进生产力不断创新发展的关键抓手和主要推手。数据的生命在于流动。

对数据垄断的理解和判断应基于对数据多元性的肯认和解析。数据具有多属性，在以所有权归属为基准的维度上至少包括私人（含个人与企业）、社会和国家三类，在动态流动中产生的价值可涉及私人利益、社会利益及国家利益；数据具有多样态，不仅包括以主体和功能为依据的个人数据、工业或商业数据、社会数据等多样的数据来源，还包含与数据相关行为中的采集（原始）数据、计算和分析（衍生）数据以及应用（创生）数据等围绕数据全周期流动下的动态多样性数据类型。基此，对数据垄断的探讨首要应基于数据的多属性和多样态特征，结合数字经济的动态与静态两方面的分类综合分析。

动态与静态两方面的分类会导致对"数据垄断"的不同理解：从数据所有权的静态结构看，一些互联网企业通过对数据的收集和处理，从中提炼信息应用于产品和服务的开发及其质量的提升，吸引更多用户，通过产品和服务与数据的双向交互，强化对数据的大规模获取和无条件控制；从数字经济动态运行的场景看，企业能够借助数据实施各类影响市场竞争的行为，存在藉由数据行为实现经营垄断的风险。

当前，理论界和实务界对数据垄断存在不少争议，其中首要的便是数据垄断的实然性问题，即数据垄断到底存不存在。动态和静态两种语境下对数据垄断的不同理解导致对数据垄断的实然性及其在法律上的意义存在两种不同的认识：一种从数据本身的静态垄断结构入手，基于数据特别是单个数据所具有的瞬时性、复用性、价值低密度性、可获得性等，认为数据垄断并不存在；一种则基于数字经济市场的动态变化，从与数据相关行为出发，认为藉由数据行为实施的竞争行为中可能存在垄断。故此，应围绕数据垄断在动态和静态两种场景下的表征，结合数据的多元性，主要是多属性和多样态，分析数据垄断的实然性问题。

二、对数据本身的结构性垄断

如果以数据所有权的归属结构为基点，则数据垄断是指对数据本身的排他性占有和绝对性控制。这种垄断与数据的来源紧密关联，互联网企业只有控制数据产生的源头，才可能排他性占有数据及派生利益。

数据具有多属性。如果按照主体标准进行划分，产生数据的源头包括个人、企业、政府、团体。个人数据来源于个人信息和实施行为，企业能够借助产品和服务获取用户个人数据，也可能通过合作共享获取非用户的个人数据；企业数据包括企业自身信息和实施行为所产生的数据以及从其他主体处获取的数据；政府在实施行政管理和社会治理行为过程中也会产生数据，其数据一般向全社会公开，任何个人和单位均可获取；企业、政府以外的单位和组织，概称团体，譬如科研机构、学校、医院、协会、基层群众自治组织等，也会产生数据，诸如学校的教育数据、科研机构的研究数据、医院的诊疗数据等。

除以主体为基准划分的各类基于人类生产生活产生的社会数据外，自然环境在不断演变中产生的大量自然数据也构成了数据的重要来源。需要强调的是，自然数据因其权属有待明确——基于发现者、开发者、控制者所有抑或社会公共所有——在实践中往往被忽视，或者参照前述主体基准分类归入各主体数据，这类简单化处理方式是不准确的，并不利于正确认识和判断由自然数据可能形成的数据竞争结构和功能。事实上，通过对自然地理环境的特征和流变、自然资源的分布等数据的分析，能够帮助互联网企业对产业布局、产品生产和改进等方面做出合理规划，吸引更多用户，提升经济效益，因而自然数据对于互联网企业同样有着重要意义，其权属制度的明确及流通机制的合理同样有助于数据竞争结构和行为的识别。

可见，数据并非源自单一途径，而是存在多种来源。来自不同源头的数据对互联网企业的发展均具有一定价值。如果某企业想要实现对数据的独占，排除其他竞争者对数据的获取，就必须有效地控制数据来源。然而，现实中数据来源的多元决定了企业不可能控制所有数据来源，譬如，由国家机关统计公布的各类公开的社会数据和自然数据就不可能被某一企业控制。此外，数据的复用性使之与其他资源要素不同，不会因其使用而被消耗，相反会因不断使用而逐渐增值，这种特性使数据天然地就具有被不同主体多次利用的倾向。某一企业对数据的使用并不直接影响其他企业对数据的再使用，这在客观上削弱了企业对数据来源的实质上的"有效"控制，逐渐弱化了企业对数据来源进行垄断的意愿，而将对数据的竞争引向了与数据相关的动态过程或场景。

诚然，当前互联网企业特别是拥有超级计算能力的超级平台企业在实践中并不需要掌控所有数据来源，可通过其优势算法和强大算力提高自身数据使用的能力和效果，只需控制其中主要来源或者标识意义最大的那一部分数据即可。有的学者将其称为厚数据（Thick Data），通过小样本分析找出特定人群的需求，实现数据的深度挖掘。当然，厚数据缺乏数据来源广泛的缺点也是十分明显的。故，只有将大数据与厚数据相加，即注重数据来源的广度和深度相融合时，数据之于企业的价值才能得到最大化体现。可见，对数据来源的分析和把握，并不能简单地等同于传统经济下对一般生产要素的理解与控制，获取数据的入口和具体数据的需求场景之间存在动态匹配的关系。换言之，如何获取数据，获取哪一类数据，对于数据主体而言，并非一成不变，这就导致从数据类型和来源的维度言，数据垄断的结构性问题并不存在，数据及其结构始终处在流变状态下。所谓的"数据垄断"更多是在数据流动中对基于数据展开的竞争过程或场景的一种动态垄断。

三、藉由数据实现对竞争过程或场景的垄断

数据赋能竞争是数字时代市场经济运行的典型特征。尽管如此，企业仅拥有海量数据并不一定就能提升产品和服务的质量，二者之间不存在必然的因果关

系。数据能量的释放一定是在其流通中得以实现。换言之，如果谈及数据的竞争与垄断，很大程度上应将其放置于与数据相关行为的发生过程和现实场景之下，单纯地讨论数据本身的结构价值并不能准确回答数据对市场竞争的价值和意义。

客观全面地讲，数据不仅是推动数字经济发展和产业转型升级的重要动力，同时也可能为垄断提供新的介质和方法。企业通过海量的多样化数据分析，特别是将大数据技术与人工智能算法相结合能够有效把握市场的动态运行规律，更精准有效地施行各项竞争行为，其中不乏出现藉由数字数据为介质和方法的反竞争违法活动。基此，可将"数据垄断"看作基于数据实施的垄断行为，在数据流动中出现的积极的或消极的限制、排除竞争的违法行为。依照我国现行《反垄断法》框架大致可分为基于与数据相关的垄断协议、滥用市场支配地位和经营者集中三种主要垄断行为。

当然，亦存在与数据相关的行政垄断，这一数据垄断违法类型在我国数字经济高速发展的背景下，政府基于对各类数据的强大控制力和巨大占有量，更容易诱发不同形式的经济型垄断。故此，在党的十九届四中全会报告中特别强调了政府对数据的有序开放，以及在之前国务院办公厅印发的《关于促进平台经济规范健康发展的指导意见》中多处指出"推动监管平台与企业平台联通，加强交易、支付、物流、出行等第三方数据分析比对""加强政府部门与平台数据共享""加大全国信用信息共享平台开放力度，依法将可公开的信用信息与相关企业共享，支持平台提升管理水平"等，以上内容对防止和消解与数据相关的行政垄断事件或案件具有积极意义和现实作用。

垄断协议的核心要件之一是经营者之间存在明示或暗示的意思联络。数字经济下新型垄断协议的认定也应围绕这一要件展开。通过输入数据特别是大数据，借助于相同或者类似的算法，相关市场上的各经营者可在无需联络的情况下共同做出使彼此都能获益的经营决策，联合消除竞争，借助于数据的反馈机制，联合限制、排除偏离协议的其他经营者，由此产生反竞争效果，涉嫌构成垄断。

滥用市场支配地位也可藉由数据实现。为巩固、维持或扩大现有市场地位，实现效益最大化，排除、限制现实或潜在的竞争对手，已取得相关市场支配地位的企业会利用数据实施各种滥用行为，其中既包括剥削性滥用，譬如基于消费数据分析的价格歧视，通过不公正协议条件获取用户隐私，为减少成本支出而降低成品和服务的质量，也包括排斥性滥用，譬如"二选一"、封锁屏蔽行为等，扭曲甚或破坏正常的市场竞争秩序，损害消费者用户的合法权益，以及抑制中小企业公平参与创新的能力，最终减损社会创新发展的整体福利。

现行的经营者集中审查基准通常以经营者在相关市场上的市场份额或营业额为主要指标，作为一种事前审查机制，经营者集中审查主要是为了预防通过集中的方式扩大和增强经营者在相关市场上的力量，以达到防止不当抑制竞争效果的出现。故，可被观察的市场结构和力量的改变成为经营者集中审查机制主要考察的现象。然而，当前互联网领域却出现以增加数据拥有量和强化数据控制力为目标的数据驱动型经营者集中，这种集中往往并不会导致某经营者市场份额或营业额的显著提升，但是能够增强其市场竞争力或支配力。通过横向或者非横向的集中，在不触发经营者集中审查基准的条件下使经营者能强化对数据的掌控，形成数据优势，且将数据优势传导至其他市场，并与其他市场上所获取的数据形成持续性的双向数据交换和开发利用，不断放大互联网领域赢者通吃的竞争效应，由双边或多边市场结构走向双轮或多轮动态市场垄断。

在以上过程中围绕数据展开的计算、反馈、预测、调整等行为，既可理解为各项数据行为，也可看作是基于数据展开的经营行为；由此所形成的反竞争效应，既可认为是由数据垄断行为引发，亦可看作是基于数据展开的某类新型垄断行为导致，关键则在于选择如何看待数据垄断的内涵及数据行为与围绕数据展开的行为之间的界分。

四、结　语

任何市场竞争活动都会带来一定程度的反竞争效果，这是与竞争本质相附属的，承认"竞争损害的中性"是正确看待竞争与反竞争关系的前提。进言之，某一竞争行为产生反竞争效果，并不必然成立反垄断法或反不正当竞争法等竞争法上的违法，需结合具体场景进行科学合理的规范分析方可得出结论。故此，对数字经济下诸多新型垄断行为的分析及其竞争效果的研判，不能简单化和形式化地生搬硬套现有规范和逻辑，需结合数据动态运行的不同样态和基本规律，重点关注数据在有序开放、安全流通、公平利用、合作开发等环节中的各类行为的法律属性与权义定位，形成对数据垄断概念与形态的科学、全面、合理的认识。

数据垄断作为一个具有多层含义的表达方式，其实然性在不同语义下呈现不同。基于静态结构分析将数据垄断界定为对数据本身的垄断，这种"垄断"是存疑的。若基于市场的动态运行，将数据垄断界定为围绕数据实施的垄断行为，该类垄断行为是真实存在的。基此，对数据垄断的分析不能仅局限于单一视角，而应结合经济社会发展的现实状况予以综合的整体的理解。数据处于不断流转之中，不能仅关注数据本身的静态结构，更应聚焦数据运行的基本规律。

（原文刊于《第一财经日报》2020年7月28日第A11版，收入本书时有改动）

互联网时代用户数据保护理路探讨

一、问题提出

随着互联网技术的革新和移动智能终端设备的发展与普及，以个性化、精细化、智能化为特征的互联网 Web 3.0 时代已然到来，渗透影响着人类经济社会生产生活的各个领域。从互联网 Web 1.0 时代下为用户提供单向度的信息搜索与聚合门户，到 Web 2.0 时代下为用户提供用户深度参与、信息双向共享的仿真平台，再至 Web 3.0 时代下的信息积聚与共享流通综合服务体的构建，以移动互联网、大数据、物联网为代表的新一代信息通信技术和数字数据科技的创新应用与融合发展引发了全球数字经济发展热潮，其中数据构成了数字经济高质量发展的关键资源和核心动能。解读中共十九届四中全会通过的《中共中央关于坚持和完善中国特色社会主义制度 推进国家治理体系和治理能力现代化若干重大问题的决定》（以下简称《决定》），其中三次提及"数据"一词，明确提出"将数据作为生产要素纳入分配机制"，结合"建设高标准市场体系……优化经济治理基础数据库"的重要指示，肯定了我国鼓励将数据作为重要资源要素纳入市场交易与竞争环节，推动数字经济高质量发展的积极态度。

数据在创造经济增长奇迹的同时，也因不断涌现的数据纠纷引发了诸多竞争法律问题。譬如，近年来 Facebook、Google、亚马逊、苹果等数字科技巨头的数据滥用和隐私泄露风险事件数量呈现指数型增长，引发全球竞争执法的广泛关注。在我国互联网领域有关数据纠纷的案件，虽然更多集中在数据企业之间的适度保护与合规分享的冲突上，譬如华为与腾讯的数据之争、大众点评诉百度数据不正当抓取案、新浪诉脉脉数据不正当竞争案、淘宝诉美景案、微信诉抖音、多闪不正当竞争案、抖音与刷宝数据抓取案等，但是其中也不乏涉及对用户数据及隐私信息的侵害或滥用行为。实践中，随着网络数字技术的不断创新，对数据流动中不断涌现的新问题的放大效应，使得数据保护更加复杂，规范数据流通中的数据保护已迫在眉睫。

现有研究成果表明，虽然数据保护与数据共享间的平衡关系和具体进路可以依循当前普遍适用的私法理路展开，包括通过确立各类型数据权属，依据侵权责任法、知识产权法以及反不正当竞争法等项下的"行为—法益"判断基准的私权逻辑予以实践；但是随着互联网和物联网数字数据技术的飞速发展和数据共享需求的不断增强，如仍坚持用户或企业对其实际控制和占有的数据以排他性权益，那么将导致数据固化，加剧数据信息孤岛的出现和恶化，更难以实现数据流通与共享之于数据增值和创新的重要意义。

鉴于此，从现有数据治理研究的相关理论成果和司法实践的效果看，单纯依靠私法体系，依循私权逻辑在一定程度上忽略了互联网场景下数据多属性与私权保护理路间的不协同的现实，尚未充分关照到数据保护在平台与用户，包括企业用户和个人用户之间的多元价值动态平衡之需求。故此，亟待澄清互联网时代数据保护问题的基本理路，从表象步入本相，解析互联网多场景下数据的定位及保护方式的演化，重视"场景化保护规则"在互联网多场景变换中的重要价值，厘清与数据相关行为发展过程中各数据主体间的多重权益的交合，动态平衡各类数据主体在数据收集、存储、分析、流通及使用全周期中的保护和共享的关系，尽快构建科学合理的多元共治的数据保护理路。

二、互联网多场景下数据的定位及保护现状

作为当下互联网上运行的核心内容，万维网（Web）是建立在互联网之上的信息共享模型，它将互联网语义下的计算机互联扩展到了信息的连接流通，使互联网这一基础设施的应用深度和广度得以有质的跃升。从 Web 1.0 下单向静态的信息输出模式进阶为 Web 2.0 下双向互动的信息传导模式，到如今发展为 Web 3.0 下移动互联技术与数字数据技术全面融合的数字数据产业与平台经济生态体，促使数据的流通从单向线性运行升级为多维度多场景下的交互运行，数据定位从作为单向线性信息的消费结果向作为多维交互形成的融合生产消费信息❶为一体的资源要素转向，这一演化发展直接推动了数据保护方式的变化。

（一）数据流通从单向线性到交互联通

在互联网发展初期，Web 1.0 呈现"只读网页"模式，其典型应用为网址

---

❶ 陈兵. 人工智能场景下消费者保护理路反思与重构 [J]. 上海财经大学学报, 2019 (4).

导航、门户网站。此时，数据信息以"门户网站"为基点单向线性传播，与之匹配的信息交互方式主要表现为封闭性、单向性的特征，数据信息交互程度存于低频阶段。步入互联网 Web 2.0 时期，信息技术革命赋予每个用户生产内容的能力，譬如，人人网、博客、知乎等平台和应用应运而生，这时的网站对于用户而言，具有了"可读写性"，鼓励用户分享内容、交流意见并实时互动，数据信息传递模式实现即时的自主交互。Web 3.0 时代基于万维网和物联网技术的发展和适用场景的无限衍生，人、机、物的时刻连接，"连一切"成为这一时期典型数据（信息）生产和消费的方式和动能。超级平台的崛起为响应海量的多样化的数据的瞬时爆发提供了生产和需求场景，为大数据的创新适用提供了不可或缺的关键支持和现实需要，网络效应在平台经济的高速发展中日益凸显，这些既为 Web 3.0 时代的数据（信息）流通提供了关键设施基础，也为数据（信息）的交互联通提出了现实需求，在可能与必须之间构造了这一时期数据流通和共享的现实场景。

首先，Web 3.0 时代的数据信息的交互联通得益于信息通信技术和数字数据技术的深度融合。如果说互联网发展的前两个阶段是从信息的单向线性传递向双向互动发展，其直接体现着互联网的"连接技术"对数据信息交互方式的转变——通过连接实现数据信息提供和匹配，那么 Web 3.0 场景下更多地强调运用和扩张互联网的"连接能力"，提升与数据相关行为过程中各类新兴技术。其次，Web 3.0 时代的数据信息呈现为精细化、聚合化及智能化的特征。Web 3.0 以"个性化"为中心，从提供广泛服务向提供个性服务拓展，其中最重要的是通过对海量用户数据的收集和分析，以实现精准定位与个性化智能服务，由此涌现了各类新型智能化生产、网络化协同、个性化定制等商业模式和业态。同时，基于 Web 3.0 时代"连一切"的特征，超强的"连接能力"，海量用户数据的聚合力量的形成及其影响力的扩张较以前更加快速和高效，数据流通和共享的水平和需求达到前所未有的高度。

（二）从消费轨迹的客观记录到作为产消信息的资源要素

在 Web 1.0 时代下，用户通过互联网访问站点内容获取信息，或者搜索与交易相关的商家和广告信息，寻求交易机会。在 Web 1.0 场景下呈现"生产者—消费者"的单向线性的数据传输模式，互联网网站囿于当时的技术水平和商业模式，与用户间的互动很难做到即时和高效，所收集到的通常为静态离散而不具关联性的数据，难以实现规模数据的分享和流动，故此阶段数据的深度挖掘和复次利用的价值并不显著。进入 Web 2.0 时代，随着信息通信技术的开发创新和移动互联技术和终端的发展，以互联网、物联网、万维网为基础设施的平台企业与用户间的交互联动的频次和程度大大提升，客观上推动了"以用户为中心"和"以消费为重心"的双边或多边商业模式的不断扩展，进一步助力互联网产业化在个性化和精细化层面的有效实现。在这一过程中，海量数据的积聚有效推动了算法优化和算力提升，用户在体验个性化服务之时亦产生更具个性特征的聚焦数据，由此促使数据从用户消费轨迹的客观记录演化为聚合消费信息和生产信息为一体的市场要素信息，并在这一过程中产生新的数据的生态闭环，实现了数据价值的挖掘与创新。

步入 Web 3.0 时代，数据兼具消费和生产要素双重属性的价值伴随物联网、大数据、云计算等关键技术的普遍商业化得以进一步增进。通过对互联网运行中数据的持续收集和循环使用，加速数据流动、共享并形成数据链条，再经过数字数据技术加工使用户数据得以反复多次、交叉使用，数据价值得到了最大限度的发挥。数据作为新型生产要素，打破了传统要素有限供给对增长的制约，为经济持续增长提供了基础与可能。在 Web 3.0 时代，经由网络信息技术和数字数据技术所收集和挖掘的海量多元化数据产生了大量的有用信息，正在成为经营者开发创新的重要参考，给经济社会的发展带来了颠覆式影响。正是在此意义上讲，数据被认为是继劳动力、土地、资本、技术之后的尤为关键的生产要素。

一般来说，土地、劳动力、资本等生产要素的产权明晰，"使用即需付费"的原则使得对这些生产要素的使用具有很强的排他性和竞争性，相应的保护模式也比较清楚。然而，数据随时产生、多点储存、实时访问、来源广泛、多归属性等特征，❶ 使得其权益归属不再那么明晰，在实践中某一主体对数据的使用并不减少其他主体对它的使用价值，相反数据正因为其不断被使用而不断增值，正所谓数据是"越用越有用"，由此对数据的定位及保护方式的设定与选择带来了有别于传统生产要素的思考。

（三）对现行保护方式的述评

当前各国对数据问题的讨论，基本上从个人与数据的关系开始，许多国家和地区已出台与数据相关的立法或者增订现有法律法规中相关内容以对互联网场景下的"个人数据""个人信息""个人隐私"予以明确。❷ 从各国对个人

❶ MARTIN H. Big Data for Development: A Review of Promises and Challenges [J]. Development Policy Review, 2016, 34 (1): 135 – 174.

❷ BANISAR D. National Comprehensive Data Protection/Privacy Laws and Bills 2019 [EB/OL]. [2019 – 10 – 31]. https://papers.ssrn.com/sol3/papers.cfm? abstract_id = 1951416.

数据（个人信息）的相关立法来看，"可识别"构成了用户数据保护范围的判断标准，❶ 譬如，欧盟《通用数据保护条例》（General Data Protection Regulation，GDPR）第一章第 4 条第 1 款规定"个人数据"是指与被识别或者身份可被识别的自然人（"数据主体"）相关的任何信息；❷ 在美国，《2018 加州消费者隐私法案》亦以"直接或间接可识别性"为标准对个人信息的概念予以明确。❸ 事实上，当人类社会步入 Web 3.0 时代，与数据相关行为的多样化和精细化，经由数据收集行为、分析行为、计算行为及挖掘行为形塑了越来越精准的"用户画像"，如何定位和处理这类经过分析加工，甚至是去名化和脱敏化之后的数据——事实上，从技术层面完全的去名化是难以实现的——仍然有待法律进一步明确。在实践中，通过司法裁决已经对这类问题有了较为明晰的回答，即用户数据与经过分析加工后的商业数据之间的权属理应作分离处理，数据的实际控制者、开发利用者享受自身通过合法程序获得和开发的数据的相关权益。

　　囿于我国现行法律尚未明确数据的法律定位及保护方式，学界和实务界针对用户和企业数据的法律属性及其保护仍处于探索阶段，集中体现为以下几类观点。第一，赋予用户数据在民法上的新型人格属性，导入个人信息权保护模式，强调对个人用户享有的数据信息提供民法体系下的私权保护，有学者认为我国《民法总则》第 111 条已经肯认了个人信息权的具体人格权属性。第二，建立数据的财产权类保护模式。有学者主张赋予个人数据信息以传统意义上的私人财产权，同时也有学者开始主张为由企业掌握和经营的数据信息建立数据经营权和数据资产权❹。第三，主张数据的知识产权保护模式，主要为商业数据适用著作权保护或将数据定位为商业秘密予以保护❺。在实践中商业秘密成为数据纠纷中数据控制者或经营者的重要诉求和主张。譬如，在"新浪诉脉脉"案中，微梦公司提出新浪微博开放平台《开发者协议》中明确"用户数据"为微博的商业秘密，理应受到保护。然而，法院对此并未表态，最终适用《反不正当竞争法》"一般条款"处理该案。❻

---

❶ SCHWARTZ P M, SOLOVE D J. The PII Problem：Privacy and a New Concept of Personally Identifiable Information [J]. New York University Law Review，2011，86（6）：1814 – 1894.

❷ General Data Protection Regulation（GDPR）. Art 4（1）of Chapter 1.

❸ California Consumer Privacy Act of 2018. 1798. 140（h）.

❹ 龙卫球. 数据新型财产权构建及其体系研究 [J]. 政法论坛，2017（4）.

❺ 徐实. 企业数据保护的知识产权路径及其突破 [J]. 东方法学，2018（5）.

❻ 北京微梦创科网络技术有限公司与北京淘友天下技术有限公司等不正当竞争纠纷案，北京市海淀区人民法院（2015）海民（知）初字第 12602 号判决.

综上可以发现，各界对于数据保护问题给予了高度关注，从不同角度为数据保护方式提供了见解。总体而言，上述有关数据保护的不同观点，在很大程度上都受到私法理路和私权逻辑的影响，仍缺乏对数据保护法理与实践的多维度整体性考量。首先，若仅将视角限于通过构建私法语境下的排他性数据权以保护用户或企业的特定权益，客观上难以完满契合互联网多元场景和数据多维属性的特征，不利于数据的合理开发和有效流通。数据的非排他性、非竞争性以及可共享性等特性要求数据须通过安全的流通和高效的复用才能更好地实现数据价值的挖掘与创新。其次，对用户数据不加区分地赋予人格权或财产权，或将企业数据不加区分地定义为财产权类、著作权或商业秘密，都不能适应Web 3.0下数据经济关系和法律关系复杂多变的现实——无论是用户的原始数据抑或经过分析加工后的商业数据，往往具有多种类型和成分，对其保护方式的规定不应"一刀切"，即便是同一类型的数据在不同场景下也很可能具有多种权利（益）属性。故此，亟须对现有数据保护方式特别是以数据"权利化"为主的私权保护方式予以拓展与优化。

事实上，在 Web 3.0 下用户数据信息安全的风险已呈几何级数增加，各类滥用或（和）侵害数据的行为频发，数据安全已超越传统的安全范畴，强化数据保护已上升至国家战略。数据安全作为互联网安全的重要组成部分，必然要求更为科学和严格的数据保护机制的设立与实施。然而，数据保护不等于"数据壁垒"或"数据孤岛"，否则将极大地损害数据的复用价值和创新效率。应当认识到数据价值的彰显和实现不仅限于私人领域，其价值和功能越来越凸显于国家总体安全利益、社会公共利益以及行业整体创新利益等多元价值领域。故此，对数据保护的理解和实践有待进一步深化和扩展。

三、互联网场景演化下用户数据保护理路再造

伴随信息通信技术和数字数据技术的演进，数据不仅包括经用户同意采集到的数据，还包含企业在数据加工、分析、应用等多场景下整合、生成、开发的各类数据，且源于后者所产生的数据量和数据价值越来越多，特别是在各项人工智能底层技术的广泛适用下，基于海量多样化数据的机器自主学习无疑会产生更多有价值的数据。故在此场景下，现行以私法为主的数据保护理路及模式面对数据的复用性、多归属性、准公共性等特征明显乏力，亟须突破私法理路下数据保护的局限性，建构与数据行为实施之具体场景相结合的动态平衡的数据保护理路，在赋予用户选择权能的基础上激励用户数据的安全使用与合理开发，将现行的以数据"权利化"或"权益化"为主的保护方式转向数据利

益保护与分享融合化和共生化的方向。在此基础上，注重多部门法律规范间的
协同合作与综合治理，执法部门与司法机构间的有效沟通与联动释法，以及企
业权益与用户权益间的公平高效的分享与增进，最终以政府为主导，联动企
业、用户以及第三方组织合作构造数据保护与分享的多元共治体系。

（一）确立以场景化为基础的数据保护理路

美国学者海伦·尼森鲍姆（Helen Nissenbaum）提出的"场景化公正"
（contextual integrity）理论，强调将"场景性公正"作为判断隐私是否受到损
害的基准，其核心原则在于数据（信息）的收集和流通应当契合具体场景。❶
用户数据的收集和使用与场景高度相关，不同场景下用户数据的收集和使用的
方式和程度取决于该场景下的用户偏好或期望，即用户数据的收集和使用是否
合理（表现为得到用户的信任）取决于相应场景下数据行为的可接受性或者
说是否为用户的"合理预期"。❷ 具体而言，用户对其数据的同意授权并非简
单的"是与否"，而应当在具体场景中动态平衡数据收集、存储、分析、计
算、分享等行为中可能存在的风险，用户对企业披露的数据用途的理解，用户
年龄及对互联网技术的熟悉程度等诸多因素的复杂性和差异性，甚至在数据的
区域性收集和流动过程中，地理、文化等因素都会影响用户对数据处理行为的
可接受程度。数据企业需根据具体场景中对用户数据利用的合理程度来制定更
有效的数据保护规则，避免脱离具体场景下的所谓严格保护，甚至过度保护带
来的数据冻结乃至数据封锁。

面对侵害用户数据的行为呈现多类型、多环节、难以估量等特征，强化数
据保护已经成为当前 Web 3.0 场景下的时代任务和发展趋态。譬如，欧盟
《通用数据保护条例》在第 35 条"数据保护影响评估"中提出，当新技术的
处理可能为用户的权利与自由带来高风险时，数据控制者应当在数据处理前考
虑处理行为的性质、范围、场景和目的以及可能对数据主体权利和自由产生的
风险；第 6 条第 4 款（a）项和（b）项规定，当数据主体没有明确表示同意，
判断数据处理是否合法时，应当考虑"个人数据收集时的目的与计划进一步
处理的目的之间的所有关联性"，"个人数据收集时的场景，特别是数据主体
和数据控制者之间的关系"。由此可见，被誉为史上最严格数据保护规则的

---

❶ NISSENBAUM H. Privacy as Contextual Integrity［J］. Washington Law Review, 2004, 79（1）:
119 - 158.

❷ Rethinking Personal Data: Trust and Context in User - Centred Data Ecosystems［R］. Cologny - Ge-
neva: The World Economic Forum, 2014.

《通用数据保护条例》对数据保护采取了"以用户为中心"的私权模式,强调了"用户知情同意"在整个数据保护中的核心地位。虽然欧盟在《通用数据保护条例》中规定了结合具体场景评估数据控制者行为的合法性和适当性,但是并没有明确给出"场景公正"理论在评估与数据相关行为时的具体适用进路,缺乏独立于现行私权模式下以"用户知情同意"为基准的多元利益平衡的数据保护模式。

相比之下,美国对用户数据的保护更强调对具体场景的尊重。譬如,在奥巴马政府时期起草的《消费者隐私权利法案(草案)》(Administration Discussion Draft:Consumer Privacy Bill of Rights Act of 2015,以下简称《草案》)❶ 提出,消费者有期望企业收集、利用和披露个人信息的方式与用户提供信息时的场景相一致的权利。虽然赋予了消费者以选择权,但是该类选择权的行使应与所收集数据的数量、范围和敏感程度相匹配,在充分尊重用户在数据收集中的合理预期外,也对选择权的行使设定了相应的约束情形。譬如,在《草案》中也规定了当企业在相应场景中处理数据的行为合理时,可无须经过用户同意或满足其他要件而自动获得合法性授权,❷ 这一规定突破了现行以"用户知情同意"为基准的数据收集和处理方式,很大程度上缓解了现行授权模式的适用困难。再如,美国《2018加州消费者隐私法案》的诸多条款也体现了与《草案》相同的场景保护理念❸。综上可见,推行"场景化授权"与"用户知情同意"相结合的数据保护模式将在很大程度上平衡数据保护与数据分享之间的关系。

具体而言,企业应结合具体场景的现实需要,将数据使用行为限定在用户对其数据披露与分享的合理预期之内。在实践中随着数据使用场景的多元化,用户提供的数据已经过分析处理衍生出不同内容和形态。在这一过程中也可能出现数据使用行为会随着数据使用场景而变得多元化,发生用户在披露和分享自愿提交的数据时无法预见的变化。譬如,通过在线记录消费者行为获取的"观察数据",及通过分析"自愿数据"和"观察数据"得出的"推断数据",❹ 这类数据客观上已脱离用户的控制,成为企业能够实际开发利用的商

---

❶ The White House. Administration Discussion Draft:Consumer Privacy Bill of Rights Act of 2015 [EB/OL]. [2019 – 10 – 30]. https://obamawhitehouse. archives. gov/sites/default/files/omb/legislative/letters/cpbr – act – of – 2015 – discussion – draft. pdf.

❷ 范为. 大数据时代个人信息保护的路径重构 [J]. 环球法律评论, 2016 (5).

❸ California Consumer Privacy Act of 2018. 1798. 105 (d) (1).

❹ OHLHAUSEN M K, OKULIAR A P. Competition, Consumer Protection, and the Right [*Approach*] to Privacy [J]. Antitrust Law Journal, 2015, 80 (1):121 –156.

业资源，如果对这些商业数据的处理仍坚持一对一的用户同意授权方式，无疑将极大地限制数据的流通分享效率，也将为企业带来巨大的合规成本，对这一问题也必须予以高度重视和有效回应。譬如，在企业收集用户数据后的处理行为中，若对用户数据的使用未超出收集用户数据时的合理预期，则可免于用户的再次同意，以此减少企业的合规成本。如果企业将用户数据用于其他不属于合理预期的目的或使用行为且存在中等风险、中等敏感度时，应当以有效通知的方式向用户告知可能存在的风险，并提供用户方便操作的选择退出机制。特别是当企业处理数据的行为超出最初收集用户数据的合理预期，存在高风险和高敏感度时，企业应当为用户提供即时显著的强化通知机制。当用户在高风险和高敏感度的场景下选择披露数据时，企业应当主动帮助用户降低风险，譬如针对无须关联到特定个人的数据使用行为，企业应当主动采取数据分类脱敏或"去标识化"处理。据此可见，赋予用户在参与数据相关行为中自主决定的权益，评估数据在具体场景下的运行风险，实现用户在数据之上的个体权益与企业权益的平衡，能够有效降低企业使用数据的合规成本，促进数据安全保护与高效利用之间的协同与融合。

（二）从数据保护的强化到数据保护与分享的融合发展

伴随 Web 3.0 时代的到来，数据的价值被提升到人类社会发展进程中无以复加的高度，被誉为"新世纪发展的石油"，这意味着对于数据的态度，不仅是强调给予科学合理的保护，更重要的是安全高效地创新性利用数据，使数据在流动中增值。必须承认，数据保护不是数字经济发展的最终目的，实现数据价值的深度挖掘与数据技术的创新发展，以高效安全的数据利用效能促进数字经济高质量发展，实现企业、用户及第三方在参与数据相关行为过程中个体权益与整体利益的多元动态平衡。故此，亟须对私法逻辑下数据保护的绝对性和排他性理路予以矫正，从数据本身的瞬时性、复用性、准公共性出发，充分考虑数据运行的具体场景，推动从数据保护到与数据分享的融合的方向发展。

然而，现实的司法实践尚未意识到这一点，仍然将数据的定位及其保护方式的选择放置于私法理路的镜像下予以观察和处理。譬如，在"大众点评诉百度数据抓取案"❶ 中，二审法院认为百度抓取来自大众点评用户的评论信息的行为损害了汉涛公司的利益，违反公认的商业道德，构成不正当竞争。再如，在"新浪诉脉脉案"❷ 中，二审法院认为新浪的用户信息是新浪的经营性

---

❶　大众点评诉百度不正当竞争案，上海知识产权法院（2016）沪 73 民终 242 号判决。

❷　新浪微博起诉脉脉抓取使用微博用户信息案，北京知识产权法院（2016）京 73 民终 588 号判决。

资源，属于新浪的重要竞争利益，脉脉未取得用户许可和新浪微博平台的授权违法抓取数据，侵犯其他平台的合法商业利益，违反诚信原则和公认的商业道德，属于不正当竞争行为。与我国司法裁判的思路和结果不同，美国法院在具有相似案情的 HiQ 案中作出了截然相反的裁定，支持 HiQ 向法院申请的临时禁令，判决 LinkedIn 不得采取法律或技术措施限制第三方爬取其网站上的公开数据。在判决中明确提出，HiQ 获取的是用户在 LinkedIn 平台上公开给所有人可见的数据，可视为用户已经同意了他人对此类数据的收集和使用。[1] 虽然中美两国司法系统和法律体系不尽相同，但是从全球数字数据发展的共性以及两国作为数字经济大国的现实出发，引起了我国学界对数据保护与分享理路的再思考。事实上，在数字经济向纵深发展的当下，数据保护的目的主要是对数据滥用、数据侵权、数据不当竞争等行为的防治与救济，而非妨碍或迟滞数据的合理分享和高效流动，片面和过度强调数据的人格属性或财产属性，将导致用户、企业以及第三方很难在数据运行中获得共赢。

故此，要真正实现数据对经济增长与技术创新的驱动作用，亟须合理规范数据主体的"与数据相关行为"的界限，厘清用户数据在多大程度上能够为企业所用以及企业如何合理使用，在规范企业"与数据相关行为"的同时，提高数据流通效率和创新能力。结合场景化的数据保护理路，建议评估"与数据相关行为"各个环节的数据使用风险及相应场景下的用户合理预期，明确数据主体的使用行为应当被控制在收集用户数据时的可接受程度范围内，并为用户提供选择机制，以更好地防御与数据相关行为运行的各类潜在风险。在此基础上，激励企业尽快建立适合自身的数据合规体系，完善数据合规业务流程，在科学合理、安全高效地采取数据保护措施之时，激励和支持企业有效有序开展数据流通与分享，提升数据挖掘和数据创新的效能，以实现数据保护与数据分享在具体场景下的动态平衡。

（三）搭建用户数据保护与分享的多元共治体系

如前所述，当人类社会步入互联网 Web 3.0 时代，数据作为最重要的生产生活要素，其价值和功能的彰显和实现不仅限于私人领域，而是越来越凸显于国家总体安全利益、社会公共利益以及行业整体创新利益实现等领域。故此，应尽快突破单一私法理路保护的局限，引入数据动态场景化保护原则，科学搭建数据保护与数据分享的动态多元平衡的共建共享共治体系。

为此，尽快树立"共建共享共治"的数据保护理念，搭建多元数据主体

---

[1] HiQ Labs, Inc. v. LinkedIn Corp. , 273 F. Supp. 3d 1099 （N. D. Cal. 2017）.

利益动态平衡架构。在我国政府作为最重要的治理主体和改革力量，强政府的治理结构和治理模式在成就四十余年改革开放巨大成绩的同时，也暗埋了对政府权力及行为过于依赖的思维惯性和行为短板，致使现阶段对数据保护与分享治理仍有赖于政府的主导。当然，这种现象并非不可取，也并非不可行，恰恰相反，在海量多样化数据呈现井喷式增长和数据功能不断创新的当下，在缺乏政府作为核心设置和中台架构来统筹和协同数据保护与分享任务的情形下，是难以想象也是难以达成安全高效、可信可行的数据保护与分享治理架构的。故此，应在积极肯定政府在数据保护与分享治理中主导性作用的同时坚持包容审慎监管，鼓励和支持政府主导下的各类数据主体共同合作搭建的数据保护机制。譬如，在企业层面，建立问责机制与"透明度"自查机制，促使企业能够在风险发生早期识别和化解问题，有效地保护数据主体利益；在用户维度，加强用户对自身数据披露的风险防范能力，鼓励用户学习必要的互联网知识和网络安全技能；在第三方参与时，倡导建立第三方数据保护影响评估和监督机构，尽快形成多方联动、协同联动、有序运行的数据保护与分享共治架构。

此外，鉴于我国尚缺乏统一的数据治理基本法，仅依靠现行一般民事立法、互联网行业规范以及用户、企业或（和）第三方与彼此间签订的合作协议等尚无法从根本上有效地解决复杂多变的数据保护与分享治理难题。故有待在充分调研和反复论证的基础上，科学制定符合我国数据多元共治架构的高位阶的法律，以科学立法为先导，推动和落实数据保护与分享的共建共享共治架构与机制。

四、结　语

互联网技术的革新和移动智能终端设备的发展与普及标志着 Web 3.0 时代的到来，互联网从 Web 1.0 下单向静态的只读网页转向 Web 2.0 下用户深度参与、信息双向分享的社群服务，到如今 Web 3.0 时代下形塑为数字数据技术全面应用、海量数据聚合与个性化、精准化数据信息匹配的数字生态系统，为人类经济社会发展带来了颠覆性变革。这些颠覆性的变革引发了数据定位及保护方式的变化，呈现为数据从单向静态转向动态互联共通，数据在产业运行中的定位由消费结果转向兼具消费和生产要素双重属性的融合体，这直接推动了数据保护方式从私权保护模式向数据保护与分享的动态平衡的场景化多元共治模式的转变。具体而言，基于互联网场景的多元瞬时变换，以及数据的复用性、动态性、准公共性等特征，亟须突破现行私法逻辑下的数据保护的局限性，考虑和尊重具体场景中用户的合理预期，在赋予用户选择权益的基础上促进用户数据的安全流动与合理开发，构造"场景化授权"与"用户选择"相结合的数据保护模式。在这一过程中，强调将数据保护的重点从数据收集环节向数据使用环节扩展，关注数据价值的深度挖掘和数据技术的创新适用，实现数据保护与分享的融合发展。为此，建议尽快制定并出台高位阶的数据治理法律规范，统筹和协同由政府主导的多元数据主体共同参与的涵盖私法、公法及社会法等多法域规则在内的数据治理基本法，切实有效推动数据保护与分享治理行为公平高效地展开。

竞争法治下平台数据共享的法理与实践

一、问题提出

我国作为互联网数字经济大国，数据活动十分活跃，由此生产和挖掘的数据资源也相当丰富，各类数据相关行为所引发的各类法律问题日益凸显，其中对数据权属的认定与分享，并由此导致的各类数据的流通与开放，深度挖掘与复次使用等属于数据共享范畴的数据治理问题已成为当下亟待回应的实践难题。数据共享作为数据治理的一个核心范畴，是指数据主体，包括数据原始提供者、数据实际控制者及开发创新者对其依法产出或赋值的数据，控制其流转程度和使用方式的一种数据获取形态和行动方式。2019 年 8 月，国务院办公厅印发了《关于促进平台经济规范健康发展的指导意见》（以下简称《指导意见》），在《指导意见》中强调要"加强政府部门与平台数据共享"，并从具体内容上为建立"激励与保护"同步同频的数据共享系统奠定权威的政策基础。同年 10 月在党的十九届四中全会上，以习近平总书记为核心的党中央明确指出了下一阶段党和国家在各项事业建设和完善的工作重点，即围绕建立和完善国家治理体系和治理能力的现代化，充分释放和强化中国制度的优势和力量而展开，其中强调将"加强数据有序共享"作为"坚持和完善中国特色社会主义行政体制，构建职责明确、依法行政的政府治理体系"的重要内容和关键抓手。事实上，早在同年 6 月国家邮政局、商务部就联合颁行了《关于规范快递与电子商务数据互联共享的指导意见》，强调经营快递业务的企业不得通过限制数据互联共享，阻碍电子商务经营者获取为消费者提供服务所必需的快件数据，并在确保用户信息安全的前提下，鼓励电子商务经营者与经营快递业务的企业之间依据相关标准开展数据互联共享。可以说，2019 年是我国针对互联网经济向纵深发展，特别是平台经济高速发展场景下，鼓励、引导、明确要求数据共享及制度奠基的元年，其时代意义与现实价值尤为值得关注。

当然在推动数据共享的同时，值得警惕的是在共享中潜藏的巨大反竞争风险。虽然有学者认为数据具有"非竞争性",数据采集的普遍性、解析的便利且数据应用价值短暂使得数据市场进入壁垒低,新进入者不必拥有与在市场具有支配力量的企业相等和相似数量或类型的数据才能进入并展开有效竞争,❶但是基于用户基数差距引发的数据资源掌握差异导致对用户实时更新数据的掌握程度大有不同,使得数据巨头所掌握的数据每一单位时间都在更新,支撑其数据挖掘和计算能力上的优势不断增强,在相关市场、关联市场乃至不相关市场上的既有和(或)潜在竞争力得到持续强化,直至有效形成和不断巩固其在多边市场构造上的平台型支配地位,带来封闭的反竞争、反创新危害。

虽然,国家从宏观层面已开始重视数据共享对经济高质量发展的战略意义和实践价值,着手施以政策搭建数据共享制度框架,但是不可否认,数字经济的复杂性与理论研究的惯性使得系统的数据共享架构的建立仍有困难。目前对数据共享的有关研究仍主要依循私法逻辑,对数据现象所作的理论研究呈现个体化和碎片化特征。虽已有学者从公益优先原则、比例原则等入手寻找平衡数据共享与保护冲突的方法❷——广义上的数据共享还应该包括政府数据共享,但尚缺乏对数据共享下潜藏的反竞争风险的关切——数据作为互联网经济高质量发展的关键设施和核心要素,其意义愈发显著,亟待从竞争法治维度探讨。囿于篇幅,在此仅以平台经营者的数据共享为例展开讨论。

二、从开放平台协议看平台数据共享的基本规则与运行风险

当前各大平台企业,尤其是主要的超级平台背靠千万亿级流量,对数据的收集、存储、分析、计算、挖掘及创新能力不断强化,本应成为实现数据流通共享和数据叠加增量的主力军。然而,在现实中平台企业出于对数据作为核心竞争力的考虑使得其数据共享的意愿较低,即便是共享,其数据的质量也不高。由此,在互联网企业间引发了大量的对数据收集和使用的不正当竞争,以及平台企业,特别是超级平台企业滥用市场支配地位排除、限制竞争,损害消费者公平交易与自由选择权益以及抑制初生企业开发创新等反竞争风险。为此,聚焦当前我国互联网领域具有代表性的平台经营者,通过对

❶ TUCKER D S, WELLFORD H B. Big Mistakes Regarding Big Data [J]. 14 – DEC Antitrust Source 2014 (1): 1 – 12.

❷ 王岩,叶明. 人工智能时代个人数据共享与隐私保护之间的冲突与平衡 [J]. 理论学刊,2019 (1).

其开放服务协议中数据共享条款的比较,廓清数据共享现状及潜在的反竞争风险。

(一) 开放平台服务协议中数据共享规则

当前我国尚未针对数据共享出台专门的法律法规,多以采取原则性条款、文件精神的方式来鼓励相关主体自愿增强数据共享的力度与强度。鉴于此,对数据共享规则的规范性考察更多地参考了各大平台自行拟定的开放平台服务协议的条款。该类服务协议虽然内容不尽相同,但是作为各大平台与用户、第三方开发者约定开放与共享数据过程中相关权利义务的基本文本构成了观察平台数据共享规则的主要镜像。为此,选取了淘宝、微信、微博、支付宝、百度一下共五类时下主流的电商、社交、支付、搜索引擎等的服务协议作为样本,以展现平台数据共享的基本样态。

从表 1 可知,首先,数据共享的条款设置在各大平台的开放服务协议中均有规定,通常依据平台所提供服务的功能和实现场景设定相关数据共享的内容与范畴。根据所提供服务的不同,数据共享条款会作出相应调整。譬如,支付宝隐私权政策中基于电子支付的特殊性,为保障资金流通的安全与可靠,平台与用户、用户与第三方开发者以及用户之间就敏感信息也可实行共享。

表 1　主要平台服务协议数据共享条款内容

所属领域	主体		数据分类情况	数据共享范围
电商	阿里	淘宝网	个人信息、个人敏感信息、非个人信息	1. 法定情形下的共享; 2. 获取用户明确同意情况下的共享; 3. 用户主动选择情况下的共享; 4. 与关联公司间共享; 5. 与授权合作伙伴共享(包括广告、分析服务类、供应商、服务提供商)
		支付宝	身份要素、个人敏感信息	1. 业务共享(包括关联公司、合作金融机构以及其他合作伙伴); 2. 其他用户查询; 3. 第三方登录; 4. 投诉处理(包括消费者权益保护部门及监管机关)

续表

所属领域	主体		数据分类情况	数据共享范围
社交	腾讯	微信	个人信息、个人敏感信息	1. 腾讯集团内； 2. 相关法律法规及国标规定的共享情形
社交	新浪	微博	微博内容、个人信息、个人敏感信息	1. 关联产品及服务，为宣传推广许可为第三方使用； 2. 通过微博登录第三方应用； 3. 特定情形下的共享（包括司法机关或行政机关基于法定情形，用户与第三人有关约定，为保障微博、微博用户及社会公共权益免受损害等）
搜索引擎	百度	百度一下	个人信息、个人敏感信息	1. 获得用户明确同意情况下的共享； 2. 授权合作伙伴（包括服务平台或服务提供商、软硬件、系统服务提供商、广告、咨询服务商）； 3. 关联公司； 4. 基于法律法规等要求的共享

其次，数据共享的内容和范畴侧重于个人用户的数据和信息。在开放服务协议中的数据共享条款严格意义上是在规范与约束"个人数据共享"，对非个人数据的共享并没有予以明确，仅可从平台对非个人数据的定性上看出一二。譬如，淘宝的隐私权政策和新浪微博的个人信息保护政策均有类似规定，即对无法重新识别且无法复原的非个人数据，平台有权以其他目的对其进行使用，包括用于统计分析和预测、机器学习、模拟算法训练等。概言之，平台就该部分数据的共享拥有绝对的控制权。

最后，数据共享主要发生在平台企业的关联企业、合作伙伴等与其有密切经济联系的主体间。部分平台认可了用户自决的数据共享行为，以及特殊情形下基于社会公共利益、司法执法需要的数据共享，但对平台间、平台与其他无合作关系的主体间的数据共享并无规定。

综上，当前我国平台数据共享主要呈现以下特征：第一，平台数据共享与用户个人数据保护紧密相连，平台在拟定数据共享规则时须考虑用户个人数据保护的合规成本与风险控制成本。第二，平台数据共享规则的设置由平台主导，数据共享水平各异，用户和第三方开发者无磋商空间，呈现"Opt – Out"模式。第三，平台数据共享的对象集中在关联公司与合作伙伴，平台推动数据共享的范围窄，能动性不足。

（二）平台数据共享能动性不足的原因

"大数据的一切具体应用的不二法门是开放与共享"❶ 深刻地道出了数据共享的价值与意义。然而，在现实中各大平台，特别是超级平台对数据共享意愿尚不如人意，究其原因主要有以下三方面。

1. 数据共享与数据保护的两难

数据共享与数据保护的关系就如同"莫比乌斯环"一般，时刻体现着矛盾观中的对立统一。普遍认为数据尤其是经过分析和计算后形成的大数据具有巨大的商业价值，但是提供或生产数据之主体未必有能力分析数据，有能力分析数据的主体也未必有能力将分析结果用在产品或服务的开发创新上。故此，应鼓励和支持相同数据通过在不同主体间流通共享而发挥不同的效用，实现价值增值。然而，在现实中数据的流通共享天然地与数据保护存在形式上的冲突。数据保护在形式上意味着将数据"封闭"在一个特定的场域内，通过设置措施妨碍或阻止需求方获取，以降低因流动带来的风险；而数据共享恰好相反，共享意味着数据将以更加开放和多元的方式让需要的主体合规地获取和使用，增强流动以提升数据增值效率。现实中，出现了越是拥有海量数据和优质数据处理能力的平台，越不愿意主动数据共享的情形，除维持自身竞争优势外，也顾及对用户数据保护的需要——这也构成了平台获得用户信任以增强其市场竞争力的核心构成。但同时，数据经济下平台企业也充分认识到实现数据共享有利于实现数据的深度挖掘和数据价值的创新。故，平台特别是超级平台一方面以数据保护和安全为由迟滞数据共享，另一方面又以数据挖掘和创新以更好地实现数据价值的增值为目的，希望实现数据无限归集与数据有限（附条件）分享（共享）间的平衡。

2. 数据共享风险的时刻存在

数据共享作为数据利用和深度开发的重要方式，在实行时存在使用不当或被滥用的风险，其中某些风险甚至是现有科技本身存在的局限。坦言之，只要存在数据共享，引发风险及风险被传播的可能就存在，较为常见的风险诸如限制公民自决选择和个人隐私信息泄露等。对平台而言，尽管其在服务协议中声明会以不低于自身数据保护水平的标准去评估第三方数据保护水平，但同时声明经由共享协议流通出去的数据受第三方控制，不对其数据保护不力承担责

---

❶ BORGESIUS F Z, GRAY J, EECHOUD M V. Open Data, Privacy, and Fair Information Principles: Towards a Balancing Framework [J]. Berkeley Technology Law Journal, 2015 (30): 2075 – 2076.

任。然而，此类声明并不能免除平台对用户所负担的保护义务，司法实践也未降低对平台在进行数据共享时所应对用户，特别是作为用户的消费者负有的数据安全保护义务，相反提出了更高要求。进而言之，平台在拥有同行业经营者无法比拟的数据体量的同时，也承担着更高水平的安全保障义务，在共享不能给平台带来相当收益时，作为权利人的平台是不会主动开放或共享数据的，毕竟存在巨大的权利实施成本。故此，倘若平台认为自身在数据共享中无法平衡其带来的合规成本并获得与之对应的收益，那么其数据共享的动力不足也就成了必然。

3. 维护和强化竞争优势的需要

无论是为了提供更优质的隐私服务还是衡量数据共享带来的现实收益，平台数据共享能动性不足的根因还是为了维护自身竞争优势。不论是具备可识别性的个人数据还是经由数据计算行为处理，实现匿名化、假名化的数据，其所蕴含的商业价值均是平台企业，特别是超级平台企业展开跨界竞争、多边竞争及未来竞争的核心竞争要素。各平台均不同程度地在服务协议中以条款形式确立自己对这两类数据的优先权益。譬如，微信及新浪微博作为主打社交功能的两大应用类软件及服务平台，在两者的《开发者服务协议》中均将"用户数据"及"开放平台运营数据"定义为"商业秘密"。在此暂且不论将数据定义为"商业秘密"是否符合《反不正当竞争法》对商业秘密的界定，但是由此可以看出，平台对数据的态度，即为了维护竞争优势，通过单方意思表示在数据上设置排他性权利，对除了其认可的关联公司、合作伙伴及其他特殊情形外，在数据共享上设置合规障碍，实行有条件的数据共享，维护和强化其竞争优势的目的十分明显。

（三）平台数据共享进程中潜在的反竞争风险

Open API 即开放 API，是平台企业常见的一种应用，平台运营商和提供商将自己的平台服务封装成一系列 API 开放出去，供第三方开发者使用，提供开放 API 的平台实际上就是在从事一种数据共享活动。自 2007 年 Facebook 推出开放平台应用接口获得成功后，各大互联网巨头纷纷推出开放平台服务，以充分释放和挖掘自己拥有的数据资源价值。新浪微博于 2010 年率先开放了自身平台，腾讯于同年开始筹备，次年正式上线。腾讯的开放业务发展至今，开放程度持续向纵深发展，除了传统的 Open API，还发展出移动 SDK、组件、小程序等各类开放程序，依靠其在社交领域所积累的数亿用户量取得了相当惊人的效益。正如，腾讯在其开放平台官网上所言"接入微信登录，可实现微信

账号快速登录，打通账号体系，一键链接亿万微信用户"，第三方开发者通过
共享平台的数据资源，省去初创期漫长的用户流量积攒过程，直接获取"亿
万微信用户"，这无疑成为刺激其创新积极性的动能。然而，比对腾讯微信与
新浪微博的《开发者服务协议》可以发现，互利互惠的开放共享之下也潜藏
着不容忽视的反竞争风险。

目前就开放平台与第三方开发者的权利义务设定并无相关法律法规或其他
规范性文件予以调整，均由平台经营者自行拟定的《开发者服务协议》来约
定。故此，《开发者服务协议》自诞生始便具有浓厚的"甲方色彩"。对第三
方开发者言，就该格式文本并无太大的议价空间，为了接入平台获取数据资源
必须接受一些"严苛"的条款。在实践中围绕《开发者服务协议》易出现平
台与第三方开发者间的权利义务失衡，诱发各类限制或妨碍竞争的风险。以微
博和微信平台的《开发者服务协议》为例，作以下类型化解析（参见表2）。

表2 微博、微信开放平台《开发者服务协议》部分条款

微博开放平台	条款内容	微信开放平台
用户数据：用户通过微博平台提交的或因用户访问微博平台而生成的数据	数据定义	用户数据：用户在开放平台、应用等中产生的与用户相关的数据，包括但不限于用户提交的语音数据、图像数据、用户操作行为形成的数据等
平台运营数据：指在用户通过微博平台使用平台服务、授权网站、开发者应用期间，用户所提交的或在微博平台生成的或在授权网站和开发者应用生成的任何数据或信息，包括但不限于用户登录数据、游戏操作数据以及虚拟物品交易数据等数据		开放平台运营数据：指用户、开发者在使用开放平台服务中产生的相关数据，包括但不限于用户或开发者提交的数据、操作行为形成的数据及各类交易数据等
商业秘密	数据属性	商业秘密
微博开放平台运营数据的全部权利，均归属微梦公司。微梦公司拥有通过使用合作服务所带来的所有用户数据的所有权。微梦公司有权知悉开发者应用及其应用用户的注册数据、交易数据及其他运营数据	数据权属	微信开放平台运营数据、用户数据等数据的全部权利，均归属腾讯，且是腾讯的商业秘密，依法属于用户享有的相关权利除外。未经腾讯事先书面同意，不得为本协议约定之外的目的使用前述数据，亦不得以任何形式将前述数据提供给他人

续表

微博开放平台	条款内容	微信开放平台
未经微梦公司事先书面同意，开发者不得为本协议约定目的外使用该运营数据。开发者对外向合作伙伴提供应用运营数据，必须经微梦公司的书面同意，并使用微梦公司允许其使用的数据	数据利用	未经腾讯允许，不得利用本服务所获得的数据（包括但不限于微信用户关系链等）实施或变相实施任何形式的推广、营销、广告行为
微梦公司有权为任何目的分析使用开发者的应用或服务，包括但不限于应用程序代码、应用内容、应用中的数据等	数据审查	为保护你及用户的数据安全，防止用户信息泄露、毁损、篡改或者丢失，腾讯有权对你接入的信息系统实行接入审查，包括但不限于技术水平审查、安全水平审查、主体资质审查等，并根据审查结果向你提出防入侵、防病毒等措施建议
微梦公司有权开发使用与开发者应用或服务功能相似或相竞争的应用或服务	同业竞争	腾讯有权开发、运营与你应用相似或相竞争的应用

1. 不正当竞争风险

以目前平台数据共享引发的两起关注度高的反不正当竞争案件——"新浪诉脉脉案"及新近的"腾讯诉抖音、多闪案"为例，两案都是第三方经由 Open API 实现数据获取后，就该部分数据使用是否得当而引发的不正当竞争纠纷案。由上表 2 可见，开放平台大多依单方意思强势地宣示对用户数据的主导权，通常以"消费者未予授权第三方使用数据""消费者的隐私权受到极大威胁"等为由，促使案件的审理最终落脚到"用户授权 + 平台授权 + 用户授权"的三重授权原则的落实问题上。遵循如此逻辑，经由法院判决认可了开放平台对包括用户数据在内的在平台场景下产生的各类数据的实际控制权归于平台，虽然没有相关法律法规或其他规范性文件的明确确认，但是通过司法裁判的形式肯定和赋予了平台对数据的控制权。在前述两案中，被告的确存在不当使用用户数据的行为，然而主审法院基于《开发者服务协议》所设立的数据共享制度架构使得第三方承担了事实上或潜在的不正当竞争风险，诚如淘友公司在"新浪诉脉脉案"中坦言自身所处的"被动"局面，致使"微梦公司可以随时修改新浪微博后台的接口限制要求，且一旦调整，其无法证明双方存在相关合作级别和权限"。换言之，第三方开发者面对平台处于相对弱势地位，其对平台数据的利用行为可能被判定为是在攫取开放平台竞争优势和侵害用户数据安全的不正当竞争行为。

2. 滥用市场支配地位风险

开放平台以保护用户数据安全和优化用户隐私服务及其他社会公共利益等正当理由为据,通常单方设置数据共享规则,控制数据共享范畴。事实上,平台特别是超级平台这类具有强大数据优势的经营者有在拥有市场支配地位后滥用市场支配地位行为的风险。譬如,超级社交平台 Facebook 于 2019 年 2 月 6 日被德国联邦卡特尔局裁定在收集、合并和使用用户数据时滥用市场支配地位。❶ 作为最早实施开放平台服务的 Facebook 为了区别当时的市场领导者"我的空间"(Myspace),公开承诺保护隐私,甚至向用户承诺"我们不会也不会使用 cookies 收集任何用户的私人信息"。然而随着 Facebook 的竞争对手逐步消失——Facebook 在 2012 年收购了照片墙(Instagram),2014 年 Google 宣布将关闭其社交网络 Orkut——Facebook 撤销了用户对其隐私政策变化的投票权,几乎在与 Google 退出社交媒体市场的同时,其改变了与用户的隐私协议。Facebook 从"保护隐私"到"侵犯隐私"的转变揭示出开放平台经营者凭借所积累的数据优势滥用市场支配力,导致隐私保护服务水平降级之危害并非危言耸听。

当前,关于平台可能侵犯消费者隐私的讨论集中在民事法上,有学者认为"竞争法介入论"将对用户数据(信息)的利用行为生搬硬套滥用市场支配地位理论,只能毁损竞争法的本质,隐私侵害问题应当由个人信息保护法或者民事侵权行为法来调整。国内也有学者提出在民法典编纂中应妥当平衡数据流通与个人信息、数据权利之间的关系。然而,面对平台的强势地位,民法给予的救济无疑是不充分、不全面的,❷"朱烨诉百度案"就是一个很好的例证。在该案中,法院认为"虽然原告感觉活动轨迹和偏好被利用,但在个性化推荐中并未与个人身份信息联系起来",驳回了原告朱烨的诉讼请求。从我国侵权责任法的角度看,一是该损害是纯主观上的,正如其诉讼请求中说"精神高度紧张",不符合我国侵权责任法上请求精神损害赔偿的要求;二是不符合现行民法损害隐私权的要件,诚如法官所说,这种个性化推荐并没有与个人身份信息联系起来。可见,面对诸如隐私服务水平降级、不当或过度使用用户数据等问题,民事法并不能够提供有效的调整手段和救济方式,此刻竞争法介入就显得十分必要。

---

❶ STAUBER P. Facebook's Abuse Investigation in Germany and Some Thoughts on Cooperation Between Antitrust and Data Protection Authorities [J]. Competition Policy International Antitrust Chronicle, 2019: 2 – 9.

❷ 梅夏英. 在分享与控制之间数据保护的私法局限和公共秩序构建 [J]. 中外法学, 2019 (4).

3. 抑制创新风险

第三方开发者寻求与平台的合作可以最大程度地缩减自身应用积累用户数据的成本和时间，将所开发的应用及服务迅速打入平台已有的用户群中，然而基于平台经营者的优势地位，潜在的风险仍不可小觑。由上表2可见，在平台所定义的"平台运营数据"这一概念中包含了第三方开发者在使用开放平台服务时产生的相关数据，声明对这一部分数据拥有权利。基于数据审查条款，开放平台可以为任何目的分析和监测开发者的应用及服务，很大程度上易形成数据共享上的"侵夺"，一旦第三方开发者所开发的服务在用户中获得响应，平台基于这种侵夺进行"抄袭式开发"便轻而易举。而对于第三方开发者，假如未能充分发挥网络效应，及时把从平台吸引来的用户数据转化为自身的竞争优势，那么接受平台的收购或许是避免"抄袭式开发"的优选。此种基于双方数据优势差异和数据共享不对等所引发"抄袭式开发"甚或收购，极易导致同质化服务的泛滥。在"去中心化"和"弱组织化"的互联网市场上反向形成"聚中心化"和"强组织化"的现象，以第三方开发者为代表的中小企业面对强势的平台竞争乏力，极易导致市场竞争固化，也可能产生抑制创新的风险。

三、搭建数据共享系统的基本构想

数据共享作为促进数据价值增值的重要环节，是数字经济高质量发展的基础和保障。当前我国平台数据共享呈现出能动性不足和反竞争风险大的两大特征，制约了数字经济更好更快更稳定发展。尽管《指导意见》中未就平台间、平台与第三方开发者的数据共享监管予以明确规定，但是就政府与平台经营者间的数据共享体系已拟制出基本框架。故以《指导意见》为参照，积极发挥竞争法治对数据共享规则和模式建设的意义，厘清数据共享与保护二元价值动态平衡的关系，明确政府、平台及第三方在"共建共治共享"理念和进路下对数据共享规则体系建设的重要价值与基础作用是摆在当前亟待回应的时代课题。

（一）数据共享与数据保护的二元价值动态平衡

数据共享与保护的关系在某种程度上映射为"开放竞争"与"隐私保护"的关系。数据共享的核心在于让数据高效安全地流通起来，通过流通使数据价值得到充分挖掘，提升使用效率，创新使用形式。数据保护的核心在于保障用户数据隐私或（和）商业秘密——这里的用户不仅是作为普通用户的个体消费者，还包括作为商户用户的个体或其他经营者——维护生活安宁和事业安全。在现实中隐私保护和开放竞争并非全然对立的关系，隐私也并非数据共享的对立面，而是对数据共享的控制和边界的设置。换言之，数据保护是共享的前提和基石，没有高质量的数据保护，数据处于极度不安全不稳定状态，用户时刻面临隐私遭泄露及随之而来的各种风险，用户数据共享意愿势必降低，数据供给水平下降。数据共享是保护的价值升华，高质量的数据共享——其前提一定是稳定和安全的——使得受保护的数据高效稳定流转至各主体。故，"激励与保护"同步同频是数据共享与保护二元价值动态平衡的不二法门，以数据保护鼓励、激励和激活高质量的数据共享，以数据共享激励高水平的数据保护，就如同"发展与安全"的关系，最终实现高质量发展与高水平安全的完美融合。

（二）发挥政府在数据共享法治系统建设中的基础主导作用

在我国，科学合理的数据共享系统的建设及长效稳定的运行都离不开政府的主导和支持。面对平台数据共享中出现的数据保护困境与反竞争风险，仅依靠平台与第三方开发者、用户订立的《开发者服务协议》或《隐私保护政策》等自治规范尚无法从根本上破解开放平台基于自身优势甚至是滥用市场支配地位设置的不科学、不平衡、不合理的数据共享藩篱，须引入政府力量——此场景下的政府更多是作为第三方角色发挥作用——从国家整体安全、经济高质量发展及社会公共利益和谐平衡的多维角度引导数据共享法治系统的设计与运行。

党的十九大报告明确提出的打造"共建共享共治"的社会治理格局是新时代加强和创新社会治理的总体要求，其在实质上契合了数字经济深度发展给经济社会带来的治理挑战——数字经济发展本质上就是多元主体在多元平台上经由多元路径实现的多元价值追求的扁平化和去中心化的生产消费过程。从我国现实出发，在构建"共建共享共治"的数据共享法治系统的过程中，并非均衡用力不分主次，而要从经济社会治理的基础和重点入手，充分发挥政府在现阶段数据共享法治系统建设中的基础性和主导性作用，具体包括以下方面。

一是在坚持包容审慎的前提下，依法对平台经营者的数据保护与数据共享行为实行科学合法的高质量治理。对政府而言，从管理到治理的转变，蕴含的是多元主体的互动、协商与合作，而不再仅仅依靠过去自上而下单方面的控制与命令。目前发生的平台数据共享问题复杂多变，一方面与数据保护时有冲突，另一方面与整个数字经济新业态发展趋势密不可分。在秉承包容审慎监管态度给予"新业态、新模式"以充分发展空间的同时，也应充分把握开放平台在数据共享领域相对于第三方开发者与用户的相对优势地位或市场支配地位，依法查处其滥用市场支配地位或其他不正当竞争行为，维护数据市场上的自由公平竞争秩序。二是要警惕政府基于行政垄断导致的数据封锁或拒绝共享行为。政府基于公共管理和服务的职责，在一定程度上有能力控制和支配包括个人和企业在内的数据主体的大部分数据，有可能出现不当使用甚或滥用行政权力妨碍数据流动、开放、共享、创新的乱象。为更好发挥政府在数据共享法治建设中的作用，充分建设并发挥好政府在数据共享法治建设中的"两张清单"的作用，包括一张是在各级政府部门的权力清单中明确其对市场各平台经营者是否具有数据管理权限，能否要求平台企业进行数据共享的授权清单；另一张是规定和完善政府数据开放清单，明确数据开放类型、开放程序、职责要求及公众监督方式的责任清单。

（三）激励平台经营者与第三方开发者及用户在数据共享中的"共建共治共享共赢"

数据共享法治系统的建设和运行除需要具备科学性、合法性及合理性外，还应具有可发展性与可期待性，故此，该法治系统的设计必须激活平台经营者、第三方开发者及广大用户在数据共享范畴内的主动性和主体性，激励三者在数据共享法治系统上树立"共建共治共享共赢"的信念并付诸行动。同时，平台经营者和第三方开发者在数据共享系统中居于核心地位，要真正实现数据共享的高效与安全就必须打消数据共享各参与者的不安，直面平台经营者和第三方数据共享能动性不足的问题，建立数据共享各参与者之间真诚的合作机制，促进数据共享的"共建共治共享共赢"模式的尽快建成。首先，平台经营者要正确认识数据保护与数据共享之间对立统一的关系，数据保护与数据共享是相辅相成、相互促进的关系，这一点在前文中已有论及。其次，从数据保护的角度，要切实提升对用户数据的保护水平，改变合规与业务流程设计相分离的旧模式，在业务设计环节应体现"设计即隐私"的理念；从数据共享的角度，第一，充分贯彻"差别且平等"的共享原则，革新实施数据共享是有损企业权益的不正确、不全面的观念。第二，提升对《反垄断法》《反不正当竞争法》等竞争基本法制的认识水平和实操能力，避免利用自身数据优势和借由对用户数据保护的责任为数据共享设置障碍，充分认识到公平自由的竞争环境对平台数据共享与数据创新的价值。第三，尽快明确包括数据共享清单在内的数据分类体系，依据不同数据分类在行业内探索建立有偿的数据共享机制，开展创新任务众包，共享数据资源，落实数据共享各环节参与方的数据保护责任和数据利益分享，真正建成数据共享的"共建共治共享共赢"系统。

四、结　语

数据共享和数据保护共同支撑起促进数字经济以"创新、竞争、安全、法治"为核心内涵的高质量发展的重任。如何实现各参与主体的核心利益的维护及其他项利益碰撞的动态平衡，构成了数字经济下数据共享建设的核心与重心。透过对当前主要的数据共享模式的分析，从开放平台经营者所拟定的服务协议中看到了"开放"下暗藏的共享障碍，第三方开发者及用户面对拥有庞大数据资源的开放平台所处的相对劣势地位，使得后者分别面临"抄袭式开发"与"隐私保护降级"的风险。时下全球各大数字巨头纷纷面临竞争执法机构的反垄断（反竞争）调查，错综复杂的执法与司法现状更加凸显了竞争法治下数据共享研究之前沿性与复杂性。以数据保护为基石，以数据共享为脉动，关注全周期下数据的流转，厘清数据共享与保护二元价值的动态平衡。数据保护并非共享的对立面，数据保护是共享的基础，高质量的数据共享激励高水平的数据保护，"共享与保护"的关系如同"发展与安全"的关系。在此基础上探索构建数据共享系统的行动脉络。从基本理念确立、政府主导建设及多方共同参与的多维度合力建设数据共享的"共建共治共享共赢"系统，确立数据共享与保护的动态平衡架构，发挥政府在数据共享建设与运行中的基础主导地位，在包容审慎的前提下加强竞争执法，还需防范滥用行政权力阻碍数据共享的风险，促进和实现多元主体利益的均衡增进。

（原文《竞争法治下平台数据共享的法理与实践——以开放平台协议及运行为考察对象》刊于《江海学刊》2020年1期，收入本书时有改动）

释放"数据红利"　互联网经济再出发

当前，互联网经济已成为经济增长的新动能，新业态、新模式层出不穷。然而，其在增进和优化经济社会发展动力的同时，其流量红利亦枯竭干涸。为此，有必要面对互联网经济发展所带来的巨大利益，构建起有助于平衡行业整体创新利益与行业个体经营者利益，以及能够分享行业整体发展于广大普通用户利益实现的利益分配机制，这种分配机制在互联网经济发展所经历的从"流量红利"到"数据红利"的演化升级中需要不断予以更新和创新。

互联网经济新的利益分配机制的构建需要建立健全数据作为重要生产要素按贡献参与分配的制度。实践中伴随物联网、万维网、以太网等互联网信息通信技术和网络基础设施的不断升级和创新应用，数据资源、数据技术以及数据规则已成为互联网经济高质量发展的基础设施和核心动能，被视为一种全新的重要的生产要素，其对于经济发展的意义主要体现在两方面：一方面，体现为数据有利于改善产品质量，推动新型产品和服务的创造，降低经营者提供产品服务所耗费的成本；另一方面，体现为数据作为新的生产资料将引发现有经济结构的变化，在互联网经济产业中将是原有生产要素诸如劳动力、土地、资本和技术的有效替代，进而会对经济结构的变化和生产分配产生深远影响。正如，刘鹤副总理指出："数据作为生产要素，反映了随着经济活动数字化转型加快，数据对提高生产效率的乘数作用凸显，成为最具时代特征新生产要素的重要变化。"数据作为生产要素按其价值和实际贡献参与分配的体制机制亟待建立和完善。

当前，随着互联网经济向互联网平台经济的纵深发展，数据按其价值和实际贡献参与分配的体制机制的建立势在必行，其"土壤"也已形成。客观上，从数据规模和量级看，我国构建全球领先的超大规模数据市场各项条件已经具备。据IDC测算，从2018年到2025年，中国拥有的数据量将从7.5ZB增长到48.6ZB，占全球数据量的27.8%，远高于美国17.5%的占比。数据将成为未来十年我国经济社会发展超越主要竞争对手的战略制高点。

早在2019年10月31日，在党的十九届四中全会上通过的《中共中央关于坚持和完善中国特色社会主义制度　推进国家治理体系和治理能力现代化若干重大问题的决定》（以下简称《决定》）中就明确提出"健全劳动、资本、土地、知识、技术、管理、数据等生产要素由市场评价贡献、按贡献决定报酬的机制"。这是中共中央首次在正式文件中提出数据可作为生产要素按其价值和实际贡献参与分配。2020 年 3 月 30 日，中共中央、国务院在《关于构建更加完善的要素市场化配置体制机制的意见》中进一步提出加快培育数据要素市场，充分体现了党和政府对数据要素在互联网经济发展中的重视程度。

　　尽管，在互联网经济发展中用户及其数据的多归属现象是常态，但是在功能相似或相同的可替代性商品的选择上，用户往往会囿于交叉网络外部性和平台锁定效应，而主要依赖于其中某一平台，即便用户能够转换使用的平台，原有平台的用户数据也不能随用户移转到新的平台，新的平台则需要耗费时间与金钱成本重新收集用户数据。且由于声誉、口碑、信用等因素的影响，易使市场形成"赢者通吃"的局面，即具有庞大用户规模的互联网企业能够基于其拥有的流量与数据极大提升平台产品质量，并进一步吸引用户，获得更多的数据与流量。若放任少数企业对数据的实际支配和限制获取行为，将不利于数据生产资料在市场中的优化配置，并最终形成与资本集中类似的"数据垄断"，无法实现互联网市场竞争的有序发展。

　　在市场运行中，政府主要扮演市场的监管者。由于数据资源具有无形性且类型多样，多数用户数据实际以商业秘密的形式存储于平台服务器中，且竞争法等相关法律尚未对数据垄断行为进行有效跟进，政府在监管过程中难以直接对当前以流量为动机限制数据获取行为进行合理有效的规制，进而无法对数据生产资料的合理配置实现有效监督。不仅如此，随着政务数字化进程的推进，政府及各部门作为连接经济、社会部门的重要节点，能够触达的数据包含从企业到居民、从服务到消费等社会的各个部门和环节，从而使得政府累积了大量基础数据、流程数据和结果数据，所以政府在作为监管者的同时，也是拥有大量数据的持有者和控制者。但是由于数据权属不明以及政府数据公开的相关规定未得到完善等问题，影响了政府所持有数据的有效配置，进而无法充分实现政府所持数据所应有的价值。可见，在互联网经济进阶的过程中，若要实现数据作为重要的生产要素的进一步优化配置，则需充分发挥政府作为数据持有者在数据生产资料配置中应有的作用。

　　当下，在数据赋能从自发自觉走向主动追求的阶段，有助于实现我国超大规模数据供给与超大规模市场需求的优势配给，有助于化"用户流量红利"和"价格成本红利"为"数据算法红利"与"智能创新红利"，有助于抢抓互联网经济全球竞争新赛道优先权，提升和增进我国在当下和未来新经济发展中的信心和实力。在实现互联网经济下半场的高质量转换过程中，应当充分发挥数字产业中各方参与者的作用，并针对不同赋能对象对赋能的实现方式和手段进行优化与调整，制定数据赋能的有效举措，以充分实现数据生产资料的有效配置。

首先，作为数据提供、生产及消费者的用户，实现用户数据赋能应当对隐私安全以及用户数据自由流转方面予以政策或立法保障。一方面，用户在使用产品过程中产生的大量数据中包含大量用户的个人隐私信息，而这些信息的提取和利用将会严重影响用户的基本权益，倘若不对消费者隐私安全予以保障，不仅会严重影响消费者权益，同时还易使用户对平台企业失去信任并控制数据信息的输入，进而导致数据产出减少。另一方面，应考虑在一定条件下赋予用户自由携带并移转个人数据的权利。用户数据赋能的实现过程亦是用户通过线上线下联动，满足个人需求的过程。若用户数据能有效提高服务和商品对用户的匹配程度，将有助于提高用户数据供给的积极性，进而实现与平台企业的数据价值共创；而现阶段平台基于流量变现的经营目的会采取措施限制用户的自由移转，不仅不利于用户数据的优化配置，同时也会阻碍数据赋能于用户。用户在转换平台时，新的平台因无法获取及时有效充分的用户数据而难以有效满足用户需求，妨碍用户数据赋能的实现。

其次，作为数据采集、控制、加工及使用者的企业，应积极遵从政策引导，主动接受法律监管。考虑进一步完善数据作为新的重要的生产要素参与分配的政策与制度，指引企业更加重视数据要素，释放生产力，从而推动企业经营模式的创新，促进互联网经济下企业的新业态和新优势的诞生。为减少流量为王模式中部分行为对企业数据赋能形成的阻碍，应加大各级竞争主管机构的行动力度，强化对潜在于平台经营者竞争行为中的反竞争效果进行评估，防止企业在商业利益驱使下进行数据垄断，对数据生产资料进行实际控制并排除其他竞争者的数据获取，致使数据浪费和数据缺乏整合而降低数据价值。为应对数据在流通过程中面临的用户隐私以及企业机密泄露等威胁，应当加紧清理已有法律法规，尽快建立包含数据共享清单在内的数据分类制度，颁行统一的数据共享行为（示范）规范，同时细化数据权属相关的理论研究与立法，减少因数据安全隐忧导致整个数据行业陷入停滞状态，避免引发严重的舆论和公共危机。与此同时，在数据有效赋能的实现过程中，数据企业应重视数据在满足用户个性需求与提升商品质量方面的作用，进一步创新在数据运行环节的数据赋能机制，加强数据高质量持续供给。

最后，作为数据市场监管者以及大量数据持有者的政府，亟待创新与数据要素市场相匹配的监管模式。作为主要的数据监管者，政府在数据赋能环节应当加强对数据市场的监控，防止数据剥削、数据泄露、数据封锁、数据垄断等不当数据采集和使用现象，同时注重保障数据在赋能环节可能存在的个人数据以及国家数据的安全问题。此外，作为数据的重要持有者和控制者，应当鼓励和推动政府数据共享，特别是在党和政府的大局引领与协同统筹下，建立与企业之间的合作机制，进一步助力数据产能的释放。进而，建构一种与互联网经济的高度复杂性、动态跨界及多边性特征相适应的合作型治理模式。正如，党的十九大报告明确提出打造"共建共治共享"的社会治理格局，正因应了互联网经济深度发展对社会治理带来的挑战。只有多元社会治理主体在合作的意愿下共同开展社会治理活动，积极应对当前影响数据生产资料在优化配置与价值实现过程中存在的问题，才能进一步释放数据红利。

数据创造价值，创新引领变革。伴随互联网经济向数字经济、人工智能经济的纵深发展，数据的多元价值逐渐凸显，从消费数据到生产数据的衍生，再到消费数据与生产数据的融合，数据定位及其相关行为的不断丰富，生动展现了互联网经济从 B2B、B2C 到 C2C 再到 C2B 的发展进程，特别是从 B2C 到 C2B 的颠覆式转型，更是彰显了数据价值和功能不断得到认知和挖掘的必要性与重要性。

未来我国互联网经济发展的中心与重心应集中于数据赋能的实现，创新数据特别是大数据的应用场景、计算技术以及实践方法，实现数据价值的最大化。同时，亦应重视当前从数据生成与采集、存储与控制、计算与分析、挖掘与创新到处理与回收等全周期多环节中各数据主体在实现数据赋能时面临的挑战与障碍，尽快建立健全数据保护与流通共享场景下的兼顾数据主体多元利益的动态平衡的法治系统，以良法促善治，切实有效地推动国家治理体系和治理能力在数据治理领域的现代化建设。

互联网经济下半场　如何打通数据共享通路

随着我国互联网经济进入下半场，用户数据日渐成为互联网企业经营发展的重要基础。一些大型平台为争夺用户，获取流量，发展出"二选一""封禁外部链接"等游走于市场竞争规范灰色地带的行为，互联网经济"赢者通吃"的特征愈发明显。

2020 年 3 月 30 日，中共中央、国务院《关于构建更加完善的要素市场化配置体制机制的意见》（以下简称《意见》）发布。该《意见》首次将数据上升为五大生产要素之一，明确要求加快培育数据要素市场。这足以体现数据在我国经济发展战略中的重要地位。

互联网经济竞争从"野蛮增长"演变到"有序竞争"，亟待以数据作为抓手，持续推动数据流通及共享机制的构建和完善，有效激活和增进数据作为数字时代基础性生产要素的活力。

一、"流量为王"理念下的数据竞争问题

互联网平台经济的一大特征是，当一个大型平台向需求双方索取的价格总水平不变时，任何用户方价格的变化都会对平台的总需求和交易量产生直接影响，由此形成双边市场。互联网平台企业的双边市场属性突出，网络外部性特征显著，由此获得优于单边市场的定价优势。平台通常采用前端市场（作为消费者的用户端）"零定价"的形式获取大量用户，并将取得的数据加以开发利用，再次反哺到前端，以维持用户黏性，由此形成了强者愈强的闭合循环模式，令平台企业的竞争优势得以不断巩固。

正因如此，海量的多样化数据成为互联网平台安身立命之本。多数平台企业倾向于采取更为严格的数据管理措施，在此过程中出现的系列现象引发社会热议，无论是"二选一"抑或是"封禁外部链接"，究其根本，均未脱离流量竞争的场景。

虽然从理想角度看，数据的类型多样，来源多元，且在使用过程中并不会被消耗，甚至可经由流通实现数据增值，因而互联网企业获取和使用数据并不

存在困难。但在流量为王的商业竞争模式下，尤其是一些巨型平台企业，为实现流量变现的目标所采取的"二选一""封锁屏蔽"等限制行为，客观上催生了一种立基于"流量与数据"双轮交互的自我保护机制，不断巩固自身在流量市场和数据市场上的交互传递优势，妨碍了其他互联网初创企业的自由发展。

是故，围绕流量争夺展开的数据竞争的讨论多集中于以下两方面。首先，虽然数据本身具有非竞争性，但由海量的多样化数据构成的大数据资源及其技术的创新应用可以赋能互联网企业参与竞争，因而，"数据垄断"的现实风险和潜在危害值得进一步探究。其次，如何看待平台"封禁外部链接"等类似行为在竞争法上的属性？那些行为是优势平台企业为避免竞争者"搭便车"分割流量的自我保护措施，还是互联网领域的反竞争行为，都值得进一步讨论。

二、互联网经济上半场遗留的数据治理问题

随着《意见》的出台，数据要素的市场化配置成为今后经济社会发展的重要着力点。互联网经济上半场发展所信奉的"流量为王"的疾速模式已引发了不少违规违法市场行为，有的甚至构成刑事违法。其中因流量的争夺和维持所引发的数据封锁与爬取成为互联网经济上半场竞争与反竞争的焦点与难点，由此诱发了数据治理的若干问题。

首先，数据获取途径不畅。数据的非竞争性虽然使得直接的数据垄断难以形成，但历经互联网经济上半场的激烈竞争，各大平台已初步完成了对流量的收割和瓜分，流量红利逐渐下降。近年来巨头平台收购小型平台、初创企业的消息屡见不鲜，互联网领域竞争形势趋于固化，大型平台基本掌握了进入互联网市场、获取用户所需的重要通道。

对旗下企业，大型平台拥有天然的竞争优势，能够凭借已有的用户流量进行"引流"，帮助旗下新企业快速进驻，而对其他企业则采取屏蔽链接等操作，阻碍其在本平台收获用户。故此，初创或小型企业要凭借一己之力实现互联网市场的有效进驻，实则有相当困难。此种现象导致当前对各大互联网平台是否构成必要设施的讨论越发激烈，一旦认定某大型平台构成必要设施，则有合理理由强制其开放一定的通道，以平衡和维持市场竞争。落实到数据领域，则需要大型平台对它们所掌握的数据及流量进行一定程度的共享。

然而，大型平台是否构成必要设施，还需进行科学严谨的分析论证，并建构在坚实可信的证据基础之上。不加严格分类就制定相关标准，贸然要求平台

企业共享数据，可能对其正常生产经营活动造成负面甚至不可挽回的影响。

其次，数据规范体系尚未建立。数据流通和共享的实现需要在法制轨道上推进。当前司法实践中，数据相关争议案件频发，但不同类型案件多涉及不同部门法下的法律规范问题，统一的数据法律规范体系有待尽快构建和整合。譬如，有关数据爬取、强制跳转、软件屏蔽等行为，目前一般由《反不正当竞争法》规范，但2018年颁布的《电子商务法》中也包含对电子商务数据相关内容的规定。

此外，互联网经济的特征加强了经营者与消费者、平台及其平台内用户之间的直接互动，平台为巩固流量所采取的"二选一""封禁外部链接"等行为，很大程度上也可能损害作为消费者的普通用户的利益，由此涉及《消费者权益保护法》的协同适用问题。在"流量为王"的互联网经济上半场模式下，流量与数据的权属，天然地被理解和界定为归收集者所有，强调保护，特别是基于私权逻辑的保护模式被广泛应用于流量和数据的保护之中。相对来讲，对数据的流通和共享尚未形成规范的制度安排和实践机制。未来，在互联网经济的下半场，数据保护与数据流通的动态平衡系统亟待建立。

最后，数据权属需进一步明晰。关于数据权属的讨论目前尚未达成一致意见，其中特别值得关注的是近期发生的有关数据公共属性的议论，这直接关系到对与数据相关行为的定性分析和数据权属的制度设计的基本原则。当前，数据来源的主体较为多元，大致可以分为个人、企业及政府三类，然而原始数据的提供则根本上源自个人的行动轨迹；企业与政府基于对原始数据的采集，通过分析、计算、挖掘而得到的衍生数据、创生数据等，与原始数据一道构成了数据的不同类型。

具体到互联网经济领域，平台获得的数据来自用户的活动，无论是用户的个人信息，还是用户的操作痕迹，数据中的个体特征均难以完全清除，很多情况下甚至需要保留数据特征以进行更加精准的人物数字形象刻画。这也是数据之于其他企业财产最为突出的特性。换言之，数据难以完全被认定为是企业所有。

无论是政府等公权力机关抑或是企业、其他组织等社会私主体所掌握的数据，只有在流通和共享的基础上才能发挥更大的社会效益。故此，即使是企业数据也具有进行合理条件下流通和共享的现实基础。

然而，当前我国的互联网经济却呈现愈加封闭的运行趋势，从根源上讲这仍是由对数据权属的认识尚存在偏差所致。在我国将数据要素市场化配置上升为国家根本政策之际，对数据权属及定位的认识需及时调整，以顺应和保障国家战略的实施。

三、互联网经济下半场数据竞争行为规范理路

在互联网经济竞争步入下半场之际，享受了上半场流量经济红利的平台企业的定位应当有所转变。在实施充分合理保护的基础上，积极探索其拥有和控制的数据的高效流通与公平共享，应成为时代任务。这具体体现在优化数据分类分级标准、完善数据监管制度、提升数据权属的公共属性认知等方面。

首先，针对数据制定分类分级标准，推进数据有序有效流通和共享。

《意见》中率先明确推进政府数据的开放共享，要求逐步建立以企业为主体的公共数据开放和流动规范，更着重强调了规范数据开发利用及数据采集标准化的重要性。企业数据有序流通和共享的必要基础是对数据进行分类分级。对涉及企业商业秘密或核心技术的数据，不应强制要求开放共享；涉及用户个人隐私、国家安全等的数据，应当予以严格保护。然后，对一般的企业数据，应当逐步建立流通与共享的常态化渠道。其中，应重点推进企业数据与政府公共数据的交互共享，充分发挥企业作为社会主体，参与到共建共享共治当中的治理动能。

此外，应当探索大型平台在一定条件下开放流量通道的途径。通道的开放虽然在一定程度上会触及企业的核心利益，但促使企业提高商品和服务质量，激发高质量的竞争，有效避免互联网市场竞争固化的情况出现，从整体和长远来看有利于提升互联网经济的整体水平。

其次，完善数据法律规范及监管体系，促进数据的安全、合规、流通、共享。

在立法方面应当着重把握两点。其一，推进数据顶层立法的出台。其二，加紧梳理制定企业数据流通和共享的规范准则，着重落实《意见》中根据数据性质完善产权性质的要求，在明确产权的基础上划定流通和共享的范围，并制定标准化流程。

在监管方面需要把握好两个面向。其一，侧重消费者权益保护。一方面，规范数据流通和共享过程中可能对消费者隐私等个人数据造成泄露。另一方面，给予消费者充足的选择空间，避免出现以流量挟持消费者，直接或间接剥夺其选择权利的情况，并探索建立消费者在互联网平台上的数据的清除、转移机制。其二，注重互联网市场竞争秩序的平衡。从经济学视角出发，企业规模将带来更加突出的生产效率，但是互联网企业有其自身特点，当前部分互联网平台已经开始运用流量"排兵布阵"，自成生态系统，市场上的有效竞争逐渐减少。因此，监管应当将数据赋予企业的市场力量作为考察重点。

最后，提升数据权属公共属性的认知共识，以流通和共享促进数据共益性价值的实现。

在从"流量为王"到"数据赋能"的互联网经济转型过程中，数据的价值不断凸显，数据的采集、分析、计算、挖掘、利用等环节所涉及的主体越来越多，对数据权属的认定和规范很难参照传统工业时代所遵循的类似于土地所有权上排他性静态权属的制度安排予以设计，数据的动态共益性随着其高速流转与创新愈发明显。数据权属上的公共属性有待进一步释放和证立。故此，需将关注点从数据为个人、企业等私主体带来的排他性利益，转向可能为国家社会经济发展带来的兼容性公共利益之上。

在此过程中需关注两方面问题。第一，数据保护是数据流通的基石，不仅要在用户层面对个人数据信息进行保护，更要加强对企业商业数据的保护。对不当爬取数据、恶意引流、恶意不兼容等行为，应予以有效规制。第二，数据共享不等同于免费共享。为激励企业共享数据，应允许实施数据共享的企业收取合理对价，需逐步优化完善合规的数据交易平台和场所。目前，我国已有贵州大数据交易所等相关实践，但是数据交易走向规模化、常态化、合规化仍需一定时间。

（原文刊于"澎湃新闻/澎湃研究所"，2020年5月18日，收入本书时有改动）

数字经济下如何加快数据共享

随着数字经济的深度发展，使数据价值实现不仅仅限于私人领域，其功能越来越凸显于国家总体安全、社会公共利益、行业整体创新等公共领域。评价当前对数据共享下的数据保护风险的担忧，以人格权项下的隐私保护制度为基础和合法性来源以实现个人数据保护，或是从数据权属确立的角度探讨"数据专有权""数据财产权"的证立，以对数据"赋权"实现数据保护等，已构成现阶段对数据保护与数据共享基本关系分析的主要范式。由此，导致在对数据保护与共享关系的分析中不知不觉地走向单一化和绝对化的状态，使相关研究出现不能通约的窘况，客观上加大了实践中数据流动与共享的制度成本。

为此，推动数据研究从民法私权逻辑扩容至社会法多元价值平衡理路成为现实所需。提出构建以"与数据相关行为"为标准的数据动态分类法，实现对数据类型化评估的优化，破解现有数据类型化下以静态排他性权利的固守迟滞和抑制数据共享所面临的困局。

一、构建以"与数据相关行为"为动态基准的数据分类

数据不应该以它的存储而定义，应该由它的流转来定义。

数字经济发展所涉及的诸多环节具有高度的内在统一性，其本质是围绕"与数据相关行为"而形成的一个全周期的生态系统，具有逻辑上的关联性、递进性及往复性。以阿里大数据实践为例，其大数据系统的体系架构主要分为数据采集、数据计算、数据服务及数据应用四大层次。简言之，"与数据相关行为"分别对应以下四种行为：数据采集行为、数据计算行为、数据服务行为以及数据应用行为。故此，聚焦数字全周期下数据的流转过程，构建以"与数据相关行为"为动态基准的数据分类方法，将有助于细致考察数据流转中价值的衍化，切实有效构建数据共享与保护的可行进路，以此来回应和消解私法视阈下主要基于数据主体为标准的数据分类机制所带来的数据权益的静态化和绝对化，从而引发的在数据流转和共享中制度成本的增高困境，切实有效实现在数据流动与共享中的各方权益的动态平衡，即既实现数据的有效保护，

又促进数据价值的挖掘增进。

此种分类方式的优势在于，一是将数据流转中的"主体"、"行为"及"过程"有效地统合在一起，以动态视角考察"与数据相关行为"下的各类数据主体与数据多功能属性之融合带来的数据价值的增进与创新。二是厘清数字全周期运行下数据价值的衍生规律与实现场景，发现多元数据主体在不同数据行为层对数据价值增量的作用与需求不同，在不同层面上的数据行为与数据增值间的关系亦不尽相同，这直接导致在不同数据层上数据共享与保护间呈现动态变化，其明显区别于在私权逻辑下以数据主体权属认定与流转为基础的数据开发与创新机制。这一机制立足于私法上的权属交易逻辑，其制度交易成本比较高，强调对既有权益的确权与保护，然而，面对数据本身的客观性、瞬时性、复用性及可共用性、多归属性等特征，精确确权甚或是过度确权并不符合现实和未来发展需求。基于此，需要从数据运行的客观现实及规律出发，对在不同数据行为中出现的原始数据、衍生数据、创生数据设计不同的数据共享方案，构建涵摄权利、竞争、创新、安全的价值在内的数据共享模式，以符合数据运行的发展规律，推动数字经济健康可持续发展。

二、推动基于"动态兼容性权益"下的数据共享

竞争法视阈下的数据共享构造，并不否定私法体系下对数据权利或权益的已有认知和实践，而在于弥合私法视阈下以静态排他性权利为核心的私权模式构造带来的数据共享"高成本、低效率"，甚至带来潜在反竞争风险的固有缺陷，推动从静态排他性权利向动态兼容性权益构造的进阶，强调数据流通全周期下，不同类型数据在承载不同主体的权益主张时，同一类数据也能够承载不同主体的权益主张。在此构造下，辅之以科学合理可行的"同意"机制去促进各主体不同权益间的平衡，降低潜在的反竞争风险，以此推动数据共享的实际效能。具体而言，该构造由以下两部分组成。

首先，确立"差别且平等"的数据共享基本原则。

在党的十八届五中全会上，提出把共享作为五大发展理念之一，强调坚持共享发展，使全体人民在共建共享发展中有更多获得感。我国改革开放的总设计师邓小平同志强调的"我们讲共同富裕，但也允许有差别"道出了共享的基本原则——共享从来不是搞平均主义。"平均"不等于"平等"，更不等于"共享"。概言之，"同等情况同等对待，不同情况差别对待"。数据共享作为"共享"理念在数字经济高质量发展中的集中体现，既是党的十九大报告中"共建共治共享"发展理念和实施战略在数字经济领域的要求，也是数字经济

向纵深发展的必由进路和必然选择，实行"差别且平等"的原则符合"平等"与"共享"的实践逻辑，且与效率具有正相关关系。故，围绕数据的瞬时性、复用性及多归属性的特点，进行科学合理的数据分类并施以"差别且平等"的共享原则是推进数字经济下数据共享与数据保护同步同频所不可或缺的。

其次，基于"动态兼容性权益"构造满足不同主体之权益主张，利于实现公平和效率兼顾的数据共享方案。以"与数据相关行为"为动态基准的分类方法立足于数据流转的全周期，将数据区分为原始数据、衍生数据、创生数据。

对于原始数据，由于数据采集行为下用户数据以及用户网络交互行为产生的 Cookies 数据具有分散性和无序性的特点，此时数据蕴含的商业价值处于待开发状态，数据本身很难形成交易壁垒，所谓的数据共享需求实际上不存在。因此，任何企业都可能通过自己的方式和努力程度获取数据，相反此时的数据保护需加强，用户的个人数据（信息）权益、隐私权益保障是该阶段关注的重点。

对于衍生数据，数据计算行为整合加工的数据具有规模性和有序性，可从中提炼有效信息并进行数据的再加工与再挖掘，具有交换价值，财产价值凸显，此时数据共享成为需要。对经营者来说，由于其对采集的数据投入成本进行整合和计算，故而衍生数据在进行共享时必然要考虑到经营者的财产权益，如此才能激发经营者对数据进行整合、计算的积极性，因此对衍生数据的共享需要获得经营者的同意。同时，由于衍生数据很大程度上以原始数据为原料而生成，故用户在衍生数据的共享中，对未经匿名化的个人数据同样享有控制其个人数据流转的权益，即用户对其个人数据的转让和使用享有自决权，对该部分数据进行共享同样需要再次征得用户的同意，"一次授权等于永久授权"的授权模式并不符合动态兼容性权益下对用户的保护，在实践中立法机关和司法机构所确立的"用户授权＋平台授权＋用户授权"的三重授权原则便是对传统授权模式的矫正。

对于创生数据，其来源既有数据服务行为中第三方开发者对衍生数据展开的二次利用，亦有数据应用行为中，经营者进行再度处理加工，输出形成数据库、数据平台以及数据决策等各类数据资产形态。该类数据所体现的加工处理程度更高，衍生数据的价值得以进一步挖掘，数据流转后价值根据场景化不同进一步发挥，并激励用户作出新一轮数据反馈，实现数据价值再生循环。在此场景下数据共享不断强化，成为数据价值叠加增量的关键，实现数据创新从量到质的飞跃。对创生数据而言，其共享并不需要经由对衍生数据享有权益的主体的许可，此时，数据共享是为了服务于数据价值的释放和创新，推动数字经济的高质量发展，同时更好地激励数据的保护和优化。

三、设计数据共享的动态平衡同意机制

伴随数字经济向数据经济、算法经济的进阶发展，设计公开透明、规则清晰、兼顾公平和效率的"同意"机制已成为数据共享的现实之需。为此需关注以下几点。

第一，明确何种类型的数据共享时，需要征求相关权益主体的同意。具体而言，衍生数据的共享需要征求用户及衍生数据生产者的同意，创生数据的共享不需征得衍生数据权益主体的同意。

第二，经营者在其服务协议中应明确其数据共享的门槛，即"同意"机制的公开与透明，不得设置逾越数据保护目的的条件，以数据保护为由阻碍数据共享，监管者应警惕拥有市场支配地位的经营者在数据共享上滥用市场支配地位的行为。

第三，对于具有明显公共属性或者构成"必要设施"的数据，可通过统一的共享平台的建立实现无偿共享或者正当的和合理的有条件共享。

第四，探索设计规范的"同意"机制基本模型，鼓励和支持政府、经营者、用户、行业协会等多元主体的参与，充分听取各方意见，协同各类数据主体的角色地位，重点关注数据运行现实场景下的"场景性公正"标准，设计和开发"主体＋行为＋场景"的动态平衡同意机制，实现数据共享领域的"共建共治共享"机制。

（原文刊于《第一财经日报》2020年6月30日第A11版，收入本书时有改动）

民法典时代个人数据（信息）的保护和开发

在互联网经济高速发展的当下，数据已成为重要的生产要素和互联网企业的核心资产。发展数字经济，必须充分挖掘数据价值。个人数据是大数据时代条件下数据的主要来源之一，其中包含个人信息和隐私。因此对个人数据的开发便涉及个人信息保护的问题。如何在推动数字经济发展的同时，完善对个人信息的法律保护，进而在数据充分赋能和个人信息保护间实现平衡，是社会各界高度关注的问题。

新近由十三届全国人民代表大会第三次会议通过的《中华人民共和国民法典》（以下简称《民法典》），把这一问题的解决向前推进了一大步。其中第111 条、第 127 条及第四编第六章（第 1032 至第 1039 条）的系列规定，在强化对公民隐私权和个人信息保护的同时，也对数据权属及与数据相关行为作出规定，呼应了互联网时代的发展要求，将为我国数字经济的发展起到积极的规范和引领作用。

一、有关个人信息的规定

《民法典》对个人信息和隐私保护的详细规定，具有开创意义。此前，《民法通则》（1987 年开始施行，将于 2021 年起失效）及其他民事单行法并无个人信息的概念。2017 年施行的《民法总则》第 110 条虽将"隐私权"纳入自然人的人格权范畴，但也未作进一步规定。

相比之前的民事法律法规，《民法典》是一个巨大进步。它在总则和分则当中对个人信息均有规定。总则部分第 111 条规定，自然人的个人信息受法律保护；第 127 条规定，数据、网络虚拟财产保护的法律适用。分则部分第四编第六章作为人格权编的一部分，专门规定个人信息和隐私权，从隐私和个人信息的定义开始，到个人信息处理的原则、条件和免责事由，再到个人信息主体的权利和与之对应的信息处理者的信息安全保障义务、公权力机关及其工作人员的保密义务，环环相扣，思路清晰，勾勒出一个完整的个人信息制度框架轮廓。

除第四编第六章外，其他章节也对个人信息保护有所规定，譬如，第1226条规定："医疗机构及其医务人员应当对患者的隐私和个人信息保密。泄露患者的隐私和个人信息，或者未经患者同意公开其病历资料的，应当承担侵权责任。"

从整体上看，《民法典》对个人信息的规定，通过总则与分则呼应、集中与分散结合、原则和例外并举的方式，为个人信息法律制度的构建奠定了良好的私法基础。

二、完善对个人信息的保护

互联网时代，大数据、人工智能等各种先进技术的应用，在推动社会发展的同时，也加剧了个人信息暴露的风险。《民法典》作为"公民权利的宣言书"，直面时代挑战，针对个人信息的保护开出私法"处方"。

（一）明确个人信息的内涵和外延

《民法典》第1034条规定："个人信息是以电子或者其他方式记录的能够单独或者与其他信息结合识别特定自然人的各种信息，包括自然人的姓名、出生日期、身份证件号码、生物识别信息、住址、电话号码、电子邮箱、健康信息、行踪信息等。"

这里叙述了个人信息三个方面的内涵：以电子或者其他方式记录；单独或者与其他信息结合；能够对特定自然人起到识别作用。这一叙述，从形式外观和实质效果两方面出发，完整有效地填充了个人信息的具体内容。同时罗列了个人信息的外延，我们从中可见，既有生物信息，也有非生物信息；既有私密信息，也有非私密信息；既有客观信息，也有主观信息；既有历史信息，也有现时信息。这里的罗列涵盖了自然人生老病死的所有信息，为个人信息保护提供了边界指引。

《民法典》以定义和列举结合、内涵限制和外延拓展结合的形式，明确了个人信息的概念，为个人信息的法律保护提供了相对合理的对象范畴。

（二）明确主体权利义务

个人信息涉及两大主体，一方是个人信息主体，另一方是信息处理主体。二者既是对立的双方，又是共享数据利益的双方。《民法典》从这两方面主体出发，划分二者权利义务。

第1037条规定了个人信息主体的权利，包括：（1）查阅复制权；（2）请求更正权；（3）请求删除权。从传统民法的视角看，这些权利均为请求权。其中查阅复制权是后两项权利的基础，如果不能查阅、复制，就无法发现信息错误或违法。对个人信息权利的规定，为公民个人信息权利的行使和权益损害的救济提供了依据。未来随着现实的变化，权利内容可能继续丰富。

第 1038 条规定了信息处理者的四大义务：（1）不得泄露或者篡改其收集、存储的个人信息；（2）未经自然人同意，不得向他人非法提供其个人信息；（3）确保个人信息安全的义务；（4）补救和告知、报告的义务。其中前两项属于消极义务，后两项属于积极义务。

此外，第 1039 条规定，国家机关、承担行政职能的法定机关及其工作人员对于履行职责过程中知悉的自然人的隐私和个人信息，应当予以保密，不得泄露或者向他人非法提供。因为个人信息主体与企业、政府等信息处理主体相比力量弱小，处于弱势地位，所以《民法典》侧重于对个人信息主体的保护，对信息处理主体主要强调义务，从而规范其行为。在正面规定个人信息主体的权利之后，又从反方向的义务规定加强保护。

通过权利和义务的列举，《民法典》划明了个人信息主体和信息处理者这两大对立方的权益边界，既保护个人信息主体，又适当照顾信息处理者的利益，使其义务不至过重。

（三）重点规制群众反响强烈的侵权行为

《民法典》第 1033 条规定："除法律另有规定或者权利人明确同意外，任何组织或者个人不得实施下列行为：（一）以短信、电话、即时通讯工具、电子邮件、传单等方式侵扰他人的私人生活安宁；（二）进入、拍摄、窥视他人的住宅、宾馆房间等私密空间；（三）拍摄、窥视、窃听、公开他人的私密活动；（四）拍摄、窥视他人身体的私密部位；（五）处理他人的私密信息；（六）以其他方式侵害他人的隐私权。"

该条规定针对电话推销、垃圾邮件、宾馆偷拍、厕所偷窥、买卖公民信息等多年来公众反响强烈的侵害公民个人信息行为重点打击，深刻体现了时代特色，合理回应了社会关切。

三、推动个人信息（数据）的开发

数字经济背景下，数据成为经济社会发展的重要驱动力量和全新的市场要素。2020 年 4 月 9 日中共中央、国务院发布的《关于构建更加完善的要素市场化配置体制机制的意见》第一次将数据作为一种新型生产要素，明确了完善数据生产要素配置的相关举措。要推动经济社会发展，必须充分发掘数据价值，实现数据赋能。

个人信息蕴含于海量的个人数据之中，是大数据场景下数据所承载且被重点关注的具有人身性的可财产化的内容要素。欲实现数据赋能，须在合规合法的前提下充分开发个人（信息）数据。《民法典》顺应了这一发展趋势，立足于当下数字经济发展的现实需求，不仅强调对个人信息的保护，同时也支持在法治框架下将个人信息作为数据予以开发。

（一）明确数据保护法律适用

《民法典》第 127 条规定："法律对数据、网络虚拟财产的保护有规定的，依照其规定。"这条规定表明了数据保护的法律适用。这与我国目前的理论和实践实际相符。目前理论界和实务界对数据的法律性质、权属、流通等问题仍然莫衷一是，在相关理论和实务都不成熟的情况下，《民法典》采取谨慎态度，承认数据保护但并不具体规定，这是相对来说最为合理的选择。

同时，对数据已有行政法、经济法等多方面的法律规制，《民法典》直接与相关法律衔接，既可以避免体系过于庞杂的弊端，又有利于防止法律规定的矛盾和冲突，实现法律体系的完整统一，进而减少个人数据开发的法制阻力和障碍，为个人数据开发敞开大门。

（二）为信息开发行为提供法律依据

《民法典》第 1035 条规定了个人信息处理的原则和条件："处理个人信息的，应当遵循合法、正当、必要原则，不得过度处理，并符合下列条件：（一）征得该自然人或者其监护人同意，但是法律、行政法规另有规定的除外；（二）公开处理信息的规则；（三）明示处理信息的目的、方式和范围；（四）不违反法律、行政法规的规定和双方的约定。"这表明，只要符合法定条件，遵循原则，信息处理者就有权充分利用公民个人信息。这为信息处理者的信息开发行为提供了法律依据。

信息处理者主要是各类企业，目前国内大数据和互联网行业的龙头企业又是腾讯、阿里等民营企业。《民法典》承认、允许企业开发个人数据以实现经济价值，不仅能推动大数据等高新技术产业和数字经济发展，也有助于扶持民营经济。

值得注意的是，该条规定中"正当、必要和不得过度处理"的具体内涵尚不明确，期待在接下来相关配套法规增订或有关司法解释出台时予以及时细化。

（三）合理界定开发者责任

个人信息保护是《民法典》的重要价值追求，但是如果过度保护个人信息，就会加重数据开发者的责任和义务，阻碍数据开发，妨碍数据价值的实现和数字经济的发展。

正是基于两者利益平衡的考虑，《民法典》第 1036 条规定了信息处理者的三类免责事由：（1）在该自然人或者其监护人同意的范围内合理实施的行为；（2）合理处理该自然人自行公开的或者其他已经合法公开的信息，但是该自然人明确拒绝或者处理该信息侵害其重大利益的除外；（3）为维护公共利益或者该自然人合法权益，合理实施的其他行为。

这些免责事由使得信息处理者承担的责任处在一个合理区间内，防止因法律责任过重而打击信息开发者开发利用数据的积极性，从而可对信息开发起到积极的推动作用。

（四）提升数据质量促进价值共享

《民法典》对自然人的查阅复制权、请求更正权和请求删除权的规定，不仅是对个人数据权益的保护，同时也有助于数据的流通与开发。

首先，查阅复制权有助于数据流通。数据本身具有非竞争性，可以被无限次复制而不会损耗，法律赋予个人查阅复制权，有助于数据的传播和扩散，推动数据流通，促进数据共享，打破数据独占。其次，请求更正权有利于提高数据质量。个人发现信息有错误的，有权提出异议并请求及时予以更正，这有助于提高数据准确性，减少数据误差和错漏，从而提升数据质量。最后，请求删除权有助于降低法律风险。个人信息主体的删除请求有助于帮助发现并处理信息处理者潜在的法律问题，减少因个人数据信息采集、流通、使用等行为引起的纠纷，节省相关法治资源。

四、结　语

数据作为重要的生产要素已经成为我国新经济发展、推动新基建的基础设施和核心动能，对数据价值及功能的再认知和深挖掘是中国经济发展的重要动力。《民法典》的出台，为构建统合数据保护与开发行为，兼顾各类数据主体多元利益动态平衡的法治系统奠定了基本法基础，有利于实现数据红利的进一步释放，切实有效推动数据治理法治化步入新时代。

（本文刊于"澎湃新闻/澎湃研究所"，2020 年 6 月 5 日，收入本书时有改动）

算法与人工智能法治

本编导读 / 196

如何看待"算法为王"及其治理 / 198

法治经济下规制算法运行面临的挑战与响应 / 204

把社会主义核心价值观融入人工智能立法的必要与可能 / 221

新时代人工智能立法的经济法治观 / 231

人工智能场景下消费者保护理路反思与重构 / 237

本编导读

在互联网经济向数字经济、数据经济进阶的过程中，以大数据、算法、人工智能技术及相关创新技术为基础和核心的智能新业态得到快速发展，在带来无限消费便利和巨大经营收益的同时，亦引发了权利、竞争、安全及伦理维度上的诸多法治问题，亟待通过科学立法、积极适法来加以规范和引导。本编从解析如何看待"算法为王"及其治理开始，通过对法治经济下规制算法运行面临的挑战与响应的研究，以把社会主义核心价值观融入人工智能立法的必要与可能为基点，探讨新时代人工智能立法的经济法治观以及人工智能场景下消费者保护理路反思与重构，以呈现互联网数字经济场景下算法与人工智能治理的法理与实践的改造图景。

算法作为互联网经济发展的新工具，其飞速演进亟待制度体系的综合构建。在《如何看待"算法为王"及其治理》和《法治经济下规制算法运行面临的挑战与响应》两篇文章中探讨了在算法运行不同层级容易出现的算法滥用、算法黑箱等问题，认为需要以算法运行的基本属性为出发点，借鉴域外经验，充分解读我国现行市场规制法律体系的构成与功能，灵活适用《反不正当竞争法》《反垄断法》《消费者权益保护法》等法律法规，强调"法律＋科技"的模式，积极响应算法运行的规制需求，实现国家利益、社会利益及个体利益的共生、共长、共融，在现有市场规制法律制度框架下协调、引入及整合各项具体制度和规范，构建适宜算法健康合规运行的市场规制法律体系。

人工智能产业是中国未来经济崛起的新支柱，相关制度的确立需以社会主义核心价值观为指导。在《把社会主义核心价值观融入人工智能立法的必要与可能》一文中，指出新时代科学立法观的内涵不是简单的条文堆聚或简单的文本汇编，须以科学的价值观为核心指引。社会主义核心价值观是中国特色社会主义制度文明的核心内涵，反映社会主义核心价值体系的基本构造和实践要求，是新时代国家治理体系和治理能力现代化建设基准的高度凝练和集中表达。为此，结合人工智能发展的基本特征，有必要将社会主义核心价值观嵌入并融合于国家人工智能立法过程之中。这既是我国人工智能技术及产业发展的内在需要，也是推进国家治理体系和治理能力现代化建设、进一步弘扬社会核心价值观的现实考量。

多维综合的法治观是完善人工智能制度供给的思想内核。在《新时代人工智能立法的经济法治观》一文中，重点考察了人工智能技术及其产业的应用与发展对我国互联网经济发展的影响，从党的十九大报告中有关人工智能发展的战略性顶层设计到回应生产消费活动的智能型生态系统建设，切实有效提升人民群众在网络数字社会的获得感、幸福感及安全感，人工智能已成为历史发展的又一个新奇点。为此，有必要未雨绸缪充分发挥立法的引领和规范功能，及时针对人工智能发展中已发生或潜在的诸如影响和危害经济安全、社会稳定、科技伦理及个人诚信等的违法违规行为，从保障和促进人工智能技术及产业发展先进性和稳定性的维度，立足人工智能立法的权利法治观、创新法治观、竞争法治观及安全法治观构建体系化、系统化及生态化的人工智能立法群。

伴随互联网经济向纵深发展，我国正经历由"生产者社会"向"消费者社会"的转型，人工智能技术的开发创新和融合应用对传统经济的生产组织结构和日常交易模式产生了颠覆性影响。在《人工智能场景下消费者保护理路反思与重构》一文中，论述了要素的配给、商品的生产及消费由过去的"单向科层式"向"互动扁平化"转向，消费与生产的关系从中心化走向去中心化。消费者结构性弱势地位正在改善，其权利义务的内涵正在更新，其行为模式正在重构，其中以消费数据为核心的消费信用体系构成了人工智能场景下开展生产消费活动的基石。为此，需更新消费者保护理念，革新保护模式，重构保护理路，调整现行消费者保护的倾斜配置。从倾斜保护走向融合平衡保护，从单向保护转向多元协同保护和整体系统保护，推动互联网经济新场景下以消费信用体系为基础的"共建共治共享"的消费者社会科学化与法治化发展。

如何看待"算法为王"及其治理

算法是实现设计程序或完成任务的路径方法,具有可行性、有穷性、确定性和情报充分性的特点,是计算机科学技术的基础。算法是互联网数字时代的核心范畴和基本方法,大数据、人工智能、区块链等当下互联网数字时代的各种先进技术均需依赖各种算法设计或以算法为底层原理。没有算法的支撑以及强有力的算力供给,今天的许多技术愿景都只是空中楼阁。互联网时代正经历从"流量为王""数据为王"到"算法为王"的跨越式嬗变,把握互联网数字时代经济高质量发展的脉搏,必须充分认识和掌握算法的必要性与重要性。

一、互联网数字经济发展步入算法时代

算法本身并非一开始就运用于计算机科学,它早先是作为人工思考和处理的一种方法而出现的。随着计算机诞生,由于算法具有可抽象化和程式化的特点,因此成为计算机运行的基本方式和思想来源。互联网时代许多标志性技术,如人工智能、大数据技术、区块链,都依赖各种高阶算法和强大算力以实现作用。

人工智能以算法作为运行规则。人工智能是对人脑智能的模拟,它必须依照一定规则来实现智能。算法提供了这种运行规则。被用于人工智能的算法称为智能算法,智能算法让计算机系统拥有自己的"思想",在算法规则确立的流程下运用算力求解问题。算法发展逐步内化为人工智能发展的核心和基石,推动着人工智能的不断进步。

大数据技术以算法为支撑。大数据技术本质就是在收集、存储数据的基础上处理、分析数据,并从中提炼出有用信息。数据本身并无意义,背后所蕴含的信息才是大数据技术追求的终极目的和价值所在。数据自身不会自动呈现出人所需要的信息,只有经过提取、处理、分析之后才能呈现信息,这就需要借助算法。算法明确数据应用目的,组成数据含义体系,建立数据提取标准,提供数据处理和分析方法,之后借助于算力,为实现信息获取奠定基础。

区块链以算法构建基础体系。区块链是一种分散式数据库,最大特点就是

第三编　算法与人工智能法治

去中心化，无须借助第三方机构作为交易保障，通过全网共享交易数据库，仅凭一己之力便可建立信用体系。这一特点是以非对称加密算法和哈希算法为基础的。非对称加密算法通过公钥和私钥保障交易真实性和个人信息安全，哈希算法则通过散列值使区块连接成链。区块链依赖特定运算方法自动运行，用户完全信赖算法而非第三方，实现去中心化交易。没有密码学算法为根基，区块链技术就不可能存在。

算法是当下互联网数字经济迭代更新发展的创新基础和核心动能。我国在"新基建"发展规划中多次提及在算法及算力支撑下推动数字基础和数据"新基建"的建设和发展。算法时代已然到来，算法算力已成为数据主体，是个人、企业及政府认知新时代、定位新坐标、把握新动向、选择新进路的关键依托和基础工具。

二、算法运行给现行治理带来挑战

互联网数字经济下，算法在推动信息通信技术与计算科学技术融合创新和广泛应用、积极促进经济社会发展的同时，也对现行的经济社会法治治理模式和方法提出了时代挑战。

（一）算法精准推送加剧"信息茧房"效应

"信息茧房"效应指信息传播中，公众由于对信息没有全方位需求，只关注自己关心的讯息，将自己束缚于如蚕丝织就的"茧房"之中的现象。算法发展加剧了这种效应。网络平台和互联网公司通过自动化决策算法，抓取用户的网络浏览记录和访问信息，掌握用户的需要，之后针对每个用户"私人定制"，实现信息的"精准推送"，从而招徕更多用户资源，取得竞争优势。对于用户来说，它能满足用户特定需求，有可取之处。但也有明显缺点，它使用户长期被同质化信息包围，被锁死在固定信息笼罩的空间之中，影响用户全面了解获取外界社会和事物信息，剥夺用户全面了解和获取其他各类信息的权利，最终损害用户权益，而这种损害是"隐性"的且外观中立，很难适用现有法律。

（二）算法数据抓取易泄露个人信息

用户访问和使用网站或平台产生的数据大多属于个人信息的范畴，如果互联网企业经用户同意收集和提取这些个人信息，自然无可非议。但现在互联网企业往往未经用户同意就收集和提取这些信息，这就构成对公民个人信息权利的侵犯。除了直接非法收集、使用公民个人信息的侵权行为外，还有另一种间接、隐蔽的侵权行为，这就是算法预测。通过算法分析合法获取的用户数据，预测公民个人信息，现在与大数据结合后，准确率越来越高，成为侵犯个人隐私的新方式。例如，Facebook 的算法能根据用户提供的种族、职业等少量个人信息就推断用户性取向，准确率高达 80%。全美第二大零售企业 Target 公司曾根据算法分析，向一位已孕未成年少女邮寄婴儿用品手册，其法定监护人却根本不知其已怀孕。日益智能化的算法，同大数据等技术相融合，不断冲击现有的公民个人信息和隐私保护体系。

（三）算法自动化决策扩散权益损害风险

随着各种新型高端算法的涌现，能如人类般作出决策的人工智能逐步被开发出来。依据算法进行自动化决策的人工智能便利了人类生活，也产生了更为复杂的权益损害责任问题。如智能投顾对金融消费者权益的损害责任问题和智能合约的损失责任问题。根据美国 SEC 的定义，智能投顾是基于在线算法为客户提供的资产管理服务。智能投顾依据算法自动为金融消费者提供资产管理方案，当智能投顾因算法不合理、系统故障等因素造成金融消费者资产损失时，责任由谁承担、以何种方式承担、损失具体金额如何计算，都是非常棘手的问题。

智能合约来自区块链。交易双方达成合约后，根据算法，系统将交易记录记入区块，无须当事人操作而自动履行合约，与传统合同不同，智能合约一经达成，不能变更或解除。当事人因情势变化要变更、解除合同时，系统只会按照算法继续执行，造成损失，此种责任问题如何处理，也是困难重重。概言之，算法自动化决策在提高社会生活质量的同时，也产生了更加复杂的风险问题，这些问题都是现行法制难以解决的。

（四）算法合谋引发竞争规制难题

算法合谋大致可分为算法辅助型合谋和算法自动型合谋，特别是后者已构成当前全球各国和地区反垄断法规制的一大难题。垄断协议以经营者之间存在合谋为构成要件。随着"互联网＋"经济的深度发展，算法被引入市场，成为经营者合谋新形式。算法合谋中，经营者以逻辑相同或相似的算法，借助大数据技术，收集并分析自身经营状况、其他经营者经营状况和市场行情等数据，得出各经营者利益最大化的合谋条件并传递给其他经营者，根据市场动态变化调整经营行为，同时通过算法识别、察觉偏离合谋的经营者行为并加以打击报复以维持合谋稳定。

算法合谋突破了协议、决定和协同行为等传统合谋形式，经营者间无须做出任何表示行为即可达成合谋，使反垄断法执法机关难以识别和处理。合谋内容是通过算法形成的，与人的意志无直接关联，也为经营者逃避反垄断法的规制提供了借口。算法的运用为垄断协议提供了一个极为隐蔽、动态调整和精准迅速的合谋工具，使传统反垄断法面临巨大考验。

（五）算法歧视导致用户保护困境

算法不可能在任何情况下都准确无误，某些情况下算法运行结果会产生与人类常识和伦理相违背的错误，其中一个问题就是因算法导致对不同人群的歧视问题。这种歧视问题的产生主要包括内部和外部两种因素。

内部因素是指算法自身不可避免的缺陷。现有技术本身存在局限性，所以算法在现有技术下运行会存在错误。例如，早期的一些人像识别算法由于图像获取技术的局限出现过将黑人误识为黑猩猩的情况。还有就是由于算法使用的不可能是全数据，获取的数据中还会包括问题数据，便会产生误差，误差不断积累，就会发生质变，导致歧视。这种内部因素所导致的问题是不可控制、无法避免的。

外部因素是指算法之外人为导致的问题。基于技术中立性原则，算法作为技术，本身没有倾向。但算法并非完全客观的产物，其代码是开发者编写的，开发者是有主观意志的人，所以算法带有人的主观意志，当这种主观意志有偏私并被写入代码之中时，就形成歧视。譬如"算法杀熟"造成的价格歧视。算法通过收集、分析消费者消费信息，了解其喜好，当消费者频繁购买某种商品和服务时，由算法发出高于正常价格的要约，形成歧视。

三、治理算法的法治进路

如果说数据是新时代经济发展的"石油"，那么算法就是数据"石油"的"炼油厂"，算力就是炼油厂的生产、萃取和传输能力等实质影响数据处理效能与效益的能力。要想充分挖掘数据价值，推动数字经济发展，实现互联网经济的提质增效，就必须加快完善法律规制，使算法算力对经济发展产生正向的引领和驱动效用。应以算法算力从开发到应用全过程为基础，从国家、企业、个人三大主体出发，构建规制体系。

（一）加快相关法律规范的科学有效供给

我国算法的法规制定处于起步阶段，相关规范散见于《民法总则》《刑法》《网络安全法》《电子商务法》等法律以及国务院及其部委出台的《数据安全管理办法》《信息安全技术个人信息安全规范》等行政法规和部门规章中。规范数量少、内容粗略，规范间缺乏衔接和统一，可操作性不强，未形成科学有效、层级合理的规范体系。建议整合现有规范，修改、删除不合理的规范，保留、完善仍有价值的规范，同时补充制定反映算法特征的新规范。形成以一部专门法律为主、其他各级各类规范性文件为补充的稳定性和灵活性相结合的治理算法的规制体系，明确算法规制基本原则，建立算法规制具体规范，对算法滥用、算法合谋、算法歧视、算法霸凌等新型侵权甚或是违法行为作出制度规范，针对算法从开发到应用的全过程构建体系完整、标准统一、权责明确、有机联系的法律规范体系，为算法行业及其产业化的持续健康发展提供法制基础。

（二）坚持政府监管和行业自律相结合

监管算法不仅需要公权力介入，同时也需要民间自律。当前算法行业专业化程度越来越高，对监管部门的专业化要求也越来越高，许多行政执法机构和人员缺乏相关专业知识，监管时力不从心。如果完全由政府来监管，不仅会提高行政成本，浪费行政力量资源，也会导致无法实现有效监管。因此应坚持政府监管和行业自律相结合。

在体系构建上，应建立以中央和国家网信部门为统筹、国务院和地方各级各主管部门负责职责范围内监管工作的行政体系和全国各级互联网、数据信息行业的协会和第三方专业机构体系，将监管部门的审查工作部分让渡给协会或经过认证的第三方专业机构，明确政府监管和协会、机构的权责边界；在监管方式上，建立算法使用前的第三方专业机构审查机制、算法使用过程中的监管部门随机抽查机制以及出现问题后的监管部门和第三方机构共同调查追责机制。由此，形成政府与民间合作、内部和外部合力、动态同静态结合的全方位算法监管体系。

（三）划定用户、企业权益及政府权力运行边界

算法不仅涉及开发和使用算法的互联网企业的权益，同时也与使用网络产品和服务的用户权益紧密相关。因此应明晰划分用户和企业的权益边界。具体来说，就是要明确规定用户在使用网络产品和服务过程中有哪些权利和义务、企业开发和使用算法有哪些权利和义务、用户和企业违反法律规定应承担何种责任以及责任的承担方式和分配原则。

除用户和企业外，政府也是算法使用者。政府在社会治理中也需要算法算

力辅助，此过程中涉及个人和企业的权益，面临权力和权利、国家和社会公共利益与个体利益的冲突，因此算法规制还应在国家和个体之间寻求平衡点。应立法规定政府开发和使用算法的事前审查机制、算法所涉对象的异议提出和处理机制以及权益受损救济和追责机制，从而厘定个体权益边界和公权力行使边界，使算法不但推动经济社会发展，也为国家治理体系和治理能力现代化建设作出贡献。

四、结　语

纵观人类历史上的技术变革，无一不推动生产力一次次飞跃提升，进而重塑社会上层建筑。金属制造技术和灌溉技术的发明和演进推动了奴隶制的瓦解和封建制度的孕育；蒸汽机的问世引领工业革命，催生资本主义大工业，为打破封建壁垒和自由资本主义制度确立提供了条件；发电机和电动机在使人类步入电气时代的同时，哺育了垄断资本主义制度的成长；半导体、计算机、人工智能等第四次科技革命标志性技术的出现，拉开了信息时代技术高速发展的大幕，促进了社会治理体系向信息化深度发展。今天，高端算法和强大算力为大数据、超级计算、区块链、人工智能等高科技发展筑牢根基，加快了科技与法律的深度融合，对法治社会的建设提出了更高标准和更严要求。相关法律制度必须与时俱进、革故鼎新，从算法全过程出发，加强对各类主体的行为规范，实现多元利益的统筹兼顾，为算法算力的发展筑牢法治根基。

（原文《如何加强对算法的治理》刊于《国家治理》2020 年第 27 期，收入本书时有改动）

法治经济下规制算法运行面临的挑战与响应

一、背景与问题

自党的十八届四中全会提出"为建设法治中国而奋斗"以来,"法治中国"的内涵与范畴不断得以丰富和完善,法治中国意味着不仅要实现法治国家、法治政府、法治社会的一体建设,而且要实现法治经济、法治军队、法治政党等的协调发展。❶ 其中法治经济作为高质量的社会主义市场经济的集中体现,其本质是基于规则治理的经济,是以权利为本位的经济,是在尊重自由市场秩序的基础上有机统合社会自治和国家规制的经济。❷ 概言之,法治经济本质上是一种制度经济和规范经济,是为了回应和解决市场经济运行中的扭曲,破坏自由公平竞争的行为和结构的一种预防性和救济性制度设计及其运行机制。法治经济的诞生需要以市场经济的充分发育和发展为前提,以自由公平的竞争文化和竞争环境为基础,是权利经济、竞争经济等一切有利于市场经济发展的制度和文化的聚合。

数字经济已成为新时代我国经济社会转型升级高质量发展的重要推动力,构成了我国参与新一轮全球科技创新和产业升级的核心竞争力。数字经济的发展,譬如共享经济、大数据经济、平台经济、算法经济及人工智能经济等不同形态的数字经济新业态,使得各项市场要素和各种要素市场都实现了高效配给和充分成长,转型期社会整体经济效率得到了显著提高。其中,数据作为"新世纪的石油"被竞相争夺,算法作为"新时代的引擎"成为数字经济发展的核心竞争力,为以数据特别是以"数据 + 算法"的数字经济高阶形态的人工智能经济发展打造了良好开局。

数字经济的高速发展在给当下和未来人类社会发展带来无限可能的同时,也引发了诸多对现有经济社会秩序的挑战与风险,具体到法治经济领域更是产

---

❶ 张文显. 治国理政的法治理念和法治思维 [J]. 中国社会科学, 2017 (4).
❷ 刘红臻. 解读法治经济及其建设 [J]. 法制与社会发展, 2016 (3).

生了颠覆性的影响和效果。譬如，当前全球主要国家和地区的竞争主管机构和相关司法机关对数字经济下平台企业的竞争治理态度与行动都在不同程度上显现出现行法治系统从理论到实践整体环节上的解释乏力和行动迟滞的症状。❶故此，当前对数字经济之于法治系统的挑战重点需要关注"数据与算法"两个领域，特别是后者已经构成了对数据运行现实效果的实质影响——数据价值的凸显和深度挖掘从根本上讲依赖于算法优化和算力提升——也成了数字经济进一步纵深发展的重要引擎和动力。算法是数学与计算机领域关于如何解决问题的一种模型、一个程序或一系列指令。算法和数据之间形成了互相掣肘又互相促进的复杂关系，实际体现了科技与法律的互动关系。❷算法技术通过实现数据资源以及数据思维的融合，造就了如今的大数据时代，打破了传统的经营者、消费者、监管者三者之间的关系。❸数据与算法的线上融合治理模式在填补了传统机制下海量数据浪费与计算力低下的空白、对生产力进行创造性转化的同时，更多地逐步实现了从赛博空间（Cyberspace）向物理世界的生产控制。❹通过数据资源的不断整合与挖掘，算法的不断优化与升级，在数字经济时代用户思维也逐渐呈现出以相关关系的分析方法取代传统的因果关系分析方法、大量分析决策被算法左右的趋势。❺由此，伴随庞大、复杂、多变的数据资源被算法所采集与计算，算法正悄然实现从生产机制到思维方式，乃至对物理世界的全方位控制，"算法之治"逐渐形成。相较于"政府之治"对网络空间的规制缺乏经验，且面临阻碍技术更迭的风险而言，❻算法作为"网络空间的自然法律"，具有治理网络空间的天然优势。

然而，算法目前在法律定位和实施机制上暴露出了诸多问题，在原有"互联网双边市场"的基础上，多边市场结构的出现和超级平台的快速发展，给我国的市场规制法律治理带来了严峻挑战，特别体现在以不当获取或违法使

---

❶　陈兵. 数字经济发展对市场监管的挑战与应对：以"与数据相关行为"为核心的讨论［J］. 东北大学学报（社会科学版），2019（4）；陈兵. 人工智能场景下消费者保护理路反思与重构［J］. 上海财经大学学报（哲学社会科学版），2019（4）.

❷　程莹. 元规制模式下的数据保护与算法规制：以欧盟《通用数据保护条例》为研究样本［J］. 法律科学（西北政法大学学报），2019（4）.

❸　迈尔 – 舍恩伯格，库克耶. 大数据时代：生活、工作与思维的大变革［M］. 盛杨燕，周涛，译. 杭州：浙江人民出版社，2013：69.

❹　胡凌. 超越代码：从赛博空间到物理世界的控制/生产机制［J］. 华东政法大学学报，2018（1）；郑戈. 算法的法律与法律的算法［J］. 中国法律评论，2018（2）.

❺　迈尔 – 舍恩伯格，库克耶. 大数据时代：生活、工作与思维的大变革［M］. 盛杨燕，周涛，译. 杭州：浙江人民出版社，2013：69.

❻　WEISER P J. Internet Governance, Standard Setting, and Self – Regulation［J］. Northern Kentucky Law Review, 2001（4）.

用数据为手段的算法设计及运行中。3B 大战中为例"Robots 协议"及"新浪微博诉脉脉案"中协同过滤算法所暴露出的问题,掀起了算法治理法治化讨论的热潮。可以说,算法世界具有以法律为指引予以规制的可能与必要,有必要尝试建立由算法规制网络空间、由法律治理算法的架构,最终达致算法之治与法律之治共融的制度体系。❶ 具体到经济法治领域,需要聚焦在激励和保障数字经济快速健康发展的同时,充分发挥和有效优化现行整个市场规制法律体系对算法的合理规制,释放机制体制的变革力量,以此促使创新激励、合规运行及消费者保护三者间达到动态平衡。

二、透过法治经济看算法的整体定位

当前,数字经济所涉及的人工智能(Artificial Intelligence)、区块链(Block Chain)、云计算(Could Computing)、大数据(Big Data)、边缘计算(Edge Computing),简称 ABCDE,大致涵盖了数字经济发展的主要方面和关键要素及技术,从其内涵和范畴来看具有高度一致的统合性和内生关联性。可以说,数字经济的演化与发展在本质上都是以数字数据资源和计算机算法技术为依托,对用户群体进行资源整合与重组的过程,❷ 是通过线上用户交易习惯的数据收集,达到线上线下资源的有效匹配调用与定制化服务,进而获得竞争优势,形成的是一种整体的闭环型日趋完美的生态系统。目前有关数字经济发展的法治讨论,包括但不限于大数据和算法等人工智能底层技术的发展与应用对法治运行的影响和回应、人工智能的风险困境及对策、人工智能对消费者权益保护的影响、❸ 数据权属、❹ 数据竞争、❺ 与数据相关行为规制❻等问题,而从算法的底层入手,系统整体地探讨算法通过怎样的形式和方式影响现阶段的产销机制、商业模式以及行为模式的研究成果鲜有见到,这对及时有效回应现实中算法运行引发的互联网领域的各类纠纷提出了挑战,法治理论研究滞后于算法实践需求成为制约我国数字经济法治化发展的瓶颈。为此,有必要将算法的

❶ 赵精武,丁海俊. 论代码的可规制性:计算法律学基础与新发展 [J]. 网络法律评论, 2016 (1).
❷ 胡凌. 论赛博空间的架构及其法律意蕴 [J]. 东方法学, 2018 (3).
❸ 陈兵. 人工智能场景下消费者保护理路反思与重构 [J]. 上海财经大学学报(哲学社会科学版), 2019 (4).
❹ 龙卫球. 数据新型财产权构建及其体系研究 [J]. 政法论坛, 2017 (4).
❺ 陈兵. 大数据的竞争法属性及规制意义 [J]. 法学, 2018 (8).
❻ 陈兵. 数字经济发展对市场监管的挑战与应对:以"与数据相关行为"为核心的讨论 [J]. 东北大学学报(社会科学版), 2019 (4).

实际运行置于我国现行市场规制法体系框架下，依据算法运行的不同形态和定位对位不同类型的市场规制法律法规的规制领域，实现立法、理论与实践的良性互动，准确匹配规制算法运行的相关市场规制法律法规，推动和规范算法在法治经济轨道上合规运行，同时升级法治经济在数字经济场景下的新的理论内涵与实践模式，实现现行市场规制法律体系在数字经济时代的优化与创新。

（一）从算法黑箱到算法分层

算法以数据为基础，经由机器深度自主学习，对数据进行深度挖掘，精准绘制用户画像，提高算法的精准度和可操作性，在从供给和需求两个层面促进市场竞争的同时，亦可能产生抑制竞争、损害消费者利益的风险和危害。譬如，从供给侧层面看，算法可以提高市场透明度，优化产业结构，激励经营者创新发展，为消费者提供更优的服务，达到社会资源配置的效能化与智慧化，实现市场要素和要素市场的完美结合。从需求侧层面看，算法可以强化用户力量，帮助消费者理性选择，降低交易成本。[1] 然而，由于算法具有不透明性，在数据的输入和输出间形成一片"灰色地带"，算法以深度学习的形式呈现给我们的是无比精确的结果，最终带来的是经营者和消费者间的信息不对称，其被称为"算法黑箱"。"它并不只意味着不能观察，还意味着即使计算机试图向我们解释，我们也无法理解"，[2] "算法透明不等于算法可知，在它们之间至少存在着四道障碍：披露对象的技术能力、算法的复杂化、机器学习和干扰性披露"。[3] 无论是算法共谋还是算法歧视，在深度学习中都难以辨识，导致的结果是算法通过不断优化学习对人类越来越熟悉，而人类本身对它却毫不了解，导致人类自身利益在何时何地被侵犯也毫不知情，完全处在被算法所支配的状态，时刻处在一种被算法所计算的风险和危害之中。故此，有必要从算法的计算原料入手，围绕与数据相关行为所对位的算法层级及运行样态解读不同层级的算法可能引致的各类法律风险，有针对性地予以分析并在此基础上寻找适当的规制依据及方法。

与数据相关的行为通常可以分为数据采集、数据计算、数据服务和数据应用等四大行为类型。[4] 数据采集行为作为整个大数据和算法系统的起点尤为重

---

[1] 韩伟. 算法合谋反垄断初探：OECD《算法与合谋》报告介评：上［J］. 竞争政策研究，2017（5）.

[2] 许可. 人工智能的算法黑箱与数据正义［N］. 社会科学报，2018 - 03 - 29（006）.

[3] 沈伟伟. 算法透明原则的迷思：算法规制理论的批判［J］. 环球法律评论，2019（6）.

[4] 陈兵. 数字经济发展对市场监管的挑战与应对：以"与数据相关行为"为核心的讨论［J］. 东北大学学报（社会科学版），2019（4）.

要，它主要包含 Web 端和 APP 端的日志采集，其所收集的大量生产消费业务端的数据——Cookie 辅助数据、页面浏览日志以及页面交互日志等，正是各大互联网平台竞相掠夺的"石油资源"。然而，海量的多样化的数据采集并不能直接产生价值，只有经过分析、计算及整合才能被用于挖掘潜在的有用信息，实现机器的自主深度学习，提升算法的计算能力和精准度。这就需要将海量的数据资源通过传输系统传入第二个层级——数据计算层作为整个大数据和算法系统的核心层，这决定了数据的开发价值，并开始对大数据赋能赋值。数据计算环节主要由数据存储及计算云平台、数据整合及管理体系两大部分组成。数据存储及计算云平台包括离线计算平台和实时计算平台，分别满足存储、离线计算与流式计算的需求。❶ 数据整合及管理体系是在数据存储及计算平台的基础上实现数据的深度挖掘，涉及数据与算法的融合。数据经过算法挖掘后，其价值远超数据本身，真正实现了经由算法挖掘和提升数据的价值。算法作为整个数据计算的中枢系统，所体现的是从海量数据中挖掘出有效信息的技术和能力。为了更好地实现算法技术和能力的优化和提升，数据平台企业设立了数据与算法中台，以便于从不同的场景中抽象出几类有代表性的场景，从而得出相应的数据处理模式。主要的数据科技企业基于 Hadoop 数据架构设计出了超大规模的数据分析和计算模型，如 Google、Facebook、亚马逊等。如果说数据采集行为所提供的是数据平台企业运营的"能源燃料"，那么数据计算行为所提供的分析与算法技术和能力，则是整个数据系统有效运行的动力引擎，是决定一个数据科技企业能否高速持续发展的竞争力展现。

在数据计算和服务行为中，数据被整合和类型化，可以用于商品生产和应用开放，即步入所谓的数据服务层，通过接口服务化的方式对外提供数据服务，尽可能少地使用接口数量，使数据服务走向平台化，使得服务提供者可以通过统一的标准规范，快速检索、调度数据用量，完成简单数据查询、复杂数据查询（如用户画像等）和实时数据推送等服务。在这一过程中数据经过一系列处理，需要通过合适的应用实现价值最大化，这就是数据应用层的作用。其中数据的应用可以体现在方方面面，如定向定制广告、金融、推荐、搜索等。在数据应用层，对数据的应用可以体现在对内、对平台、对商家、对公众的作用上。❷

---

❶ 阿里巴巴数据技术及产品部. 大数据之路：阿里巴巴大数据实践［M］. 北京：电子工业出版社，2017：116－118.

❷ 阿里巴巴数据技术及产品部. 大数据之路：阿里巴巴大数据实践［M］. 北京：电子工业出版社，2017：116－118.

综上，可以将与数据相关行为概括为以数据采集为起点，以数据计算为核心，以数据服务和数据应用为目标的一个完整的闭环系统。在这个系统下算法的价值被无限扩大，算法可基于不同的处理模式，实现对相同数据资源的反复多次利用与不同的排列重组，进而获得不同的价值和功能。经营者需要的不仅是基础的数据资源，更多的是利用算法和算力对数据进行挖掘和应用，以揭开算法实现生产力转化的面纱。在这一过程中便无法避免地去回应和解决算法黑箱等问题的出现给数据挖掘和应用带来的一系列现实危害和潜在风险。换言之，在目前和未来规制算法运行的过程中亟须从算法运行的不同场景或者说不同层级出发，寻找相应的规制法体系和工具方可有针对性、实质性地解决算法运行给法治经济发展带来的诸多挑战。

（二）基于算法分层对位现行市场规制法体系

通过对与数据相关行为的解析不难发现，算法分层与各类数据行为紧密相联，由此引发的算法运行给现行市场规制法体系带来的挑战，在很大程度上可以结合具体数据行为予以观察。譬如，在数据采集中利用算法进行数据非法爬（抓）取的现象频繁，在数据服务计算和服务中算法歧视或算法共谋的现象已经引起了诸多讨论，进入数据应用环节所涉及的算法黑箱问题越发显现，也因此引发了诸多对消费者公平交易权、自由选择权、数据自决权等消费者权益问题的思考。当前，以数据和算法为核心的数字经济在全球得以迅猛发展，我国作为数字经济大国，正在迈向数字经济强国，构建市场化、法治化及国际化的数字经济发展体系，成为国家治理体系和治理能力现代化建设的重中之重，以积极回应"大力发展数字经济是建设现代化经济体系的关键支撑"这一战略部署和时代需求。[❶] 故此，需要立足我国现行市场经济法治体系，特别是市场规制法体系认真全面地检视算法运行带来的新挑战，以此为纲分析和设计规制算法的相应方案。

当前，我国市场经济法体系按照二分法的模式，分为宏观调控法与市场规制法。其中宏观调控法包括三个部门法，即财税法、金融法和计划法等；市场规制法体系包含反垄断法、反不正当竞争法、消费者权益保护法等。由此可见，整个市场规制法体系主要涉及公平自由竞争与消费者保护两大方面。从市场运行的现实观察，竞争法治主要是从供给端调整和规制市场，消费法治则主要是从需求端调整和规制市场，二者相辅相成，其共同的目标是提升和维护消费者权益。简言之，竞争与消费之间存在必然且直接的交互作用，竞争为了消

---

❶　刘刚. 要把发展数字经济作为城市的新使命［N］. 天津日报, 2019 - 12 - 23（009）.

费，消费激励竞争。进入数字经济时代，竞争与消费的关系更加密切，即任何数据行为及与之相关的算法技术及运用在影响竞争的同时，亦必然影响到消费（者）利益。可以说，数字经济下公平自由竞争与消费者利益实现之间的密切程度胜过了以往任何经济形态。故此，在数字经济时代，以竞争与消费（者）保护为整体场景，依循数据行为及算法形态的场景变化，对位市场规制法体系的主要结构，拓宽和完善公平自由竞争秩序与消费者保护的路径，乃是现行市场规制法体系革新升级的必由之路。

具体而言，数据爬取或抓取等涉嫌违规采集数据的行为在本质上即为违法或不当设计和运行算法的行为，其行为的不正当性主要可由反不正当竞争法予以规制；在数据计算和服务中容易出现算法合谋或共谋现象，这看似是一种基于数字数据发展而出现的新问题，然而实质上其判断基准仍然源自反垄断法上垄断协议构成要件的识别，尚未突破现有反垄断规制理论与原则；在数据运用过程中利用大数据所绘制的消费者精准画像，极易帮助经营者实施算法（价格）歧视，其除涉及反垄断法上滥用市场支配地位行为中的不公平高价或低价以及差别定价外，还涉及消费者保护理路的重构与拓展。故此，由数据的底层算法出发，数据四个层级所带来的规制挑战，如数据爬取、算法合谋、算法歧视，可相应对位反不正当竞争法、反垄断法、消费者权益保护法的调整范畴。反垄断法、反不正当竞争法、消费者权益保护法与算法分层对应、协同共进显得尤为重要。

三、数据爬取引发反不正当竞争法实施新场域

数据对市场竞争具有深远意义，各大数据科技企业已打响了对数据资源的争夺战。数据的获取方式除依托自家用户的聚集效应外，还有两种方式：一种称为"数据开放协议"，即通过数据占有或控制主体以第三方 Open API 的形式开放编程接口，合法地授予其他经营者；另一种称为"数据爬取"，即未经过数据占有或控制主体的授权，通过爬虫程序的运行，实现数据的获得与摘要的形成——为了规范数据爬取行为的适当性和正当性，业界形成了公认的行业惯例 Robots 协议，其是法院认定互联网企业行为的重要标准。关于 Robots 协议的法律属性及定位，其究竟能否作为反不正当竞争行为认定中的公认的商业道德这一关键性标准，在学界中存在不同的声音。事实上，随着大数据、云计算、人工智能等技术的深度融合应用，以往呈现为数据领域的竞争愈发凸显为以数据为基础原料的算法算力间的竞争。Robots 协议这类技术本体的规则设定，从表象上看似为了防治不当的数据争夺，而实质上是开启了算法之间的

对垒与博弈，揭示了技术与法律之间的交互关系。何为 Robots 协议所设立的合理边界，算法运行下的数据抓取与合理共享的阈值如何确立，这些问题都亟待澄清。如果说数据资源和用户数量是企业获取和维持其核心竞争力的根本，那么随着算法的优化和升级，基于数字行业的专业性和特殊性，算法已然成为数字企业进一步发展的动力引擎。在算法的广泛适用下，数字企业对数据资源的争夺已然涉及算法算力之间的竞争，由此引发了反不正当竞争法实施的新场域。

譬如，被称为"数据不正当竞争第一案"的新浪微博诉脉脉案，❶ 脉脉在未获取新浪微博其他高级接口且新浪微博服务器未出现爬虫程序留下的访问记录的情况下，主张利用协同过滤算法获取了微博用户信息，并在此基础上实现了手机通讯录联系人与新浪微博用户的对应关系来作为抗辩理由。然而，受案法院经审理最终认定，协同过滤算法必须以数据的数量和质量为基础，短时间难以形成如此精确的对应联系，故判决脉脉非法抓取新浪微博的数据信息，构成不正当竞争。以此案为引，各类算法诸如爬虫程序、协同过滤算法等新兴科学技术对数字经济下新型不正当竞争行为的精确认定带来了挑战，引发了社会各界对算法运行规制的广泛关注和认知困惑。在实践中算法运行所带来的新型的竞争行为方式与具体行为，很难完全地在现行《反不正当竞争法》中予以规范，目前法院在审理该类案件时，更多地倾向适用《反不正当竞争法》第2条的"一般条款"予以认定。这在很大程度上导致了"一般条款"的过度适用，影响了《反不正当竞争法》适用的谦抑性，也使法院面临在互联网场景下如何分配"竞争关系"与"行为正当性"之于不正当竞争行为认定时的关注比例❷的挑战。从当前实践来看，虽然现行《反不正当竞争法》设置了"互联网专条"，但是并不能实质性解决"算法之战"所引发的具体竞争纠纷案件。譬如，从数据爬取（或抓取）的两个阶段——数据爬取和爬取后利用的环节分析算法运行引发的反竞争行为与效果中窥见一斑。

在数据爬取（或抓取）阶段，爬虫程序和行为的出现是计算科技发展到一定程度为推动数据流通，实现数据共享的结果，而 Robots 协议的技术规避措施则是对爬虫程序和行为的合理且适当防御。有关数据爬取的算法之争，说到底是时代变化中的各种利益博弈，科技与法律在面对同一现象时的博弈。客观而言，科技发展所产生的问题首先应交给科技本身去解决，在科技路径和具

❶ 张璇. 大数据不正当竞争第一案的烧脑庭审［N］. 人民法院报，2017－04－10（6）.
❷ 陈兵. 互联网经济下重读"竞争关系"在反不正当竞争法上的意义：以京、沪、粤法院2000～2018年的相关案件为引证［J］. 法学，2019（7）.

体方法出现无法或暂时不能作出符合整体社会公共利益所需的情势下，就需要引入其他外部性的方式和手段予以补足。为此，一方面，仍需加大对科技创新的支持力度，促成相关关键技术的自主研发，通过科技进步引导市场有序竞争，实现良性发展。譬如，创新和利用区块链技术破除数据垄断，加强数据流通。另一方面，从算法本身的设计入手，实现算法与内容的统一，注重商业价值与社会价值的统一。譬如，在优化目标函数上加入协同过滤算法，利用大数据、人工智能的监督算法定向排除不正当竞争的目的算法，强调利用科技手段进行监管，提升市场规制法律实施中的科技含量与科技手段。在此，以大数据、云计算、人工智能等发展为契机，建立"智能型全周期监管系统"，设置算法法治化的合理阈值，定义算法的质量标准，包括算法的必要透明级别、对所涉及的 Robots 协议、协同过滤算法等，同时关注作为学习与训练的数据样本的误差，对算法可能涉及的隐私保护、公平性、竞争扭曲程度等进行效果评估，并对拟采用的数据处理算法进行依据比例原则的审查。❶ 特别关注行业协会与经营者在算法规制中的价值和作用，譬如，许多政府鼓励和支持行业协会与企业制定关于人工智能的自治性伦理框架，推动政府规制与行业标准的有效衔接，同时强化和提升企业的自律，促使企业走向算法合规审查。

面对数据被爬取（或抓取）后的利用行为，对比 HiQ 诉 LinkedIn 案、大众点评诉百度案、新浪微博诉脉脉案，对数据的利用无论主张以协同过滤算法、爬虫程序等算法形式获得，还是以 Open API 等方式经授权获得，对数据的利用需要时刻保持合理限度，不得因此而不当攫取数据方的相关流量与利益，犹如大众点评诉百度案判决书中所指出的："虽然百度公司的搜索引擎抓取涉案信息并不违反 Robots 协议，但是这并不意味着百度公司可以任意使用上述信息，其完全可以凭借技术优势和市场地位，以极低的成本攫取其他网站的成果，达到排挤竞争对手的目的。"当然也不能走向 LinkedIn 利用传导效应实现对数据的排他性支配的道路。故此，建议以动态利益平衡为数据合理利用设定正当性边界，关注对数据主体利益、其他经营者利益、消费者利益、市场创新公共利益的综合考量，以实现经营者利益、消费者利益以及国家和社会公共利益的有机统一。

---

❶ 裴炜. 互联网时代个人数据概念重构及保障性规范探索：以欧洲相关制度和判例为视角［J］. 法治现代化研究，2018（2）.

四、算法合谋引致反垄断法实施新挑战

随着互联网和物联网经济的深度发展，人工智能算法和算力的水平已被看作衡量互联网企业核心竞争力的重要组成部分，企业通过投入大幅度的科技研发成本来不断优化算法，方能在市场竞争中维持和增进其竞争实力。在这一过程中互联网企业，特别是那些平台企业在获得巨大的科技增益的同时，也一次次触碰到科技创新与科技合规之间的边界与底线，这种挑战首先出现在市场竞争规制领域。互联网平台企业数年来一直在使用自动定价算法，其允许入驻商家通过动态定价来区分市场，该算法在旅游业、酒店预订、零售等行业得到广泛运用。在算法支配下形成的是一种高度需求导向的价格市场，价格算法根据可用库存和预期需求来优化价格，动态价格不仅可以匹配供给和需求，还可以在需求高涨时调度增加供给。譬如，在航空和零售领域，机票的价格随着时间点与需求的变化实时调整，整个价格机制展现的是对市场需求调节的灵敏度与响应度。然而，这种机制极易引发跟随效应，某一家企业的算法自动调整了价格，相应地整个行业中其他的企业很可能根据相同功能的算法发出的"信号"，开启接力赛跑的涨价游戏，最终企业间在外观形式上达成一种联合涨价的横向垄断协议。然而，如果要运用反垄断法规制该类算法却不是那么容易，因为其规制的合法性和正当性受到了挑战，即基于算法自动形成的横向垄断协议是否存在企业之间的合谋或者共谋要素应如何进行认定。换言之，对算法的合谋或共谋是否需要考察主观要素，这对现行反垄断法规制协议垄断行为的惯常分析框架提出了挑战。

合谋或共谋是反垄断法规制的重要对象，根据我国现行《反垄断法》第13条和第14条之规定可分为横向垄断协议和纵向垄断协议。无论是横向还是纵向，其合谋或共谋行为的成立都需要行为主体的意思表示，包括明示合谋或默示合谋。其中明示合谋通常以文字、口头等积极的形式达成排除、限制竞争的意思表示的一致，默示合谋通常以行为或以博弈论"聚点"的方式维持合谋的意思基础。算法则为企业合谋的达成提供新的途径和方法或呈现为一种新的合谋形式，即它可以通过改变市场要素来促成合谋的达成，也可以作为一种合谋的工具甚至是表达来成就相关协议，使得合谋趋向于默示化和扁平化。目前，算法合谋产生的问题大致可分为两类：一类是算法只是作为相同问题的不同表达形式，现有反垄断规制理念和方法仍可适用；另一类则是算法通过机器深度学习的方式颠覆了现行《反垄断法》规制框架与具体方法，对《反垄断法》适用产生了强烈冲击。具体表现为：一方面，市场上的企业会因精准的

算法提升数据的挖掘能力，使数据的获取能力大幅提升，减少数据获得成本；另一方面，算法会使企业快速预警市场潜在威胁，实施预防性打击。❶ 此外，在同类产品的集中市场中，算法可以在足够程度上监控竞争者的销售价格和销售的其他关键条件，提供稳定和预测的工具，对偏离者（竞争者）进行可靠而有效的反击。❷ 从目前实践看，后者的影响大于前者，算法的运行在客观上会形成市场进入障碍，导致市场集中度提升。整个市场也会因算法的创新与应用，形成产业的革新，各家企业不间断地收集竞争对手的信息，在竞争对手间创造出一种自动趋向透明的环境，使得出现算法合谋的风险增加。❸ 在此种自动趋向透明的市场环境下，加之算法合谋表现形式的隐蔽性和多样性，将导致反垄断执法机关对此领域合谋行为的发现和认定更为困难，引致反垄断法实施的新挑战。

算法合谋主要分为四大类型，包括信使型合谋（The Computer as Messenger）、轴辐型合谋（Hub and Spoke）、预测代理型合谋（Predictable Agent）、自主学习型合谋（Autonomous Machine），分别与监督算法（Monitoring Algorithms）、平行算法（Parallel Algorithms）、信号算法（Signaling Algorithms）、自我学习算法（Self–learning Algorithms）四大算法类型相对应。其中信使型合谋与轴辐型合谋尚未超出传统的合谋形式，算法只是作为承载合谋的一种载体，提供更多的是一种合谋实现平台。然而，预测代理型合谋则发生在企业间，通过独立设置算法，以迅速的反馈机制和极低的合谋成本捕捉市场需求与价格变动，实现企业间合谋信号的多维响应，直至企业间建立起相互依赖的互动联系。换言之，企业可以通过设置消费者无法发觉，然而其他相关竞争者的算法可以察觉的算法，以极低的成本预测并暗示市场上其他竞争者，使单边涨价行为掀起行业联合涨价浪潮。这类算法合谋行为对现行反垄断法的挑战可谓巨大。首先，此类行为虽然由人为设置生成，外观上却表现为算法间的互动联系，这类由算法主导的默示合谋是否应该受到反垄断法规制有待探讨；其次，假设需要对此类行为予以规制，那么获取和固定使算法具有反竞争目的和效果的设计技术的证据极为关键，关于算法的技术认定问题将成为摆在执法人员与法官面前的巨大挑战。自主学习型合谋则完全无人为意图涉及，为实现既定的价值目标，譬如利润最大化，通过机器深度学习，使整个过程由算法主导自主

---

❶ 陈兵. 人工智能场景下消费者保护理路反思与重构［J］. 上海财经大学学报（哲学社会科学版），2019（4）.

❷ 李振利，李毅. 论算法共谋的反垄断规制路径［J］. 学术交流，2018（7）.

❸ 韩伟. 算法合谋反垄断初探：OECD《算法与合谋》报告介评：下［J］. 竞争政策研究，2017（6）.

安排，自主自动地执行。为了达成这一既定目标，算法的深度学习的智慧功能很可能会通过合谋的形式实现利润最大化，且只能通过结果判断而无法得知整个过程。这与预测代理型合谋最大的不同在于关于限制竞争意图的审查，而此类合谋更容易通过正当理由逃避反垄断法的审查。

目前有关算法合谋的案例较少，其中最具代表性的是美国的 Uber 案。依上述分类看，其属于轴幅型合谋，即算法提供了一个平台，作为贯穿横向关系与纵向关系的连接点，能动地协调处于各个层级的经营者，促使达成相关合谋。仅就此案分析，从合谋动机、合谋形式、相关市场界定等多个方面，法院通过援引 United States v. Apple, Inc 案较多地支持了原告的主张，承认横向合谋和纵向合谋的存在。然而，由于后来该案转向仲裁，关于相关法律的认定并未得出明确结论。必须承认，关于算法合谋领域的竞争法规制研究刚起步，算法带来的现实或潜在风险是否需要积极规制以及如何规制，还需进一步探讨。然而，总体上就算法存在的风险亦达成了以下几点共识：其一，以"黑箱"形式著称的算法透明度不足，易导致信息的不对称；其二，算法设计易滋生反竞争意图的概率较大，且较为隐蔽；其三，算法容易产生合谋、歧视的市场土壤。为此，国际上现有的竞争规制方案主要体现为：首先，规制算法的透明度，实行强制公开算法与算法问责并重；其次，从算法设计着手，切断算法间的互动联系，通过市场调研加强事前控制，实施"早发现，早解决"，消除可能威胁；最后，从事中事后监管的角度，对发现的算法合谋行为实行积极规制。

具体到我国对算法合谋的反垄断法规制，在现阶段不能以简单粗暴的一刀切的手段去轻易左右互联网市场上的算法运行，应倡导多元共建共治的平衡理念，找寻政府审慎规制、社会合作规制、企业积极自制的结合，建立精准规制、科学规制的长效机制。算法的发展需要一个不断反馈修正的过程，其动态更新尤为重要，通过与用户的信息交互，强化学习效果，以不断改进算法，是促使算法减小合谋危害或风险的核心手段。正如前文所提及的回应和解决由科技发展引发的问题首要的还是要依靠科技自身。在实践中对合法合规的算法，应建立有效的保护措施，防止不正当的算法窃取行为，激励企业科技创新。同时，对具有反竞争目的的算法形式，要建立有效的算法问责机制，通过多种控制系统的合作，确保应用者在使用中能够从"透明度""可归责性""可解释性"等方面检验算法是否依据意图工作，并对算法潜在的危害进行识别与矫正。需要特别注意的是应严格区分不同的算法合谋形式是否对反垄断法制度的基本框架结构造成了实质的冲击，仅对不能适应现实需求的部分作出适度修正，而并非颠覆性的全盘否定。

五、算法（价格）歧视引申消费者保护新进路

从经济学的角度讲，价格歧视是基于用户的价值选择来设定相同产品不同的出售价格，以此来获取消费者剩余的行为。企业设置不同价格的行为并不必然引起执法机构启动竞争法规制，用户通常可以诉诸消费者法、价格法等与之相关的法律规范来救济自己的正当权益。虽然，公平自由的市场竞争秩序有助于解决价格歧视引发的违法问题，但是，在实践中启动竞争规制的前提在很大程度上有赖于某歧视行为是否破坏了市场正常的竞争秩序，是否损害了消费者利益，并且在市场竞争秩序损害与消费者利益损害之间形成了一种逻辑关联，由此在现实中导致了适用竞争法对消费者利益的保护仍然是一种间接保护或者是终极保护，而非是一种直接保护。❶ 虽然在反垄断法上存在规制排他性滥用行为和剥削性滥用行为的条款，但是在竞争法实施中对剥削性滥用行为及其规范却一直未得到足够重视，以至剥削性滥用行为条款一度处于休眠状态。这在一定程度上导致了适用竞争法，特别是适用反垄断法规制不断出现的大数据杀熟问题时遭受的理论困惑与实践困境。譬如，2018 年，携程被曝"酒店同房不同价"的定价行为，倚仗老顾客的信赖对不同客户群进行区别定价，这种侵犯消费者知情权的行为也损害了交易的公平合理性，❷ 同时也引发了对客户的不平等对待问题。然而，竞争法对此并没有足够的应对。面对此种窘境，亟须从消费者保护法律体系的更新和进路的拓展出发，以问题为导向，以解决问题为目标，将基于算法这类新技术引发的歧视用户（消费者）利益的行为纳入消费者保护的整体视域下，做好市场规制法系统内部的交互补位，防止市场规制法系统对算法歧视这类行为的规制缺失及规制乏力。

源于算法的价格歧视，与传统的价格歧视通过评估交易数量给予不同折扣条件，以提高客户忠诚度直至封锁市场的模式不同，具有数据优势的互联网企业通过"大数据＋算法"得出用户支付意愿的预判，进行建模分析，划分消费者类型，刻画用户消费画像，消除了企业无法获知个体消费能力的营销障碍，❸ 根据用户的不同需求采取个性化定价，对每个用户"恰好"收取"保留价格"——设定用户愿意支付的最高价格来实现利润的最大化。算法价格歧视可形成只在教科书上存在的一级价格歧视，是互联网企业企图把定向个性化

---

❶ 王晓晔. 反垄断法［M］. 北京：法律出版社，2011：24 - 33.

❷ 胡蓉. 携程的辩解能洗白"杀熟"嫌疑吗？［N］. 深圳商报，2018 - 05 - 19（A05）.

❸ 刘友华. 算法偏见及其规制路径研究［J］. 法学杂志，2019（6）.

推荐的算法成本转嫁到消费者身上的"伎俩"，在数字经济市场上极为常见。同时，源于算法的歧视行为本身在正当与违法之间的边界逐渐模糊，法律是否需要介入以及如何介入具有极大的不确定性。近年来不断被各大媒体报道的各类"大数据杀熟"现象，有网友发现大量互联网企业利用现有的数据资源，设计算法对老用户实施歧视定价，所涉领域包括旅游业、酒店预订、零售、体育和娱乐业等。对不同的用户实行不同的价格方案究竟是正常的市场行为，还是应由法律所禁止的不正当、不公平攫取消费者利益的违法行为，算法所引起的合法与违法的界限应该如何划定，还需要进一步论证。然而，现实的问题是在理论研究和制度变革尚未能满足实践需求时，有权机关并不能以法律没有规定而拒绝受理并给予有效的救济，故此，在加快理论研究的同时，还需要加大实践创新的力度，寻找规制算法歧视的消费者保护进路。

算法歧视是现代商业策略在算法领域的一种新的表现形式，仅依靠已有的经验来判断其正当性或违法性问题尚不具备充足的理据。譬如，企业利用算法对个人行为数据进行的"评级""评估"等，并依此为依据分配资源，本质上是自动化决策的结果，很难说其具有人为的歧视性评价，实现完全公正的评价和分配结果无疑是对现阶段算法运行的苛求。故此，在秉持包容审慎态度的基础上，在算法出现的风险集中爆发前，应当恪守在仅当"自动化决策"加深了偏见或出现与经验相悖，且无法得到合理解释的结果时，才需对该决策失误进行相应的矫正与救济的这一原则。虽然，当前算法歧视问题尚不能有效依靠竞争法实现对消费者利益的维护和救济，但是可以考虑从消费者法的维度实现对消费者利益的保护，并以算法歧视为改革的逻辑起点，为消费者法的更新注入新的活力和动力。

事实上，从早期的用户（消费者）、数据、算法作为相对分离的互联网经济市场要素，到三者间相互作用不断融合逐渐形成了一个生态型的市场要素包，三者间已经密不可分共同构成了互联网企业竞争的必需资源。随之而来的是有序竞争与消费者保护之间的深度交织，给现行市场规制法体系中的竞争法与消费者法的适用带来了挑战。以往相对分立的竞争法与消费者法实施模式亟待予以调整，以消费者保护为核心的市场规制法实施定位正在形成，许多基础性问题仍然有待澄清，譬如，关于消费者隐私利益是否需要纳入竞争法实施之中，目前在理论与实务界仍存在不同声音。❶ 当然，消费者法与竞争法作为我国现行市场规制法体系中保护消费者利益的两种进路，尤其是在互联网经济下是一个问题的两个面向，二者之间具有天然的一致性。从消费者选择分析这一

❶ 韩伟，李正. 反垄断法框架下的数据隐私保护［J］. 中国物价，2017（7）.

范式出发，竞争法实现的是对消费者选择范围的保护，而消费者法则旨在提升消费者选择能力，二者在功能上具有互补性，[1] 理应具有协同实施推进消费者利益更好更完备地实现的可能。[2] 然而，在现阶段由于我国竞争文化发育不成熟，竞争规范中反垄断私人实施等机制尚不完善，竞争法尚未发挥出对消费者保护的应有力量。在实践中，"3Q 大战"以及近年的"新浪诉脉脉""大众点评诉百度"等案，加深了数字经济时代数据的竞争性与消费者数据保护之间所存在的关联，同时也暴露出竞争法对消费者利益保护的乏力。故此，面对数字时代日益复杂且不断交织在一起的公平自由竞争与消费者利益保护问题，协同好竞争法与消费者法的关系，促使竞争法与消费者法合作发力乃是历史必然，时代所需。

首先，应重新审视消费者公平交易权、自由选择权实现的场景与进路。其一，数字经济的消费需求已从传统的普通化和大众化向定制化和精细化转向。如前所述，用户、数据、算法三者间的有机结合形成的是一种基于深度学习的个性化服务，企业基于算法所作的"用户画像"及精准投放是用户选择商品的基础，甚至在一定程度上决定了用户的交易结果。如何保障在由算法主导的整个交易过程中用户公平自由的交易机会和权益，是亟须回应的现实问题。其二，虽然企业通过算法运行来获取数据是建立在消费者授权的基础上，存在一定对价，但是，从公平交易和自由选择的维度看，这一授权和对价设定的公平性和正当性有待进一步澄清。事实上，在目前企业对消费者数据的采集、存储、计算、分析及使用环节，由于各类算法运行仍然存在不透明和不可解释的特征，很难真正实现消费者与企业之间的公平交易与自由选择，存在对消费者利益不当攫取和违法限制的风险和危害。进一步讲，由于互联网市场上优势企业对用户的强大锁定效应，消费者所拥有的在某一优势平台上的数据、资源以及基于数据分析所获得的定制化服务，由于其高昂的转换成本和忽略不计的转换收益，钳制了消费者转向其他更具创新力、服务更优质的企业的可能。这里的自由选择权在客观上表现为一种转向困难下的主观不能，但在形式上却呈现为消费者自由选择的结果。长此以往，初生的创新型企业因得不到用户与数据的有效供给，在相关市场竞争中无法生存和发展，最终导致相关市场上无其他具有竞争力的企业，恶化了消费者自由选择的环境，从早期的转向困难下的主观意志不能，到最终沦为转向不能下的客观行为不能。

[1] 马辉. 反垄断法与消费者法的合作规制研究：以消费者选择为分析范式［M］//王先林. 竞争法律与政策评论. 北京：法律出版社，2017.
[2] 陈兵. 反垄断法实施与消费者保护的协同发展［J］. 法学，2013（9）.

其次，建议对消费者安全权予以扩张解释。我国现行《消费者权益保护法》所列举的第一项权利即为消费者安全权。对所有消费者而言，在购买和使用商品或接受服务并提供对价后，经营者就被赋予了保护消费者的人身、财产安全的义务。在数字时代，非价格维度作为互联网双边市场乃至多边市场上的主要竞争焦点，在消费者支付个人数据的对价后，理应获得与之相应的充分有效的保障。虽然，现阶段对数据人格权、财产权的设置在不同国家和地区呈现出不同的态势，有关数据的基础权利的研究仍有待完善，❶ 但是至少表明随着数字经济的发展，消费者数据权益属性的强化将会是时代发展的趋势，消费者安全权的内涵与外延也应随之拓展。

最后，结合数字经济下算法运行的具体特征，积极尝试建立以消费者法为中心的多元融合的市场规制法体系。在廓清竞争法与消费者法的合作规制的进程中，树立协同融合的实施理念，实现两者的统筹推进，强化对消费者保护的实效价值，减少宣示性的制度供给，使消费者法在规制算法运行的过程中起到对消费者利益保护的基础作用，拓宽消费者法的内涵与外延。

六、结　语

信息通信技术和数字数据技术的融合发展，给数字经济的高速成长提供了肥沃土壤，更为法治经济实践带来了巨大挑战，同时也注入了新活力和无限动能。我国正全面迈入数字经济时代，正在从数字经济大国走向数字经济强国。可以肯定地说，数字经济正在或已经成为未来经济发展的新动能和新方向，其不仅给数字数据的高效整合、算法创新、算力提升提出了更高要求，带来了无限可能，而且更将为未来市场竞争格局的变化带来一系列颠覆性影响。上文通过对数字经济场景下与数据相关行为的解析，廓清了不同阶段数据行为所对位的分层算法，并以算法运行为中心就现行市场规制法体系中主要包括的反不正当竞争法、反垄断法及消费者保护之间的关联作了系统分析。基于在数据采集和数据计算中所出现的算法之战——以数据爬取（或抓取）现象为表征——引发的现行反不正当竞争法项下"互联网专条"与"一般条款"适用的协同与整合问题，同时探讨了 Robots 协议与协同过滤算法之间的认定界限。与数据服务行为所对应的主要是算法合谋问题，其不仅带来了传统问题的新的表达形式，更展现了算法技术及算力对现行反垄断法理论和实践进行颠覆性变革的影响及可能，适用反垄断法规制算法运行面临巨大挑战。在数据应用环节，大

---

❶　龙卫球. 数据新型财产权构建及其体系研究［J］. 政法论坛, 2017（4）.

量出现的算法（价格）歧视现象引发了对现行消费者法保护制度的反思与重塑，扩容消费者法进路，统筹竞争法与消费者法在数字时代保护消费者利益的合作规制方式值得期待。故此，从算法分层的维度，聚焦数字经济对整个市场规制法体系的挑战，找寻适宜时代发展的规制思路与规制框架，强调科技本身作为解决问题的第一要义，推动现行市场规制体系走向层次化、协同化及融合化，探索竞争法与消费者法在市场规制法体系下的合作规制模式，突出消费者法的基础作用，实现创新发展、有序竞争、消费者保护三者间的动态平衡。

（原文刊于《学术论坛》2020 年第 1 期，收入本书时有改动）

把社会主义核心价值观融入人工智能
立法的必要与可能

　　社会主义核心价值观是我国各项事业能够得以科学发展和合规运行的思想基础与规范引领，集中表达了社会主义核心价值体系的基本构造和实践要求在法治国家、法治政府、法治社会建设中的基本内涵和实践维度。从 2012 年党的十八大明确提出"富强、民主、文明、和谐，自由、平等、公正、法治，爱国、敬业、诚信、友善"二十四字的社会主义核心价值观，到 2017 年党的十九大进一步指出"社会主义核心价值观是当代中国精神的集中体现，凝结着全体人民共同的价值追求"，至 2018 年 6 月，习近平总书记在中央外事工作会议上对当前局势作出"当前中国处于近代以来最好的发展时期，世界处于百年未有之大变局，两者同步交织、相互激荡"重大论断，❶ 社会主义核心价值观的内涵及定位逐渐明晰，其价值和功能日益凸显，已经成为我国社会各界对社会主义基本特征和核心内涵认知的高度共识，奠定了无论是在理论研究，还是在实践工作中解读和解析各类问题和难题时的逻辑起点和价值归依。在此新时代、新格局、新方位下，大力培育和践行社会主义核心价值观，既是凝心聚力共同应对当前世界复杂局势的时代选择，亦是牢牢把握历史机遇、实现中华民族伟大复兴的时代诉求。在多维度、多层面加强社会主义核心价值观建设进程中"健全的法律法规及其有效运行是培育和践行社会主流价值的重要保证"，❷ 故此，处理好立法、执法、司法及守法各环节与社会主义核心价值观的关系就显得十分必要且重要。2019 年 3 月 4 日，第十三届全国人大第二次会议新闻发布会上，发言人张业遂称，全国人大常委会已将一些与人工智能密切相关的立法项目，譬如数字安全法、个人信息保护法和修改科学技术进步法等，列入本届五年的立法规划。同时把人工智能方面立法列入抓紧研究项目，

---

　　❶　程美东，黄大慧，左凤荣，等."世界处于百年未有之大变局"：从政治学、经济学、历史学的多角度观察和解读一个重大战略判断［EB/OL］.（2019 - 01 - 14）［2020 - 02 - 07］. http：//www. rmlt. com. cn/2019/0114/537231_2. shtml.

　　❷　邹国振. 推进社会主义核心价值观入法入规的逻辑理路［J］. 思想理论研究，2019（9）.

围绕相关法律问题进行深入的调查论证，努力使人工智能创新发展，努力为人工智能的创新发展提供有力的法治保障。可见，人工智能立法业已成为当前国家立法的重要组成部分，把社会主义核心价值观融入人工智能立法，并通过立法的引领和规范转化为各参与主体的情感认同和行为习惯，这既是加强培育和践行社会主义核心价值观在人工智能技术及产业发展中的时代认知，亦是进一步完善中国特色社会主义法治体系，实现法治中国事业功成的必然选择。

一、把社会主义核心价值观融入人工智能立法的根因与动因

习近平总书记在中共中央政治局第九次集体学习时强调，人工智能具有溢出带动性很强的"头雁"效应，加快发展新一代人工智能是我们赢得全球科技竞争主动权的重要战略抓手，是推动我国科技跨越发展、产业优化升级、生产力整体跃升的重要战略资源。习近平总书记的话明示了人工智能之于我国经济社会发展的战略性意义，人工智能代表着我国当下和未来经济社会诸方面发展的方向和理路，更是国家治理现代化进程中必须认真对待和积极回应的重点与焦点。

20 世纪 50 年代达特茅斯会议首次确立了"人工智能"这一术语，之后人们陆续发明了第一款感知神经网络软件和聊天软件；20 世纪 80 年代 Hopfield 神经网络和 BT 训练算法的提出，使得人工智能再次兴起，出现了语音识别、语音翻译计划；随着 2006 年 Hinton 提出的深度学习技术，以及 2012 年 ImageNet 竞赛在图像识别领域带来的突破，人工智能技术日趋成熟，成为引领新一轮科技革命和产业变革的战略性技术，引起世界各国的高度重视，不少国家和地区纷纷将其上升为重大发展战略，譬如，欧盟的《人工智能合作计划》、美国的《2019 国防授权法案》、日本的《未来投资战略 2018》、韩国的《I - Korea 4.0 战略》，德国、印度、意大利等国也先后发布了本国的《人工智能国家战略》。

我国同样出台了不少支持人工智能发展的相关政策文件，截至 2020 年 1 月，国家层面的文件主要有《机器人产业发展规划（2016—2020 年）》、《"互联网＋"人工智能三年行动实施方案》、《智能硬件产业创新发展专项行动（2016—2018 年）》、《国务院关于印发新一代人工智能发展规划的通知》（国发〔2017〕35 号）、《促进新一代人工智能产业发展三年行动计划（2018—2020 年）》、《高等学校人工智能创新行动计划》、《新一代人工智能产业创新重点任务揭榜工作方案》、《关于促进人工智能和实体经济深度融合的指导意见》、《新一代人工智能治理原则——发展负责任的人工智能》等。从这类政

策文件的制定及主要内容大致可以看出我国政府对人工智能技术及产业发展的态度：其一，高度重视人工智能技术及产业发展之于我国经济社会长足发展之战略性地位；其二，开始关注人工智能技术及产业发展所致消极影响的规制。

与人工智能技术及产业飞速发展相对应的是人工智能技术及产业发展的立法工作逐渐成为当前各国和地区关注的重点，以我国为例，国务院于 2017 年印发的《新一代人工智能发展规划》中提出了人工智能发展三步走战略目标，其中人工智能立法贯穿始终，究其原因主要是人工智能技术及产业在高速发展过程中带来现实和（或）预期的丰厚收益的同时，亦产生了一系列有关权利、竞争、安全及伦理层面的法治问题。譬如，在权利层面，商业场景中的个人数据的确权、赋权、限权、权利行使与救济问题，以及人工智能生成的成果的知识产权的归属及法律保护问题[1]等；在竞争层面，优势人工智能企业利用数据优势或支配地位，经由算法歧视或（和）算法共谋等对市场竞争秩序、用户权益以及第三方中小企业创新带来的数据封锁、算法滥用等问题；在安全层面，人工智能技术本身的不确定性带来的风险以及技术应用中存在的潜在风险等[2] 在伦理层面，人工智能主体的法律地位，特别是在强人工智能、超人工智能阶段如电子人等新型主体的法律定位等问题都亟待通过科学合理的法律制度的设定予以明确和规范。

"立善法于天下则天下治"，"经济社会发展的步伐行进到哪里，立法就应跟进到哪里"。[3] 立法不仅仅是对国家经济社会发展实况和运行规律的客观反映和真实记录，还应体现对经济社会行为的引领与规范，科学立法源于客观事实，更应科学有效地预测和回应经济社会运行的方向和各类风险。立法理应是各类法治活动展开的逻辑起点和行为基础。把社会主义核心价值观融入人工智能立法，即是在人工智能这一高科技领域有针对性地进行科学立法，推动良法善治，[4] 实现社会主义核心价值观在科学立法领域价值的彰显。进言之，推动社会主义核心价值观融入人工智能立法，体现了依法治国与以德治国相结合，更代表了未来立法的方向——加强科技立法与立法科技的融合，有助于贯彻践行"法安天下、德润人心"的社会主义法治建设之道，是完善新时代中国特

---

[1]　梁志文. 论人工智能创造物的法律保护 [J]. 法律科学（西北政法大学学报），2017 (5).

[2]　李晟. 人工智能的立法回应：挑战与对策 [J]. 地方立法研究，2019 (5).

[3]　王比学. 人民时评：为改革提供法治动力 [EB/OL]. (2018 - 12 - 28) [2020 - 02 - 07]. http：//opinion. people. com. cn/n1/2018/1228/c1003 - 30492105. html.

[4]　良法是指达到三个善待"善待个人、善待社会，善待自然"，善治就是让法律臻于至善，让社会臻于至善。张文显. 和谐精神的导入与中国法治的转型：从以法而治到良法善治 [J]. 吉林大学社会科学学报，2010 (3).

色社会主义法治体系，不断推进国家治理体系和治理能力现代化建设和完善的应有之义和关键之举。概言之，人工智能技术及产业的发展涉及的领域众多，把社会主义核心价值观融入人工智能立法，能够为人工智能立法提供科学合理的价值指引，使立法针对性更加鲜明、预见性更加科学、责任更加明确、保护更加有力，既实现对人工智能发展中各类法律问题的真实记录，又起到对人工智能未来方向予以科学引领，实现多元主体、多元价值与制度规范相融合共进的作用，这恰好顺应了社会主义核心价值观所提倡的国家、社会及个人多维度、多层面价值的统一和谐。

人工智能立法作为事关未来科技和科技未来的基础立法，其发展的每一步都牵动着各国和地方政府、社会及每一个个体的注意力，尤其是在大国竞相角力、科技迭代加剧、信息传播快速、思想多元交融的当下。所谓"兵贵神速"，谁能在促进人工智能快速稳定的发展上夺得先机，谁就能占据未来发展的制高点，取得未来空间的话语权。历史和现实的经验表明，越是竞争激烈的领域，越容易存在巨大风险和潜在危害。在人工智能技术及产业发展中可能面临的系列风险和危害，一部分可能源于技术和产业发展本身，在世界范围内具有相似性或同一性，另一部分则可能与人工智能技术及产业发展的现实的经济社会场景密切关联，具有在很强的民族性和地方性基础上的差异性。基于此，不同的社会价值观或者说社会主流价值体系会对人工智能发展产生不同的影响，进而引发不同的法治问题。故此，在我国人工智能技术和产业的发展过程中，牢牢抓住社会主义核心价值观，遵从中国特色社会主义法治体系的建设道路和基本原理无疑将有助于人工智能在我国的高质量发展，首要的便是将社会主义核心价值观融入人工智能立法，从人工智能发展的规范起点和人工智能法治化的建设基点出发筑牢人工智能在我国高质量发展的核心基础。

二、社会主义核心价值观融入人工智能立法的维度与进路

历史的经验告诉我们，人们在认识世界和改造世界的过程中不断地丰富和发展自身并推动社会向前发展。实践和真知是一个问题的两面，两者相辅相成，共同推进人类社会的运动。基于此，观察人工智能的产生和发展历程，从表面上看，人工智能技术是人类科学技术进步的直接结果。人类借助人工智能实现智能化、自动化、机械化，极大提高了劳动生产率，节省了劳动成本，增强了人们认识世界和改造世界的能力。从本质上讲，人工智能技术及产业发展的起点和最终目的都是以人为本，为人们服务，这与社会主义核心价值观所支持的以促进人的全面发展为宗旨的目标具有高度融合性，二者在出发点和落脚

点上具有内在逻辑的一致性。然而，人工智能技术及产业现阶段的发展尚具有不确定性，做好正确引导和合法保障是现阶段促进其高质量发展的关键。故此，导入社会主义核心价值观有针对性地做好有关人工智能的立法价值引领和保障工作，对于充分发挥和挖掘社会主义制度优势，实现国家治理体系和治理能力的现代化，促进以人工智能为牵引和核心的新时代经济的高质量发展至关重要。正所谓，只有道路正确，方可事半功倍，顺畅通达。具体而言，在我国建设和发展人工智能经济的进程中，只有始终以社会主义核心价值观为科学引领，方能坚持和保障人工智能技术及产业在科学合理、有序合法的道路上发展，实现人工智能经济在新时代的高质量发展。为此，有必要结合社会主义核心价值观中与人工智能立法密切相关的维度进行深入分析，以便找到适宜有效的融合进路，提高人工智能立法的科学性、合理性及前瞻性。

（一）富强平等之维

经济发展的最终目的是实现国家的富强和人们生活水平的普遍提高。党的十九大提出从 2020 年到 2035 年，在全面建成小康社会的基础上，再奋斗十五年，基本实现社会主义现代化；从 2035 年到 21 世纪中叶，在基本实现现代化的基础上，再奋斗十五年，把我国建成富强民主文明和谐美丽的社会主义现代化强国。这既是中国共产党领导全国各族人民坚持社会主义事业建设和发展的历史使命，也是中国共产党作为执政党回应人民群众不断增长的对美好生活的需求的时代重任。纵观人类社会历史长河，从石器时代、青铜器到铁器时代，再到以蒸汽、电器为代表的工业时代，后步入信息通信时代，无不体现了人类对于自身机能延伸的强大需求的不断拓展，代表了技术更迭的发展方向，是对更高、更快、更强，也即效率与富强的向往。效率与富强始终是激励人类不断向前发展的不竭动力之源。

人工智能作为新一轮科技发展与革命的代表，发展势头强劲，正与各行各业快速融合，成为驱动经济发展和科技创新的新动力。据 2018 年麦肯锡报告预测，与目前水平相比，人工智能技术处于领先地位的国家和地区（主要是发达经济体）的经济效益可能比其他国家或地区高出 20%～25%。故此，把富强融入人工智能立法之中，既是我国经济发展的时代之需，也可以体现人民对美好生活的向往，更有利于实现社会主义核心价值观在人工智能法治运行中的核心定位。

同时，人工智能立法更重要的是在实质上实现和保障对各参与主体的平等赋权、授权及限权。人工智能技术发展对法律权利层面的挑战突出表现在两方面：其一，在商业场景下的数据主体的确权、赋权、限权及权利行使与救济；

其二，人工智能生成物的知识产权权属厘定。首先，数据权属的界定是数据分享、流转、利用的前提，商业场景下的个人数据关涉消费者及经营者两方甚或多方主体，重点涉及用户数据（隐私）安全以及市场竞争秩序的建构与维护。其次，人工智能生成物，尤其是步入强人工智能甚至超人工智能阶段，由人工智能独立生产物的权利归属是现阶段民事法特别是知识产权法所面临的主要挑战，包括谁是作品的作者，程序员还是计算机的所有人、抑或是计算机的操作者；机器能否成为作者或发明人等问题。❶ 然而，由于没有统一的标准，目前学界和实务界对此问题的认知存在差异。故此，以平等价值为基本的价值导引，回应商业场景下个人数据的权属问题和人工智能生成物的权利归属问题，这已经成为人工智能立法首先需要解决的制度前提。

（二）民主公正之维

"人民民主是社会主义的生命。没有民主就没有社会主义，就没有社会主义的现代化，就没有中华民族伟大复兴。"❷《宪法》第2条、第3条明确规定"中华人民共和国的一切权力属于人民""中华人民共和国的国家机构实行民主集中制的原则"。古今中外，由于政治发展道路选择错误而导致社会动荡、国家分裂、人亡政息的例子比比皆是。我国实行社会主义人民民主，是与我国国家性质、现实国情及历史经验相适应的正确的且将长期坚持的选择。正如2019年8月，习近平总书记所作的重要论断"中国特色社会主义民主是个新事物，也是个好事物。要持续推进社会主义民主政治制度化、规范化、程序化，保证人民依法通过各种途径和形式管理国家事务，管理经济文化事业，管理社会事务，巩固和发展生动活泼、安定团结的政治局面"。❸

人工智能技术的发展丰富了人们的民主政治参与方式，出现了"网上民主""数字民主"等新形式，且借助人工智能的诸多底层技术，譬如大数据、云计算、区块链等，实现了对投票选举、政治诉求的民主透明和公开公正的行使与表达，更是经由人工智能技术实现了对社会主义民主内涵及运行的精准分析和科学决策，在更大程度上有助于社会主义民主的实现。事实上，人工智能技术的广泛运用不仅有助于社会主义政治民主的实现，还有利于社会主义经济

---

❶ 梁志文. 论人工智能创造物的法律保护［J］. 法律科学（西北政法大学学报），2017（5）.

❷ 习近平. 人民民主是社会主义的生命：为什么要坚持中国特色社会主义政治发展道路［EB/OL］.（2008－07－25）［2020－02－07］. http：//www. npc. gov. cn/zgrdw/npc/xinwen/rdlt/rdjs/2008－07/25/content_ 1439107. htm.

❸ 关于新时代中国特色社会主义政治建设：发展社会主义民主政治［EB/OL］.（2019－08－05）［2020－02－07］. https：//news. sina. com. cn/gov/xlxw/2019－08－05/doc－ihytcitm6921874. shtml.

民主的达成，推动和维护社会主义市场经济朝着公平自由的竞争秩序的方向运行。当然，在这一过程中亦可能出现人工智能技术被滥用，不慎成为威胁甚至危害社会主义民主的工具的现象。

人工智能的核心在本质上是建立在大数据基础上的自我学习、判断和决策的算法。❶ 从当前算法的发展状况看，算法在效果上并非完全中立，其在很大程度上体现开发者的主观选择，容易形成算法歧视等滥用算法的现象。特别是当具有数据和算法优势的人工智能企业利用自身在数据、算法及算力上的优势甚至支配地位，经由算法黑箱、算法滥用等对市场公平自由的竞争秩序产生损害，客观上也会对其用户权益以及第三方中小企业创新带来损害和抑制。这看似只是发生于经济领域中，企业为获取或（和）巩固自身市场优势地位而实施的谋利行为；然而，在本质上拥有这类优势的人工智能企业（主体）亦可能通过损害社会主义经济民主的行为危害社会主义政治民主，对于这类危害行为必须予以高度警惕。从这一维度来讲，在人工智能立法过程中必须高度重视社会主义核心价值观中民主价值的嵌入和融合。

此外，由于人工智能算法在很大程度上依赖于海量的不断更新的数据，特别是经过收集、整理、分析、挖掘而形成的优质的大数据，各类即时数据从现实社会中被提取出来，在运用大数据技术和人工智能算法形成用户精准画像的过程中，不可避免地会留有不平等、不公正、歧视性的印迹。故，保障数据采集、分析、使用等与数据相关行为行使中的公正性就显得十分重要和迫切。只有从源头入手，才能确保和维护以大数据和算法为核心的人工智能技术及产业发展的健康有序。换言之，在人工智能的立法环节，把公正理念和价值导入其中，定能更好地实现人工智能科技发展之于经济社会发展的积极意义。

（三）和谐法治之维

在大力推动和激励创新人工智能科技发展的同时，必须充分意识到科技进步对当前人类经济社会组织结构和生产生活发展所造成的冲击甚至是颠覆式的打击。人工智能对人类社会的挑战可能远不止技术层面，还可能造成对经济社会秩序，包括思维方式、行为内容、工作机会以及社会财富创造、分配方式等方面的重塑。人工智能技术的发展会使大量工作被机器人取代，造成大规模失业。2018 年，麦肯锡全球研究院预测称，随着人工智能技术的发展及广泛应用，未来全球大概有 3.75 亿人口将面临重新就业，全球最高达 50% 的工作是

---

❶ 李婕. 人工智能中的算法与法治公正 ［EB/OL］. （2018 - 05 - 23）［2020 - 02 - 07］. https：//www. chinacourt. org/index. php/article/detail/2018/05/id/3314660. shtml.

可以被机器人取代的；有六成的工作岗位，其30%的工作量可以由机器代劳；到2030年，保守估计全球15%的人（约4亿人）会因人工智能而工作发生变动，激进预估会影响30%的全球人口，也就是8亿人。同时，财富迅速并大量集中到少数人手里，进一步加剧贫富的两极分化，带来严重的民生和政治问题，影响社会的和谐。

与此同时，人工智能技术的快速发展和广泛应用引发了人们对个人数据（隐私）泄露的担忧。2019年5月，旧金山成为美国第一个禁止面部识别监控的城市；6月，微软删除了包含1000万张人脸图像的全球最大公开面部识别数据库MS Celeb；7月，美国马萨诸塞州的萨默维尔市规定各机构、分局或下属部门，均不得在公共场所使用面部识别技术；8月，瑞典高中人脸识别违反欧盟《通用数据保护条例》被处罚。此外，在发展人工智能过程中可能出现的技术滥用还引发了对不当技术利用以及军备竞赛的担忧。2018年，美国国防部宣布成立联合人工智能中心，主要职责是利用人工智能保持美军的技术、作战优势及战略地位优先；俄罗斯同样高度重视对人工智能技术的发展及军事运用；印度组建了一个人工智能特别工作小组，研究人工智能的和平与商业用途，并开发用于军事用途的智能机器人系统等。由此可见，伴随人工智能技术的不断创新和广泛适用，其在带来诸多便利和颠覆性变革的同时，也正在或者说已然引发了诸多风险。法治作为人类文明的重要成果，经由历史的经验证明其是防治和化解现代社会风险的最佳路径和最优方式。

当前我国正值全面深化改革的攻坚期，经济社会结构面临重大调整，经济增长方式正在发生转变，以开发、创新及利用人工智能技术为核心的数字经济、先进制造业正在成为我国经济社会发展的重心和中心。故此，亟须在人工智能技术开发和应用的初始阶段，尚未形成锁定效应之际，树立和谐、法治的价值观，科学构建人工智能发展体系，形成有效的反馈和规范机制，引导人工智能技术和产业高质量发展，合理规避或防治大规模工人失业、资源财富分化加剧以及人工智能技术失控甚至滥用等现实危害和潜在风险。

（四）文明自由之维

与传统科学技术相比，人工智能技术最大的特色在于它能够具有类人的思考和决策能力。然而，当人工智能开始替代人类进行思考和决策时，它们能否像人类一样在追求效率的同时，兼顾道德伦理和感性认知等专属于人类社会的禀赋呢？这一问题尚未有最终的准确答案。科技进步既改变着人类社会，也塑造着人类本身。人工智能的进一步发展，引发了人类对未来景况的新一轮思考，包括对强人工智能与超人工智能的讨论与担忧——机器类人化甚至超人化，未来不再以某种固定的形态存在，而是成为某种意识流与机器的结合，最终摆脱人类的控制，甚至反过来控制人类，将对人类文明造成全面冲击，甚至是毁灭式的打击。故此，对于人工智能科技和产业的开发利用与创新发展，首要的便是设定并规范其尊重、遵从并维护人类社会文明价值的基本规则和底线要求，在人工智能科技的研发及产业应用的全生命周期中，加强对科技创新及应用中伦理问题的关注和规范，从人工智能立法之初就高度重视人工智能对人类文明可能造成的不利影响并为之设立基准。

当然，从更好地利用和促进人工智能科技及产业发展的维度观察，人工智能科技的自由探索是其能够开发创新的关键，也是有关国家和地区有权机构支持和保障人工智能快速发展所应采取的基本态度，一旦失去自由探索的运行环境和制度保障，人工智能科技及产业的发展很容易被抑制，直至不断萎缩，失去创新活力。为此，2019年2月11日，美国总统特朗普签署《美国人工智能倡议》行政令，目的是鼓励和保持人工智能企业的自由和安全发展，以保证其在全球的全面领先地位。作为世界上主要的数字经济大国，我国在数字数据方面具有美国不可比拟的优势，未来的发展不可限量，然而现阶段我国的人工智能技术与美国相比还有一定差距，技术开发创新和产业化应用尚需持续的巨大资金支持，同时更需要为人工智能技术及产业的发展供给自由公平的市场竞争环境，使多元主体的多元需求和利益诉求在人工智能发展中得以体现和维护。这就要求在规范人工智能发展的基本立法过程中科学合理设定多元价值导向，动态平衡多元价值序位，除前述诸多价值外，自由价值必不可少，这既是人工智能自身发展的环境需求，亦是人工智能立法高质量建设的价值需求，融合多元价值于人工智能立法的前提即为自由价值的确立。

三、结　语

从全球范围来看，人工智能技术及产业虽然取得了迅猛发展，但是对人工智能的法治化治理尚处于早期探索阶段。我国作为人工智能技术及产业发展行动早、支持力度大的国家，必须在立足国情的基础上，加快开展人工智能综合治理体系的探索，促进人工智能技术及产业发展与治理的良性互动，在全球科技创新的激烈竞争中占据主动权和话语权。为此，加大人工智能发展的法治化治理及研究就显得迫在眉睫，这其中首要解决的节点即在于确立正确的立法指导思想，通过科学立法探索支持和规范人工智能发展的可行进路和具体方法。

党的十九大报告指出"中国特色社会主义进入新时代，我国社会主要矛盾已经转化为人民日益增长的美好生活需要和不平衡不充分的发展之间的矛盾"。我国正处在经济社会转型升级的关键时期，人工智能技术及产业的发展有助于深入推进供给侧结构改革，推动制造业更新升级，助力先进制造业建设和发展，实现国家整体经济的高质量发展，以利于社会主要矛盾的解决。故此，人工智能科技及产业发展不仅具有庞大的市场价值，也承载了国家民族复兴的历史重任。这就要求确保人工智能技术及产业的发展必须处在正确的轨道上，必须立基于社会主义核心价值观的引领与指导，通过科学立法尽快将符合人工智能科技及产业发展特征的多元价值观，譬如，富强平等、民主公正、和谐法治、文明自由等价值嵌入并融合到有关人工智能发展的基本立法之中，以具有科学性、合理性及前瞻性的制度体系来引导和规范人工智能在我国的高质量创新发展。

（原文刊于《兰州学刊》2020 年第 6 期，收入本书时有改动）

新时代人工智能立法的经济法治观

　　人工智能作为一种新技术和新产业已成为当下全球经济社会发展中优先且着力在科学技术创新领域突破的一个时代风口,引起了全球各界的广泛关注。全球各主要国家和地区的重要技术战略和产业布局无不与之有着密切关联,譬如,德国率先提出工业制造4.0,中国与之响应,强调先进制造业的优先发展,美国提出的"再工业化",希望依托高科技发展高附加值的先进制造业等都离不开对人工智能技术的广泛应用和深度开发,更离不开在现代法治框架下对人工智能技术及产业在市场化和商业化过程中给予科学合理、及时有效的规范与引领,将人工智能高质量发展中的先进性与稳定性共同作为规范和指引其高速健康发展的两个重要支点,尽快推动人工智能立法的体系化、系统化及生态化。这一点在新时代中国特色社会主义事业建设中显得尤为迫切。

　　人工智能技术和产业已经成为国家新一轮经济社会改革和科技创新发展的关键领域和重要着力点。同时,面对新时代社会主要矛盾已经转化为"人民日益增长的美好生活需要和不平衡不充分的发展之间的矛盾"的重要事实,如何充分发挥"市场在资源配置中起决定性作用"和"更好发挥政府作用"来组织高质量的智能生产和满足不断提出的个性化消费需求,切实有效提升人民群众在消费过程中的获得感和幸福感,实现从"以生产为中心"到"以消费为中心"的转变,加快智能型生态生产消费系统的构筑与发展,已经成为新时代中国特色社会主义事业建设的出发点与落脚点。可以说,在新时代国家战略布局、全球科技创新竞争,以及国内经济发展转型的叠加下,人工智能发展已成为助力国家全面复兴、推动经济社会高质量发展,以及满足人民日益增长的美好生活需求的关键之举和决胜之役。人工智能的发展在我国必须予以高度重视,需走国际化、市场化及法治化之路。这其中法治化是根本保障,是运行基石,偏离法治轨道将无法实现与国际接轨,也无法推进健康安全的市场化与商业化发展与创新。毫不夸张地讲,人工智能的法治化建设与运行是其先进性与稳定性、市场化与商业化的制度基础与关键设施,这其中立法先行,科学立法是重中之重,是实现人工智能法治化的必要前提和根据。

　　以互联网、物联网、大数据、超级计算、算法设计与应用及产品开发为表征的人工智能技术与产业在新时代以前所未有的速度全面展开，既为我国社会的转型升级带来了重大历史机遇，同时也可能引发诸多风险和挑战。当前人工智能技术应用的不确定、不稳定甚至是被滥用的风险，很可能致使信息茧房、算法合谋、算法歧视等问题的频发，为我国社会带来经济安全、社会稳定、科技伦理及个人诚信等方面的治理困境和法治风险。故此，建议充分发挥立法的规范和引领作用，以问题为导向，综合运用"领域立法、阶段立法、系统立法、未来立法"的理论与方法，着力构建激励科技创新发展，促进市场自由公平竞争，回应人民群众消费需求的体系化、系统化及生态化的人工智能立法群。特别是在全球经济持续低迷，各国亟须寻找新的经济增长点的迷茫期和挣扎期，以人工智能为奇点的经济社会发展模式不期而至，给全球经济社会发展带来了新希望，同时也提出了新挑战，具体到监管立法上体现为观念迟滞，制度缺乏。

为回应监管立法所面临的新挑战，目前国外主要国家和地区对人工智能产业予以监管立法的重点主要集中在宏观战略制定、遏制超级平台垄断、防治算法黑箱、规制大数据滥用行为以及维护消费者隐私利益等方面。美国率先推动人工智能宏观战略，加速布局全球人工智能生态。早在2016年奥巴马在任期间便提出国家人工智能研发计划，开发人工智能协作方法，解决安全、道德、法律问题，为人工智能培训创建公共数据集，并通过标准和基准评估人工智能技术。在2018年5月特朗普政府主持专设人工智能特别委员会以便向白宫提供学术界与工业界最新研究成果。欧盟成员国于2018年4月共同签署《人工智能合作宣言》，其目标是促进欧盟的研究投资，为经济社会变革做准备，建立道德和法律框架。同年6月，欧洲委员会进一步提出了"数字欧洲计划"，预计投入9.2亿欧元确保在整个经济和社会中使用人工智能。此外，针对人工智能研发基础的数据竞争行为，欧盟于2018年5月25日正式生效实施了《通用数据保护规则》，为明确用户数据权利、规制互联网数据公司进行了大胆尝试与积极示范。日本于2016年通过新版《日本再兴战略2016》，将2017年确定为日本人工智能元年，力争保持其在汽车、机器人等领域的技术优势，实现超智能社会5.0建设。值得一提的是，2017年日本公平交易委员会竞争政策研究中心发布的《数据与竞争政策研究报告书》针对大数据产业的垄断行为进行法律设计。其他诸如英国、澳大利亚、俄罗斯、印度等国家，都在一定程度上发布了人工智能国家战略与框架方案。人工智能发展及其法律治理在全球范围内成为各国和地区未来发展与制度设计的关键领域。

我国对人工智能法治问题的研究和实践取得了一定成绩，主要体现在：其一，通过法律逻辑、法律推理和法律裁量模型的构建，建设智慧法院；其二，在诉讼法治领域，使用人工智能工具帮助收集和组合证据，提高审查结果的客观性；其三，在民事法治领域，界定关于人工智能产生物的知识产权权利归属、公民数据人格权的保护以及利用人工智能技术导致侵权的责任划分问题；其四，在刑事法治领域，利用人工智能技术判定犯罪的刑事责任，以及网络查获数据犯罪问题；其五，引发人工智能技术和产业发展对法理学基础理论的挑战及其理论转型思考，譬如，重构公众认知法律的模式，重构法律规则本身的形态，重构法律的价值导向等。可以说法学（法律）界对人工智能技术和产业发展引发的问题做了较为积极的回应，尤其是对实务领域的影响作出了比较迅速的反映。

然而，对人工智能法治问题进行理论抽象并上升至体系化和系统化立法研究的成果鲜有见到，仅有部分学者针对单一对象的立法属性、人工智能立法的伦理与学理基础、特定部门法以及地方法领域进行了研究，主要成果有：其一，开展我国人工智能立法调整对象与科学性探讨；其二，聚焦人工智能刑事风险的立法定位与属性；其三，形成人工智能辅助地方立法与公众参与的应用分析。总体上讲，目前国内关于人工智能立法问题的研究仍然呈现一种初始的且分散的状态，其立法的整体指导思想和总体布局架构尚未明确，还停留在从顶层政策设计向具体立法制定落实落地的阶段。故此，结合新时代国内外经济社会发展的现实场景和未来趋势，正视和重视人工智能立法的目标与宗旨、价值与定位、逻辑与结构、功能与作用及实行与修订等关涉整体人工智能技术与产业发展的体系性与系统性的制度安排问题是当前亟待研究和实行的重大时代课题，这其中采取怎样的法治思维、法治观念及法治进路作为体系性、系统性及生态性人工智能立法的指导就显得格外重要。

立法的目的和功能基本上可以凝练为是对现实和未来的规范与引领，聚焦现实需求，规划未来发展。具体到现阶段人工智能立法工作上：首先，立法必须反映人工智能技术与产业发展的现实需要，有针对性地回应其运行中出现的问题；其次，从人工智能技术，尤其是人工智能算法的特征出发，科学规划人工智能发展的市场化与商业化的法治进路，保持激励创新、开放竞争及安全运行之间的动态平衡；最后，需要从国家总体安全、社会公共福利以及个人权利自由三元联动的维度，为人工智能未来立法预留空间，做到"专门立法与领域立法""静态立法与动态修法""阶段立法与长期立法"三结合的立法原则。基于此，对当下人工智能立法工作的展开，建议从人工智能技术应用和产业发展的现实出发，重点聚焦人工智能发展的经济法治维度，着力处理好人工智能技术创新与产业发展过程中的权利法治、创新法治、竞争法治及安全法治间的统合与分立的关系，即权利、创新、竞争及安全共同统合于新时代经济法治观之下，构成经济法治观的实质内涵及外延范畴。同时，权利、创新、竞争及安全这四个法治观念或者说法治诉求之间也存在博弈，彼此间是相对分立存在的，特殊情形下还可能存在冲突，这就需要用经济法治观来予以统合和协调。人工智能立法必须走科学的促进经济高质量发展的经济法治之路。这里的经济法治是指以法治作为涵摄经济发展的总体追求和治国之维，强调在法治思维和法治观念下解读经济发展规律，重视科学立法在经济建设与发展改革中的基础性与第一性，落实立法先行于任何重大经济改革的根本性价值，真实提升法治在国家经济建设乃至国家整体治理中的基础核心地位，逐步推动国家经济社会生产生活从以经济秩序建设为中心到以法治秩序建设为重心的现代化法治升级。以此为逻辑起点，在人工智能立法的经济法治观的解读与展开中，权利法治观尤为重要。

从立法回应现实的角度讲，人工智能立法首要回应的是如何保障和促进人工智能技术和产业的高质量发展的需求，这也是在新时代新方位下党和国家大力支持发展人工智能技术和产业的初衷。当前人工智能技术与产业的快速发展，得益于其在经济社会领域的广泛适用，由此带来现实的与预期的丰厚收益，同时也存在巨大的风险。譬如，涉及数据保护与开放之间的平衡博弈，防范算法滥用所产生的算法黑箱、算法共谋、算法歧视、算法权威及算法伦理等问题。概言之，人工智能发展的两大核心要素是数据与算法。确切地说，在当前所处的弱人工智能阶段，海量数据的真实性与多样性以及建立在此基础上的高质量数据的获取和挖掘，成为推动人工智能算法自主学习的关键，即海量的多样性的高质量数据的持续供给、利用及复次利用、挖掘及深度挖掘等与数据相关行为是人工智能发展的前提和基础。数据作为人工智能技术应用和开发创新的基石对整个人工智能产业的高质量持续发展起到至关重要的作用。在这一过程首要回应的法治难题，则是数据的权属界分及由此引发的数据保护与数据开放和共享问题。具体而言，数据保护是对数据权属构造的自然延伸，属于数据权属构造的当然组成部分，不仅包括事前预防性保护，还涵盖事中事后的救济性保护，从这个意义上讲，正印证了"无救济即无权利"的法治逻辑和法治思想。由此，导出数据保护、数据权属及数据开放与共享三者之间的内生逻辑和外部链条，即可凝练出整个人工智能立法体系的一个维度，即围绕与数据相关权利及行为展开的制度设计。不难发现，在这一维度下，与数据相关的权利法治是指导整个与数据相关立法展开的基石，只有在"确权、赋权、限权及权利救济"的完整逻辑链条下才能更好维护和促进与数据相关权利的设计及运行，进而支撑和推动以数据为基础的人工智能技术的创新与产业的发展。此外，对步入强人工智能和超人工智能阶段后出现的人工智能知识产权的归属与分配、责任归责与承担等，将直接挑战现有权利构造的基本理论和制度，这就更值得从权利法治的维度进行研究和规范了。故此，在整个人工智能立法过程中权利法治观是首当其冲的，其反映了人工智能技术的基本特征和产业发展的基本需求，更及时回应了人工智能发展中各方主体的利益诉求。

在依循权利法治构建人工智能立法的基本框架的同时，"创新"与"竞争"作为激励和维持人工智能技术和产业高质量持续发展的两把关键钥匙必须相互配合，同步同频地联动使用。特别是基于人工智能的高科技属性，激励创新和保障创新理应成为人工智能立法的应有之义。围绕人工智能创新所展开的相关行为理应纳入人工智能立法的调整范畴，应遵循科技开发创新、制度设计创新、经济增长创新、商业模式创新的基本规律构建规范人工智能创新发展的相关法律法规，从制度设计上，导入创新意识和创新方法，使创新法治观贯穿于人工智能立法的全过程，引领人工智能立法的主旨目标和未来方向。

从长远发展和未来市场看，为创新赋能赋值有助于自由公平开放的市场竞争秩序的良性运行。然而，从现实市场的即期效果看，对创新的过度赋能赋值，特别是对创新保护制度的绝对化使用甚或是过度滥用，在一定情况下容易出现所谓的滥用创新机制而导致的对市场自由公平开放竞争秩序的扭曲甚或是破坏。譬如，当前全球主要国家和地区对美国高通的反垄断调查与处罚，又如，以欧盟、德国、美国等为代表的对所谓全球性超大型创新企业 Google、Facebook、苹果等的反垄断调查等，再如对国际社会在知识产权领域公认的公平合理非歧视（FRAND）原则的劫持及反劫持争论等，都显示出创新保护与自由竞争之间可能存在的紧张甚至是冲突关系。故此，在对以高科技创新为核心动能的人工智能产业进行立法时，除牢牢树立创新法治观外，也应充分关注激励和保护创新机制运行中可能触发的其他问题，为高质量可持续创新营造健康有序自由公平的市场竞争环境，引入竞争法治观，实现创新与竞争之间的动态平衡。从国外现实经验的考察中发现，在人工智能立法中引入竞争法治可以为该领域的初创型企业提供自由公平开放的竞争机会和竞争支持，实质上是为保持该领域的持续创新保留和维持基础动能，破除基于人工智能算法自主学习下的现有强势人工智能企业不断强化和巩固自身市场地位而导致的数据垄断、算法黑箱等对市场竞争秩序、多方用户权益以及第三方中小企业创新带来的数据封锁和算法霸权，导入竞争法治有利于建成适宜人工智能产业高质量可持续发展的自由开放的生态法治系统。

当下我国正面临国内外局势突变的严峻考验，保持足够的战略定力，坚持走高质量发展成为国家经济社会转型发展的出发点和落脚点，这构成了新时代我国经济社会发展的核心内涵和奋斗目标。如何实现经济社会的高质量发展，是当下社会各界共同关注的热点和焦点。若考虑到以数据与算法为核心的人工智能技术与产业的创新与发展代表着当下和未来经济社会发展的重点与方向，不觉之中会发现问题变得更加聚焦于如何实现人工智能技术与产业的高质量发展。在将权利法治观、创新法治观及竞争法治观纳入人工智能立法过程的同时，安全问题紧随其来。没有安全为保障，一切发展都是不可靠的，不可持续的，甚至是危险的。特别是当由弱人工智能向强人工智能直至超人工智能进阶的过程中，网络安全、数据安全、算法安全等都将成为制约人工智能技术通用化、民用化、商业化及市场化的关键，人工智能产业的发展必须建立在稳定可控的技术范畴之内，必须为其设置安全可信的技术伦理标准，从硬件和软件两个维度，确保人工智能的高质量安全发展。正所谓，没有高标准的安全就没有高质量的发展，高质量的发展也是为了提供更高标准的安全。这一点在人工智能技术与产业发展中尤为重要。

正如近日习近平总书记在对国家网络安全宣传周（2019 年 9 月 16 日至 22 日）所作出的重要指示中强调的，"要坚持促进发展和依法管理相统一，既大力培育人工智能、物联网、下一代通信网络等新技术新应用，又积极利用法律法规和标准规范引导新技术应用。要坚持安全可控和开放创新并重，加强国际交流合作，提升广大人民群众在网络空间的获得感、幸福感、安全感。"基于此，在人工智能立法过程中必须牢牢构筑安全法治观，作为底线和红线兜住和拴牢权利法治观、创新法治观、竞争法治观在人工智能立法过程中的积极展开和适度扩张，真实有效地将我国人工智能立法的经济法治观落实落地，指导现阶段人工智能立法活动的顺利开展，保障人工智能立法的科学化、体系化及系统化水准。

（原文刊于《深圳特区报》2019 年 12 月 24 日第 C2 版，收入本书时有改动）

人工智能场景下消费者保护理路反思与重构

一、前　言

目前，人工智能的发展尚处于替代计算、预测和搜索的"弱人工智能"阶段，强调"机器像人类一样思考"的"强人工智能"时代尚未到来。[1] 在此场景下，作为消费者的用户通过大数据和人工智能技术下的各类平台和应用展开消费行为，满足自身需求。需特别指出的是，在消费者群体中，存在"能力正常者"（Average Consumer）与"能力缺陷者"（Vulnerable Consumer）之分。[2] 对在认知能力、决策能力等主观消费能力方面存在缺陷的消费者，应当予以特殊的保护，但"正常"与"缺陷"的识别基准尚有待进一步探明。囿于篇幅，本文所讨论的消费者限于具有独立消费认知和决策能力的"能力正常者"。

近年来，我国经济社会发展正经历着由"生产者社会"向"消费者社会"的转型，消费者的消费需求亦随着生活水平和经济实力的提升而发生了深刻的改变，由"温饱型"消费向"品质型"消费跃迁。消费不仅成为深化供给侧改革的动力源泉，也对经济社会的高质量发展发挥着积极的作用，以消费者为中心的消费者社会正逐步形成。党的十八大审视国际国内新形势，提出全面深化改革的总目标，着力增强改革的系统性、整体性、协同性，提升人民群众获得感、幸福感、安全感，改革呈现全面发力、多点突破、蹄疾步稳、纵深推进的局面。[3]社会主义市场经济体制改革也进入全面深化阶段，理顺消费与供给的关系，搭建公平自由的消费者社会成为改革的重点与难点。尤其是我国正处

---

❶ 匡文波，杨正. 人工智能时代"魔弹论的回归"［J］. 郑州大学学报（哲学社会科学版），2018（5）.

❷ BAILLOUX C. The Average Consumer in European Consumer Law［J］. Exeter Law Review，2017（44）：158 - 179.

❸ 习近平. 习近平：在庆祝改革开放四十周年大会上的讲话［EB/OL］. （2018 - 12 - 18）［2019 - 03 - 06］. http：//www. xinhuanet. com/2018 - 12/18/c_1123872025. htm.

于由信息技术（Information Technology，IT）向数据技术（Data Technology，DT）融合发展的关键阶段，大数据、云计算、区块链、边缘计算等人工智能底层技术及其产业的快速发展与广泛适用更是对传统市场经济生产组织结构和日常交易模式产生了颠覆性影响，对消费者社会的形塑和发展起到重要作用，使消费者的市场主体地位进一步提升。

2013 年我国首次修订《消费者权益保护法》，以回应以互联网为基础的新经济发展带来的消费者保护问题。新修订的《消费者权益保护法》（以下简称"新《消法》"）进一步强化了各项消费者权利的保障和实现，进一步申明和强调了消费者团体、监管机构以及市场经营者对消费者的保护义务和相应责任。❶此次修订集中体现了对新经济形势下消费安全和交易公平的关照，补足了此前对互联网经济下消费保护不到位的地方，这对当下和未来人工智能场景下作为消费者的用户及团体权益的保护起到了积极作用。❷

同时，也应该充分认识到，在网络环境下各种信息获取的低成本，甚至是零成本，改变了市场交易活动的科层式结构，扁平化和透明化成为网络市场的典型特征之一。由此，作为消费者的用户及其团体正在逐渐改变信息掌握不充分不对称的情形，开始与经营者在网络平台经济领域共有共享相关信息和数据。❸作为消费者的用户已经从单纯的被动接受消费转变为主动设计消费，从"你卖我买"转变为"我要你卖"，用户参与经营者之间实现"价值互动"，用户成了开发创新的主体，不再仅仅是买方，而是参与者和建设者。如此一来，新《消法》规定的倾斜保护模式，特别是过度保护消费者利益和忽视经营者正当利益的立法构造并不契合网络经济，尤其是当其进阶至人工智能经济场景下的产消者（Prosumer）社会现实，即生产经营者与消费者在一定程度上混同，消费者在消费的同时，通过大数据和人工智能技术的应用其自身也深度参与到商品和服务的生产提供过程中，每个消费者同时也是生产者，其提供生产所需的数据资源和设计理念，在人工智能技术的作用下生产商品。从这一维度而言，未来的消费者法应具备对消费者和生产经营者的协同融合保护，即保护消费者亦即保护经营者，保护经营者亦是保护消费者。

当下，随着大数据和人工智能技术的快速发展和广泛适用，消费者在市场上的法律定位也由末端走向前端，由被动走向主动，由个体走向融合，集中呈现出"由贫走向富，由弱走向强"的态势。然而，新《消法》对该新情况并

---

❶ 陈兵. 信息化背景下我国消费者保护法律模式的升级：新《消费者权益保护法》的视角［J］. 江西社会科学，2015（3）.

❷❸陈兵. 改革开放 40 年消费者法嵌于市场经济发展的嬗变与展望［J］. 学术论坛，2018（5）.

未作出全面回应，仍囿于"消费者弱势"的思维，强调对消费者的倾斜保护，相关研究主要体现为对消费者主体内涵的再定、❶ 消费者新兴权利属性和内容的讨论、❷ 消费者保护范式的转变、❸ 互联网下不正当竞争对消费者权益的影响❹以及人工智能发展对消费者权益所产生的侵害风险等❺问题。总体上讲，忽略了对人工智能场景下消费者能动参与和主动创新行为及其相关义务与责任的关照，更忽视了消费者升级为产消者后可能滥用权利之违法危害行为的规制，譬如，恶意差评、恶意传播、诋毁等。故此，有必要从人工智能技术和产业发展的大背景出发，结合其对消费者主体地位、权利义务构造及消费者行为模式的影响，改革并完善人工智能场景下的消费者保护理路。

二、人工智能场景下消费者市场实然地位之变化

在传统市场下，资源要素的配给、商品（服务）的生产（提供）、消费结构呈现出单向线型特征，商品价格、质量、数量等要素很大程度上由经营者结合自身生产和经营价值，以及市场供求情况设定，消费者议价空间较小，只能选择购买或拒绝购买某类商品或服务，对要素配给、商品生产等环节并无话语权。人工智能技术的快速发展和广泛适用对传统市场的生产组织结构和生产交易模式产生了颠覆性影响，促使生产经营的组织结构和具体活动由单向线型模式向扁平环状模式转向，这直接推动了消费者在市场上法律定位的变化。

（一）消费者主导地位正在形塑

消费者在市场上的结构性弱势地位是消费者法始终坚持单向倾斜保护模式

---

❶ 马一德. 解构与重构："消费者"概念再出发［J］. 法学评论，2015（6）.

❷ 郑志峰. 人工智能时代的隐私保护［J］. 法律科学（西北政法大学学报），2019（2）；丁晓东. 什么是数据权利?：从欧洲《一般数据保护条例》看数据隐私的保护［J］. 华东政法大学学报，2018（4）.

❸ 王妮妮. 从个体效率主义到集体消费者主义：反垄断分析范式的重大转变［J］. 江西财经大学学报，2016（3）；刘水林，卢波. 消费者权益保护法范式转化的经济学分析［J］. 上海财经大学学报，2016（6）；钱玉文. 消费者权的经济法表达：兼对民法典编纂的启示［J］. 法商研究，2017（1）；高志宏. 国家保护消费者权益的正当基础与责任逻辑［J］. 湖南社会科学，2018（3）.

❹ 孙晋，闵家凤. 论互联网不正当竞争中消费者权益的保护：基于新修《反不正当竞争法》的思考［J］. 湖南社会科学，2018（1）；陈耿华. 互联网时代消费者在中国竞争法中的角色重塑与功能再造［J］. 江西财经大学学报，2018（2）.

❺ 郑志峰. 人工智能时代的隐私保护［J］. 法律科学（西北政法大学学报），2019（2）；姜野. 算法的规训与规训的算法：人工智能时代算法的法律规制［J］. 河北法学，2018（12）.

的基础，这主要由市场经济地位差异大、信息不对称严重、风险分配不均衡等结构性因素构成。随着人工智能场景下新型生产消费模式的涌现，上述结构性因素在不同程度上得以变化，很大程度上推动了消费者在市场上的主导地位的生成与提高。

人工智能经济在大数据、云计算、区块链等底层技术的助力下迅猛发展，作为对传统经济结构和模式的一种挑战与创新，极大地推动了消费者在市场上结构性弱势地位的改变，使消费者在信息获取可期待、交易过程可透明及消费结果可反馈的场景下，由传统市场下的生产经营消费的末端走向前端，成为积极的市场参与者（Active Market Participant），甚至主导市场生产经营活动的展开，即在由卖方主导转移至买方主导的同时，参与卖方的生产经营过程，甚至成为生产经营的直接指挥者。究其原因，在很大程度上源自人工智能经济作为数字经济的高阶形态，延续和放大了数字经济运行的基本逻辑和实现方式，即以消费者为中心，体现消费者主权经济理念，以"体验式+定制化+反馈型"的生产经营模式作为其基本商业模式。经营者只有精准地供给和改善，才能在依据消费者个性偏好产生的市场需求中获得比较优势，在激烈的数字竞争中获得生存空间，并不断壮大。这其中的核心即是作为消费者的用户资源和数据信息的收集、分析、计算及应用。❶

在传统工业经济下，信息披露程度较低，信息不对称现象普遍，消费者所能掌握的商品和服务信息较为有限，致使其在交易活动中经常处于结构性弱势地位。IT 的快速发展和广泛的商用化和民用化，使市场交易中的信息偏在现象日益消解，消费者可实时获取商品和服务的各类信息，譬如，基本生产和功能信息、交易信息、物流信息等，可有效地参与市场交易活动，逐渐由被动走向主动，不再是被动的市场参与者（Passive Market Participant）。当前正处在由信息科技向数据科技融合发展的关键阶段，人工智能经济业态的雏形初具，以消费者为中心的生产经营活动越来越普遍，模糊了经营者和消费者的界限，市场主体的身份构造趋向复杂化。❷ 作为消费者的用户与作为经营者的平台逐渐共享相关数据与信息，这极大提升了消费者在市场交易中的地位，工业经济下结构性弱势定位得到极大改善，消费者的主导地位正在形塑。

---

❶ 陈兵. 法治视阈下数字经济对市场监管的挑战与回应：以与数据相关行为为核心展开的讨论 [J]. 东北大学学报（社会科学版），2019（5）.

❷ 甘强. 信息社会中的经济法理论检视 [J]. 现代法学，2019（1）.

（二）消费者权义内涵正在更新

在传统工业经济下，由于生产和经营过程的科层式和非透明，消费者往往处于市场经济活动中的弱势地位，加上市场信息不对称的常态影响，致使经营者与消费者之间地位并不平等，其间的权利义务只是在外观上呈现一种对应关系，而非一种真正的对等平衡。正如日本著名法学家金泽良雄认为"消费者权利，与其说是权利，不如说是作为弱者的消费者失地收复的手段"。❶故此，在传统工业经济下消费者保护法的制定和实施以矫正消费者与经营者事实上的不对等关系，给予消费者倾斜保护为宗旨，认为单纯依靠市场经济的自我修复并不能解决问题，必须依靠市场与政府的有机结合。我国新《消法》重点在于明确消费者权利以及经营者、国家的义务和责任，而没有规定经营者享有的权利，充分体现了对消费者权利的倾斜性配置。❷

然而，随着近十年来数字经济的飞速发展，移动互联网及终端的普及，对网络数字产品和服务的消费需求和形式愈加普遍和多样，推动了传统消费模式的转型。在网络平台经济的集聚发展下，数据到大数据、云计算、人工智能等高新技术研发和商业化及产业化运营取得了长足进步，由"互联网＋消费"到"人工智能＋消费"已不再是一个构想的场景，而是现实场景。传统"科层式"的经济组织结构和生产经营活动向"扁平化"和"透明化"方向转变，区块链技术、大数据、云计算等技术正在重置产消链条和结构，生产消费正在历经从中心化走向去中心化的过程。在这一过程中，消费者与经营者的相对性市场结构正悄然发展变化，从以往的对立甚或是对抗模式走向合作甚至是融合模式，彼此间已然形成了利益共同体和命运共同体。❸消费者权利义务的具体内涵正在解构，与之相应的经营者的权利义务也面临调整。譬如，消费者数据安全权、数据被遗忘权、数据可携带权等具有人身属性的权利类型正在兴起。❹ 与此同时，兼具人身和财产属性的传统意义上的消费者权利的实现，也将因为与之交易的经营者的权利的扩张而发生变化，诸如，消费者公平交易权和自由选择权的实现，在面对双边市场构造下的免费市场边供给的影响时，其评价基准正在发生变化，由此，引发了平台经营者权利义务的厘定甚或重构。

同时，平台经营者不仅作为一种服务提供者介入数字经济场景下的经营者

---

❶ 王先林，等. 经济法学专题研究［M］. 北京：法律出版社，2013：225.
❷ 钱玉文. 消费者权的经济法表达：兼论对《民法典》编纂的启示［J］. 法商研究，2017（1）.
❸ 陈兵. 改革开放40年消费者法嵌于市场经济发展的嬗变与展望［J］. 学术论坛，2018（5）.
❹ 孙南翔. 论作为消费者的数据主体及其数据保护机制［J］. 政治与法律，2018（7）.

与消费者关系之中，其还作为一种准市场管理者对运行于平台上的其他经营者和消费者之间的关系产生重要影响。此场景下的经营者和消费者相对于平台经营者而言，都处于相对弱势地位，两者在交易中的力量对比渐趋平衡，经营者在由第三方提供的平台市场上的优势地位日益弱化。在现实中，伴随区块链、大数据、云计算等基础技术的广泛适用着实改善了市场交易中的信息偏在现象，消费者在购买某一商品或（和）服务后，可实时跟踪资金流向和物流信息，及时采取撤销交易、投诉交易、退货等方式来保障消费安全和提升消费满意度，从以往的被动消费走向主导消费，很大程度上改变了在市场交易中的结构性弱势地位。但同时，却引发了作为直接交易一方的经营者的权利困境，譬如，不当评价、无理由退货等不仅增加了实际交易成本，而且影响平台对经营者的评级以及其他潜在消费者的购买可能，这些基于在线互联模式而展开的消费行为，正在削弱经营者所谓的市场优势，消费者权利误用甚或滥用的风险亟待给予足够重视。可以预见，在平台经济进一步向人工智能经济跃升的过程中，消费者将成为整个市场经济活动展开的中心，消费者与经营者的实质融合必将对现行消费者权利义务内涵的更新提出更多要求，传统的消费者保护倾斜配置模式需因应调整。

（三）消费者行为及模式正在重构

伴随数字经济的深度发展，线上线下交互评价式体验消费模式不断扩展至大多数日常生活消费领域，由此所生成的海量消费数据有效推动了日常生活消费领域的算法优化和算力提升，相关产品和服务及其应用不断得到开发和供给。在成功助力国家供给侧结构调整产业战略实现的同时，也为消费者深度参与生产，甚至是成长为产消者——即为生产者和消费者的融合体提供了底层数据和技术支持，大数据和算法在消费生产领域的广泛适用，为人工智能技术和产业在消费者社会的勃兴和跨越发展提供了基础和支撑。人工智能技术和产业的快速发展可以加速生产消费过程的精细化和定制化的有效实现，形塑消费型社会的生态运行场景——"消费行为即为生产过程，生产过程进一步推动消费展开"。譬如，基于消费行为而生产的数据，从一种消费行为演变为一种生产要素，进一步优化生产过程，并在生产过程中产生了新的消费行为。在这一过程中，消费者行为模式从"简单的单线性信息低密度的非循环式个体行为模式"逐渐转为"复杂的多向度高信息源开放式的循环融合行为模式"，其核心在于人工智能技术对消费生产过程中交互数据循环往复的收集和使用。简言之，人工智能下的消费者行为模式的生成依赖于"数据作为消费和生产要素"的交互融合运用。由此，引发的关键则在于对"以数据为核心"的信用社会的法治化建设和维护。

当前，在有限度的大数据和算法为支撑的机器自主学习始为弱人工智能的早期发展阶段，由于海量消费数据仍缺乏高信度和高质量，数据挖掘技术和边缘计算能力仍有待提升，致使经营者针对消费者的有效供给尚未实现精细化和定制化，消费内容正在经历从单纯地对既有产品和服务的选择消费向体验式和自主式的定制消费和创新消费转型。消费者行为的个体风险和封闭效应正经信息科技和数据科技的融合适用演化为难以控制的聚集风险和扩散效应，此时由消费者行为所生成的消费数据的聚集已实质性地影响其或决定相关商品和服务的生产和提供过程，消费数据兼具了消费和生产双重要素属性。譬如，消费者所作的用户评价和体验反馈，以及基于其对相关商品和服务的浏览访问活动等一切可合法记录并以数字形式合法存储的数据，都会对当下和未来整个市场的研发、生产、营销等环节产生直接的甚至是决定性影响。在此场景下，消费者对商品和服务的消费行为不仅是满足自身需求，也可解释为一种生产准备行为或者准生产行为。换言之，消费者行为正融合并孕育生产行为，成为人工智能场景下经济社会发展的主导行为和关键要素。故此，对消费者行为及模式的分析与认定，必须解构传统地对消费者行为单向度相对性弱势的市场定位，重构其多维度融合性主导型的市场定位，并基于此更新人工智能场景下的消费者权利义务的内涵，及时矫正我国现行消费者权益保护法律体系下对消费者权利强调倾斜保护配置的惯性。

综上，从消费者主导地位形塑、权利义务内涵更新以及消费者行为与模式重构三个维度，解析了人工智能场景下消费者法律定位发生变化的表征与实质。概言之，信息技术和数据技术的创新融合推动了市场经济活动从中心化走向去中心化，经济组织从高度结构化走向去结构化，科层式的生产消费过程演变为互动式扁平化的产消一体化，"消费者主权"经济在大数据、云计算、区块链及人工智能技术的广泛运用下得以形成并发展。由此，消费者在市场上的定位由末端走向前端，由被动走向主动，由个体走向融合，集中呈现为"由贫走向富，由弱走向强"的态势，客观上为消费者保护理路的革新提供了基础，同时也提出了挑战。

三、人工智能场景下重塑消费者保护理念与进路

人工智能经济作为数字经济深度发展的高阶形态，伴随信息技术与数据技术的融合，在操作技术（Operation Technology，OT）不断兴盛的推动下已经实质性地影响并努力颠覆当下的生产消费活动。可以预见，在5G上线并广泛普

及后，将有利于提高海量数据的传输速度和利用率，数据的深度挖掘和边缘计算将为人工智能产业的发展提供更加可信可靠的数据质量，届时真正由消费者引领的消费者主权时代将彻底改变现行对消费者的法律定位及其倾斜保护模式的配置。故此，结合上述对人工智能场景下消费者法律定位的新解，有必要加快转变消费者保护理念，改进新《消法》保护模式，重构消费者保护理路。未来消费者基本法的设计和实施应以消费行为为中心，融合消费者与经营者的正当利益的均衡保护，彻底摆脱"消费者天然弱势"的偏见，科学合理配给消费者与经营者之间的权利义务比重，矫正消费者误用和滥用权利的倾向，明确消费者应承担的义务和责任。在激励和支持消费者积极行使各项权利的同时，引导和培育消费者认真承担相应义务和责任，尽快建立以消费信用体系为基础的消费者基本法律制度。

（一）摆脱"消费者天然弱势"的偏见，从倾斜保护走向融合平衡保护

在传统经济场景下，生产经营者经常处于主导地位，消费者多处于产消环节的末端，单向科层式的产消链条加上信息不对称成为一种常态，消费者相对于经营者言，通常被认为是弱势的——事实上，这种弱势地位也是一种相对弱势。法律作为社会治理过程中的一种利益分配机制，从制度外部性的角度而言，多数情形下起到一种矫正分配的作用，主张通过赋权或约束某一类主体来实现整个社会的平衡与稳定。基于此，考虑到传统经济下消费者及其群体通常处于一般性结构弱势地位的事实，立法者在制定消费者法律制度时，先定性地从旨在矫正消费者及其群体的一般性结构弱势地位出发，设计了对消费者及其群体的倾斜保护模式，并将基于和围绕这一倾斜保护模式而生成的各类制度命名为消费者权益保护法律制度。且通过这类法律制度的实施在强化对消费者保护的同时，却弱化甚至抑制了消费者能力和权能的生长和培育，终而形成了现在所谓的"消费者天然弱势"的偏见和窘况。正所谓消费者及其群体的"巨婴心态"和"权能不足"，在一定程度上与法律对之倾斜保护的过度"溺爱"不无关系。消费者始终被视为被动的市场参与者，在消费意识、消费能力、消费水平及消费实力上相对生产经营者言，始终存在被预设为"先天不足"和"后天不良"的天然偏见。

伴随互联网全功能深度介入经济社会生活，移动互联网及其终端的普及和广泛持有，大数据和算法科技已深度嵌入社会方方面面，成为每一个消费者日常消费生活不可或缺和不知不觉依赖的关键资源和底层技术。在此基础上，由于大量消费者实时提供海量的消费数据，进一步推动了基于大数据、云计算及边缘计算技术支撑的机器的自主学习，成功地营造了人工智能技术和产业发展

的现实场景，为广大消费者带来极大便利的同时也使消费者在不经意间步入了消费的人工智能场景。消费者传统的市场法律定位面临挑战，消费者成为产消活动的中心。经营者对消费者及其消费数据的争夺胜过以往任何经济场景，"单向科层式"的产消过程正急速转向"互动扁平化"的以"消费数据"的生产、收集、使用为核心的新场景。在这一新产消场景下，消费者将成为市场经济活动的主导者和控制者，"消费者主权"的形塑不再是一个美好的愿景。由此引发的即期问题则是科学合理规范消费者主权的内涵、范畴及运行。然而，囿于篇幅在此无法展开讨论，但是其核心要义之一即为尽快摆脱"消费者天然弱势"论，调整对消费者倾斜保护的权义配置，在明确各项消费者权利的同时，认真对待消费者的义务与责任，以激励消费者更科学更正当地行使各项权利，维护自身合法权益。为此，亟待从以下两方面重点改进。

第一，市场参与主体应主动转变对"消费者愚钝形象"的预设，正确积极地看待消费者及其群体在人工智能场景下的市场定位及关键作用。如前所述，随着互动式扁平化产消场景的出现，信息不对称现象得到极大改善，甚至在某些场景下，掌握大量优质信息的一方是消费者及其群体而非经营者，譬如，大量团购现象的涌现，团购商业模式（B2T，Business to Team）的成功——美团平台迅速成长为数字独角兽公司——从消费者端出发引领市场供给侧的改革和更好配置各类生产要素和资源，已成为对消费者行为外部性的时代正解。申言之，只有正确看待消费者市场定位及其消费行为，尤其是海量消费数据于当前和未来市场发展的重要价值，才能科学定位和设置当前和未来消费者保护法改造过程中应采纳的保护模式。

第二，在重新审视消费者市场定位的基础上，结合人工智能场景下消费者权义内涵的更新，创新对消费者和经营者两者之正当权益于消费者基本法下的融合平衡模式。譬如，自2014年3月15日起实施的新《消法》首次规定了消费者后悔权制度，赋予了消费者在规定期限内通过网络等远程方式购物时享受单方面无条件的撤销权利。原本该制度的设置是为了更好保护数字经济下消费者的权益，然而，由于未对消费者行使该制度设立相应的约束机制，导致在现实中诱发了消费者过度使用该制度的风险，客观上加重了经营者的运营成本。这是建立在消费者未故意滥用该制度的情势下，经营者承担该制度运行所必要的弹性成本。如果消费者故意滥用该后悔权，其危害将极具扩散性，会破坏消费数据的真实性和可靠性，扰乱从消费端走向生产端引领供给侧结构有效调整的实际效果，严重地甚至会损害数字经济乃至人工智能经济下所期望的消费者与经营者合作共赢的市场经济发展目标的达成。

基于此，需综合现阶段网络消费展开的现实基础及人工智能技术与产业在当下和未来的创新发展空间，以及消费者实际能力和认知水平，客观合理地设计对消费者后悔权的约束机制，❶ 尽快建立包括消费者和经营者在内的消费市场信用体系或征信系统。当前和未来消费者保护法修改和设计的重心不仅仅要约束经营者的市场营商行为，亦需要有效规范消费者的不当或滥用行为，对消费者与经营者之正当利益采取融合平衡保护模式，营造两者间的合作共享发展局面。

（二）转变"全能政府"的单向保护理念，引入多元协同保护

一个好的政府，既不是无为政府，也不是全能政府，而是有限政府。由于历史原因及计划经济体制影响，中国特色社会主义市场经济体制的发展在很长时间内仍受到全面管控思维的左右。全能政府的角色定位在很长时间内难以有效消解，特别是当应处风险社会来临所带来的各项社会风险时，全能政府及其管控思维再次被唤醒。在消费者保护领域更是形成了全能政府下的过度"父爱主义"保护理念，消费者对其自身权益保护的认识，以及社会各界对消费者市场地位的认知及保护方式的选择更多是依赖以政府为代表的公权力的行使，这一点大致可以从 20 世纪 80 年代改革开放初期，直至新《消法》的修订与实施近四十年的消费者法制建设与法治实践的文本与经验中窥见一斑。❷

不可否认，在中国特色社会主义市场经济快速发展的过程中，特别是在重点追求经济增速和总量增加的高速发展阶段，商品和服务的质量问题日渐凸显，关乎国计民生的大规模消费者侵权，甚至是危害消费者生命安全的事件时有发生，政府管控力度不得不随之加强，在取得即期效果的同时，也客观上妨碍了消费者保护理念和形式的与时俱进，强化外部性权力保护的同时，弱化了消费者及团体自治的能力与功能建设。譬如，各级消费者保护协会或消费者保护委员会的属性，虽然定位为社会组织，但是与各级市场监管部门关系密切，实为其授权的具有公共管理和服务职能的准政府机构，其领导机构和权力保障在一定程度上来源政府，在很大程度上遏制消费者及团体的自治水平的提升，同时也强化了消费者对政府权力的依赖。然而，如前所述，随着人工智能场景下消费者实然定位的变化，单纯依赖政府权力给予消费者倾斜保护的做法将不利于推动消费者权益的实质保护——"父爱主义"与"巨婴心态"并非是一个成熟的消费者社会应该具备的样态——不仅不利于保护消费者，而且也不利

---

❶ 徐伟. 重估网络购物中的消费者撤回权［J］. 法学，2016（3）.
❷ 陈兵. 改革开放 40 年消费者法嵌于市场经济发展的嬗变与展望［J］. 学术论坛，2018（5）.

于正确客观对待经营者的正当利益诉求，甚至会加重整个社会的维权负担，❶
制约我国经济社会科学理性的发展，严重的还会诱发消费者维权中的权力寻租
弊端或者是公权力不当干预市场经营活动，妨碍自由公平的市场竞争秩序的有
效运行。故此，应积极转变"全能政府"惯性思维下的单一权力保护理念和
方式，引入协同共进的多元保护模式，培育和增强消费者及团体的自治水平和
行为能力。譬如，增强消费者的理性消费观念和科学维权意识，通过科学合理
设定消费者的义务和责任促使其审慎行使各项权利，增进消费者教育以支持消
费者更加合理地参与市场秩序的建设等❷，具体可从以下两方面入手。

第一，实现市场多元主体参与的协同保护。人工智能场景下消费者在市场
上的主导地位得到形塑，将成为整个市场产消过程的出发点和归结点，由市场
末端走向市场前端，甚至直接参与研发生产环节，其身份也发生了变化，产消
者的形态逐渐清晰。同时，基于对消费数据的原始提供负主要责任，参与数据
控制和利用过程，消费者的愚钝形象正得到也必须得到改变。在一定程度上，
消费者于人工智能场景下的作用和价值除直接影响甚至左右研发生产外，也对
市场监管起到了主动参与者的意义。申言之，人工智能场景下消费者的身份和
作用正在发展融合和扩张。譬如，区块链作为一种分布式记账技术，其本质是
去中心化，核心价值在于数据的不可篡改性，这意味着任何用户，包括作为消
费者的用户都可以参与到任一个区块链系统之中，并对自身行为所产生的数据
的客观性和真实性负责。该技术于消费领域的应用，令作为消费者的用户成为
生产、销售系统中的重要一环，消费行为产生的数据会影响到该区块内其他市
场主体行为的作出及相关利益，以及整体区块系统的正常运行。此时，单纯依
赖全能政府思维下的单一保护，很难有效应对新情势和新场景，建议从多元主
体共同参与的维度——事实上是由于消费者与经营者、监管者等市场多元主体
的融合——激励除作为政府的监管者外的其他主体，譬如，消费者及团体、经
营者及团体、其他社会组织等自觉主动地加入到对消费者保护的共同事业中，
提升消费者保护事业的现代化水平和自治能力，以此推动以科学合理的消费者
保护为中心的消费者社会的经济发展与法治建设的同步与同频。

第二，拓宽和支持多元保护进路的建立。人工智能技术和产业的快速发展
对以消费者行为及数据为中心的生产、经营、消费活动提出了新挑战，带来了
新机遇，加速了从"生产者社会"向"消费者社会"的转型，提升了消费者
主权在经济社会运行中的地位。基于此，消费者保护事业的发展，不应囿于单

---

❶ 陈兵. 反垄断法实施与消费者保护的协同发展 [J]. 法学，2013（9）.
❷ 杨立新，陶盈. 日本消费者法治建设经验及对中国的启示 [J]. 广东社会科学，2013（5）.

一的以政府主力推进和以消费者权益保护法为主体的保护理念和结构，而应以现实问题为导向，融合有利于消费者保护的多元理念和具体制度及方法，扩容消费者保护的多元进路。譬如，回应互联网经济下消费者新型消费行为，以及由此引发的新兴权利保护问题，如数据安全权、数据被遗忘权、数据可携带权等，搭建包括网络安全法、电子商务法、反不正当竞争法、反垄断法、广告法等在内的涵摄公法、私法、社会法等多元法理念、法部门及实施方法的消费者保护法律体系，有效推动新情势和新场景下的消费者保护的多元共建共享模式的建成与实行。

（三）建立以消费信用体系为基础的产消环节整体系统保护

相对于信息不对称，市场主体在交易背后所蕴含的"意图不对称"是经营者与消费者处于对立样态的深层原因。"意图不对称"是指市场主体内心动机以及追求利益期望的差异。信息不对称现象正随着信息科技和数据科技的融合创新发展而逐步消解，或者说在由单向科层式生产消费过程转向互动扁平化的产消融合的场景时，信息不对称给消费者带来的不利影响大大减弱，甚至导致供给侧于需求侧而言，表现为信息弱势。换言之，以信息不对称为基础而设置的对消费者单向度倾斜保护的模式已面临其根基的动摇。甚至，这种对消费者单向度倾斜保护的模式会进一步加剧意图不对称现象的发生，即恶化暗藏于交易主体内心对现实状态不认可的心理倾向，除激化经营者与消费者之间现实利益的冲突外，还可能引起彼此间的强烈心理对抗情绪，将一定范围内存在的怀疑不信任的偏差效应升级为普遍的无理由的整体扩散效应。故此，应尽快矫正基于现行制度安排与现实消费场景之间的不匹配而逆向强化的经营者与消费者之间的对立观念，及时建立以促进消费者与经营者之间"互信、互助、互利"为目标，以消费信用体系为基础的保障生产消费整体利益增长的系统保护模式。只有如此，方能有力有效实现人工智能场景下消费者权益的真实保护。

第一，在任何市场经济场景下增强经营者实力都是提升消费者权益保护基准和实效的重要方面。❶经营者与消费者之间不应成为对立甚至对抗的对手，而是合作共赢的利益共同体和命运共同体。故此，应充分认识到经营者及团体对消费者保护的重要性，两者之间应作为一个整体予以系统调节。除依法向经营者施加法定义务和责任外，更需因应时代发展特征对整个产消环节中的各个参与主体给予系统保护。这是相对于前述——从生产消费的内部维度提出的融合平衡保护，而强调从新情势和新场景出发；就整个生产消费的外部维度讲，

---

❶ 陈兵. 反垄断法实施与消费者保护的协同发展［J］. 法学，2013（9）.

需要建立起以消费信用体系为基础的整体系统保护模式，防止割裂的碎片化对所谓消费者的单向倾斜保护。

第二，在人工智能场景下消费者的消费数据是引起整个产消系统发生变化的关键，也是确立给予消费者与经营者整体系统保护的根因。如前所述，人工智能场景下消费数据的聚集已实质性地影响甚或决定相关商品和服务的生产和提供过程，消费数据兼具了消费和生产双重要素属性，是记录和反馈整个产消过程的整体性数据，其提供者、控制者、使用者等与之关联的所有主体的行为都被客观地书写在里面。故此，消费数据的真实性与可靠性、多样性与特定性、广泛性与有用性就成为反馈和评价消费者和经营者互动关系是否良性健康运行的主要向度，也是调整消费者与经营者作为一个整体给予系统保护的重要依据。为此，建议应尽快建立以消费数据为核心的包括消费者与经营者在内的全国市场消费信用体系，以此推动整个产消过程的信用法治化建设，做到公开透明、公平合理、公正可信。如此一来，消费者与经营者作为市场经济活动中的整体组成部分，其对立对抗不复存在，合作共赢成为可能，给予其整体系统保护正当其时。

当前，我国正处于全面深化体制机制改革的关键期，破旧立新，不破不立，更应认识到信用之于经济社会发展的重要影响。具体到生产消费领域，不仅应要求经营者依法诚信经营，树立诚实守信的品牌形象，也应强调消费者合法消费、诚信消费，合理行使各项消费者权利。特别是在大数据、区块链等技术的应用下，消费者已然作为生产经营环节的重要参与者和组织者，做到"尊重由市场主体在交易活动中形成的良性规则，合理确定各方权利义务，减少不必要的法律干预"，❶ 是进一步改进消费者权利保护理路应遵循的基本原则和方向。

四、结　语

我国正处在由"生产者社会"向"消费者社会"转型的关键期，消费者在市场上的法律定位也由末端走向前端，由被动走向主动，由个体走向融合。人工智能技术及产业化发展给生产消费领域带来颠覆式影响，很可能成就人类社会演进中的又一次奇点式发展。从目前发展看，人工智能技术及产业化深刻变革了传统的生产消费模式。在人工智能场景下消费者的法律定位发生了重大

---

❶　全国人民代表大会法律委员会关于《中华人民共和国消费者权益保护法修正案（草案）》审议结果的报告［EB/OL］．［2019－01－21］．http：//www.npc.gov.cn/wxzl/gongbao/2014－01/02/content_1823315.htm.

变化，表现为消费者主导地位正在加强，权利义务内涵得到了更新，诸如消费者数据安全权、数据被遗忘权、数据可携带权等新兴权利。同时，消费者行为及模式也发生了变化，这些都对现行的以政府为主导的单向倾斜型消费者权益保护理路提出了挑战。尤其是以消费数据为核心搭建的人工智能场景下的产消过程，更是凸显了消费者行为及其数据的真实性与可靠性、多样性与特定性、广泛性与有用性之于研发、生产及经营环节的关键价值与重要作用，由此引发了对新《消法》所规定的倾斜保护模式的反思与检讨。

客观而言，自 2014 年 3 月 15 日以来新《消法》的实施，虽然在一定程度上实现了对消费者从事网络交易之权益的及时维护，但是也引致了诸多问题，尤其是未对后悔权制度的行使附以有力的约束条款。这一制度缺陷除增加交易成本外，也出现了误用和滥用的现象，扰乱了市场正常的交易秩序，破坏了消费数据的真实性与可靠性。这不仅损害了经营者正常从事生产经营的正当利益，也影响了其他消费者及团体的正当利益，更有甚者会抑制消费者及团体的自治能力的养成和提升。为此，有必要结合消费者法律定位的新变化，从内部和外部两个维度，围绕新情势和新场景下消费者定位的融合性和消费数据的整体性，及时更新消费者保护理念，革新消费者保护模式，重构消费者保护理路，实现从倾斜保护走向融合平衡保护、从单向保护走向多元协同保护和整体系统保护的时代转型，切实有效推动"共建共治共享"的"消费者社会"的科学化与法治化建设和发展。

（原文刊于《上海财经大学学报》2019 年第 4 期，收入本书时有改动）

第四编
chapter IV
应用场景法治

本编导读 / 252

数字经济发展与法律规制系统创新 / 255

搭建从工业互联网到先进制造业的法治桥梁 / 273

共享经济需在法治轨道上运行 / 277

互联网平台经济法治化发展需多方努力 / 281

分享经济对税收治理现代化的挑战与应对 / 286

人工智能时代应加快智能税收法治系统建设 / 299

互联网时代房地产税的信用定位与法治实践 / 313

法治维度下看互联网医疗 / 326

抗击新冠肺炎疫情中个人信息保护的法治慎思 / 330

网络直播带货的商业热捧与监管冷思 / 345

将直播带货带入法治轨道 / 352

"地摊经济"重启与更生的法治轨道 / 357

本编导读

经由对互联网经济竞争法治、数据法治及算法与人工智能法治等专题的学理探讨与实践述评，互联网经济的发展脉络与法治架构相对清晰。然而，互联网经济作为不断创新发展的新业态，其发展具有强烈的动态竞争特征，颠覆式创新成为互联网经济发展的常态。故此，现阶段很难发现和创设一套能够完全适用于不同场景下的互联网经济法治理论，即便是存在，这套理论也由于其临时性与模糊性而难以适用于不断变动的具体场景。基于此，本编旨在以互联网经济发展的不同类型的业态为脉络，聚焦其历经的重大事件或热点问题，描绘和总结互联网经济在代表性应用场景下的法治治理及其经验，阐明互联网经济法治理论于具体场景下的多元理解，构想因应互联网经济发展演变的具体的法治化治理进路。

以《数字经济发展与法律规制系统创新》为基点，较为细致地解析了数字经济、数据经济、算法与人工智能经济等互联网经济不同类型新业态对现行法律规制系统的挑战和应对。在《搭建从工业互联网到先进制造业的法治桥梁》一文中，重点探讨了以工业互联网为媒介促进传统制造业转型升级，大力发展先进制造业，深化数字经济与实体经济深度融合的关键点，提出运用法治思维和法治方法推动互联网经济与传统实体经济融合发展的必要性与可行性。在此基础上，针对互联网经济早期发展中典型的"共享经济"或"分享经济"的实际运行所遇到的法治问题进行了讨论。

在《共享经济需在法治轨道上运行》一文中，结合互联网经济早期发展中共享经济业态，譬如共享单车、共享汽车、共享租房等，讨论了互联网市场准入门槛低的特点，在激励和支持经营者创新创业的同时，也引发了诸多行业乱象，譬如野蛮增长、恶性竞争、数据风险、网络欺诈甚或诈骗等愈演愈烈，暴露出互联网经济早期发展中普遍存在的监管缺位、风险聚集以及规制失灵等弊端，亟待更新和完善互联网经济法治内涵和实践方法，提升监督质量。

互联网平台规范健康发展是互联网经济法治建设的重要内容。《互联网平台经济法治化发展需多方努力》一文提出，面对互联网平台过度收集用户信息、违法违规干扰信息传播、封禁竞争对手链接、提高平台内经营者佣金、超前点播收费、"二选一"等问题，应考虑互联网平台经济发展对全方位、多场景、多维度法治建设的具体诉求，鼓励政府主导监管，广大网民、平台企业、网络商品和服务的开发与提供者、行业组织等多元主体共建共享共治互联网平台经济的法治化发展。

互联网经济发展不仅对现有的商业模式、经营行为及市场秩序产生冲击，也给现行监管体系带来了挑战，因此，互联网经济法治现代化势在必行。以税收征管专题为例展开相关分析，《分享经济对税收治理现代化的挑战与应对》一文聚焦现行税收治理法律体系在应对"分享经济"这一典型互联网经济业态时遇到的挑战，认为应通过提升信息化治理水平和强化信用体系建设推动互联网时代税收治理体系的革新与升级。

在人工智能技术及产业发展备受社会各界关注之际，通过《人工智能时代应加快智能税收法治系统建设》和《互联网时代房地产税的信用定位与法治实践》两篇文章，对人工智能场景下税收征管法治面临的挑战和应对之策作了讨论，主张应尽快实现技术创新与国家法治在立法科学、权责清晰、实效突出、社会和谐等多维度上的有机统一，借助房地产税等关键制度的设计与运行推动互联网时代社会信用体系的创新与信用法治实践水平的提升。

在《法治维度下看互联网医疗》一文中指出，围绕互联网平台展开的社会经济生产生活活动越来越多，政企服务多元化、平台化、移动化步伐进一步加快，聚积了海量的公共服务资源，为缓解公共服务领域长期存在的有效供给不足现象提供了有益的解决方案，但同时也引发了一系列对互联网平台产业如何给予有效监管的问题。为了避免魏则西式的悲剧重演，有必要建立科学合理的长效机制，保障互联网医疗产业的健康可持续发展，实现互联网医疗的法治化。

2020年初在武汉聚集爆发的新冠肺炎疫情，迅速扩展至全国，成为中华人民共和国成立以来传播速度最快、感染范围最广、防控难度最大的重大突发公共卫生事件。"依法战疫"与"科技战疫"成为党领导全国人民决胜新冠肺炎疫情的治与术，体现互联网时代信息通信技术和数字数据技术应用的强大力量，同时也暴露出违法违规使用存在的巨大风险。在《抗击新冠肺炎疫情中个人信息保护的法治慎思》一文中，以"科技战疫"为起点，讨论运用大数据、算法、人工智能等先进技术依法战疫的正当性、必要性及紧迫性，并以此为契机改进和完善互联网时代个人数据利用与个人信息保护的良性互动，加强我国互联网时代经济社会高质量发展的制度保障。

在国内疫情防控步入常态化，以"六保"促"六稳"成为各项工作的重中之重，"直播带货""地摊经济"等新旧业态成为经济复苏、扩大内需、缓解就业的现实之举。《网络直播带货的商业热捧与监管冷思》认为平台监管乏力、缺乏分级分类精准规制、数据信息保护不充分等问题制约了网络直播带货的良性发展。基于此，应从明确审慎监管尺度、拓展监管维度、建立科学监管效度等方面对现行互联网经济市场监管机制予以法治化改进。在《将直播带货带入法治轨道》一文中，详细解读了直播带货的基本内涵、主要类型及法理构造，针对直播带货中现存问题，提出从明确各方主体的权利义务及责任、加强监管部门和直播平台协同监管、规范官员直播带货行为等方面予以应对。

在《"地摊经济"重启与更生的法治轨道》一文中，针对可能引发的人群聚集风险、城市治理困境、商户及消费者个人数据信息泄露等弊端，结合地摊经济的特征与类型，建议依法设定城市经济重启与常态化防控的合理限度，实现民生保障与精准施策的城市治理平衡，推动消费形式降级与现实场景升级的平顺融合。在法治轨道上规范和引导地摊经济在互联网场景下的重启，赋予国家治理体系和治理能力在互联网时代更强的韧性与更大的包容性。

数字经济发展与法律规制系统创新

2017 年我国数字经济规模达 27.2 万亿元，同比增长 20.3%，占 GDP 的比重达到 32.9%。❶ 相较于北美占 GDP 的 14.5%，北欧占 GDP 的 9.9%，南欧占 GDP 的 11.5%，中国在数字经济的规模上已处于全球领域的第一梯队。❷ 然而，数字经济在蓬勃发展的同时，也诱发了数字市场上经营者的野蛮生长。滥用市场支配地位或相对优势地位限制、排除、破坏竞争以及其他不正当交易乱象的频现，对现行法律规制的基本理念、核心制度及主要实施方法带来了系列挑战。如何在激励和持续支持数字经济高速发展的同时，处理好国家利益、社会利益、经营者利益、消费者利益等多元利益间的价值排序，促使创新激励、合规运行及消费者保护三者间达致动态平衡，成为当前亟须解决的焦点与难点。基于政府在我国数字经济发展中的核心地位，由政府主导的行业规制已成为新时代数字经济健康发展的根基与主导，规制质量的好坏直接影响到数字经济发展的未来。故此，聚焦当前由政府主导的规制数字经济发展的基本模式，依法为治，良法善治，实现数字经济规制的法治化和科学化构成了以下论说的重点。

一、数字经济运行的困境

当前备受关注的共享经济、智慧城市、人工智能抑或是区块链产业，都是在以数字为基本书写方式的各种数据资源和技术上的多维应用与差异化衍生。倘若缺乏数据资源和技术的支撑，从以（大）数据为根基的机器深度自主学习到算法设计与优化，乃至产品开发与创新等循环往复的数字经济的生态产业链，将无法得到精准优化与有效延续，整个数字竞争模式将丧失优势。在这种

---

❶ 国家互联网信息办公室. 数字中国建设发展报告（2017 年）［EB/OL］.（2018 - 05 - 09）［2018 - 10 - 02］. http：//www. cac. gov. cn/2018 - 05/09/c_1122794507.

❷ PwC's Global Artificial Intelligence Study. What's the Real Value of AI for Your Business and How Can You Capitalise? ［EB/OL］.［2018 - 10 - 02］. https：//www. pwc. com/gx/en/issues/analytics/assets/pwc - ai - analysis - sizing - the - prize - report. pdf.

立于数字资源极大丰富和多样化深度使用上的新经济业态已经涵盖我国经济生产生活的诸方面，甚至可以说发生了颠覆性的影响，由此产生的巨大红利如何公平公正分配，相关纠纷如何合法合理化解，已成为关涉社会稳定与分配正义能否顺利实现的重要一环。站在数据生态产业链的维度观察，从数据资源利用的整个纵向过程——数据收集与整理、数据分析与计算、数据使用与创新等环节分析，发现现行法律规范对消费者（用户）和经营者间权义与权益的分担与共享似乎作出了，然而又并不明确的规定。在很大程度上，需要运用强大的解释力方能从有限度的规范中寻找围绕数字资源及其在不同环节中差异化的书写方式而产生的各项权益权能的正当性及与之相适应的可行的救济方式。这种动态的甚至是不确定的法律规制现状，致使在处理涉及数据因素的案件时，各方参与主体及相关行政机构与司法机构都面临难以预期的困惑，甚至在数据运用的不同环节还表现出理解上和解释上的不一致。

在数据收集与整理环节，现行《网络安全法》第41条和《消费者权益保护法》第29条分别作出规定，赋予了企业在满足正常经营的前提下，以用户的知情同意权作为收集数据的正当性基准。此项基准在百度与大众点评一案中得到进一步确认。由此推知，从文本上看，似乎要表达处于最原始的数据资源与由此派生的信息权益应当归属于用户。然而，实践中却避开了相对明确的表达。

步入数据分析与计算环节，即大数据运用下数据的计算与共享层次，《网络安全法》第41条仅规定未经被收集者同意，不得向他人提供个人信息。换言之，对于已经基于正当性基准而获得用户数据的数据控制者对用户数据的分析与计算，即二次加工等是否侵害用户之权益并没有明示，仅规定不得向他人，即第三方提供用户信息。由于法律规定相对含糊，在新浪微博诉脉脉不正当抓取数据一案中被迫衍生为三重授权原则，对于数据的二次分享必须遵循"用户＋平台＋用户"的授权模式，即需得到用户的再次授权。❶从该案看，法律实践似乎更想表达"赋予用户的权益是严格的数据控制权"，平台（企业）此时得到的仅是在约定范围的使用权——虽然较数据采集环节已经有了松动，但是仍然是基于严格文义主义对文本的进一步解释。

到了数据使用和创新环节，法律文本并未对数据的权属作出有区分度的具体细化，只有《网络安全法》第42条规定"未经被收集者同意，不得向他人提供个人信息。但是，经过处理无法识别特定个人且不能复原的除外"。这实质上是为经数据控制企业完全匿名脱敏后的数据，无须再次经用户授权即可由

---

❶ 张璇. 大数据不正当竞争第一案的烧脑庭审［N］. 人民法院报，2017－04－10（006）.

控制者使用留下了空间。进一步而言，即允许数据控制企业对所拥有的脱敏后的数据所产生的财产权益完全归该企业拥有给予了可论说的正当性和合法性空间。换言之，在数据使用和创新环节，数据控制企业对原始数据进行匿名脱敏后，基于深度加工而产生的各项数据利益已经无须征得原始数据提供者的授权便可以使用。

目前我国法律体系中相对不确定的表达，已不能适应复杂多变的现实。这使得数据产权权属问题成为制约以数据和大数据为基础的数字经济进一步发展的关键瓶颈，也为大数据产业及其衍生产业的创新带来了很大的不确定性。具体表现为，在大数据产品加速研发和创新中，无法做到有效保护因数据深度加工和创新使用所勃兴的新型商业模式给数据企业尤其是大数据平台经营者或运营者带来的正当商业利益，以及对数据提供者能否分享相关商业利益予以明确回应，即数据提供者与数据控制者、运营者之间的权益划分或者是利益共享如何实现公平公正仍然存在模糊之处。更为重要的是，在数据控制者与数据运营者间，如果不是同一或相关主体，能否就数据开放与共享形成合理的规制比例，即在数据控制者与运营者之间无法就数据开放和共享达成合意时，权力机构应适时适当介入，进而助力数据产业的创新升级则是摆在当下亟待回应的难题。

为此学界尚存在激烈争论，以美国莱斯格教授为代表的数据财产化理论主张者，认为应当授予用户（数据提供者）以数据所有权，主张数据产权应该赋予用户才更有效率，与此观点对立的则是数据本身并不能创造价值，是平台运营者赋予了数据动能，数据的所有权应该属于数据的创新加工企业，并拥有从中汲取收益的权利。介于二者之间则涌现出一批数据新型财产权倡导者，对于数据这种可能拥有多重权利属性且动态发展的聚合物，实行两权分离，主张区分为用户与平台运营者分别配置数据人格权、经营权以及资产权等，以期实现数据经济效用的充分释放与内在协调。以当前数据所归属的多元主体为基准，可大致分为个人数据、商业数据、公共数据，建议从问题出发，立足于数字经济运行的现实，厘清数据、大数据的内涵与外延，更多关注彼此之间的内在互动关系，运用整体多层次的思维，寻求新的制度设计，完善对于数据各方主体利益的保护，使得个人数据得到充分保护，商业数据专注价值创造，公共数据实现共享联通。

以我国首例大数据产品不正当竞争纠纷案为例，杭州互联网法院认定美景公司的被诉行为构成不正当竞争，确认淘宝对大数据产品"生意参谋"服务中的数据享有竞争性财产权益。美景公司以低价方式及技术手段诱导已购买淘宝旗下生意参谋服务的商家，非法共享，攫取利益的行为构成"搭便车"销售。在该案中最大的亮点是法院确认企业（案件中指淘宝）对经由正当程序收集的用户交易信息，在消除用户个人特征信息，进行匿名脱敏处理后，享有确定的财产权益，而用户并不享有财产权益，不参与对大数据产品财产权益的个人分成。申言之，数据被赋予商业价值，具有法律意义上的财产性价值，在一定程度上必须经过二次加工，甚至是多次加工演化，在借助算法支撑的大数据技术运行后，才能形成具有巨大商业价值的大数据产品。

在肯认大数据产品所蕴藏的巨大商业价值的基础上，进一步对此行业的自由公平的竞争秩序予以积极引导，在企业权益与个人用户权益的平衡上找到分界线。尽管杭州互联网法院的判决具有标志性，充分发挥了司法裁判的指引作用，但是此案所涉及的安徽美景公司搭便车的行为依然与传统的非数字经济的实现形式无本质区别，尚未显示出数字经济的基本特征。值得进一步思考的是对数据获取中所存在的根本问题，以 HiQ 诉 LinkedIn 案为代表的所涉及公开数据的抓取是否构成不正当竞争，通过多种手段禁止其抓取并使用相关公开数据等的行为是否构成数据垄断，以及对于数据抓取中所遵从的 Robots 协议，如何确立合理的边界，数据抓取与共享利用的阈值如何确立等问题尚需深度思考。

二、数字经济对现行规制系统带来的挑战

生态化、层次化、体系化是数字经济发展的最显著特征。尽管以大数据、平台算法、人工智能、区块链等技术和资源为主的数字经济在时代的感召与国家数字战略的推动下得以快速发展，凸显了科技红利与制度红利同时释放给经济社会带来的巨大利好，但与此同时带来的则是数据驱动型并购、数据不正当竞争、数据垄断、平台侵权——如平台力量滥用对个人隐私保护的风险、算法歧视等问题的频发。客观讲，数字经济已经颠覆了传统经济社会的交易模式和消费习惯，必将且已经在某些领域严重挑战了交易模式与消费习惯背后的法律模式，法律规则面临重构，法律实践模式亟待更新。

面对新兴事物所带来的不断冲击，法律自出台的那一刻便具有天然的滞后性，其不经解释无法适用于不断演化的新事物。具体到以大数据、平台算法及人工智能为核心的数字经济高阶领域，当前有关的法律法规及配套措施在很大程度上已经无法满足该产业的进一步增进。具体表现为，现阶段并未制定关于数据统一化和体系化的立法，只能不断对现有权利体系进行解释与延展。这虽然在一定程度上缓解了数字经济典型特征给予法律适用所带来的压力，但是却导致诸多新兴权利跟传统权利话语下的内容发生了重叠与交叉。现行分散的立

法结构决定了权利主体可以分别依据不同的文本寻求救济，由此出现了大量的适用竞合的现象。以经营者与消费者为例，经营者可通过《合同法》《知识产权法》《反不正当竞争法》以及一系列相关行政法规寻求维权，消费者则可通过《民法总则》《网络安全法》《消费者权益保护法》以及新近通过的《电子商务法》等得以救济，相对宽泛的立法条文以及并未整合的权利体系极易导致在法律适用中产生新的规制冲突。进一步而言，现有数字经济发展的系统藩篱可大致归结为以下两方面：一是现行制度供给不足，目前分散的立法结构无法为权利主体提供有效充分的保护，缺乏有针对性的统一立法；二是当前实施机制乏力，"条条块块"割裂式的实施机制，缺乏系统化、一体化及有机化。囿于篇幅，仅以规制系统中与竞争规制密切相关的问题为切口，以揭示在当前规制系统下无法适应数字经济现实所出现的制度供给不足，及所引发的实施机制失灵的现实及其原因。

（一）现有制度供给不足

数字经济作为深化供给侧产业结构改革的一种选择、一种尝试，其所依赖的"动态竞争"与"跨界竞争"的商业模式，给相对分散且零碎的法律规则及其支撑这类零散规则存在的部分理念带来了极大冲击。由此引起了数据领域不正当竞争案件频发，从 2015 年新浪诉脉脉非法抓取微博用户数据一案，到 2016 年大众点评诉百度地图抓取用户点评信息案，再到 2017 年顺丰与菜鸟有关物流数据接口的纠纷直至 2018 年大数据产品第一案，等等，这些案件均关涉数据资源的正当获取与公平竞争。并且数据竞争方式实现了在行为指向上的由抓取原始数据向匿名脱敏二次加工生成的商业数据的转变，竞争模式由依靠单纯的技术型不正当竞争转向依托数据资源提高进入壁垒的机制型反竞争行为，以图消灭潜在竞争威胁升级。之所以出现上述大量关涉数据获取与使用的不正当竞争纠纷案件，除反映了该领域复杂多变的商业交易行为和竞争形态外，还折射出该领域缺乏科学合理的法律制度供给。科学立法，包括科学合理的法律解释才是有效化解纠纷的前提，立法先行在面临新兴事物的发展问题上，绝对不是一句空话。

当前，在我国尚未制定出台统一的类似于欧盟《通用数据保护条例》（General Data Protection Rules，GDPR）的数据基本法，有关数字经济的法律法规相对于数字经济蓬勃发展的实现需求来说太抽象，甚至是模糊，且散落在不同的涉及网络的基本法律之中，主要体现在《网络安全法》第 9 条、第 41 条、第 42 条、第 43 条及第 76 条——主要涉及数据收集与使用中的安全保障，《反不正当竞争法》互联网专条（第 12 条）——从行为规制的角度，规范数据收集和利用及其利益共享过程中的正当行为，以及《电子商务法》第 3 条、第 22 条、第 23 条、第 20 条、第 31 条至第 41 条等——主要体现在该法第二章电子商务经营者的一般规定和平台经营者的具体行为、义务及责任上，相对而言，该法的出台在很大程度上对我国的数字经济健康合法发展起到了制度补位和功能补强的作用。然而，从总体上评价，以上法律法规多倾向于从行政执法维度，回应网安监管和经济规制，尚缺乏对司法和守法领域的基本立法的制定，这在很大程度上制约了我国数字经济的进一步发展——缺乏系统的制度激励和制度救济，无疑会妨碍数字经济的健康安全成长，为数字经济的野蛮生长埋下隐患。

譬如，我国不同法院在其涉及数据纠纷的案件判决中多次肯定并巩固了对规范数据权利之重要价值的观点，且合理地在一些案件中对数据产权的内涵与外延做出了有别于传统产权制度的初步扩展，但是仅仅依靠司法裁决，将行业惯例视为认定正当性的基础，经由个案宣示和确认——《反不正当竞争法》第 2 条有关合法竞争的原则性条款的适用以及对不正当竞争行为外延的解释，加上对第 12 条涉及互联网专条的列举性与一般性规定的适用，虽然在短期内看似能够满足对数字经济发展中不断出现的新型不正当竞争和反竞争行为的规制，但是从长远看，并非是解决此类涉及数据不正当竞争与反竞争问题的长久之计。

究其原因：其一，由于《反不正当竞争法》第 2 条"一般条款"所规定的"商业道德、诚实守信"的道德标准较为主观宽泛，赋予了法官充足的说理空间和自由裁量度，同时"一般条款"所规定的抽象开放的评价标准也在某种程度上契合了市场竞争者的诉讼需求❶，导致其被过度适用，甚至有滥用之虞。实践中逐渐形成了由"一般条款"主导对不正当竞争行为的认定，在一定程度上影响了反不正当竞争法适用的谦抑性。其二，虽然《反不正当竞争法》第 12 条设计了"互联网专条"，对"插入链接、强制进行目标跳转"（通常称"流量劫持"）、"修改、关闭、卸载其他产品及服务""恶意不兼容"等问题进行了列举式规定，在一定程度上缓解了"一般条款"的适用压力，客观上也限缩了有权者自由裁量的空间，同时，考虑到网络数字产业发展存在诸多不确定性，该互联网专条还设置了兜底条款，给该条适用留出必要空间，但是该条款并未总结出网络领域不正当竞争的本质，尚不具备成为处理网络领

---

❶ 截至 2018 年 9 月 15 日，在北大法宝收录的 8834 个反不正当竞争案件中，与反不正当竞争法第 2 条相关的案例为 2373 个，案件裁判率达到了 26.86%，仅此一条的适用比例之高就远超多项规则条款的运用。吴峻. 反不正当竞争法一般条款的司法适用模式［J］. 法学研究，2016（2）.

域不正当竞争纠纷所需的客观性与精确性基准的功能，对所涉及的数据、算法等前沿问题，更是难以进行直接有效的覆盖。故此，有学者甚至直接表明互联网条款的宣示意义大于实用价值。[1]

此外，对未予明确规定的数据竞争以及互联网领域其他新型商业模式所引发的竞争纠纷是适用《反不正当竞争法》第 2 条的"一般条款"还是第 12 条的"互联网专条"，如何协调两者之间的界限，仍存在不同程度的分歧。尽管制定了互联网专条，一般条款原则上不再适用，但是互联网专条的实践价值与实际效果以及与一般条款的适用界限还需通过实践进一步厘清。故此，在国际上普遍受到欧盟制定《通用数据保护条例》的影响之际——美国、日本、印度、澳大利亚等相继出台了有关数据与竞争政策的相关指南，正在逐步建立数据跨境流动的交易规则[2]的大趋势下，我国也应积极融入国际轨道，更新适应数字经济发展的规制理念与规制方法，提升整个法制体系对数字经济运行的回应能力。

事实上，数字经济高速发展对当前经济法治带来的影响，不仅表现在相关法律文本制定上的不足与缺漏，还体现在对既有法律文本立法目的的重构。譬如，我国《反垄断法》第 1 条确立了多元的立法目的"保护市场公平竞争，提高经济运行效率，维护消费者利益和社会公共利益，促进社会主义市场经济健康发展"，而通说认为，反垄断法旨在促进经济效率的提升，维护市场的公平竞争秩序，对于消费者福利的保障处在间接或者终极的层面。进言之，对发生在数字经济领域的竞争规制，如果遵循通说观点，只有在市场竞争秩序产生损害，正当竞争利益被扭曲或破坏时，反垄断法方能启用，此时消费者利益仍然只能作为一种间接利益或反射利益，放置于竞争利益的辐射范畴之内，这就很难以竞争法的逻辑和方式来回应数字经济时代消费者利益的直接保护需求，这是事实上并不符合社会各界对竞争法在数字经济时代应有价值的合理期待。现实是数字经济发展所呈现的竞争与隐私保护深度交织的行业特征，伴随诸如"大数据杀熟""算法合谋""数据卡特尔"等形式被广泛关注，间接保护的模式已不能适应现实需求。数字经济下消费者利益保护的必要性和紧迫性凸显，尽快构建以竞争法直接保护为重要方式的多重法律进路的呼声越来越强。完善制度供给，提高供给质量，理应成为当前治理数字经济使之健康发展的前提和

[1] 孔祥俊. 论反不正当竞争法修订的若干问题：评《中华人民共和国反不正当竞争法（修订草案）》[J]. 东方法学，2017（3）.

[2] 截至 2017 年 9 月，全球已有约 120 个国家制定了全面覆盖公私部门的个人数据保护法。冯洋. 论个人数据保护全球规则的形成路径：以欧盟充分保护原则为中心的探讨 [J]. 浙江学刊，2018（4）.

基础。

（二）当前实施机制乏力

自《反垄断法》实施以来，首个十年的实施取得了令世界瞩目的巨大成效，尤其是互联网领域的系列司法裁决更是引起了全球同行的广泛关注，在经济效果和社会效果上取得了双丰收。随着 2018 年国务院机构改革方案落实落地，我国对综合竞争执法机构进行了系统调整，将多年来内置于商务部、国家发展和改革委员会、国家工商行政管理总局的竞争执法部门，统一归口于新设立的国家市场监督管理总局，实现了反垄断执法与反不正当竞争执法的统一化和系统化，这无疑将有助于我国市场经济法治系统的建设和完善。然而，同时由于数字经济的迅猛发展，在市场竞争领域出现了诸多新的问题，给竞争法的实施带来了极大的不确定因素，整个实施机制仍面临疲软乏力的困顿局面。

首先，从实施主体来看，虽然在新设的国家市场监督管理总局下统一了综合性市场规制竞争执法的机构与职权，但是仍面临综合性规制主体与行业性规制主体之间就数字经济产业发展监管的协调问题，譬如，国家市场监督管理总局与工业和信息化部、交通运输部、国家卫生健康委员会等部门之间就数字经济运行的一般性监管与数字经济在知识产权、公共交通出行、互联网医疗等领域的行业性监管之间如何协调的问题。此外，还涉及作为数字经济发展模式中最为典型的共享经济、平台经济、算法经济等新兴产业的发展，还可能衍化成第三方平台规制，即行业自律监管的问题，这就容易出现所谓的共享规制权力的现象。这就需要协调好多元主体的职能设计与行使，建立权力行使系统的压舱石与防火墙，既确保权力行使的有序合规，也要避免权力行使的盲区，鼓励发挥各主体的规制优势，实现系统规制与有效规制。

其次，从规则实施来看，由于长期受到管制型经济发展模式的影响，在市场经济运行中产业政策的地位一直优于竞争政策。虽然，自党的十八大以来明确提出社会主义市场经济是法治经济，强调竞争政策在国家经济运行中的基础性核心地位，充分发挥市场在资源配置中的决定性作用，深入推进全国统一大市场的建立和继续实施简政放权等一系列革新市场经济法治的举措，但是冰冻三尺非一日之寒，要想改变产业政策与竞争政策在国家经济发展中的地位配比，及其由此引起的产业规则与竞争规则的实施定位，实属不易。当然，必须承认产业规则与竞争规则作为体现政府与市场配置与规制资源有效配置的方式，都有其存在和使用的合理性和必要性，问题的关键是面对不同的经济类型在不同的发展阶段的不同需求，如何做到不同类型规则实施的黄金配比。具体到所讨论的数字经济领域各类规则实施如何实现比例适当，是推进实施机制有效运行的关键。尤其是面对数字经济发展的诸多不确定性，这类不确定性不仅体现为法律规则设计上的文本不确定性，还包括使用过程中的实施不确定性，以及由于技术创新所引发的商业模式创新而对现有法律规则体系所产生的巨大挑战而引致的系统不确定性。

最后，从实施能力上看，面对在数字经济发展中大量使用且不断创新的科技知识和手段，及其由此带来的专业性和复杂性，已使具体实施人员在面对知识匮乏和技能缺乏的困境下难以有效回应治理需求。譬如，以数字经济竞争中相关市场界定为例，发现在数字经济发展中大量出现的跨界竞争以及用户的多归属性及多重需求使得相关市场的界定一直处于争议状态。界定相关市场的目的，即限定一个范围，以此确定在这个范围内的经营者是否可以对涉嫌垄断的经营者产生约束力以及产生多大程度的约束力。我国《反垄断法》第 12 条第 2 款规定："本法所称相关市场，是指经营者在一定时期内就特定商品或者服务（以下统称商品）进行竞争的商品范围和地域范围。"在实践中，界定相关市场时通常需考虑商品市场、地理市场、技术市场以及时间市场。对相关商品市场的确定，目前普遍采用的 SSNIP 测试法，已显示出对数字经济领域竞争规制的乏力，尤其是处理双边或多边免费市场的界定上。故此，在 3Q 案中最高人民法院提出了 SSNDQ 测试法，引入产品性能定性测试法补充需求弹性分析法在数字经济竞争下适用的不足。然而，这种定性测试法由于缺乏具体量化指标，主观性较强，仍难以准确反映数字经济下假定垄断者在相关市场上的市场力，故又开发了以注重消费者（用户）体验为主的 SSNIC 测试法，通过衡量用户所需支出成本（包括用户的隐私与时间成本）的变化来确立相关市场。

由是观之，因应数字经济的深度发展，出现了越来越多的界定相关市场的方法，其背后更是体现了在数字经济下，从以经营者维度的需求供给替代分析，到注重消费者（用户）体验维度的性能和成本分析，这些改进后的测试方法将提高反垄断法实施过程中对相关市场认定的精准度，有效适应了数字经济的发展。这无疑对当下实施机构及其工作人员的专业性提出了更高要求。与此同时亟待回应的一个难题是，即便是具体机构及其工作人员时刻保持不断学习和实践的状态，面对不断更新发展的适用方法，就相关市场界定言，无论是 SSNDQ 测试法，抑或 SSNIC 测试法，在两者都侧重消费者（用户）体验的关照中，性能、隐私、体验等要素所转化成的用户成本都具有很强的主观变量，很难实现具有普遍性的具体量化标准。这就为在实践中有效转化在理论上论证合理的测试方法提出了困难，譬如从网络市场深入到数据市场，是否可以先行假定一个数据的相关市场，以便考察在注重用户体验维度下确定的数据相关市场。若在不能假定数据相关市场的情况下，在肯定需求替代分析的基础上是界定一个相关市场还是根据不同的消费者需求界定多个相关市场，或者是否在需求替代分析的前提下加入供给替代分析，以及数据资源是否适用必需设施理论等，这些新旧形式转化融合的问题都需要进一步探讨和实践，这些更是为当前本来就乏力的实施机制带来了更大挑战。

三、新时代规制数字经济发展的基本思路

新时代中国经济发展已由高速转向高质量发展，高质量意味着单纯的增长已不能适应新时代发展的内涵要求。以回应新时代社会主要矛盾的转变，切实贯彻五位一体为目标的整体发展观，成为当下经济转型升级的基本思路和总目标。数字经济作为一种新兴经济业态，有利于深入推进"市场在资源配置中起决定作用"的法治经济思维和方式的实现，做好供给侧结构改革，消解过剩产能，释放科技红利。数字经济必然成为我国经济在新时代发展的重要路径与平台，也是我国深度参与全球竞争的重要场域。事实上，我国通过数字经济的增长正在深刻改变着全球经济的竞争格局。

数字经济一方面可以利用数字技术的驱动，促使产品和服务的经营者与消费者间形成有效的可持续的交互式发展，激励消费理念的更新与消费模式的创新，促进消费升级，拉动经济增长；另一方面数字技术和数字经济的发展，将带动产业优化与升级，助力供给侧结构调整的顺利完成。故此，当前我国规制数字经济发展的基本思路可解读为以鼓励数字经济做大做强，培育和支持高质量的互联网平台经营者，给予包容审慎监管为主线。对比欧盟与美国在数字经济发展上的规制思路，我国所推行的包容审慎之路为数字经济产业在短时间内取得举世瞩目的成就提供了有力的机制保障。然而，如前所述，数字经济的高速发展已经给我国市场经济法治运行带来了巨大风险，甚至是现实危害，必须高度重视科学设置其规制思路和方法。

现实是考虑到数字经济在发展的起步阶段，严格规制会抑制其创新活力和投资热情，故而采取了包容性的放松规制策略和方法，即遵循"法无禁止皆可为"的思路，促进了数字经济的高速发展，甚至呈现为野蛮增长的现象。当然，由此也带了一系列负面效果，譬如，涉及数字经济领域的不正当竞争现象，大规模侵害消费者权益现象，甚至是危害国家和社会整体安全的现象不时发生，对其加强有针对性的规制已刻不容缓。虽然规制系统作为对于私权领域的突破，体现为一种必要干预，但是规制同时又是实现私法领域权利和自由，有效达成"市场主导，政府引领"的经济发展目标的必要系统。如果说数字经济代表了一种市场主导，则规制系统则体现为一种政府引领，只有两者充分

结合才能更有效实现新时代经济高质量增长的目标。故此，在数字经济发展进程中必须辅以科学合理的规制系统，才能有助于平稳渡过新事物发展中必然历经的合理的阵痛期，实现创新激励与竞争公平的良性互动。

(一) 更新现有规制理念和方法

数字经济的发展，尤其是历经从互联网时代到大数据时代的进阶，双边乃至多边市场所具有的复杂的交叉网络外部性与用户锁定效应使得经营者的行为效果和市场结构及其商业模式对当前市场经济法治的规制理念带来了巨大冲击。现有的行为认定方法和结构分析方法都难以有效回应数字经济运行的强技术性和高动态性竞争特质，尤其是当数字经济进阶平台经济，步入算法经济之际——大数据化、去中心化及智能化环境下的从跨界竞争到模糊竞争，直至去竞争化的发展轨迹，已显现在不久的未来完全颠覆市场经济现行竞争规制之基本理念与方式方法的端倪。譬如，以规制数字市场上滥用市场支配地位为例，现行以 SSNIP 为主的价格分析法加市场份额推定方法，将相关产品和服务的价格和市场份额作为关键竞争要素予以考量的做法，面临极大挑战，可以预见算法尤其是算力、创新转化力等竞争要素将逐渐成为数字经济下竞争法实施的主要考量指标。这既是挑战也是机遇，因应而为将可能重塑市场经济法治运行的基本逻辑与方式。

首先，表现对市场规制范畴的扩围。实践中数据往往具有多重法律属性，尤其是在不同的运行场合和环节上数据呈现出不同的特点和用途，就使得对以数据为驱动的市场竞争行为和结构的规制颇具复杂性。事实上由于数据向大数据的深度发展，平台经济和算法经济成为数字经济的高阶形态，单一的以市场价格为核心的经济规制，已经无法满足或者说不能有效支撑数字经济的健康发展。进言之，数字经济的深度发展已从单纯的经济领域延展至社会生活的方方面面，从一种经济发展模式衍生为一种社会治理范式。尤其是平台经济的出现和高速增长，其所引发的各类社会问题，已经不限于经济领域，超级平台所收集的海量数据，以及对海量数据的分析和利用能力，使其正在成长为影响社会治理和实质性从事社会治理的重要力量和管道。故此，对平台经济及其经营者的规制理应不局限于经济规制范畴，而需随其行为和影响的扩大，自然延伸至社会规制领域，譬如，用户隐私安全、社会公共安全及国家总体安全等。具体而言，数字经济的深度发展使得利用网络数据技术对个人信息（数据）权的侵害风险陡增，这本来是一个个人隐私权保护的民事法律问题。然而，在数字经济环境下，正在演变或者说已经成为一个平衡个人信息（数据）保护和促进经营者更高效利用数据激励创新与竞争的两难问题。保护私权抑或促进竞争激励在数字经济的高阶形态下，已混为一体，密不可分。这使得传统的以价格为核心的量化竞争评估模式不再是规制数字经济运行的唯一或主要考量模式，必须升级和扩展规制理念和范畴，引入审慎的事先规制——预防性规制和非量化规制——注重产品和服务的性能，关注消费者（用户）体验等。提升消费者（用户）利益成为规制数字经济运行的逻辑起点和时代使命。

事实上，在我国现行《反垄断法》和《反不正当竞争法》的立法目的中都明确将消费者利益保护作为其重要任务，尤其是在新《反不正当竞争》的修订案中更是如此。然而，在实践中仍然普遍主张竞争法的实施前提是对竞争秩序的维护，在不存在损害市场竞争秩序的前提下，对侵害消费者利益行为的规制与救济只能寻求其他途径。这一点随着数字经济的深度发展亟须予以澄清。譬如，通过竞争法与政策对消费者（用户）信息（数据）权的直接实现和有效保护，扩展规制市场力滥用理论的适用从支配力向相对支配力的扩围，以回应在数字经济运行中所引发的对广大消费者（用户）信息（数字）转移限制的压迫现象，平衡经营者竞争创新与消费者信息保护之间的共赢。譬如，澳大利亚探索建立一种新兴的"消费者数据权"（Consumer Data Right），❶ 区别于欧盟《通用数据保护条例》所赋予的严苛的"数据被遗忘权"。该新兴权利是在澳大利亚竞争和消费者委员会牵头下，依据多部门统一制定的涵盖各种数据类型、传输安全协议的行业数据规范流程进行执法，旨在给予消费者更多的数据控制权的同时，最大化为企业提供激励机制，推动竞争对创新的作用的实现。故此，我国在选择设立规制数字经济的法治目标时可在一定程度上借鉴国际趋势，协调好规制过程中的各种利益冲突，从多重维度发挥规制的总体效果。

其次，延伸市场规制逻辑的起点。大数据由于具有强大的市场预测功能和精准的市场反馈系统，就如同设置了"雷达"，对未来或当下的潜在或隐形竞争者能实施定向拦截打击，其所涉及的竞争领域已不限于大数据产业以及所辐射的下游市场，更主要的是利用传导效应波及未来市场和不相关市场。譬如，基于大数据所具有的精准预测功能，使经营者更具收购"嗅觉"。故此，某些超级平台经营者可能收购规模不大，甚至尚未盈利，但拥有特定属性数据储量和极强算力的经营者，一方面在形式上有可能规避现行经营者集中反垄断审查的限制条件，另一方面将使收购者更具有数据分析和利用优势——这种优势在

---

❶ WELLS C B. Platform Power and Privacy Protection: A Case for Policy Innovation [J/OL]. Competition Policy International Antitrust Chronicle, 2018（11）[2018 - 10 - 07]. https://www. competitionpolicyinternational. com/platform - power - and - privacy - protection - a - case - for - policy - innovation/.

助力数据利用率提高，激励创新的同时，亦有可能加剧拒绝数据共享现象的发生。事实上，数据作为 21 世纪最重要的新型竞争资源，确定何种估值模型，划定数据交易价格与财产价值的量化标准是极为困难的，数据聚集效应以及数据与算法结合型的纵向锁定及协同效应将逐步凸显。一言以蔽之，数字经济的深度发展提升了预测的精准度，客观上对现行普遍遵循的事中事后相结合的规制逻辑带来了巨大挑战。故此，在数字经济下亟须对规制逻辑的链条予以延展，提倡包容审慎的"事前（预防）+ 事中事后"规制体系，支持国家利益、社会公共利益及私主体利益的均衡发展。

最后，改善市场规制的基本方法。基于数字经济运行的基本特征已明显区别于传统线下市场运行的现实，对市场规制的基本方法亦需相应调整。当前在数字经济市场规制上主要出现了欧盟模式（《通用数据保护条例》统一的严格的数字规制主义），新布兰代斯主义以及消费者福利（Consumers Welfare）基准，其中欧盟模式倾向于从个人用户信息（数据）权的角度，严格监管超级平台以及其他掌握数据优势的企业，新布兰代斯主义主要倾向对中小数据经营者包括个人用户利益的保护，警惕超级平台等大数据支配企业的市场力对竞争的危害，消费者福利基准依然坚持数据本身并不具有竞争力，其资源获取的难易不应成为衡量其竞争壁垒的标准，大数据并不会带来竞争损害，相反会有利于创新激励。换言之，竞争法的基准是禁止违法行为，而非主动干预市场竞争活动，更不能代替经营者参与竞争。故此，主张在遵循现行规制基本原则的基础上，实现规制逻辑和方法的更新，关注数字经济下行为的动态竞争属性，采用比例原则，引入动态分析，关注竞争过程，探索动态评估的量化指标，降低新的量化因素在实践中所出现的不确定性。申言之，在规制中一方面引入数据、算法领域的专家辅助人制度，强化经济分析过程，听取不同领域的专家代表对数据、算法等价值与潜在竞争效果的评估，另一方面顺应数字经济发展的潮流，运用数据思维，引入人工智能、区块链等技术使得处于源头的数据治理规制体系逐步走向层次化、智慧化，进而提供高质量的大数据规制，使基于数字技术支撑的规制行为与数字经济到达互动互联与共享共赢的目标。

（二）确立系统规制的基本进路

虽然数字经济运行涉及多重法律关系，关涉多个法律部门，且不同类型的数字经济形态引发不同问题，但是立足数字经济运行的基本逻辑与现实，不难发现依然可以抽象出整体的规制思路——从源头的数据进行系统化、类型化规制，促进各类型法律制度在数据规制上的衔接、协调与合力，建设与完善对公共数据、商业数据、个人数据予以分类保护的法律架构，顺畅数据的流通与共享机制，加快公私法规范相融合的以经济法治为统领的数据专门立法的出台，为各项规制行为的有效联动提供制度支撑。

如前所述，从数字经济的特征出发，生态化与体系化的运行模式决定了数字经济需要整体的系统的规制进路。数字经济的生态理念，集中反映在市场资源配置与竞争中，不仅体现为由线下向线上的转变，更为突出的是利用"双向传导"效应（Double Directed Leverage）促使竞争效能由"相关市场"向"不相关市场"和"未来市场"转化。这使拥有海量数据资源的经营者能围绕某一核心产品和（或）服务所获得的市场力，扩散式地在多个关联领域，甚至是完全不相关联的领域开发出新的竞争增长点，直至形成完整的产品和（或）服务生态模式，继而利用整个闭环系统去收集、分析及利用消费者（用户）在各个领域的数据，从而进一步反哺、巩固、强化其在整个生态系统中的影响力，由此形成竞争闭环。在这种生态化模式下，亟须一种系统化的思路予以应对，然而现阶段由于系统化的法律体系与实施机制的缺乏，使得数字经济运行的违规成本相较于获利而言，完全不成比例几乎可以忽略不计，由此带来了巨大的经营风险和规制危机。

譬如，以欧盟对 Google 安卓系统的天价罚款为例，Google 要求使用安卓系统的手机制造商预装 Google 移动服务，其中包含搜索、邮箱等一系列服务，作为使用 Google 应用商店的前置条件，并限制任何其他使用安卓系统的厂商使用非 Google 应用商店，欧盟认为 Google 是利用其在操作系统上的市场力量强化其在搜索等相关服务上的市场地位，在此并不讨论欧盟处罚结果的正确与否。但从此处可以看出 Google 竞争行为的高度协同性，在双边网络市场的促进下，其拥有在战略上多方位收集并高速计算数据的能力，以免费开源的"安卓系统＋搜索引擎"为基础，换取广告市场上的多点营销能力。即使欧盟给予其巨额罚款，依然很难直接有效地动摇 Google 的市场地位。虽然欧盟的巨额罚款很可能颠覆安卓系统现有的竞争优势，为此，Google 已开始改变安卓的免费模式，向厂商收取系统使用费及软件许可费，以此来应对欧盟的反垄断命令。然而，面对 Google 这样的超级平台——拥有强大的用户群体、海量数据及算法算力，如果缺乏系统生态的规制视阈，仅靠单纯的高额罚款并不能遏制其竞争优势——在一定程度上则呈现为一种反竞争能力——故此，单一的负向激励处罚模式反而会促使其向新的控制模式转向。故此，建立系统规制的理念和运行模式，适用整体性多层次的规制方法，在利用经济分析方法的基础上，关注数字经济整个商业模式的系统考察，包括竞争性面向和非竞争性面向的考察，协调多元利益主体的正当诉求，以切实有助于数字经济的合规规制与健康运行。

（三）发展以政府为主导的共享规制

当前数字经济的高速发展给社会治理带来了巨大挑战。习近平总书记在党的十九大报告中明确指出"打造共建共治共享的社会治理格局，提高社会治理水平，需要提高社会治理社会化、法治化、智能化、专业化水平"，其准确指明了在数字经济下未来社会治理的变革方向。如前所述，数字经济发展的高阶形态表现为平台经济、算法经济，平台作为与政府相对的规制主体和规制服务供给者，正在积极发挥作用。譬如，作为我国最大的购物平台天猫商城对入驻商家经营的商品和服务的抽检和清理行为就带有很强的准规制性，其通过大数据算法所建立的防欺诈系统，以及对"淘宝村"和"淘宝镇"的评选等就带有很强的第三方社会组织参与公共规制的意蕴。客观而言，平台经济的快速发展正在要求与政府——作为规制权力的独享者和规制服务的支配者——在一定范围内分享规制权力，分享规制服务供给市场。换言之，由政府作为单一主体实施的单向度规制已不能适应数字经济发展的新要求，必须加快转变传统的市场规制理念和方式。立足现实国情，发展一种由政府主导的社会各方积极参与的多元的"共建共享共治"的规制系统。在这一系统中构建多向度交互式的规制模式，为经营者、消费者、监管者之间去科层化的穿透式规制提供可能。特别需要注意，在新的规制系统中尊重市场经济参与主体的权益，消除传统权力科层的固化，打破不公平的既得利益分配机制，激发市场在资源配给中的巨大动能，真正实现规制主体多元化，规制路径多层化，规制方法多样化。

具体到数字经济规制领域，工业和信息化部发布的《大数据产业发展规划（2016—2020年)》，从国家顶层推进供给侧改革的维度，以大数据技术应用为重要着力点，以加快大数据产品的研发和工业大数据的应用为抓手，加大标准化体系推进的力度和速度，鼓励和支持大数据技术的跨行业融合创新，达成完善数据流通、共享、安全及隐私保护等方面的行业标准以及法律法规相关制度构建的目标，为大数据产业的创新发展提供机制体制保障。这一规范性文件的出台对数字经济产业发展由国家从统一标准的层面予以引导和实施，激励发挥行业协会的公共规制作用将大有裨益。同时，有助于平台企业和平台消费者逐步成为规制行为的参与主体与实施主体，最终完成由单一规制向共享规制的转向。

首先，发展由政府主导的多元规制走向共享规制。从中国市场经济改革开放的进程观察，历史上任何重大体制机制的改革只有在政府主导下才具有"活的灵魂"。数字经济的发展现状和趋态决定了政府现阶段不能以简单粗暴，一刀切的规制方式去任意左右市场的进程，而需以一种包容审慎的态度去监管。从国家顶层设计与顶层推动的维度出发，将法治作为规制数字经济运行的基础，鼓励多元主体参与，倡导经营者与消费者协同平衡的发展理念，开放规制供给，探索政府主导规制、第三方参与规制及个人自我规制的协同合作的多元联动架构，建立精准规制、科学规制的长效机制，终极达成共享规制系统，以预防和矫正政府在风险面前不作为；同时也不可乱作为，阻碍数字经济的健康发展。事实上，在数字经济下以互联网和物联网为基石的高速发展中，因其大量使用了网络数字技术，致使市场运行的扁平化、透明化、去中心化等特征愈发明显，客观上挑战了由政府单一实施的单向度的规制模式，由单一走向多元，由单向转向多向，由对抗趋向合作，逐渐打破规制的信息孤岛，走向联动和共享。

事实上，数字经济亦称信用经济，主要包含两个方面：一方面体现为互联网企业在对用户身份识别的基础上，以用户的行为模式对用户进行评价，取得高评分的用户可以享有专属的特权，如支付宝推出的蚂蚁花呗的服务；另一方面由企业主导的评价打分机制是双向的，用户在享受企业所提供的服务的过程中，倘若企业的服务解决了用户交互间的痛点，形成所谓的用户黏度，双方将建立一种信用、信赖机制，用户将天然地选择他们心中所信用、具有影响力的企业。平台企业的核心价值正在于通过与用户之间的互动联系创造价值。基于此种特点映射在规制领域，就要求有关数字经济的规制行为建立一种信任机制，规制机关设置一种激励被执行人信息分享的程序，将被规制对象对于规制行为的不理解降至最低，减小对于市场力量认定证据的不确定性，确保有健全的制度和完善的措施支撑整个规制信任体系，形成多元主体间的动态与共享。

其次，经营者、消费者及监管者慎独自律是推进自我规制、共享规制系统不可或缺的部分。数字经济的深度发展，已深刻改变了当前社会所赖以信任的规制理念和方法，亟须更新升级。规制也不仅仅是有权者的特权，规制作为一种公共服务正在变得多元化、多层化及多样化。数字经济的发展加剧了这种变化。尤其是在平台经济下对个人数据权利、企业数据权利以及公共数据权利的厘定与保护过程中，自我保护、不得滥用以及非公益不必要等规则正在成为规范和指引数字经济健康发展的基石，为各方主体合法有序参与数字经济运行提供了自我规制的正当性基础。具体讲，对于经营者而言，不得滥用规则所要求的自我规制尤为重要。数据的开放性和流动性要求所有参与竞争的经营者都必须严格自律，经营者作为数据控制者和运营者相对数据提供者具有相对优势，理应严格履行自我规制义务。经营者在合法范围内收集、分析、利用数据的同时，必须保障数据共享的公平性和数据转移的便捷性，实现数字经济市场竞争的自由与公平，而这些仅靠政府规制是很难完全达成的，须由经营者的积极主动参与方可有效实现。对于消费者而言，数字经济的发展颠覆了传统消费习惯和交易模式，个性化、主动性及全天候成为主要特征，在这一过程中，消费者个人对自身行为的审慎克制，主要个人信息安全，如知情权实现，防止个人权利滥用，如不得滥用后悔权等，也成为其参与建设数字经济共享规制系统的应有之义。对以政府为主的监管者言，对数字经济实施包容审慎和科学合理的规制其落脚点仍然在于防止权力滥用，不越位不乱为，自我规制少不了，要成为数字经济市场规制的建设者和引导者，而非妨碍者和破坏者。

最后，重视消费者参与规制的能力水平建设。任何经济形态的发展对市场法治而言，都是挑战与机遇的并存，数字经济发展亦不例外。尤其是在数字经济高速发展过程中，现实危险与潜在风险已经被社会各界所广泛共识。然而，不能因噎废食，必须看到数字经济发展带来的巨大利好及未来机遇。现实的问题是如何通过制度设计与运行，扬其利，避其短。其中最为基础和重要的则在于，参与数字经济运行的广大消费者的自治能力与共治能力。必须承认，消费者是激励和规制数字经济健康发展的"天然在场者"，数字经济的发展最终是"以人为中心"的发展。故此，在现行规制系统的变革中必须关照到，如何使消费者从接受被动保护向消费者自我保护与积极行动相结合的意识转变和能力提升转向，消费者及其团体理应成为推进和规制数字经济健康发展的重要力量。故此，需进一步加强消费者消费能力和消费法治方面的教育，提高消费者主动参与应对风险的适应力，培育理性守法护法的消费者及其团体是在数字经济下建设共享规制系统的设施前提和必由进路。只有消费者及其团体强大了，消费者社会及其法治的实现方为可能。

数字技术的高速发展和深度适用，给以数据为驱动的新经济成长提供了沃土，颠覆了传统的交易模式和消费习惯，在极大激励经济增长的同时，也对市场经济法治的运行带了挑战。透过对数字经济在我国发展的观察，抽理数字经济发展的基本逻辑——以数据资源为基础书写的大数据生态产业链，数字经济市场的竞争逐渐呈现为一种以数据的收集、分析、利用为进路的去中心化的跨界型平台竞争。囿于现阶段尚不明晰的数据产权归属制度，数据资源的争夺与滥用成为数字经济市场规制中最突出的乱象及其来源。作为数据控制者、加工者及运营者的各类经营者对数据收集、分析、使用过程中所呈现的纷繁复杂的行为，对相对滞后的规制理念与规则体系造成了本质的冲击，更对现有实施机制及其运行方式提出了更高要求。在供给不足与现实需要的矛盾推动下，作为科学合理与正当公平保障各方利益主体的规制系统，亟须一场因应时代特征的变革，以促进数字经济健康发展，合理高效分配数字经济发展所带来的科技红利和竞争红利。

中国已经高速迈过数字经济时代的大门，向其深处行进。以平台和算法为代表的高阶形态的数字经济成为全球经济发展的新方向和新动能。故此，在聚焦数字经济对规制体系带来挑战的基础上，因应其特征，从源头的数据合规收集，更新规制理念，延展规制逻辑，改善规制方法，重构规制系统，是当前亟待回应的法治需求。具体包括运用整体性共享共建共治的规制思维，探索以政府主导规制，第三方参与规制以及个人自治规制相协同合作的联动架构，以优化规制方式和提升规制质量为主线，建立精准规制、科学规制的长效机制，最终达成数字经济领域的共享规制系统，促进数字经济时代下的多元利益与价值目标的均衡发展。

（原文刊于《上海大学学报（社会科学版）》2019 年第 4 期，收入本书时有改动）

搭建从工业互联网到先进制造业的法治桥梁

2016 年 G20 杭州峰会发布的《G20 数字经济发展与合作倡议》将数字经济定义为以使用数字化的知识和信息作为关键生产要素，以现代信息网络作为重要载体，以信息通信技术的有效使用作为效率提升和经济结构优化的重要推动力的一系列经济活动。工业互联网作为新一代信息通信技术与现代工业技术深度融合的产物，是制造业数字化、网络化、智能化的重要载体，无疑是数字经济的重要组成部分。2017 年国务院发布《关于深化"互联网+先进制造业"发展工业互联网的指导意见》，即是以工业互联网为媒介促进传统制造业转型升级，大力发展先进制造业，深化数字经济与实体经济深度融合，为我国在新一轮产业革命和技术革命中抢占发展的制高点奠定政策基础。

一、工业互联网的构建是先进制造业发展的基石和平台

在党的十九大报告中提出"加快建设制造强国，加快发展先进制造业，推动互联网、大数据、人工智能和实体经济深度融合，在中高端消费、创新引领、绿色低碳、共享经济、现代供应链、人力资本服务等领域培育新的增长点、形成新动能"的强国理念，精准定位了数字经济与实体经济之间的耦合关系。广泛存在于工程技术领域的耦合关系，通常是指两个或两个以上的系统或者运动模式之间相互作用、相互影响而彼此联合在一起所形成的一种相互制约、相互促进与相互依赖的关系。

实体经济作为国家经济发展的根基，为数字经济的发展提供了丰富的应用场景和现实驱动，脱离实体经济的基础追求数字经济的可持续的健康发展实乃空中楼阁。与此同时，数字经济作为国家深化"供给侧"产业结构改革的路径与平台对科学配置实体经济的产消要素和降低市场交易成本起到了十分重要的作用，对实体经济的创新应用和改造升级提供了动力和压力，其首要表现为信息技术（IT）、数据技术（DT）和实体经济的深度融合。在新一轮科技革命和产业变革的冲击下，发达国家和地区纷纷出台了相应的工业计划聚焦传统制造业的转型升级，强调制造业的智能化、网络化及高科技化，发展先进制造

业，以求在历史变革中抓住机遇。面对此等时代挑战和历史机遇，2015 年国务院明确提出以十年规划促进制造业转型升级，战略任务和重点就在于推进信息化与工业化深度融合，瞄准新一代高端技术，不断提高制造业的创新能力。

以工业互联网的构建助推先进制造业的发展正是契合了数字经济与实体经济的耦合关系的定位。在以信息技术和数字技术为牵引的新一轮产业革命的影响下先进制造业作为生产技术创新和生产模式革新的典型代表，表现为生产过程的系统化、集成化及信息化，产品附加值高，更加注重消费侧需求，打造生态型的凸显精细化和定制化的研发与生产过程。其核心在于将信息技术、数据技术、人工智能技术等基于数字经济高速发展而不断创新适用的新兴产业技术运用于制造业的转型升级之中。

工业互联网作为新一轮产业革命的核心基础设施对于将信息技术、数据技术及人工智能技术引入传统制造业有着至关重要的作用。信息化、数字化、智能化、网络化是工业互联网的主要特征，作为工业互联网核心的工业互联网平台以大范围、深层次的数据采集为起点，依托协议转换技术实现多重来源不同结构数据的集成，并基于通用的 PaaS 叠加大数据处理、工业数据分析、工业微服务等创新应用功能，构建可拓展的开放式云操作系统，开发和适用满足不同行业及场景的工业 APP，加速智能制造发展，更大范围、更高效率、更加精准地优化要素市场上的资源配置，实现和促进传统制造业转型升级，在这一过程中势必会催生新技术、新模式、新业态的进一步创新发展，为制造强国建设提供源源不断的新动能。

二、数据保护与数据共享的矛盾是工业互联网有效搭建的瓶颈

工业互联网发挥优化要素市场资源配置的关键就在于通过工业互联网平台实现数据的采集、集成、使用过程中信息价值的深度挖掘。数据共享作为数据采集的一种形式，影响着数据采集与使用的广度与深度，进而影响到数据价值和效用的复次挖掘与实时反馈。然而，随着用户数据的采集与使用在数据控制者和开发者间作为竞争要素之重要性的日益凸显，作为消费者的用户的利益——原始数据提供者与作为数据控制者及开发者的利益的保护与市场激励创新和自由竞争之间的关系越来越复杂，数据保护与数据共享交织在一起，为当下市场监管的目标设定和方式选择提出了严峻挑战，在支持数据保护和鼓励数据共享方面似乎都有十分正当却又不是无懈可击的窘困。

近年来，虽然有关互联网平台数据垄断和滥用的案件在理论上存在一定争议，但是关于数据资源争夺的不正当竞争案件在我国频发已引起了广泛的关

注，甚至基于此类案件的审理法院创设了"非公益必要不干扰"的原则，以及《反不正当竞争法》立法修订中专设了互联网专条，以期有效回应数字经济发展带给法治系统的挑战。譬如，2015 年新浪诉脉脉非法抓取微博用户数据案、2016 年大众点评诉百度地图抓取用户点评信息案、2017 年顺丰与菜鸟有关物流数据接口的争议等，均与数据资源的争夺有密切联系。与之相似的数据资源争夺的案件在国外亦有出现，譬如，HiQ 与 LinkedIn 数据争议案。在以上案件中，无一例外地展现出数据保护与数据共享之间的矛盾已成为制约数字经济进一步发展的关键。工业互联网作为数字经济与实体经济深度耦合的基础和平台，更深层次地受到了数据保护与数据共享间矛盾的影响。

毫不夸张地讲，当下和未来工业互联网有效搭建的瓶颈就在于如何平衡好数据保护与数据共享间的利益关系。若两者间的矛盾甚或演化为激烈的利益冲突，无法得到有效的消解与协同，无疑会制约我国工业互联网有效搭建的速度和质量，进而实质性地影响到我国先进制造业的发展进程。故此，亟须重视从法治维度，推动规范和处理数据保护与数据共享间矛盾的规范性文件的出台和实施，以有效实现工业互联网平台的建设，尽快打通数字经济与实体经济深度融合进程中所需的核心基础设施之建设所面临的制度屏障——两种权利规范之间的不协调、不一致——私权保护制度与公共利益分享制度之间的不平衡。

三、平衡数据保护与数据共享间矛盾的法治构想

如何平衡数据保护和数据共享间的矛盾，甚或说两者间存在的现实的或潜在的利益冲突，已成为当下推动工业互联网平台建设的核心制度问题。总的来说，传统的事中、事后监管很大程度上已不能有效适应当前数字经济发展的时代需求。如何包容审慎地引入事前监管，提升合规治理的水平和能力，平衡从信息技术到数据技术、从信息互联网到工业互联网、从传统制造业到先进制造业发展中创新激励保护、自由公平竞争以及用户权益维护三者间的关系，成为当下和未来数字经济纵深发展中无法回避的难题。进言之，数字经济场景下市场监管现代化和法治化改进的关键就在于处理好数据的无限归集与有限共享之间的平衡。既要保护原始数据提供者、数据采集者和控制者的利益，也要考虑到数据使用和开发过程中应用者和需求者的利益。具体表现为，打破数据的不当垄断和滥用，提升数据挖掘能力和创新效率，支持和鼓励数据的有条件共享与创新。这是推动工业互联网及其平台高效建立的前提与基础，直接关乎我国先进制造业转型升级的成败。为此，建议从以下两方面构图我国数据保护与数据共享的平衡模式和制度设计。

　　一方面，以数据采集（归集）为起点，完善数据授权规则与数据分类制度。数据的保护与共享始于数据采集，故此，必须在数据流动的起始环节就建立起科学合理的数据授权规则和分类制度。在国家市场监督管理总局于2019年5月发布的《网络交易监督管理办法（征求意见稿）》中明确指出"网络交易经营者收集、使用消费者个人信息的，应当逐次征求消费者同意，不得采取一次性授权方式获得消费者同意"，其本意是设立严格的数据保护制度，强化对数据采集环节的监管。然而，从平衡数据保护和数据共享间矛盾，有利于推动工业互联网平台建设的角度来看，过于严苛的同意制度并不适宜，会有碍于数据流通的速度，不利于工业互联网的搭建和运作。故此，还需进一步探讨数据采集的授权方式在不同场景下的适应性问题及是否存在建立和适用例外规定的正当性与必要性。此外，数据保护与数据共享间的关系并非一成不变，对数据无论是保护还是共享都应当建立在科学适当的数据分类上，不同的数据承载不同的信息，经由不同的算法体现不同的价值，应当施行有所区别的数据保护与数据共享制度。

　　另一方面，以数据使用为核心，将立法的重心从数据采集环节延展至数据使用环节。现阶段与数据相关的法律法规散见于各单行法规条例之中，尚无专门的一般数据法，然而，值得欣慰的是制定专门的数据法用以统筹"数据法治"已为国家最高立法机关所肯定。2018年9月，"十三届全国人大常委会立法规划"发布，《数据安全法》位列"条件比较成熟、任期内拟提请审议"的69部法律草案之中。2019年3月4日，在十三届全国人大二次会议新闻发布会上，发言人张业遂先生表示2019年将加强国家安全立法，制定数据安全法等法律。为此，建议在《数据安全法》的制定过程中，除了明确数据采集环节的授权规则，更应将立法的重心放在数据使用环节，明确在该环节中数据保护与数据共享的原则与界限。究其原因主要有，一是从效率角度而言，数据只有在流动中才能发挥其效用，仅对数据采集作出严格规定无疑只是将数据"静态化"，除在制度外观上实现严格保护外，并不利于数据价值的有效实现，在一定程度上甚至会抑制数据价值的挖掘和转化，影响到工业互联网的建设和效用的发挥，阻碍先进制造业的发展；二是从安全的角度而言，数据安全风险主要发生在数据使用环节，譬如，美国的社交平台企业Facebook上超5000万用户信息在用户不知情的情况下，被政治数据公司"剑桥分析"获取并利用，对企业以及个人利益造成极大的损害。故此，必须强化对数据使用环节合法有效的规制，而这又以科学合理的立法为前提和保障。只有安全地使用数据才能高效地发挥数据的价值，才能为工业互联网及平台的搭建奠定坚实的基础。

　　　　　　　　　　　　（原文刊于《群言》2019年第7期，收入本书时有改动）

共享经济需在法治轨道上运行

　　共享经济是市场经济在信息全球化时代的产物，是伴随"互联网＋"行动计划的提出和落实得以高速发展的全新经济模式。近年来，随着技术革新与体制创新的协力发展，进一步推动了市场经济全面深化改革。以简政放权活化市场资源配置为目标的经济管制改革，有效激励了各种新的经济增长模式的出现。2015年，中国共产党第十八届中央委员会第五次全体会议公报正式提出"实施'互联网＋'行动计划，发展共享经济，实施国家大数据战略。"随后在2016年和2017年的《政府工作报告》中也陆续明确了对共享经济的鼓励和支持。实践中，伴随我国互联网平台建设的日趋成熟，共享经济在我国历经了从2012年到2014年汽车和房屋租赁以及餐饮业的大胆试水与初步发展后，终于在2017年成为年度热词，业态属性扩展至单车、汽车、充电宝、篮球、雨伞、健身房，甚至马扎……一时之间，公共领域各处皆有共享，盘活市场资源，化解过剩产能，共享的优点显而易见。与此同时，丢失的雨伞和损毁的单车同样使得共享经济通过野蛮生长、一般制造的乱序市场暴露在阳光之下，行业准入的低门槛引发的市场混乱，供需行为的无序引发的各种道德风险，大数据下信息资源的膨胀导致的安全困境等，都要求为共享经济的发展提供切实有效的规则框架，使之在健康发展的法治轨道上运行。

一、共享经济的本质是权利经济

　　共享经济是"供给方提供闲置资源＋共享平台获取收益＋需求方暂时享有使用权"的新型经济体，力求充分利用互联网的媒介属性，使原有的产权结构发生变化，即在物权中所有权稳定不变的情况下，让渡其使用权和收益权，并将收益这一关键环节交之互联网完成。可以说，共享经济本质上是市场经济在顺应信息全球化时代发展的产物，将传统的交易环节上升为网络交易行为的技术含量更高的形态，是以市场配置资源为前提的经济发展模式，是市场经济的网络化与数字化发展。

　　社会主义市场经济本质上是法治经济。法治经济的核心是权利经济，即要求法治体系对权利有确认、有保障、有救济。共享经济是市场经济发展的高级形态，其本质上更体现为一种权利经济，更要求规范其中权利构造的各个要素及其运行的方式方法，确保共享经济下权利运行的透明度和正当性。

立足权利经济的范畴，通过合法正当的权利确认过程实现共享经济主体及其权利的规范化与明晰化。以共享单车为例，其共享的初衷是对闲置资源的再配置，活化权属资源，但是由于缺乏规范意识和责任意识，反而造成了资源的相对过剩和浪费，走向极端成为概念炒作并最终沦为传统租赁的内核。究其原因，正是由于忽略了资源享有者与平台运营者在共享经济模式下的权责一致性的确认，而致使有权无责、权责不对等的现象大量存在，共享经济运行的风险日益增大，基于共享平台产生的违法竞争，甚至经济诈骗行为防不胜防。为此，应充分重视权利确认，确切说是权责确认在共享经济发展中的必要性和重要性。

共享经济之所以被称为新经济形态，有别于传统经济发展模式，主要在于互联网平台作为核心的"第三方"运营的不可替代性。实质上言，共享经济就是基于平台经济而开展的，在特定平台上化解产能，通过项目配比和优化，使得共享成立，互联网平台在其中充当了不可或缺的交易保障和信赖角色。故此，需要充分肯认资源使用权的让渡所带来的收益增量，需要由资源享有者，包括资源所有者和资源使用者，以及资源运营者共同分享，这种复杂、多元的权益分享模式，只能通过法律予以规范，才能使其分配具有正当性与合理性。

二、共享经济的基石是信息法治

信息时代，信息类无形产业成为关键资源，所有参与到互联网活动的主体都需要不断上传信息，消费者的信息轻易便会被经营者所获取，参与者的身份信息、财产信息、消费信息甚至活动偏好信息都顺势进入平台，信息资源全面向资本资源转化。共享经济的网络平台以大数据为基础，主要依靠信息流动来实现资源配置，信息的多样属性和对位属性使得平台推送更为精准，价值实现不断扩大。信息价值丰富使用的同时必须认识到，共享经济的网络平台，私权利的保护尤为重要，重点可归结到隐私权。隐私权是人格权的一部分，在共享经济领域，隐私权的侵犯可直接表现为消费者和资源提供者的私人信息的泄露。然而，利益信息平台，必然要求消费者公开一定信息来获得服务，公开势必需要保护，平衡隐私与供需资源数据是一重要课题。目前的法律法规还很难将杂乱纷呈的个人信息详细列分等级，以隐私权为客体受到侵害的程度也难以界定，但不可否认，信息是否安全将直接威胁运营的平台辛苦建立的信任机制。

网络时代发展到当下，一个完整的依赖网络运营完成的交易链，依靠的不仅是技术的全面发展，更是人们对于互联网这一链条流程的基础信任。共享经济本质上更是一种陌生人经济，线上的交易使得交易双方并不直接接触，交易完成和后续保障，全部凭借网络平台的软件程序设置流程。这其中经过了一段时间的使用习惯的变革，更淬沥了人们不断加深对互联网另一端从未知到信任的建立，这一信任，包括对交易安全和信息安全的信任。因此，一旦信息安全遭到侵犯，隐私权得不到保护，个人的数据信息遭遇泄露，基于某一平台的网络信任就会立刻崩塌，搭建完成的共享经济交易体会随之出现严重塌陷。

共享经济时代的信息安全威胁来自两个方面：一方面，其信息本身具有巨大的缺陷，容易被他人不当利用并非法传播。信息保护从我国现行法律法规的规范角度看，尽管早在2012年就颁布了《全国人民代表大会常务委员会关于加强网络信息保护的决定》，但是并未预料到共享经济与信息使用的密切度会如此空前，共享经济的任何业态形式，都必须依赖信息一定程度的分享，信息的边界问题有待重新确认。另一方面，即便是信息储存的技术平台，也并不可言之完美无缺。之前2017年的极客大赛中就曾证实多款单车云端技术存在技术漏洞，信息的自身属性使得隐私风险始终伴随，即便为经营者自身也有利用信息获利的道德风险。因此当前信息法治可谓构成了共享经济的基石，是共享经济私权利中最为根本要解决的问题，只有将基石扎稳、立住，共享经济后续的建设发展才有可能趋于长期和稳定。

三、共享经济的核心是自由公平竞争

任何经济模式都需要建立在一定的基本范畴之上，共享经济从经济法角度切入，需要其具备自由公平的竞争秩序。从经济形式隶属关系展开，共享经济是基于市场经济的新兴模式，必须诉诸市场经济的基本形式来探讨，而这二者是并无冲突的，因为市场经济的体制运行需要自由、竞争和秩序保障。因此，共享经济这一以市场经济新型配置方式为基础的经济模式，必须遵从于市场经济的基础限定。市场经济则是竞争经济，有竞争便有权利，有竞争便需要维护公平、自由以及规范其竞争秩序，保障交易正常进行，保障权利主体和客体的收益。从权利经济的角度分析，法律需要确认权利内容，规定权利主客体的范围和界限，确认权利行使方式和保证及监管权利运行程序。

市场经济的开放性是其基本属性之一，而共享经济的开放性可谓均有过之，但无论其业态属性最终落点为哪些项目类别，都不能跳脱市场经济的属性，并且应该进一步认定其权利经济的本质。所以，权利经济的法治化过程应当落地为共享经济的法治化归序，具体可通过以下三个方面来具体规范：其一为自由多元的相对性。共享经济本身代表着市场关系的进化，在一定程度上重构了供需双方的交易模式，并且间接改变了传统的劳动关系，甚至可谓实现了"脱实向虚"的平台型经济的相对成熟阶段；但这不代表绝对地任其自由发展，相反权利经济的自由发展必须有其边界，而且应该边界清楚，即允许形态多元或者业态多元，但法律有责任在一定程度上制约其自由的限度，防止自由走向绝对，变成任意的自由。其二为保护竞争的相互性。共享经济在 2012 年前后就专车行业而言，先后出现滴滴打车、快的打车、易到用车三大公司，它们在对传统出租车行业造成巨大冲击的同时，自身也处在相互的竞争关系中，通过大量的烧钱式争夺客户市场的"血拼"，使得滴滴打车一家独秀，人们逐渐依赖它的同时，也造成了它价格翻倍，滥用市场优势行为出现端倪。显然，任何时期垄断都是与竞争相对的，竞争本身就应有序而并非杂乱脱轨，它是社会资源的配置，具备优胜劣汰，但同时必然要求反垄断，因此，共享经济需要法治规范竞争秩序，实现有序竞争、合规竞争。其三为平衡秩序的开放与规则。社会秩序本身不断进化，这是随着社会分工的变化而变化的，共享经济在今天显然试图建立的是一个新的经济秩序，例如其行业重心在由资本主导向知识产权主导相转化，抑或在网络上已然建立了一个基于网络评分标准或者运营需要能为客户数据所区分的新的不同于现实情况的客户等级身份。诸如此类的开放与发展推陈出新，法律的制定难以逐级紧随，但并不代表规则可以滞后或者淡化；相反，越开放的秩序，越需要规则不断与之平衡，促进其在触碰法律红线之时可以适时回归，并且以规则保证秩序的开放性可以足量、充分。

时代的发展从来不应是望而却步，而是接受变革、积极应对。共享经济在中国蓬勃兴起，经历了诸多共享模式的浪潮，颠覆了旧的商业模式，打开了新的经济格局。共享经济在一定程度上承担着部分经济社会改革使命，需要通过共享经济的积极面来化解过剩产能，盘活闲置资源，服务中小实业，创新市场业态，充分发挥共享经济的经济、多样、便捷特性，在网络强国战略中充分发挥力量。同时也要深刻认识到，共享经济发展的现状，无论是门槛隐患、道德困境、信息风险还是竞争失序都存在生长无序的威胁，需要在法治轨道上稳步前行。

（原文刊于《人民论坛》2017 年第 34 期，收入本书时有改动）

互联网平台经济法治化发展需多方努力

当前，我国疫情防控进入常态化，经济社会生产生活努力回复到正常轨道。回顾疫情爆发期的各类平台经营问题及相关治理经验，有许多值得思考和改善之处。譬如，平台过度收集用户信息、违法违规干扰信息传播、封禁竞争对手链接、提高平台内经营者佣金、超前点播收费、"二选一"等现象，在疫情加持下被放大，引发社会各界的广泛关注。面对此类集中爆发的问题，已难以仅依靠政府及各级监管机构予以解决，需要广大网民、平台企业、网络商品和服务的开发与提供者、行业组织等与政府部门共同努力，共建共享共治互联网平台经济的法治化发展。

近日，国家市场监督管理总局召开"维护平台经济良好市场秩序促进行业健康发展"座谈会，百度、阿里、腾讯、京东、美团、字节跳动等20家国内主要互联网平台企业代表在会上签署了《互联网平台企业关于维护良好市场秩序促进行业健康发展的承诺》，向社会郑重承诺将依法合规经营、坚持互利共赢、公平参与市场竞争、强化平台治理、加强企业自治、加强沟通协调，此次承诺文件的签署是平台企业加强自律，鼓励自治与他治相互结合的良好开端，也是多元主体共建共享共治平台经济法治化发展的有益尝试。

一、互联网平台经济发展呼唤全方位法治建设

互联网平台经济有别于传统工业经济的显著特征，使之对基于传统工业经济而建立的现代市场经济法治体系带来挑战。在平台上的信息传播速度快、影响范围广，平台具有双边或多边市场的特征，通常在平台的一边提供免费/零定价商品或服务，而另一边或其他多边市场上则采取一体化定价策略，将免费端/零定价端市场上收获的流量和数据予以计算在内，实现流量和数据的变现，通过前端市场让利与中后端市场收益的方式，将双边或多边市场打包为一个整体市场，实现整个平台市场的一体化增益。

首先，平台具有信息传播速度快、传播范围广的特征。基于这一特征，平台在便利民众生活、促进社会生产、提升资源效率的同时，也可能囿于监管不

力，混入一些负面、虚假信息，对社会秩序造成不良影响。譬如，近日国家互联网信息办公室就指导北京市互联网信息办公室约谈新浪微博负责人，针对微博在蒋某舆论事件中干扰网上传播秩序及传播违法违规信息等问题，责令其立即整改。为此，一方面有待行政部门积极科学监管，另一方面也需平台经营者承担起相应的主体责任，提高自律意识，增进自治效果。

其次，平台具有双边或多边市场的特征，其通常在一边市场上向消费者用户提供免费/零定价商品或服务，在给广大用户带来巨大实惠的同时，无偿换取消费者用户的海量数据（信息）。掌握海量的消费者用户数据的平台可利用从中挖掘到的精准信息向消费者用户提供个性化服务、推送个性化广告从而实现其盈利，消费者用户也可以从中降低搜索成本、获得实际利益。然而，此类用户个性化服务也可能损害消费者用户的知情权、选择权，甚至是交易安全，最终使消费者用户福利转移到平台手中。

再次，平台在向用户提供服务的过程中往往以格式合同为缔约要件，一键式准入的方式极大节约了缔约成本，用户仅需几个简单的点击"同意"即可及时享受服务，但这其中也暗含着用户合同权益保障的隐患。近日，北京互联网法院对爱奇艺"付费超前点播"一案的判决也正是基于此种隐患而受到了热议，在该案中法院认为爱奇艺平台依据单方变更合同的条款，在涉案电视剧的播放过程中，推出"付费超前点播"服务，是对其"热剧抢先看"会员权益完整性的切割，损害了黄金VIP会员的提前观剧权益。特别是在疫情期间，无接触经济得到几何级数增长，平台企业的市场力量空前强化，某些超大型平台单方变更服务内容、交易条件的事件已成为社会各界争议的热点问题，平台经济的深入发展呼唤全方位立体化的配套法治建设。

二、多场景法治建设对互联网平台经济发展的响应

互联网平台经济的前提是网络安全，离开网络安全谈平台经济发展，一切都是空谈。我国自2017年6月1日起施行《网络安全法》，明确了网络运营者的网络安全保护义务、网络产品和服务的提供者对其自身提供的商品和服务的安全维护义务、相关行业组织建立健全本行业的网络安全保护规范和协作机制义务、中央和地方各级网信部门对关键信息基础设施的安全保护义务，以及收集、使用个人信息的网络运营者对个人信息的安全保护义务等多方主体的义务与责任。同时，在2017年6月1日发布的《最高人民法院、最高人民检察院关于办理侵犯公民个人信息刑事案件适用法律若干问题的解释》中，进一步明确了《刑法》第253条之一规定的"公民个人信息"的定义，符合"提供

公民个人信息""以其他方法非法获取公民个人信息"行为的情形，且强调网络服务提供者拒不履行法律、行政法规规定的信息网络安全管理义务，经监管部门责令采取改正措施而拒不改正，致使用户的公民个人信息泄露，造成严重后果的，应当依照《刑法》第286条之一的规定，以拒不履行信息网络安全管理义务罪定罪处罚。刑罚适用条件的明确无疑可以对落实《网络安全法》的实施起到切实的威慑效果。

为有效回应平台经济发展趋态，2018年出台的《电子商务法》第二章第9条至第46条共38条文专门对电子商务经营者（主要指电商平台）的内涵、外延、权利义务及责任予以了细致规定，是世界范围内首部专门规范电商平台的国家立法。2019年国家市场监督管理总局针对滥用市场支配地位的暂行规定考虑到互联网等新经济业态的特点，也新加入了诸如"网络效应""锁定效应""数据收集和处理能力"等适用于互联网领域市场支配地位认定的因素。2020年1月2日，国家市场监督管理总局发布《〈反垄断法〉修订草案（公开征求意见稿）》将互联网新业态纳入《反垄断法》调整中，具有很强的现实意义，给下一步平台经济领域反垄断执法和司法提供了有针对性和操作性的依据。同年7月1日起施行的由中国广告协会牵头制定的《网络直播带货营销行为规范》，其中第四章第30条至第37条更是针对当前火热的直播带货中网络直播营销平台的定义、属性、类型及相应义务、职责等作出了明晰的规定，体现了行业协会主动参与甚或积极主导互联网平台治理的新动向。

三、互联网平台经济法治化发展的多维度

如何在规范平台经济发展的同时，促进其可持续高速增长是目前平台经济法治化建设亟待解决的问题。从现实出发，聚焦平台经济发展中多元主体利益诉求，笔者认为平台经济法治化建设至少需着重"安全运行"和"竞争发展"两方面的任务。

从网络安全方面看，平台经济的安全运营需在健康的网络秩序下展开，需在法治框架下由多方主体协同合作。譬如，平台运营者应遵照网络安全等级保护制度的要求，履行安全保护义务，保障网络免受干扰、破坏或者未经授权的访问，防止网络数据泄露或者被窃取、篡改；网络商品和服务的提供者应当对其提供的商品和服务提供安全维护，在法律法规允许下收集用户信息应向用户明示并取得同意；相关行业组织应建立健全本行业的网络安全保护规范和协作机制；中央和地方各级网信主管部门和其他有关部门应依法履行网络信息安全监督管理职责。

从竞争发展方面看，对互联网平台经济的治理不应囿于任一部单行法律。在平台经济领域出现的新型违法竞争行为，既有可能属于排除、限制竞争的滥用市场支配地位行为，也有可能属于不正当竞争行为，还有可能属于不合理交易行为，在这种情况下有必要根据具体的市场状况、行为特征来灵活综合运用《反垄断法》《反不正当竞争法》《电子商务法》《消费者权益保护法》等多部法律法规予以规范和治理，进一步明确行为违法性的判断基准，提高法律适用的可预测性和规范性，助力平台经济的健康发展，使消费者真正从平台经济中受益。

四、互联网平台经济法治化发展需多元共治

近期，国务院印发《关于新时代加快完善社会主义市场经济体制的意见》明确提出"完善网络市场规制体系，促进网络市场健康发展，健全对新业态的包容审慎监管制度"。平台经济作为互联网经济的重要组成，在坚持对其包容审慎监管的同时，也应发展和优化平台治理的内涵和外延，引入由政府主导监管加其他主体协同合作的共治模式。

（一）鼓励和规范社会团体（组织）参与治理

平台上不同主体可归属某一类社会团体或组织，这类团体在参与平台治理中，往往代表着不同的利益诉求，这些诉求间存在一定程度的交织也可能存在矛盾。当彼此就交易条件、运营管理等进行对话会商时，如何平衡不同主体的正当利益，需审慎对待。日前，美团外卖平台提佣事件即为例证。面对广东餐饮协会的喊话，美团外卖与广东餐饮服务协会发表联合声明，指出未来双方将在营造公平有序市场环境、帮助商户开源增效、大数据信息互联互通方面协作。广东餐饮协会及时有效地参与，对处理此次平台"任性"事件起到了积极作用，是第三方组织积极参与平台经济治理的有益尝试。需要注意的是，社会团体在积极参与平台治理的同时，也可能产生违法违规的风险，譬如团体协议行为对非团体成员和消费者利益可能造成损害。为此，需厘清团体自治、自律的功能定位，明确其参与平台治理的界限，规范各类社会团体的自律行为，在鼓励其参与平台治理的同时，规范其治理行为。

（二）搭建和畅通多元主体共同参与机制

面对平台经济运行场景的多维性、商业模式的多样性及竞争行为的复杂性，仅依赖全能政府思维下的单一主体监管可能会给平台经营者赋予过重的责

任，难以适应平台经济的发展趋势，甚或遏制互联网产业的创新发展。基于此，有必要从多元主体共同参与合作治理的维度，引导主体自觉主动地参与平台治理，这些主体包括但不限于政府相关部门、平台企业、消费者及团体、经营者及团体、行业协会等组织，以更好地发挥各类主体的治理优势，形成治理合力。同时，须拓宽和畅通多元主体参与共治的渠道，提倡和激励不同主体间的合作治理，建立平等参与、协同合作的治理体系，提升互联网平台经济法治化发展的实效。

分享经济对税收治理现代化的挑战与应对

　　分享经济，或称共享经济，虽在概念定义上略有区别，但因模式功能的交叉重叠，广义上可通用泛指为个人或组织以共享使用权为目的，通过互联网交易平台实现闲置资源社会化再利用并推动社会经济发展的商业模式。自 2016 年政府工作报告首次提到"共享经济"后，在《国民经济和社会发展第十三个五年规划纲要》再次点明"促进'互联网＋'新业态创新，鼓励搭建资源开放共享平台，探索建立国家信息经济试点示范区，积极发展分享经济"。2016 年 7 月，《国家信息化发展战略纲要》发布，进一步强调要"发展分享经济，建立网络化协同创新体系"。2017 年 10 月，党的十九大报告对"分享经济"做出了全新定位"在中高端消费、创新引领、绿色低碳、共享经济、现代供应链、人力资本服务等领域培育新增长点、形成新动能"。明确将分享（共享）经济列为六个新增长点之一，其在国家顶层方针与发展战略中的显著地位不言自明。目前我国共享经济模式已在交通出行、网络直播、短期租房、知识技能等多个领域获得全面发展。

　　聚焦分享（共享）经济的税收征管问题，当前共享经济相关产业的税收状况却不甚理想。北京市朝阳区地税局曾披露某直播平台 2016 年支付主播收入 3.9 亿元，却未协助旗下主播代扣代缴个人所得税，需补缴税款约 6000 万元。同时，北京市税务部门对其他多家直播平台予以督查，最终补缴税款近 8000 万元。网约车、网络直播行业的偷漏税情况尚且如此，其余共享经济模式可见一斑。一方面是国家顶层政策方针的积极鼓励，一方面却是野蛮生长下共享经济对包括税收在内的既有监督管理体系的强烈冲击。完善共享经济税制建设、提升我国税收治理能力已迫在眉睫。

　　党的十八届三中全会以来，"完善和发展中国特色社会主义制度，推进国家治理体系和治理能力现代化"已成为全面深化改革的总目标。这一总目标的设计为法学研究和法治建设提出了新的时代性重大课题。❶ 税收治理能力及其现代化作为该重大课题的重要组成，更应积极回应社会经济发展的现实需

---

　　❶ 张文显. 法治与国家治理现代化 [J]. 中国法学，2014（4）.

要，为巩固国家财政基础与平衡社会分配发挥关键作用。[1] 当前，我国税收治理现代化仍处于稳步提升阶段，尚有诸多环节需要及时完善，如"营改增"的全面实现、房地产税法的颁布实施、个人所得税制的改革等。但从本质上讲，该进程应至少包含两层含义：一是提升有效治理能力，即通过授权来增强税务机关在信息管税时代的征收和稽查能力；二是提升规范治理能力，即通过限权来提高其遵守法定程序、依法征税的能力。简言之，在法治框架下实现税收制度对社会经济发展的积极反馈与有效执行。鉴于共享经济有别于传统经济的新业态特征和迅猛发展趋势，结合现有学界对共享经济税收问题的研究成果，其对我国税收治理能力及现代化效果的挑战和检验具有特殊意义：共享经济税收问题的理解与应对是推动包括税收在内的国家治理能力现代化进程的重大机遇。单凭新增税收治理举措而粗暴调整，难以消解旧有制度设计的滞后性。如何从核心数据价值和交易信用基础两大根本难点着眼，制定应对我国共享经济税收治理风险的制度理路与实践途径，无疑是化解当前及今后类似社会治理难题，实现有效治理能力与规范治理能力协调共进的重要命题。

一、分享经济下税收治理模式面临的挑战

（一）数据深度利用对税管模式的信息化压力

共享经济通常的商业模式是通过互联网中间平台整合大量供需双方的交易信息，有效解决传统经济中阻碍交易达成的信息不对称的问题，满足需求方的个性化定制要求，并进一步打破以实体经营场所为组织形式的传统交易关系，使得大量个人成为交易主体。

不难发现，共享经济对信息数据的挖掘和使用相比传统产业中对土地、石油、煤炭等原始生产资料的有限利用更加充分和多元。[2] 依托先进的移动互联网技术，传统经济模式中有碍数据流通的阻滞得以有效疏解，从而提高交易缔结效率、降低商讯搜集成本，创造广阔利润空间。具体而言，分享模式下的数字经济优越性及其对税收有效治理能力的影响如下：

第一，全领域数据收集。传统商务模式以电话、传真甚至人力的方式收集商务信息对小范围市场环境的影响不大。随着互联网逐渐普及，信息传输渠道大幅扩充，共享经济在全领域、全行业、跨区域交易的同时，能够收集到细

---

[1]　刘剑文. 财税法功能的定位及其当代变迁 ［J］. 中国法学, 2015 (4).

[2]　杨金亮, 陈义忠, 孔维斌. 分享经济对税收的影响及税收应对 ［J］. 税务研究, 2017 (5).

致、多样、个性的用户需求，并有足够技术能力应对互联网中极短时间内几何倍数增长的商讯信息，其在数据信息收集上的覆盖能力，既为共享经济参与者提供广阔利润空间，也对共享经济监管者是否具有同等监控技术能力提出了挑战。

第二，实时性数据传递。共享经济模式中，交易主体间的信息收集、传输方式已不再借助电话、传真或业务人员等与客户进行实地沟通，即便客户群体基数扩大、企业组织膨胀，信息传输通道仍能保持有效通畅，保证在瞬息万变的行业竞争中获取主动。相较之下，税收监管者的信息传输环节却受到来自政府机关内部的体制阻滞。加之外部市场竞争压力与公众参与度不足，税收利益相关部门因其在组织形式与责任机制上的殊异，导致线上信息管税面临线下税管执行的分工不清与决策不明。

第三，高精准数据反馈。共享经济交易主体的信息收集便捷、传输周期较短、决策反馈及时，最大限度降低了信息在各环节被人为再加工的可能，使得最终到达卖方终端的信息与源信息基本相符，故依据此执行的交易行为能够准确回应客户需求，进一步提升客户体验。反观税务机关，如前所述，其在数据收集和传输上深度利用能力不足，在数据结果反馈层面上必然无法同市场主体相提并论。面对社会公众日益强烈的税收权利意识，无法及时提升纳税人的信息服务体验，税务机关对党中央"放管服"政府改革要求的贯彻落实将只能流于形式。

基于移动互联网络技术，共享经济打破了传统商业中地域与时空的限制，削减了多余的商品流通环节，降低了交易成本，大幅提升了交易效率。这使得生产和消费两者间的联结更加紧密，使得企业和消费者形成良好的信息互动。数据信息在降低信息成本、提升服务质量、保障交易安全方面的显著作用，使其日益成为共享经济模式及相关新业态的核心要素。对税收监管而言，当前税务机关对数据这一核心要素及其背后的信息化趋势是否有着深刻明确的理解，无疑将根本上决定税收治理现代化的速率与质量。尤为值得注意的是，以网络平台服务企业为代表的共享经济参与者，已逐渐将巨量商讯数据与客户信息聚合成有别于传统实体的全新商业资源，且该资源的内涵与价值更加立体化、人性化、智能化。阿里、腾讯、百度等互联网巨头所掌握的海量数据信息俨然已成为近乎所有互联网行业的支撑与命脉，而全行业对数据价值的认知和挖掘仍在不断深化。面对强烈的税管压力，已不单是如何便宜利用既有制度设计最低成本解决共享经济税收困境的问题，亟须重新认识和厘清共享经济下信息管税模式的定位和布局。

（二）高度依赖信用对税收征信的体系化要求

共享经济与传统商业模式的显著区别是互联网中间平台主体的存在，而该交易主体除聚合供需信息外，另一重要功能便是信用担保。实际上，共享经济是基于陌生社会成员之间的信任而发展起的经济模式，信用度、便利性和参与感是推动共享经济发展的主要因素。通常认为交易信用会随着市场博弈次数的增加而提升，但在互联网环境中，供需双方时空条件迥异，难以进行多次博弈，固信用度下降将最终导致分享策略失败。如何提升交易信用，便成了共享经济健康发展的关键命题之一。

自最初的电子商务阶段始，买卖双方的交易信用问题便一度制约着互联网经济形态的发展。互联网中间平台的应运而生及发展完善有效弥补了信用风险所带来的交易安全问题，保证了虚拟环境下供需双方交易的真实性。同时，各中间平台的品牌价值与示范作用亦得到了巩固与推广，其中尤以 eBay 和淘宝为代表。此类平台经由引入包括买方售后评价、卖方声誉评级、第三方支付等信用治理技术规范引导交易行为。目前，共享经济中的各类网络平台基本沿用了其线上信用模式，此模式对供需双方使用者的信用管理已成为维护共享经济交易秩序的必要环节。

2017 年 11 月，国家信息中心发布的《信用助力共享经济发展研究报告》指出，70.1% 的调查受访者在使用共享经济服务时遇到过问题。其中，产品或服务质量问题居首占比 43.5%，个人信息泄露以 38.4% 位列次席。据此，报告认为共享经济未来发展将面临全行业全领域严重的信用危机：首先，规制共享经济商业信用的法律法规缺失、异议处理环节缺乏法律依据与法定程序；其次，社会信用体系建设不完善，无论是市场征信主体开发的大数据平台还是政府监管主体和银行金融主体所掌握的资金、税收、司法、社保等信用记录数据库，产品与服务提供者的失信行为及中间平台方对客户信息的泄露行为没有统一权威的监管追责途径和警示公告渠道；再次，即使认定存在失信行为，市场监管主体对参与主体缺少有效的激励和惩戒措施，使得分享商品或服务提供者日益丧失内在提升驱动力，最终陷入产品服务质量进一步下降的恶性循环。报告得出结论认为，信用在促进共享经济信任过程中，具有正循环机制、外部效应和乘数效应，是促进共享经济更好更快发展的关键助力。因此，不断完善的社会信用体系是共享经济崛起的必要基础，也是我国数字经济实现健康可持续发展的重要保障。可以说，共享经济的迅猛发展既为包括税收在内的社会信用体系建设提出了挑战和要求，也必然为税收征信管理全面升级提供了难得的实践场域和发展机遇。

二、分享经济税收治理模式升级的基本理路

(一) 更新税收治理理念，推进信息管税升级

针对共享经济对数据资源深度利用的突出特征，我国税务机关已全面推广"金税三期"税务管理系统，基本达到了信息化要求。但相较于共享经济中对数据资源充分立体的挖掘与使用水平，税务机关的"信息管税"一定程度仍停留于无纸化、联网化的相对初级阶段。❶ 与之相对的是，共享经济规模日益庞大、业态日渐多样，其中最为核心的数据资源甚至达到了智能化和拟人化程度，大数据与云计算技术下的商讯信息已不再是单纯的平面符号，而是蕴含着消费习惯、决策参考和结果预测的全过程全场景单元模块。这种非自然的商业资源若仅简单纳入以往规制传统生产要素的税管体系，必然导致从治理理念到治理手段的全面错位。

此外，共享经济虽并未彻底颠覆传统经济的生产和消费理念，但在解决供给和需求之间信息不对称的问题上，共享经济具有显著优越性。从这个角度看，共享经济的创新之处在于实现了生产要素与市场需求的平台化数据对接，有效降低交易成本，但因其网络虚拟特征导致的交易风险和监管难度提升亦是无法回避的主要弊端。税收制度因其须及时回应经济发展需求，故税收治理能力需与特定经济社会发展阶段相适应。首先应予以考虑的便是未来数字经济的发展趋势，税法体系将数据资源这一重要生产要素纳入规制范畴应当只是时间问题。在此基础上，信息管税时代下税务机关对既有制度的变通执行，特别是征收和稽查能力在很大程度上决定了共享经济监管评价体系的实际效能。若税务机关对共享经济的税收信息理解仅停留在简单的税务指征层面，短期内虽然降低了管理成本；但从长远看，却严重限制了税收征管主动升级技术能力的积极性。故建议我国税务机关应先行明确如下应对思路：以"税收法定"作为税务机关获得自我更新驱动力的制度保障与基本前提，逐渐实现有效治理能力与规范治理能力协调同步，一方面通过授权来增强税务机关的治理能力与技术手段；另一方面，须通过限权来提高其遵守法定程序、依法征税的能力。在措施着眼上，需在以下两方面进行重点关照与落实：

其一，明确网络中间平台的法律地位和税收责任，从事共享经济数据平台

---

❶ 陈兵. 新经济时代从"以票控税"到"信息管税"的转向：由 B2T 税收征管问题引发的思考 [J]. 法学，2014 (12).

业务的个人或组织在主体认定、税收权益、适用税率等方面应当"税收法定"。此外，制定各商业模式整体的行业性或地区性税收规范，回应共享经济中的数据信息借助互联网可跨地区、跨行业、全天候、实时性流转的特点，增加统一性法律的适用度，化解税收管辖权的归属争议，并积极配套地方性规范进行针对性适用和区域间协调。

其二，调整过往"以票控税"思路下对实物税收凭证的依赖，毕竟当前交易主体的线下行为大多不存留税务数据，仅靠发票进行计征极易导致该类现象难以被有效监管。当前大量企业或个人借助共享经济模式于线上收集客户需求，于线下进行避税违法活动。缺乏税务凭证的交易不仅大幅提升了安全风险及维权难度，也使得对于违规交易主体的既有的追责和警示流于形式。信息管税取代传统税收征管对实体组织、实物凭证的依赖已然是大势所趋，但若在税收治理理念与技术手段上仅停留于电子化、无纸化、联网化层面，显然是无法满足共享经济日益增量的规模与业态创新的要求。可以说，"信息管税"现实困境的破解对政府职能转变具有特殊意义，即从理论层面推动我国政府监管主体从"电子政务"向"信息政府"的模式升级，从实践角度实现"全面管控"向"服务治理"的职能转变。

（二）以税收征信为保障，开发社会信用体系

现有对共享经济的税收信用管理，一定程度上依托网络平台运营第三方的技术优势与独特地位进行税收数据搜集和稽查奖惩。但随着共享经济的深入发展与分工细化，线上信用管理在面对个人对个人（P2P）这一新型模式时，却难以奏效。譬如，网约车和网络直播行业，巨量零散分散的交易参与者使得其在平台上注册备案的税务身份真实性存疑，既有信用管理模式无法精确反馈个人信息，致使网络平台和税务机关均难以对其进行有效监管。出于对共享经济鼓励保护的政策态度，目前P2P模式中的税务实践进退维谷，税源缺失与监管缺位并存。

与此同时，我国社会信用体系建设也处于起步阶段，目前已经成型的信用体系包括：市场交易信用信息平台、政府公共信用信息平台、银行金融信用信息平台三类主要的信息共享渠道。其中，共享经济条件下的市场交易信用体系主要依托于各平台的线上大数据征信模式，政府公共信用体系则涵盖税收、医疗、养老、司法等领域，而银行金融信用体系则着重于收入、支付等资金流通环节。学界一般认为，信任机制的形成有赖于市场驱动型信任机制与制度约束性信任机制的协同作用。在前述我国三类信用体系中，政府公共信用体系作为鲜明的制度约束机制，具备突出的先导作用，而其中尤以税收为代表和前提：

公民及法人组织的税收义务由国家宪法予以规定，在政府征信活动中应无条件遵从。相较医疗、养老、教育等自愿行为，有着无可替代的合法性基础。具体到操作环节可从两个层面进行规划布置：

首先，建立健全法律法规对包括税收在内征信活动的赋权基础和操作规范，做到"有法可依、有章可循"。特别是"社会信用基本法"的制定实施，在很大程度上决定了社会信用体系的法律地位与评价权威。基本征信法律规范的缺失，将导致税务机关无权协同大数据征信机构、银行金融机构选择性采集纳税主体的交易与资金信用信息，同时对已经收集的个人信息亦无法通过严格约束机制维护信用信息安全，避免个人信息泄露。

其次，在政府内部，应逐渐实现医疗、养老、教育、工商、环境等其他政府部门与税务机关信用数据库的联通共享，借助"互联网＋"大数据技术发展的机遇，厘清信用监管之于共享经济的重要作用，扩大信用信息归集覆盖范围，由单一政府部门征信归集逐步扩展到政府间各部门，增强部门间信用联动奖惩机制，提高信用监管效率，实时反馈督查结果并向社会公众公开。在政府外部，税务机关应制定至少两项数据标准：第一，税务失信数据选取标准，在区分自然人失信与社会法人失信的基础上，仅就涉税信息数据范畴，向市场交易信用信息平台与银行金融信用信息平台申请数据调取，严格筛选并剔除弱相关性失信信息，仅就直接涉税信息项进行数据分析，避免不必要的越权和滥权；第二，通用信用等级评价标准，以税务机关为代表的政府部门协同社会征信机构、中国人民银行等制定统一的社会信用失信等级划分规则，在信用信息归集、信息共享、信息使用等环节明确标注相对人的信用等级，若存在失信行为，参照通用失信规则予以警告惩戒。打破监管机构间的"信息孤岛"现象，贯通全社会线上线下监管体系，保证征信行为及信用数据的广泛性、稳定性和权威性，形成政府监管、行业自律、企业自觉、公众参与的信用共治体系。

综上所论，以共享经济为代表的互联网平台经济的高速发展，不仅对现行的"信息管税"系统和"税收征信"建设提出了新要求，而且基于互联网平台经济从业者的生长速快、转化度强、危害性大、死亡率高等特点，在一定程度上致使现行税收治理体系缺乏可预见性与可防范性，容易出现纳税主体难以确定，甚至是应纳税主体退市、消失的极端情况，亦可能出现由于经营者存续时间过短——然而，经营活动所涉及金额却很大，即便是采取偶然所得等个税计征——也无法及时有效征纳税款的情况。此外，由于平台经济自身的双边性或多边性特征，简单依靠"信息管税"技术尚不足以应对不相关市场或者是未来市场上的经营活动，无法精准核定或预测纳税人应纳税基数或者未来可能出现的某种情况——以便测算、定位每一个纳税人动态的风险指标和风险点。❶ 故此，在大力建设"信息管税"，逐步建立和完善"税收征信"系统的同时，更需顺应互联网未来发展趋势，从纳税人全周期信息轨迹的维度，利用互联网信息技术和大数据算法建立适用于新时代的全周期智能化税收治理体系。具体而言，就是针对互联网平台经济的特征，将现有的线下业务逐步移交到线上流转，如此能形成更多的数据积累，再进一步予以深度的数据挖掘分析，发现纳税人的不同需求及其侧重，进而生成针对不同类型纳税人的全周期智能化税收治理体系。

三、分享经济税收治理现代化现实进路

（一）夯实共享经济的税收法治基础

面对共享经济乃至未来新型经济模式的挑战，我国税收治理能力的现代化进程不能单纯停留于技术手段的现代化，而更应侧重治理理念与模式的与时俱进。世界范围内所有现代国家的共识是，法治是国家治理的基本方式，是国家治理现代化的重要标志，故国家治理法治化在本体上与路径上就是推动国家治理法治化。具体到国家税收领域，我国税收治理法治化作为现代化进程的组成与基础实属应有之义，脱离税收法治而探讨税收征管现代化无异于舍本逐末。❷ 即便是法律制度存在一定社会关系调整的滞后性弊端，但缺乏法治基础的税收措施，无论在制度设计与实践效果上都难以真正达到治理目的。经由对共享经济数据价值与信用基础两大本质特征的剖析，其在商业模式与技术手段上的变革与创新尚不足以颠覆传统市场交易模式。因此，基于税收制度对于社会经济发展的敏感度与即时性，结合当前我国政府大力推动的"放管服"职能转变进程，针对共享经济的税收治理法治化活动应着重强调以下三个环节的法制建设工作。

第一，制定法律规范明确"数据资源、数字经济"的内涵与范畴，力争将拥有巨量信息数据聚合形成的商业资源纳入现有"信息管税"制度轨道。

---

❶ 例如，当前房地产企业风险防控指标仅是在特定情况下的固定数据，而通过互联网税务机关将获取更多关联数据，即通过不同的网络平台，包括住建委网站、采购网站等，税务机关能够知道房地产企业的建造用料、配套设施以及相关价格，然后通过特定的"算法"，系统就能自动化、智能化地动态分析出每一栋楼的公允价值，为合理计征提供准确科学的依据。卢晓晨，屈震，马泽方，等. 论"互联网＋大数据算法"在税收工作中的应用 [J]. 税务研究，2017（2）.
❷ 张雷宝. 税收治理现代化：从现实到实现 [J]. 税务研究，2015（10）.

当前学界认为一种可行的路径是，改革现有资源税制度，运用资源税制度来调节大数据资源垄断问题。❶ 尤其是百度、阿里、腾讯三家互联网公司所拥有的此种商业资源市场占比过大，应当引起反垄断调查与税务稽查的高度关注。知识信息时代下，资源概念不应局限于传统生产要素范畴，作为共享经济核心要素的信息数据将在未来很长一段时间内成为新业态的命脉所在。从长远税制改革的角度考虑，将具有垄断特征的大数据资源纳入资源税征税范围，限制部分市场主体因此获得垄断权乃至独占权，将更好地发挥资源税在调节社会资源、限制垄断层面的制度功能，保障数字经济长期健康稳定发展。

第二，统一明确区域性或行业性税收规范中对共享经济课税要素的规定。针对共享经济的跨区域、全行业特性，须及时梳理现有区域间或行业间出台的税收规范性文件，至少统一纳税主体、对象、税率三项主要课税要素：纳税主体中应强调网络中间平台方的税收优惠权益与税务登记义务，并要求其辅助注册从业人员进行个人所得税代扣代缴；课税对象上，应将其分为社会法人与自然人交易主体进行区别征管。作为虚拟中介的中间平台，其课税对象按其提供的产品或服务计征，如网络直播或知识平台归入提供现代服务或提供信息服务业缴纳增值税、滴滴出行等网约车平台应该按照提供交通运输服务缴纳增值税、摩拜等单车共享平台应该按照提供有形动产租赁服务缴纳增值税。同时，由于上述中间平台取得了收益，因此应该按照其应税收入依法缴纳企业所得税。而自然人交易主体，由于在共享经济模式中一般需要依附于中间平台，故如前所述可要求平台辅助其进行代扣代缴个人所得税；针对共享经济不同业态所适用的税率，鉴于已经在课税对象上予以厘清，故针对其所纳税科目对接既有税率即可。❷

第三，以交易行为实际发生地合理确定税务管辖权。根据我国《税收征收管理法》《企业所得税法》等法律的规定，增值税的纳税地点以纳税人机构所在地为主，补充以销售地、劳务发生地等；企业所得税的纳税地点从便捷征纳原则出发，一般是企业登记注册地或实际管理机构所在地。在共享经济商业模式下，中间平台往往存在交易活动与机构所在地不一致的情况。若机械适用上述税收法律，极易引发税务管辖冲突，税收征管效率下降，企业不依法提供税务凭证导致共享经济消费者发生纠纷时维权困难等问题。故从兼顾税收公平与税收效率原则的角度出发，为保护共享经济中处于弱势方的消费者，国家税务机关统一将从事共享经济的市场交易主体纳税地点明确为交易行为实际发

❶ 蒋震，张欣怡. 对资源税制改革理念的分析和探讨 [J]. 国际税收，2016 (7).
❷ 陈宇，李锐. 我国分享经济税收问题研究 [J]. 中央财经大学学报，2017 (8).

生地。毕竟税款的最终负担者是处于交易行为实际发生地的消费者，且各方主体在交易过程中均依赖交易地政府提供的公共基础设施，理应向当地税务部门缴纳税款作为提供公共服务和权益保护的补偿。

（二）弱化当前税制的实体性依赖

共享经济税收法治化是从制度设计层面对新型社会关系予以积极调整和回应的。而在制度操作层面，则更需要各级税务机关在法律法规授权范围内发挥能动作用，将"信息管税"真正贯彻落实到税务征管实践当中。在知识信息时代到来之前，我国采用的是"以票控税"征管思路。该思路归结起来最大的特点是无论税制以流转税还是所得税为主，均强调税务征管对象的实体性特征：纳税人须有实体组织，包括但不限于固定办公场所、经营场所、专职会计财务人员、正规企业账目等。而纳税机关的税务计征凭证则是各种形式的纸质手写或机打发票。当然，部分原因是在传统交易模式中，个人销售商品或者服务仅是偶然性的现象，社会企业法人承担了市场交易主体的绝大部分角色。而共享经济及中间平台的出现，使得自然人个体在社会生产生活中的角色功能发生了变化。自然人既是消费者，也可能成为产品或服务的提供者或经营者，共享经济模式下自然人主体也逐渐需要且有必要进行发票抵扣。但"营改增"改革后，以增值税为主的流转税制在很大程度难以适应这种缺乏实体组织特征的纳税主体。一方面，一般公民对税务知识掌握有限，不会积极主动地要求税务登记和维护税收权益。另一方面，税务机关考虑到征管成本，也无法代替广大分散的个人经营者进行发票代开。这意味着，当前流转税制必须逐步调整其对纳税主体实体性的制度惯性依赖，从实体组织形式和实物税务凭证两方面着眼进行应对。

首先，用交易数据和资金记录代替实体组织检查对纳税主体的认定功能。业已完成的税务登记证、组织机构代码证和营业执照的"三证合一"能够从侧面证明当前技术与经济条件下的市场交易主体，已经无须固定场所和全职人员进行生产经营活动。但无论其从事何种交易，只要登录互联移动网络则必然会留下数据痕迹，若交易缔结则必然产生资金流或物流的信息传递。故"信息管税"全面达成的目标之一，应当是将对纳税主体的监控重点由实体性现场稽查转化为虚拟性的多重信息流交叉锁定。这就要求税务机关自身信息管理部门需要及时跟进，同时积极保持同第三方支付机构和交易中间平台方的信息互通。❶

---

❶　董建华，韩绍杰. 依托"大数据"实现信息管税［J］. 中国税务，2016（3）.

此外，电子发票制度的全面普及与技术升级也至关重要。"以票控税"到"信息管税"的转变不会一蹴而就，既有税收制度与税务人员对发票这一计征凭证仍然较为依赖。所以，电子发票作为纸质实物凭证向虚拟完税记录过度的中间产物，具有十分重要的衔接意义。由于电子发票的发票号码是全国统一编码，有着极强的防伪识别技术，税务机关对纳税人交易信息的实时管理有了极大提升。但电子发票的普及程度十分依赖当地移动互联网络与手机终端等物质条件，在经济发达地区尚且乐观，但在相对落后地区则难以实行。同时，电子发票的开具流程还不够简单便捷，单就输入纳税人识别号一项就会对一般消费者和个人经营者产生较大困难。下一步，电子发票制度应就其使用便捷程度与配套设施建设进行完善，加强同银行金融机构、信息技术供应商、网络运营商的技术合作，确保电子发票制度获得足够的技术支持与社会认可。

（三）依法推进税收征信机构建设

2016 年 12 月，国家发展和改革委员会联合中国人民银行、中央网信办、公安部等 9 部门发布了《关于全面加强电子商务领域诚信建设的指导意见》，明确要在电子商务领域加强信用建设，建立健全实名登记和认证制度，完善网络交易信用评价体系。当前我国信用体系建设尚处于起步阶段，信用评价机制、征信企业及社会公众守信意识均存在不同程度的欠缺。然而，移动互联与第三方支付等信息技术手段的迅猛普及使得基于巨量电子数据分析、预测、反馈的大数据征信成为可能。共享经济作为新兴经济形态，对于包括税收在内的既有监管体系均产生了猛烈冲击。其对交易信用的高度依赖在前文已有论证，政府部门征信机构与社会征信企业的发展成熟无疑是突破共享经济发展信用瓶颈的机制前提。

聚焦于共享经济税收领域，当前纳税主体的信息保护和使用机制尚不明确，各级税务机关理论上负责各自辖区内涉税信息的收集、存储和维护。然而具体地保障共享经济中纳税人个人隐私、交易安全并合理利用等规范仍然是一片空白。2013 年 1 月发布的《征信业管理条例》的规制对象也仅限制为"企业、事业单位和国家设立的金融信用机构""国家机关以及法律、法规授权的具有管理公共事务职能的组织依照法律、行政法规和国务院的规定，不适用本条例"。税务机关虽然不适用该条例，但不意味着税收监管不需要征集信用信息，更不能说明税务征信的标准会低于一般企业从事征信业务的法律标准。条例中明确规定了征信机构不得采集个人收入、存款、有价证券、不动产信息等个人信息。实际上，前述征信范围应同样作为底线，严格约束政府征信机构进行收集。然而，众多共享经济平台为了扩大利润，通过大数据征信公司所采集的地理位置、转账记录、出行方式、消费类型等不受限制的关联数据进行还原分析，使得个人收入水平、消费习惯、工作居住地点被间接披露。无论是间接还是直接的信息泄露，社会公众的担忧与反感与日俱增。若包括税务机关在内的政府部门对其进行的征信活动仍不进行制度约束，那么因更加敏感的企业与个人涉税信息保管不当所引发的社会风险，将更加难以管控。

对此，在社会信用基本法律缺失的情况下，建议国家税务部门制定《税收征信管理条例》，对各级税务征信部门的职能划分和职权范畴进行明确，逐步完善共享经济中涉税信息保护和征信监管的顶层设计，为共享经济领域大数据税务征信设置规则底线。针对共享经济中社会信用信息采集的迫切需要，可尽快出台《共享经济税收征信管理办法》。一方面，在各区域或行业间进一步明确税务部门收集的信息范围，严禁对不必要的关联性和衍生性个人隐私信息进行数据比对和场景还原。另一方面，积极衔接既有社会信用评级体系，为纳税人建立税收信用档案。该评价体系可将纳税人的税务登记、纳税申报、税款缴纳等记录作为主要指标，根据纳税人的过往行为进行客观评价，定期于国家税务总局网站公示评价结果，从而加强公众参与及公众监督作用。

（四）实现税务征信的共享性联合

2018年1月4日，中国人民银行发布了"关于百行征信有限公司（筹）相关情况的公示"。百行征信有限公司（以下简称"信联"），是在中国人民银行指导下，由芝麻信用、腾讯征信等8家市场机构与市场自律组织中国互联网金融协会，按"共商共建共享"原则，共同发起组建的一家市场化个人征信机构。早在2015年1月，央行便已下发《关于做好个人征信业务准备工作的通知》，同意芝麻信用等8家机构试点开展个人征信业务，并计划以"个人征信牌照"的方式开放该业务。然而，8家试点机构都想形成业务闭环，将各自的数据信息视作核心资产，不愿进行行业间共享，导致信息孤岛现象和信息过度采集等不良后果。鉴于上述情况，央行迟迟没有向8家试点征信机构下发牌照，而是最终选取成立"信联"的方式，以打破第三方征信平台间的信息藩篱，并进一步实现金融征信平台与第三方征信机构的深度融合。

该案例尽管主要以当前P2P个人融资信贷为着眼，但其为政府各职能部门如何利用自身征信优势融合既有社会信用体系提供了参考借鉴。特别是税务部门，在政府公共信用信息平台中，税收相较于医疗、养老、司法等领域的重要性更加凸显，同时其自身对市场交易信用信息平台的需求度相较其他领域也更高。因此，借助税务部门自身的职能特点可通过牵头发起税收征信的社会信用联合机构，将政府部门和金融机构在信用信息采集方面的权威性和完整性资源优势，同大数据征信机构在信用评级和应用方面的先进性和灵活性技术优势有机结合，使得制度约束信任机制与市场驱动型信任机制在共享经济模式下协同发展。

在具体操作层面，国家税务总局可联合中国人民银行指导相关行业协会，同包括芝麻信用、腾讯征信和聚信立等第三方征信机构共同构建信息共享机制或商业实体。其中，国家税务总局与中国人民银行提供公共信用数据和银行金融信用数据，第三方征信机构提供其线上信用评估数据。三方针对税收征信的信用评级以税务机关的最终分析比对为准。该税务信用评分确定后，及时反馈于银行金融平台及个人征信平台，作为重要的信用指标，银行和经营者可更加真实、便捷、广泛地选取融资或交易对象。此模式一旦实现，不但融通了税收信用、金融信用与大数据征信三大信息平台，更有助于线上线下信用机制的联动，税务机关对于失信人员的税收稽查将极大提升信用评价的惩戒与警示力度。❶ 在共享经济及"互联网＋"新形态下，大数据征信已成为共享经济领域重要的布局，对税收在内的国家治理能力提出了要求与挑战。在深刻认识及把握共享经济的运行基础与核心价值后，针对性地从交易信用方面入手，促进税收征信的社会性联合与融通互动，不仅是回应社会经济发展需要的应有之义，亦是税收治理能力现代化进程的必经之路。

（原文刊于《东北大学学报（社会科学版）》2018 年第 5 期，收入本书时有改动）

---

❶ 张蕾，王平. 融合线上线下信用 发挥分享经济潜能 [J]. 宏观经济管理，2017（6）.

人工智能时代应加快智能税收法治系统建设

当今人类社会已逐渐步入互联网、大数据、人工智能三位一体的新时代。❶而今，人工智能依托互联网塑造的信息化社会机制，以及大数据所累积的数字化模拟再现，在技术层面已完全具备海量数据分析和决策能力。按照目前的发展趋势，以人工智能为突出特点和最终目标的人类文明形态和社会历史阶段已初露端倪。然而，每一次重大的社会变革都无疑是对既有社会结构的冲击和挑战。人工智能出现后，其拟人化的特性和难以估测的智能延展决定了人工智能必须受到社会规则和制度机制的严格约束。❷考虑到人工智能已渗透到国家治理与社会生活的方方面面，囿于篇幅仅聚焦于人工智能运用于国家税收治理系统后所带来的机遇与风险，力图以此为引例速描在当前与未来法治中国建设中，人工智能在互联网税收治理领域内立足于中国特色社会主义法治体系之上的理论表达与实践样态。

自2015年9月国家税务总局印发《"互联网＋税务"行动计划》（税总发〔2015〕113号，以下简称《行动计划》）以来，各地税务机关围绕"互联网＋税务"进行了积极大胆的创新实践，对应《行动计划》中规划的"五大板块"，即社会协作、办税服务、发票服务、信息服务、智能应用五个方面形成了诸多有益经验。其中，较为核心的常规办税、发票管理、信息服务等工作环节成效突出，大大减少了企业和民众的办税成本，提升了税收服务体验。譬如，面向办税人手机客户端的"移动税务"、面向纳税人政务公开的"阳光税务"、面向税务局内部管理的"廉政税务"。在肯定我国"互联网＋税务"建设成绩的同时，我们也应看到，传统税收征管模式在逐步实现互联网深度融合的过程中仍然存在较大阻力。目前，专家学者和实务部门普遍认为，较为凸显的不足集中表现为以下两点：

第一，税收大数据应用较弱导致智能化水平偏低。税收数据作为"互联

---

❶ 何哲. 人工智能时代的政府适应与转型 [J]. 行政管理改革，2016 (8).

❷ 高奇琦，张鹏. 论人工智能对未来法律的多方位挑战 [J]. 华中科技大学学报（社会科学版），2018 (1).

网+税务"的根本与驱动，对其应用价值进行挖掘和利用才是有效提升税收服务质量、降低管理成本的关键所在。然而，当前相当一部分税务工作人员对于"互联网＋税务"内涵认识有限，简单将其等同于税务工作实现电子化、联网化，在收集到巨量税收信息后，难以进行系统深入的数据分析和趋势预测，体现为各级税务机关在"智能应用"方面无法取得和办税、发票、信息服务三项常规业务同等的创新举措和实践效果。

第二，征管工作开放度有限阻碍第三方智能研发。随着信息管税程度不断加深，对于信息化建设的技术与人文环境依赖度不断提升。尤其是在硬件维护、软件开发、网络通信、宣传模式等方面，税务机关受自身技术能力所限，急需专业外包服务厂商和通用第三方企业参与，辅助其完善税务系统，为广大纳税人提供优质税务服务。但当前税管工作的社会开放度还有待提升，体现在《行动计划》中对"社会协作"的多项要求在短时间内无法满足。

无论是税收大数据应用还是社会开放度问题，其本质都指向了税务机关在落实践行《行动计划》时的主要矛盾：面对纳税人激增所带来的巨幅工作增量，完成原有主要税务征管服务流程已经使既有税制超负荷运转，难以分配足够资源跟进《行动计划》中更具有深度和广度的改革要求。因而在贯彻文件精神上有所侧重取舍实则无奈之举。但新时期经济发展形势日新月异，当"互联网＋税务"方兴未艾之时，2016 年 Google 开发的 AlphaGo 击败世界顶尖围棋大师李世石，其"深度学习"能力已经远超人类认知范畴，该事件标志着人工智能至少已可以满足当前社会生活中的一般智能化需求，并正式宣告人类迈向互联网人工智能时代。2017 年，人工智能首次进入政府工作报告，要求"加快培育壮大包括人工智能在内的新兴产业"。2017 年 7 月，国务院印发《新一代人工智能发展规划》（国发〔2017〕35 号）从创新体系、智能经济、智能社会、军民融合、基础设施、重大项目等 6 个领域出发全面支撑国家发展，并强调优先从法律法规、伦理规范、重点政策等方面提出保障措施。2018 年政府工作报告，"人工智能"再次被提及，新一代人工智能的研发应用，尤其是智能产业和智能生活成为国家战略关注的焦点。尽管在政府工作报告中，人工智能主要体现在工业制造和技术研发层面，但可以预见的是，基于互联网和大数据技术日益成熟，人工智能在日常生活领域的商业应用将对既有国家治理模式产生诸多风险和挑战，税收便是首当其冲的重要环节之一。相较于商用领域近二十年的技术积累，自 2015 年提出《行动计划》到"发展人工智能"成为国家战略，各级税务机关仅有不到三年的时间来进一步升级税收治理模式，期间的困难和阻力可想而知。此时，我国税务机关所面临的问题更加尖锐和迫切：首先，如何理解智能税收治理模式；其次，如何衔接智能税收治理与现有"互联网+税务";最后,如何平稳实现智能税收治理。

人工智能实际上并非全新的概念,但有赖于互联网和大数据技术飞速发展扩容,人工智能迎来了重大突破。依托互联网络收集的巨量数据经过分析处理,使得人造程序拥有了超越人类认知极限的决策和预测能力。因此,互联网+基础上的大数据开发与应用是人工智能的核心基础和重要前提。同理,对于我国税务机关的税收治理来说,智能税收应当是"互联网+税务"的升级版本或者说是高级形态。故在内涵上,建设智能税收应是"互联网+税收"基础环节和常规功能的进一步丰富和扩充,《行动计划》中既定指导思想与框架理念基本可继续适用,即对于智能税收而言,其内涵理解和制度衔接都能够参照现有机制措施进行较为直接的理论加深和实践探索。

由此观之,以何种路径和理念设计智能税收的指导思想与实施方案,便成了当前税收征管部门最迫切需要解决的重要问题,同时也是理论学术界应重点关注的研究前沿。现有研究成果虽然提供了现实语境下丰富的实践素材和改革诉求,但颇为遗憾的是,即便以"智能税收"模糊检索也未有期刊文献可供参考,且当下绝大多数的研究成果缺乏完整规范的顶层制度分析与论证,难以突破过往税收征管中"强管理弱服务""重实践轻理论""先执法后立法"的思想局限。在当前简政放权与依法治国政治大背景之下,税收征管信息化改革进程缺失制度理论依据,恐难以真正有效地从根源上理顺税制改革与技术升级间痼疾矛盾。故依据《行动计划》对"互联网+税务"中智能化内容布局,着眼于"互联网+税务"未来"智能税收"发展趋势,前瞻性地提出以法治模式作为构建智能税收法治系统的核心理路,解决我国税收征管智能化系统建设与升级的基本理路与实践方案。

一、智能税收法治系统的理路透析

目前学界对智能税收系统尚未明确界定,在此有必要对其予以自定义解读。参考现有"互联网+税务"建设成果与国外成熟经验,[1] 在当前语境下将智能税收系统归纳为基于互联网有效连接和税务大数据信息收集后进行分析、处理、决策、执行的拟人化技术与环境应用系统。在此基础上建设的智

---

[1] 向景,姚维保,庞嘉. 智慧税务评价系统构建与实证研究 [J]. 广东财经大学学报,2017(3);刘健徽,周志波. 整体政府视阈下"互联网+税务"研究:基于发达国家电子税务局建设的比较分析 [J]. 宏观经济研究,2015 (11);刘海峰."新型智能税务信息系统"规划建设的构想 [J]. 财政研究,2013 (11).

能税收法治系统除智能化软硬件技术设备、现有税务人员与专业机构组织等客观因素外，还应包括围绕智能税收所制定的相关国家政策、法律法规和社会伦理等主观规范机制，从而形成一个具有税收征管工作流程全覆盖和服务对象全面向的有机整体。由此对于智能税收系统的内涵理解，应强调以下三个关键方面：

第一，智能税收并非完全独立的概念系统。智能税收与"互联网＋税务"体现着税收治理现代化进程的不同侧面，其理论基础来源于互联网时代、大数据时代和人工智能概念的三位一体。换言之，互联网＋、大数据和人工智能均为未来税收治理模式高度信息化、智能化的突出特征，亦是《行动计划》中到 2020 年实现"普惠税务、智慧税务"目标的重要基础。

第二，智能税收具有更加丰富的外延和前瞻。正如《新一代人工智能发展规划》中对人工智能的安排：至迟到 2025 年智能社会取得积极进展，其中包括税收在内的智能政务建设应开发出人工智能平台、战略决策引擎和公众交互渠道，实现政务领域的人工智能技术应用，推动社会治理现代化。

第三，智能税收系统建设应受法治措施约束。相较于智慧税收中的互联网和大数据部分，人工智能语境下的税收治理更加依赖法律法规保障，这是由人工智能的拟人化特性所决定的。电子人格权与刑事责任的缺失使其在分析、决策和执行环节均需法治规范进行严格监控，以避免对核心国家数据资源造成重大损失，对社会秩序稳定产生不良后果。

综上，法治模式下的智能税收系统建设，在理论进路上需要具备承上启下的设计考量，即在大方向上从对过往"互联网＋税务"进行法治化规范和未来税收生态系统进行法治化构建两个角度予以针对性探讨。

（一）应以法治规范"互联网＋税务"的突出问题

自 20 世纪末互联网时代兴起，我国税务机关便竭力适应社会发展趋势，逐渐由过往"以票控税"向"信息管税"新型征纳模式转变，以满足不断增长的互联网税收服务需求，基本实现了各级税务机关的信息化升级，在硬件设备和数据互通上取得了实质性进展，同纳税人之间建立了较为通畅的数据沟通渠道。尤其是金税三期工程的全面推广，使得税务工作更加规范、标准、便捷。相较于其他政府部门，税务机关在"互联网＋"思维下重新审视现行税制、工作流程、治理方式，在传统常规税务工作环节中取得了较大突破。随着党的十八届四中全会通过《中共中央关于全面推进依法治国若干重大问题的决定》，无论是点明在财政税收领域的重点立法工作，还是强调依法行政加快法治政府建设，对于税务机关在办税服务、发票服务、信息服务等常规环节均提出了全面法治化要求。然而在税务征管实践中，受制于现行税制在法治建设上的缺陷，我国在推动"互联网＋税务"时经常遇到制度瓶颈，这也为后续进一步向智能税收系统升级产生了不利影响，具体而言主要包括以下两点：

（1）税收治理模式亟待基本法律支撑

2015年3月新修订的《中华人民共和国立法法》第8条第（6）项明确规定"税种的设立、税率的确定和税收征收管理等税收基本制度"只能制定法律，同时作为变通第9条补充规定"第八条规定尚未制定法律的事项，全国人民代表大会及其常务委员会可授权国务院对其先制定行政法规"。由此导致的直接后果是，税收基本法至今缺位，《税收征收管理法》作为代位法过于注重税收征管和强制性义务规范。同时现行税种中完成专门立法的整体偏少，多数税种、纳税人具体权利及税收征管工作细则交由大量税收规范性文件规定，这也是导致我国现行税收治理规范出台程序过简、执行法律依据不足、守法意愿普遍较低的主要原因。[1] 由于整个税收法制建设程度不足，致使税收治理现代化进程在合法性基础上存在较大疏漏，若不尽快对现有税收治理模式进行法治化补强，面对新型经济形态和复杂社会关系恐难以平稳实现"互联网＋税务"向"智能税收系统"的过渡和升级。

（2）税收数据资源应依法治保障其安全

税务机关所掌握的企业微观数据体量与精细度都是无与伦比的，并且具有持续、广泛、全面的采集优势，这也为税收大数据分析奠定了扎实基础。随着税务机关所掌握数据体量的不断扩大，保证这些涉及企业经营、个人隐私与社会信用等敏感信息的安全性便尤为重要。作为国家公权力机关，税务部门在收集税务数据时可依据宪法中对公民纳税义务的强制性规定，但对于数据收集后的规范使用和隐私保护却没有直接的法律依据可以援用。致使目前存在税务数据被刻意泄露现象，纳税人因个人信息被转卖而遭到骚扰电话、垃圾邮件、流氓微信不断困扰，更有甚者利用相关身份信息和企业经营数据进行经济诈骗等违法犯罪活动。作为税收数据智能应用的前提性步骤，税务机关在数据收集、计算、分析等环节便需要严格规范机制的及时跟进，在保障税收数据安全性基础上，规范、严谨、科学地使用税收数据，从而正确把握互联网＋大数据发展机遇，探索税收大数据应用方向和重点，形成以精确、安全、规范数据为支撑的智能决策预测机制。[2]

---

❶ 沈寅斐. 以"互联网＋"思维实现税收治理现代化 [J]. 金融经济，2016（2）.

❷ 孙存一，谭荣华. "互联网＋税务"推动税收大数据分析的路径选择 [J]. 税务研究，2017（3）.

（二）应以法治建构未来"智能税收"运行的向度

如前文中对智能税收系统的论证，作为从税收大数据中发现税务规律、预测未来征管趋势、辅助税收决策的制度机制，随着愈发广泛和开放的应用，已逐渐呈现出税务征管模式升级的生态化特点。其中作为税务管理与服务产品的提供者，税务机关在整个税务信息化生态中居于核心位置，而第三方技术厂商及纳税人则以技术合作者和产品消费者身份，置于税务机关的上下游生态链环节。三者在法治化、规范化、透明化的税务信息环境下进行深度融合与积极互动。尽管目前上述生态化特征尚不十分成熟，然而整个系统的主要因素已经齐备，包括系统生产者、消费者和分解者，以及保障三者互联共通的技术与人文环境等。因此未来智能税收系统将不再限于税务机关内部封闭单一的征纳关系调整机制，而是更加开放智能多元的社会治理系统。当然，智能税收系统生态化的构建和维护必将引入法治模式进行先期着眼和整体规划，具体而言便是从税务机关作为系统生产者的改革成效预测与税收智能决策，以及同第三方合作者和广大纳税人间参与互动两个层面来布局未来智能税收系统。

（1）以法治助力智能税收预测决策功能的实现

首先，智能税收系统可充分发挥对税收改革政策的先期预测作用。我国税收制度改革长期以来一直是政治体制改革进程中的重要组成部分，税制改革效果也是衡量我国治理能力的重要指标之一。以往推行税制改革主要是通过国务院税务主管部门出台相关政策或实施办法，以响应全面推进依法治国和全面深化改革等国家顶层制度方针。但这一过程存在明显弊端，即对于税制改革措施实效无法做到相对全面精确的预测，加之基层税收工作的地方性和多样性，难以保证税制改革措施因地制宜、落到实处。因此，对于国家税务机关而言，若能够在出台一项新税收政策前，通过技术手段进行基于全国税收大数据的定量与定性分析，从而使新政策、新制度对税收收入、经济发展和经济结构的影响进行科学预判，将极大提升改革措施成效，降低决策失误几率。❶ 税务智能技术目前已可充分利用成熟的大数据收集和云计算平台，经由对海量纳税信息进行历史轨迹跟踪定位，结合国民经济发展参数进行综合分析，寻找税收治理内在发展规律，从而达到"理解过去、立足当前、预测未来"的目的。尤为重要的是，在预测过程中将法治因素作为重要指标输入计算模型，将比过往依托主观实践经验和人工统计数据得出结论更能全面细致系统地做到预测结果与法治模式高度契合。从而使新出台税制改革措施在诞生时便受到法治严格约束，

---

❶ 王敬峰. 税务智能："大集中"之后税收信息化研究重点 [J]. 涉外税务, 2006 (12).

最大程度避免税收政策的主观随意与客观风险。

其次，税收智能系统能够做出更加规范标准的税收决策。依托人工智能对税收工作趋势的精确预测，税务智能技术能够进一步辅助税务机关更好地完成征管、监控和服务工作。作为国家公权力机关，各级税务部门在做出行政行为前，理应于法有据、于法有责，在权责统一前提下对行政相对人实施管理或服务。而目前涉及税收的基本法律不足且实用性较弱，税收工作的各项细节由大量部门规章、实施细则、管理办法等规范性文件规定。对于税务机关工作人员而言，全面详实地了解每一项法律法规依据是非常困难的。这也导致税务机关在进行税收决策、实施征管行为时难以得到周严充分的法理支持，令社会公众时常质疑税收治理决策的合法性与合理性。而税收智能技术的引进无疑将极大疏解上述弊病，为税务机关全面掌握执法依据和决策标准，处理税收征管与社会需求间复杂关联提供充分法治依据。具体而言，税收智能技术的引入可先期为税收治理内在规律提供定量分析：呈现各行业、各税种系统性动态平均指标，以及纳税人信用评级、税务机关征管质量等系列化标准指标。通过上述指标与税收征管服务实效链接，形成征管成本、资源配置、执法绩效等税收治理模式的评价要素。在定量分析基础上，税务智能系统进一步进行决策结果的定性分析，通过综合分析各种指标结果，依法制定不同时期税收监控的具体参数与依据系统，譬如结合《纳税信用等级评定管理办法》根据纳税诚实度筛选重点监控对象；结合《税收征收管理法》分析历史案例总结偷逃税规律与手段；结合《政务信息资源共享管理暂行办法》挖掘服务对象操作习惯提升服务对象体验等税收治理决策措施，在贯彻落实以法治税基础上，最大程度提升税收征收工作智能化、规范化、人性化。❶

（2）以法治构建智能税收社会参与的共建共享

社会公众及第三方企业的广泛参与及智能研发在智能税收系统中发挥着特殊作用。其中，社会公众和一般纳税人是各级税务机关所提供管理服务产品的最终消费者。而第三方企业承担着税务机关委托的技术研发与设备维护功能，是必不可少的合作者，甚至是税务机关落后产品的分解者与改造者。因此，对于智能税收系统的构建，有赖于两者的积极参与。然而税务机关同两者之间的沟通渠道并不顺畅：对于税务产品消费者的社会公众缺少即时反馈与决策响应，更谈不上《行动计划》中要求的创意空间与众包互助；对于其核心信息技术的合作者，税务机关也无法实现完全公开透明的社会招标，导致大量技术能力雄厚且研发成本低廉的第三方企业无法进入外包产商名单。特别是税收智

---

❶　王敬峰. 税务智能："大集中"之后税收信息化研究重点［J］. 涉外税务，2006（12）.

能研发急需相对透明的法治环境。在"互联网＋税务"向智能税收系统升级过程中，税收机关自身技术能力难以满足大规模系统建设所需要的全部要求。因此，在《行动计划》中以"社会协作"方式明确提出面向社会第三方寻求众包互助创新。目前全国性税收征管中的基本业务，如纳税申报、发票管理、内部通信等系统基本由特定范围内厂商开发、推广、运维，缺乏良性动态竞争，在招投标环节存在权力寻租和成本虚高问题，且后续管理、更新效率较低。此外，各省级税务系统开发项目一般会抽调省局、各地市技术人员集中封闭统一推进，不仅社会参与度不高，且受限于被抽调人员技术能力良莠不齐、所在单位利益竞争激烈、整体协调推进困难等原因，导致项目研发速度和管理质量难以得到保证。❶ 故而，以法治完善现有税收应用研发环境，在研发过程中推动"互联网＋"与税收法治深度融合，不断提高税收法治能力和技术水平无疑是当前乃至今后税收法治建设的必经之路。前述现象的产生很大程度上仍然是税务征管工作信息不对称所导致的官僚僵化和权力寻租。因此，在税务机关与社会公众、第三方企业的社会参与沟通渠道上是非常有必要引入法治思维与治理模式进行规范约束的。特别是尽快做到相关领域税收权责网上公开，利用制度建设推进税收管理权力清单、税收服务责任清单制度的深度和广度。同时，积极实现税收决策网上征询和重大项目招标公开，借助现有税收信息公示社交平台系向社会公众征询决策建议，向投标第三方企业公布招标结果，实现法治框架下税收智能系统生态环境的依法、科学、民主运行。

二、智能税收法治系统的实践要目

　　智能税收系统对于现有社会治理模式既是挑战也是机遇。从积极角度而言，人工智能辅助下的税收管理与服务机制将极大解决传统政府监管下行政效率缓慢、机构人员臃肿、部门协调困难和服务实效不佳等弊病，从而为构建高度柔性动态和为民服务的税收治理模式创造良好的工具与渠道。但同时，与其他领域人工智能应用相似，智能税收系统也面临严峻的制度风险。特别是对政府治理行为产生了从理念到技术、从人员到机构、从政策到制度等主观与客观、局部与整体、静态与动态多维度全方位智能化后所带来的正当性与合法性问题。因此，根据前文对智能税收系统法治路径的论述，在实践操作环节，同样需要从既有"互联网＋税务"制度措施和未来"智能税收系统"整体布局两方面入手，在法治框架下对智能法制建设、智能信息安保、智能预测决策、

---

❶ 何晴. 税务机关职能外包：国际实践及对我国的启示［J］. 国际税务，2016（2）.

智能社会参与等四个环节进行总体建设方案设计。

（一）完善立法，补足智能税收法制体系

人工智能的到来，首当其冲便是对既有法律和道德规范的冲击。具体到本文所讨论的智能税收领域，则体现为关涉人工智能的政府权力是否有完善充分的合法性基础。从社会发展趋势来看，自21世纪初互联网时代起，对我国法制建设的要求就已在不断提高。当"互联网＋税务"方兴未艾，人工智能接踵而至时，国家立法部门和税务部门应优先就"互联网、大数据及人工智能"等核心概念进行基本法律认定与配套规范建构。考虑到目前我国实务界对智能应用的技术现状与理论界对人工智能的研究基础，本文所讨论的智能税收法律规范措施将主要针对现有"弱智能"技术应用与前沿展望，而对于可能产生自主意识的仿真人"强智能"现象暂不予以讨论。❶ 在此前提下，我国"互联网＋税务"模式向智能税收系统升级的法制建设可从税收基本法、核心征管法、配套智能法三个层级进行理顺。

第一，推进税收基本法立法。此项无论是对于现实税收征管活动还是未来税收智能治理都是最基础的前提性条件。如前所述，我国目前18个税种，完成专门立法的仅有5项。剩余的13项税种中不乏增值税、消费税、资源税和关税等在国民经济中占有重要位置的关键税种。这些税收基本法的缺位不单会加剧当前税收征管工作难度，即便将来进行智能税收建设，在编程设计时，不完善的基本法律群域将延伸到虚拟程序之中，导致算法和程序无法在混乱复杂的法律位阶中进行价值取舍，大大降低了智能应用效果。所以，根据税收法定原则，加快目前核心税种的立法工作是重中之重。具体而言，国家立法机关应按照宪法、立法法的要求，兼顾已有税收立法体系，推进税收基本法的立法，加快增值税、消费税、房地产税等实体税种立法工作，并对其余税种制定立法规划。同时，对不适应改革要求的法律法规，应当及时修改和废止。比如随着"营改增"全面落实而逐渐废止现行《营业税暂行条例》，个人所得税改革后应修改现行《中华人民共和国所得税法》等。

第二，完善税收征收管理法。《税收征收管理法》是我国税务机关实施行政行为最直接的法律依据。该法自1993年1月1日正式施行以来历经多次修

---

❶　强人工智能指能够自主推理和解决问题的智能机器，且拥有类人的或更复杂的知觉和意识。弱人工智能则需要依靠人类通过算法指令预设程序再施行智能行为，并不具有真正的推理和解决问题能力，更不会有自主意识。主流科研与技术应用目前集中在弱人工智能上，并且已经取得可观的成就。莫宏伟. 强人工智能与弱人工智能的伦理问题思考［J］. 科学与社会，2018（1）；刘宪权. 人工智能时代的"内忧""外患"与刑事责任［J］. 东方法学，2018（1）.

正，最近一次修订是在 2015 年 4 月 24 日。随着"互联网＋"模式与各经济领域的深度融合，《税收征收管理法》已在完善纳税人权利体系、建立涉税信息获取机制、发挥涉税专业服务社会组织作用等方面出现了滞后和脱节，故有必要对该法进行进一步的修缮：在纳税人权利保护方面，须明确规定在税收征管环节相关部门收集、管理、使用涉税数据造成相对人损害的应承担严格法律责任；在纳税人义务方面，针对网络交易无纸化特征，税务机关需规范企业和个人交易支付方式，推进转账支付凭证合法性与有效性认定，明确规定企业成本列支和个人所得应添加电子转账支付环节，从而实现收入、成本、支出信息的全面覆盖化，通过交易过程中的电子凭证比对，实现对企业和个人信息流和资金流的统一，提高税源监控水平；在税务机关内部管理方面，对于涉税数据建立全周期职责明确的信息交换制度，加强信息安全管理，明确保密责任，畅通政府职能部门间的涉税信息传递渠道，消除信息孤岛现象，保证税务大数据的标准化规范化共享应用。

第三，配套人工智能基本法。新技术尤其是人工智能的广泛研发和使用给既有法律和监管框架提出了挑战。无论是在私法领域，如电子人格、合同违约、侵权责任下的法律义务基础，还是公法视角下研发者和使用者的新型犯罪行为，首先应明确人工智能决定与行为的直接责任承担者。本文认为即便是自主机器人的事故责任，也应按照现有责任规则，由法律主体（自然人或公司）承担最终责任。在"弱人工智能"的限定条件下，智能机器或系统仍然是辅助型工具，其拟人化决策仍依赖于算法和程序的先期设定与实操过程中的人为监管，至少在当前普遍应用的人工智能领域，自主机器背后都可以找到最终责任承担者。故建议对包括税收在内的智能应用领域通过人工智能发展法或其他具有国家强制力的规范性文件，其意义在于：首先，界分"弱人工智能"与"强人工智能"在法律语意下的边界，尤其是社会伦理和科学技术尚未成熟之前，对人工智能研发应用设定底线；其次，对人工智能开发者和使用者使用严格过错责任，有助于实现新技术应用与法律责任间的权利义务统一。最后，对于人工智能技术与其他部门法衔接提供法理支撑，为当前电子人格权纠纷、智能机器人侵权、人工智能犯罪，以及智能税收行为损害提供争议解决途径和配套保障措施。

（二）厘清权责比例，保障智能税收法治安全

数据对人工智能进步的重要性不言而喻。数据是"互联网＋"的核心，是大数据分析的基础，更是人工智能机器学习的关键。在商业领域，谁占有更丰富的数据资源，谁就将在市场竞争中占据巨大优势。同理，在社会治理层

面，掌握丰富的数据信息是政府部门能够管理和服务相对人的必要前提。在税收征管工作中，因税务机关所掌握的微观数据体量与精细度相比其他政府部门具有明显优势，故在"互联网＋税务"推行并逐渐向智能税收系统过度的进程中，重视数据共享和完善安全保障将是税务机关必须予以法治回应的制度措施。

首先，规范税务数据访问共享权限。经由金税三期工程和"互联网＋税务"建设，税务机关依据宪法中对公民纳税义务的强制性规定，较为直接地收集到了体量巨大的税务数据。但因为税务数据关涉核心商业秘密和公民个人隐私，因此在互联网络中，税务数据的流动性反而较差。那么收集到体量如此庞大的数据信息后，如何安全地共享访问和开发使用便成为摆在税务机关面前亟待解决的现实问题。2016 年 9 月 5 日国务院印发《政务信息资源共享管理暂行办法》（国发〔2016〕51 号）在一定程度上缓解了政府部门没有规范使用和隐私保护法律法规的压力。但该办法无论是在效力位阶还是可操作性上都有所欠缺，只能在原则上点明了政务信息数据的共享类别、权利义务、责任承担，且各级部门还需要依据该办法进一步制定本部门详细的"政府信息资源目录"。所以，就当前"互联网＋税务"中已取得的信息化建设成果，建议优先制定《税务信息资源目录》，详细划分可共享、附条件共享、不可共享的税务数据类别。同时，根据国务院网信部门的统一数据标准，与相关的社保、工商、司法部门实现数据共享，打破部门间的"信息孤岛"，最大程度推动税务数据在政府内网与社会外网间的流通和兼容。❶

其次，区分税务数据强化安全责任。对于税务数据信息的保护，本身存在一定矛盾。因为数据只有在互联网络中流动才能创造价值，而数据流动意味着必须开放共享信息，这也要求税务机关制定《税务信息资源目录》后，针对不同类型税务数据的涉密等级设置安全等级，在最大化利用数据的同时，必须最小化对隐私的侵犯，在数据开放和数据隐私之间寻得平衡。本文认为可以借鉴他国有益经验采用税务数据匿名化的技术措施来规避个人隐私泄露。具体做法是，即便是可以开放的税务公共数据也必须进行匿名化处理，以维护安全和隐私。公共税务数据的开放可采取单点分享模式，国家网信部门和税务部门相互协调负责制定需要遵守的适当条款和条件。❷ 同时两部门应制定规范性文件严厉惩治对匿名化后的数据进行再识别；对政府部门工作人员失职造成的信息

---

❶　张勇进，章美林. 政务信息系统整合共享：历程、经验与方向 ［J］. 中国行政管理，2018 (3).

❷　曹剑锋. 深度解读英国议会人工智能报告十大热点 ［EB/OL］. (2018 – 04 – 21) ［2018 – 06 – 18］. http：//www. sohu. com/a/229022345_455313.

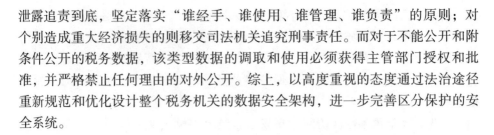

泄露追责到底，坚定落实"谁经手、谁使用、谁管理、谁负责"的原则；对个别造成重大经济损失的则移交司法机关追究刑事责任。而对于不能公开和附条件公开的税务数据，该类型数据的调取和使用必须获得主管部门授权和批准，并严格禁止任何理由的对外公开。综上，以高度重视的态度通过法治途径重新规范和优化设计整个税务机关的数据安全架构，进一步完善区分保护的安全系统。

（三）强化科技应用，实现智能税收的合规高效运行

加快税收立法和强化数据安全两项措施旨在体现"互联网＋税务"向智能税收系统过渡进程中的制度性特征和前提性基础，而立足未来人工智能同税收治理的深度融合，功能性与社会性则有更大的法治空间和发展潜力。从智能税收系统最显著的应用功能来讲，基于税务大数据的分析预测进行快速决策，将是人工智能对当前及未来税收管理服务工作最突出的贡献。

其一，经由税务数据规范分析预测税制改革成效。依托金税三期工程和"互联网＋税务"模式下的税务数据积累与信息反馈机制，可通过建设专门的税收政策分析模型支持系统，为智能税务系统定量分析改革政策成效提供数据报告。该系统包含四个子系统，分别为模型数据库系统、方法数据库系统、分析数据库系统和人机交互界面四个主要部分。模型数据库系统为税改分析提供基本架构支持，可以新建、修改、保存、删除相关模型，保证数据模型的复用性；方法数据库系统则综合利用系统内置分析程序与外置第三方工具软件的数据接口，调用多种分析方法软件多角度立体式分析税收数据；分析数据库系统在前两者数据支撑下，进一步存储、交换、处理和维护各类税收政策分析模型，通过响应、接收和检验分析者的分析请求，用多种方式直观地显示数据分析结果；而便捷的人机交互界面可针对税收政策分析的差异化要求进行设计和实现，令从事税收理论研究和实务工作的人员都能够较为方便地通过该界面使用和管理各种模型、各种数据并生成最终的分析预测报告。

其二，根据分析预测结果作出规范化智能决策。自2015年5月1日国家税务总局试行《全国税收征管规范（1.0版）》以来，税收管理服务工作明显加快了回应社会现实的步伐，对进一步理解税收治理现代化内涵有了深刻认识，也为后续《行动计划》的推进拉开了序幕。由此税务部门在具体工作中充分运用大数据，力争摆脱以往的人海战术，实行扁平化管理，希望通过"互联网＋税收"模式全面实现税收管理服务的提质、增效。可以想见，未来税务机关将逐渐把工作中心转移到税收政策制定与分析、税收决策执行与监督层面。在未来智能税收系统建设蓝图中，税收决策作为重要环节，将更多依赖

于人工智能程序设计和信息系统管理，依托大数据分析预测为完善税收征管工作提供助力。具体来说可细分为以下三个方面：

第一，依托全国统一商事智能税务平台，实现企业税务信息采集与评价。经电子税务登记管理，充分利用"三证合一"制度，为分析企业纳税情况与社会资信创设条件，并作为相关税收决策的主要依据。

第二，推进管理服务环节涉税风险管理，在"金税三期"、发票信息以及其他涉税信息收集的基础上，利用人工智能大数据深入开展分行业、分税种、分类别、多维度的风险识别、风险排序和风险应对，对高税源风险进行第一时间决策管控。

第三，精细规范纳税服务提升用户体验，通过互联网大数据税务平台收集、整理、分析纳税人各类需求。根据纳税人意愿积极创新纳税服务方式，努力打造智能网上办税厅和咨询服务台，令纳税人随时随地都能够得到规范的纳税指导和帮助，面对税务纠纷得到权威的决策解读和回应。❶

（四）平等开放渠道，支持智能税收系统的共建共享

未来智能税收系统在充分利用互联网、大数据、云计算等新一代信息技术的同时，尤为强调用户创新、大众创新、开放创新、共同创新的时代特征。《行动计划》将"社会协作"作为首要内容便体现出税收治理模式的升级离不开社会公众和第三方企业的积极参与。同样，若想营造良好的智能税收生态系统，缺少了税收公共产品消费者与合作者的相互作用，税务机关也只会在自己的业务闭环中虚耗执法成本，浪费公共资源。考虑到我国政府部门对公共事务社会参与的审慎态度，开放税务管理服务界限，必须要在法治轨道下进行。具体措施上建议从政府内部开放与社会外部参与两个角度着眼。

在税务机关内部需自主研发适用于政务公开的技术平台，为接入外包服务和社会互动共享搭建基本框架，并依据《政务信息资源共享管理暂行办法》与《互联网信息服务管理办法》，设置合法参与税务公开性事务的渠道与程序。

对外部第三方企业与普通民众应公示社会参与事项信息，旨在经透明合法渠道吸引技术能力雄厚的企业参与税务机关委托项目研发，回应纳税人和办税人在管理服务中的有益建议与批评监督。

智能税收系统本身应当是一个开放多元的共享系统，第三方企业和社会公众在税务生态中扮演着必不可少的角色。通过大力推行税收研发项目招标信息

---

❶　沈寅斐. 以"互联网＋"思维实现税收治理现代化［J］. 金融经济，2016（2）.

公开与纳税服务体验社会公示等透明规范的途径，促使税收征管工作在理念意识、服务水平、技术能力和开放程度上均有实质性突破，才能为未来智能税收系统不断得到社会创新力量多元化支持构建公平、公正、公开的法治环境。❶

　　随着"互联网＋"与人工智能时代的到来，新技术对经济业态和国家治理的影响愈发明显。当"互联网＋"与社会各领域广泛融合之际，人工智能亦逐渐步入国家发展战略与国际社会关注的前沿，特别是在税收这一同国家治理能力及国民经济发展息息相关的领域。总的来看，我国税务机关对社会发展现实和国家顶层设计都有积极回应。《行动计划》为新时期税收治理模式升级拉开了序幕，但这仅是开端，因为人工智能技术的突破性发展已经预示了"互联网＋税务"正向更加智能的形态迈进。然而，每一次重大技术变革所带来的生活方式转变都是对既有社会关系与治理模式的冲击和挑战。在这一挑战与机遇并存的关键时期，我国税收制度改革与税收治理现代化进程已然有了明晰的发展路径，构建智能税收系统将成为未来我国税务管理服务升级的最终目标，而在建设智能税收系统的过程中，审慎的风险警惕与严格的制度约束便是应有之义。通过归纳当前我国税务机关在践行《行动计划》中所体现出来的税收基本法律不健全、税务信息安全保障不到位的法治问题，结合未来智能税收系统在智能预测与决策上的功能实现、第三方企业和公众在社会参与上的法治诉求，提出加快立法补足智能税收法制体系、厘清权责保障智能税收数据安全、强化应用实现智能税收高效合规、开放渠道支持智能税收共建共享等四项具体的法治建设方案。希望为当前及今后的税收治理模式法治化、智能化建设创设可资借鉴、可供探讨的理论范式与现实路径。

（原文刊于《兰州学刊》2018 年第 11 期，收入本书时有改动）

---

❶ 李三江. 变革、挑战与应对："互联网＋"下的税收治理［J］. 税务研究，2016（5）.

互联网时代房地产税的信用定位与法治实践

自 2013 年党的十八届三中全会明确纳入立法任务至今，房地产税已延宕多年，同期环境保护税已于 2018 年 1 月 1 日正式施行，而房地产税依然在讨论酝酿之中。其间，所牵扯利益之广、立法难度之大、执行成本之高、税收遵从之难窥见一斑。当前理论界与实务界从根本原因上考察，大体认为症结在于房地产绑架国民经济、地方财政负债较重、税收治理能力有限、民众纳税痛感强烈等主要原因。当下税制改革中的攻坚克难莫过于此，因而试图通过单一税种的确立一举化解体制积弊与社会矛盾无疑是十分困难。即便如此，房地产税立法依然在社会各界努力下，取得了一些重要进展，其创设逻辑、法理依据与价值功能等基础问题日益明晰，具体表现为以下三点：

第一，房地产税与法治原则高度融合，坚决遵照"立法先行"的税收法定精神稳步推进税制改革工作。❶

第二，房地产税与法治体系深度衔接，以《宪法》《物权法》《立法法》化解征收合宪性、正当性与可行性争议。❷

第三，房地产税与法治经济同频同步，力图将房地产市场民生属性作为顶层设计的重要指征与评价依据。❸

通过对近期研究成果的梳理，对前两点的进一步解释，有赖于"量能课

---

❶ 党的十八届三中全会以来，反复强调"加快房地产税立法并适时推进改革"反映出开征房地产税有别于过往改革先行的传统思路，税收立法被放置于改革之前体现着国家对于房地产税的审慎态度与高度期望。叶姗. 房地产税法建制中的量能课税考量 [J]. 法学家，2019 (1).

❷ 长期以来，中国房地产税费相关立法一直处于不规范、不完善状态，规范性文件过多，立法层次偏低，从而给房地产业的有序发展和城镇居民的安家乐业造成了负面影响。房地产税的立法以法治原则为基础和前提有序开展，结合当前法律体系以多种合法形式推动国家政治经济体制改革。张富强. 房地产保有税立法的正当性 [J]. 华南师范大学学报，2016 (4)；刘剑文. 论房地产税法的功能定位 [J]. 广东社会科学，2015 (5).

❸ 房地产税作为直接税，相比现有增值税等间接税更适宜引导社会资源分配，因而社会各界与专家学者结合国际经验与通行做法，认为该税对缓解房地产市场过热、地方政府负债高企、社会贫富差距拉大等关乎国计民生的关键经济问题具有预期调控功能。刘尚希. 房产税立法取向 [J]. 中国经济报告，2018 (2).

税原则"的引入。量能课税作为税收公平理论的体现，贯通了从房地产税开征宗旨到具体制度设计的逻辑理路，并以其"税收纵向公平"功能弥补了税收收益理论中横向公平理论的不足，使得房地产税法征收依据实现了法理与实践的协调统一。因相关成果已论证较为充分，不予赘述。而对第三点，认为房地产税对存量房保有环节征税虽然具有平抑房价、打击投机、保障民生等政策指向与政治功能，但是在实践操作中可能收效甚微。在中共中央与国务院财政部的多次表态中，调控房价、引导居民住房消费都是房地产税的重要目标。自2005年以来，房地产市场亦频频引入税收政策进行整体调控。但是学界对此项举措的实际效用始终保持谨慎乃至消极态度，认为房地产税的核心价值并非宏观调控、稳定房价，而是组织收入、理顺税制。❶对房地产税而言，其价值在定位上存有偏差，健全地方税、直接税体系仍是当下首要目标。此外，房地产税价值之实现亦存在多重局限因素，受制于房地产税收规模、房地产市场复杂性及我国经济发展方式、城市化进程等，更不能因其于房价调控有一定价值而被过度解读。

诚然，房地产税本身难以改变中国未来较长时间，特别是一线城市房价整体畸高的现实，但是开征房地产税却是回应地方政府土地财政、社会财富分配不均、税收法治意识薄弱、税收征管技术滞后等经济社会发展不平衡的关键之举。即便房地产税无法完全实现对房地产行业乃至宏观市场经济的有效调节，然而，其至少应具备减少房地产行业泡沫、打击不动产投机、降低住房空置率等价值，即此税应为今后房地产市场健康发展奠定制度基础并预留改进空间。作为国家顶层设计，房地产税的价值定位和社会效应必远超一般税种，对于广大人民群众利益密切相关的税收对象，国家不仅希望完成立法先行、税收法定的目标，更寄望于实现税收纵向公平，用更加符合国际通行做法的税收治理模式，提升税法功能、弥合贫富差距、降低经济运行风险、稳固为民执政的根基。

实际上，针对房地产税如何释放调控功能、发挥经济价值，并非局限于制度设计视野之下。可转换思路从深化税收体制改革、丰富税收实践措施的角度予以展开。在互联互通的新经济时期，以往对其他税种造成征收与评估障碍的

---

❶ 当前学界对房地产税的价值功能有四种主流观点：（1）"组织收入"，以房地产税作为地方财政未来主体收入来源；（2）"调节分配"，以房地产税为抓手实现社会财富的二次分配；（3）"优化税制"，以房地产税改革为契机完善财产税、直接税体系；（4）"调控房价"，以房地产税为平稳房价主要政治举措。对前三项的理论分析经由实证数据得到了印证，但唯独最受社会关注的"调控房价"功能价值难以获得有效支撑，故学界普遍对其持保留态度。黄燕芬，陈金科. 我国房地产立法与改革的政策逻辑和实现路径：基于国家治理体系和治理能力现代化视角下的研究［J］. 价格理论与实践，2014（10）.

主要因素，已由大数据、云计算、人工智能技术得到了有效解决。类似于"量能课税"原则的引入，房地产税作为财产税和直接税，在世界范围内的实践操作中，已呈现结合数字信用经济发展的整体趋态。故对于当前学界持保守态度的房地产税经济调控价值认识，有必要拓宽研究视野、追踪研究前沿，借助已取得的实际效果和已呈现的趋势新需，尝试探寻破除房地产税理论瓶颈与实践困局的可行方案。

一、信用经济同房地产税的法治关联

房地产税立法过程的异常艰难折射出我国市场经济发展中的根本性问题——社会主义市场经济下的产权制度与土地制度的法治改革与创新。党的十八届四中全会通过的《中共中央关于全面推进依法治国若干重大问题的决定》明确指出："社会主义市场经济本质上是法治经济"，具体表现为权利经济、契约经济、竞争经济、效率经济及信用经济，即遵循诚实信用原则和公认的商业道德，以及在此推进基础上形成的法治思维、法治规则、法治体系的落实落地，是促成交易达成、保障交易安全的基本准则。在这一过程中信用经济构成了法治经济的核心价值和实践的高阶形态，两者作用于同一对象，具有内在的应然关联。故在解决市场经济引发的制度性问题时，需将其放置于信用经济与法治经济的双重语境下予以理论解读和实践印证，为包括房地产税立法定位与实践进路在内的经济法治改革方案创新提供新的维度和框架。

（一）信用与法治在市场经济环境下相辅相成

信用与法治是市场交易行为展开和市场交易秩序维持的重要基础。从信用角度而言，商品和服务在交易过程中以等价交换为内容，以双方守约为条件，表现为互相信任的经济关系。若其中一方出现失信行为，则将置对方于不利地位，从而违背等价交换的根本要求。随着生产力水平不断提升，可用于交换的商品日益多样、交换关系日趋复杂，市场不断扩展致使原始的实物和当面交易模式难以适应，因此在现代化下构建彼此相连、互为制约的信用规范愈发严格，体现着现代文明社会的进步性。❶特别是金融产品的出现，相较于过往实物交易行为对信用提出了更高要求。从某种程度而言，金融活动中的借贷关系以双方信用为核心，一旦丧失便同时瓦解了借贷关系的道德基础。正因如此，金融制度在一定程度上也被称为信用制度。用关系链条便显得尤为重要，更是

---

❶ 马征. 税收信用体系建设与建立征信国家［J］. 税务与经济，2006（2）.

维系复杂市场交换关系、保障稳定经济秩序的关键所在。故从传统的交换行为到如今不断扩大的市场交易环节，均以严守信用为最基本的秩序规则。历史发展的轨迹进一步证明，市场经济愈发达的区域其信用越发达。

当前，随着互联网广泛普及，电子商务、电子货币、电子支付等行为已融入日常生活的方方面面，在交易双方面对海量信息的识别黑洞及其识别障碍的挑战时，更需用信用规则防治欺诈风险。此外，信用在现代市场经济中已经逐渐成为一种可供利用的"资源"或"资本"。对信用良好企业，其口碑的长期积累升华为信誉，使得消费者在选择过程中具有主观倾向性，产生特定"品牌效应"进而提升产品销量、零售价格与企业利润。对个人来说，日常生活中按时归还借贷资金或公共用品等行为所形成的信用评价，也成了交易活动中可供参考的重要指标，尤其在网络交易过程中更是保证交易顺利缔结、规避安全风险的有效方式。基于上述分析，可以印证现代市场经济必然是讲求信用的经济模式，其发展程度越高对信用规则的需求越强烈，这是市场经济自身属性所决定的必然结果。我国的社会主义市场经济体制，其在运行过程中，既要符合现代市场经济的一般规律，又要体现社会主义的本质要求，故对信用有着更高要求。

从法治角度来看，相较于信用这一更侧重于道义道德的规则标准，法律具有强制性，其对社会成员的约束力通常高于公共道德准则。法治是保障市场在资源配置中起决定性作用和更好发挥政府作用不可或缺的关键机制举措。经由对市场经济法律制度不断改进完善，最大限度促进商品和资源自由流动、公平交易、平等使用，为改善宏观调控、市场监管，维护公平竞争的市场秩序提供法治基础。现代市场经济虽是信用经济，但信用意识的养成和信用规则的遵守同样需要法治力量的配合与明确。仅依靠社会公德和教育宣传，尚不足以树立市场经济所需的信用意识和信用体系。在这一层面上讲，市场经济既是信用经济，也是法治经济。❶ 在法治框架下，建立健全社会信用体系，是整顿和规范市场经济秩序、改善市场信用环境、降低交易成本、防范经济风险的重要举措，亦是减少政府对经济的行政干预、完善社会主义市场经济体制的必经之路。法治和信用作为市场经济的两大支柱，两者之间存在密切关联。换言之，两者均体现着市场经济的本质要求。法治机制对惩戒失信不可或缺，但其规制范围相对有限；信用准则对激励守信效果明显，但其缺乏强制约束能力。信用要求法治予以保障和支撑，法治以信用为目标和效果。在统一于促进经济社会发展、维护市场秩序的共同目标下，信用与法治相辅相成，两者缺一不可。

---

❶ 沈小贤，周若男. 论信用经济与法治建设的关系［J］. 浙江学刊, 2004（3）.

总之，打造信用经济和建设经济法治有着极为密切的关系。信用经济的确立和完善需要以法治为引领的社会系统工程与之积极配合、协同并进。在当前我国公民及市场主体信用意识较弱、信用管理法律法规较少、经济法治水平相对较低的大环境下，更有必要从市场经济的本质要求出发，系统全面地考量信用经济与经济法治建设的内在逻辑。可行的方案是，以包括房地产税在内的某一关键性经济法治建设角度为切入点，推动建立健全信用经济的基本法律法规，以法律的正当性、权威性、强制性打击市场经济失信行为，为信用经济稳定持续发展创设良好制度环境。

（二）信用与法治在房地产税调控中协同并进

根据 2014 年的统计数据显示，中国家庭在非金融类资产中，自有房屋市场价值是最重要的组成部分，占非金融资产的 85%，家庭耐用品和其他非金融资产比重相对较低。家庭负债以住房类负债为主，占总负债的 92.66%。在现实中，房地产业繁荣，则经济繁荣；房地产业衰退，则经济衰退。房地产行业对中国经济发展的绑架，致使地方政府过度依赖土地财政，由此形成了房地产市场只能好不能坏的恶性循环，极大阻碍了房地产税的立法进程。截至 2014 年底，中国的城市化水平为 54.7%，城市化水平提高至 70% 还要十五年左右的时间，期间将有大量农村人口涌向城市，这意味着我国房地产市场热潮还将维持十年以上。随着现有城镇土地资源日益紧缺，地方政府依靠土地出让金和房地产开发流转环节税收获得大量财政收入将愈发困难。这无疑为开征保有环节房地产税，倒逼地方政府进行财税体制改革提供了难得的历史机遇。若不及时进行把握，无疑将会对未来中国经济和房地产业发展埋下祸根。

事实上，商品房价格的非理性上涨已引发了我国长达十余年的房地产市场调控。尽管中共中央和中央政府反复以民生导向坚持对房地产市场进行总体把控，但是房地产业在国民经济中所占比重过大、土地出让金在地方财政收入中居高不下、保障性住房工作全面落实尚需时日，维护房地产市场秩序与保障社会民生在一定程度上被迫让位于鼓励房地产投资和促进地方经济快速提升，致使房地产市场调控必须在打压高位房价与经济增速放缓间进行艰难抉择。❶ 2011 年 1 月，上海、重庆两地正式启动房地产税改革试点，核心内容是取消个人所有非营业用房产的免税待遇，对个人自住房保有环节开征房产税。经过近三年的试点工作，2013 年 11 月党的十八届三中全会通过的《中共中央关于全面深化改革若干重大问题的决定》明确提出"加快房地产税立法并适时推

---

❶ 殷继国. 房地产税立法的民生性［J］. 华南师范大学学报（社会科学版），2016（4）.

进改革"，为房地产税开征传达了明确的政策信号。此后，房地产税纳入全国人大立法流程，且在 2018 年、2019 年连续两年政府工作报告中被强调和重申。期间理论界与实务界对房地产税的认知逐渐清晰和统一。经前述分析可知，阻碍房地产税落地的重要原因之一，便是以何种稳妥有效的制度措施保障社会民生属性和市场经济属性的平衡、实现调控房价目标。

从具体实践操作层面而言，房地产税有三项征收管理难题：其一，如何高效管控房产价值情况；其二，如何保证纳税人依法纳税；其三，如何实现针对性税务稽查。从我国目前信息管税水平和代扣代缴征纳模式来看，相关配套措施建设还较为滞后。以房地产税为例，房屋信息登记系统、房屋价值评估系统、纳税人信用信息系统等涉税信息管理体系有待建立和联通。房地产税一旦开征，其征管工作将高度依赖于便捷、系统、准确的信息网络与数据库。自 2011 年重庆房地产税改革试点的情况表明，在缺乏涉税信息支持的情况下，房地产税征管将耗费极其庞大的征纳成本，严重制约征管效率与实际效果。❶

对源于房地产市场的现实困惑应从其本质入手予以疏解，市场经济发展中的症结可从其诉求是否得以满足方面予以辨析。当下不仅限于房地产市场，我国在总体经济领域的信用体系建设与法治化水平都亟待提高。故房地产税作为政府调控经济的重要制度设计，其内在必然对信用与法治具有强烈价值需求。换言之，科学高效的社会信用法治体系是现代市场经济发展的重要支撑，也是基于国民经济现实进行税收征管的主要抓手。国家税务总局作为社会信用体系建设部际联席会议 35 个成员单位之一，曾于 2003 年制定下发了《纳税信用等级评定管理试行办法》，并于 2014 年 7 月对该办法进行了修订，发布了《纳税信用管理办法（试行）》。不难看出，国家层面已认识到信用与法治对当下税收征管工作的重要作用。对处在立法关键时期的房地产税而言，信用与法治的结合不仅反映着征收对象在市场经济中的真实样态，亦是保护公民生存权与财产权的基础设施。

二、信用法治对房地产税的构建进路

（一）将信用引入纳税能力范畴予以法治规范

学界通过引入"量能课税"原则，实现了房地产税法理与实践之间的逻

---

❶ 葛静，安体富，陈宇. 房产税改革试点中的征纳问题：基于重庆市北部新区的调查报告 [J]. 涉外税务，2013（6）.

辑联结，很可能成为房地产税具体纳税额度的征收依据。"量能课税"原则是具备调节社会财富分配、引导社会资本投资方向等宏观调控属性的基本原则，以其为基础所设计的房地产税收法治体系亦有理论依据与实践空间，为的是达成社会期盼的房地产市场调控目标。结合市场经济是信用经济这一内涵要求，将量能课税中"纳税人能力"范畴进行扩容，引入社会信用相关概念，将进一步拓展原有依托纳税人财产状况、收入能力等税收计征思路，运用法治思维和法治手段予以具体化、制度化，使"量能课税"原则为房地产税的政治、经济、社会价值的统一与贯彻提供合理外延与可行方案。具体包括以下四点：

1. 计税基准：综合评估纳税人负担能力

在"量能课税"原则下，通常认为以房地产市场评估价值作为房地产税的计税基准和依据，是最符合纳税人实际税负能力的衡量指标。实际上，除将土地及所附建筑物价值纳入房产市场评估体系外，纳税人信用等级或指数水平作为一项"资源"或"资本"，同样可以进行量化并附条件增减房产市场评估值。这不仅可以最大程度避免房地分开计算所带来的征管效率低下和重复课税问题，更有助于合理反映房地产所有人的真实税负能力，充分体现"量能课税"原则。此外，通过构建社会信用体系与税收征管系统间实时联动机制和信息传输平台，房地产价值上升将不再是决定纳税额度的唯一因素，可以更加稳定地保证地方政府持续获得财政收入。

2. 税收减免：依照信用指数调整免征额

"量能课税"原则作为宪法意义上尊重和保障人权的具体表征，必然要考虑基本生存权的最低限度。在房地产税保有环节的制度设计上，组织财政收入、丰富地方税体系不得以牺牲公民基本住房生活需求为代价。故此，设置一定房产面积或抵扣现金价值或信贷额的免税额度是很有必要的。尤其是在我国东西地区和南北地区房产价值差距大，以及在城乡融合过程中仍然同时存在不同属性的房产种类的情势下，建立多元的适合地方的科学合理的免征额基准就显得特别重要，也是顺利开征房产税的必要前置条件。同时，某一免征额资格的获取不能单纯以收入能力、房产使用面积或房产实际价值为准，还应结合产权人信用水平等级。对于信用良好的纳税人，房地产税可立法全额获取免征额度；对于有信用瑕疵或信用恶劣的纳税人，税务机关有充分理由降低其免税额度或取消其税收优惠资格，从而激励纳税人积极缴税、提升房地产税纳税遵从度。

3. 课税对象：结合纳税人信用扩大课税范围

课税对象是指税法确定的产生纳税义务的标的或依据，体现对什么征税。

考察房地产税国际经验与通行做法后，发现市场经济国家的房产保有税普遍采用"宽税基"模式，课税对象的征收范围包括不同性质的住宅，体现了"量能课税"原则下依照纳税人不同负担能力缴纳国家税收的要求。当前我国房地产保有环节立法所针对的税收对象主要包括六大类：（1）商品房包括住宅、商业用房以及其他建筑物；（2）小产权房，即农村集体土地建设住房；（3）经济适用房；（4）城镇和农村自建住房；（5）单位福利和集资房；（6）公共租赁住房。❶ 上述非经营型个人自住房产在产权管理与税收实践中存在投资囤积、面积超标、非法营建等突出问题，为准确核征房地产纳税额度造成了极大困难，很难真正实现"宽税基"的立法初衷，其保障社会横向公平的价值定位更无从谈起。因此，有必要结合房产所有人个人信用评价水平，对其财产保有能力进行预测。对存在房产投机欺诈行为之嫌的纳税人，税收征管机关将其纳入重点监控名单进行申报数据分析比对、房产信息实时追踪、纳税情况社会公开，最大限度降低其利用非法手段转移、藏匿税收对象的操作空间；而对一般信用良好的纳税人则可采取便捷纳税申报与缴纳流程，并设置一定额度的税收减免与优惠措施，鼓励房地产纳税人积极配合税务机关的征收管理行为。

4. 税率设计：区分信用等级保障纵向公平

"量能课税"原则作为衡量纵向公平的主要基准，要求有效地发挥房产保有税的分配调节功能，使得负担能力强的纳税人多纳税，负担能力弱的纳税人少纳税或不纳税，从而实现税负公平合理的纵向平等要求。房地产税税率将是衡量纳税人税收负担轻重的首要标志，关系到纳税人缴纳税收后能否实现分配调节试点地位的实质公平。我国房地产税率采用的是单一比例税率，根据房产自住还是租用，或从房屋市场价值原值减去一定额度后进行征收或按房屋租赁金额进行征收。如此，不仅难以真实反映公民实际税收负担，而且也彻底放弃了直接税的社会财富分配与调节功能。故此，在当下房地产税立法讨论过程中，有必要对保有环节税率进行差别设计。可兼顾房地产所有人信用、收入、贷款、家庭、房产市值等多种要素，划分累进税率等级，针对不同区域和不同用途的房产，依照信用评价等级、人均收入水平、贷款额度和年限、家庭成员数、当地房市行情规定灵活的差别税率，统筹考虑地方基本公共服务预算支出范围与所需经费。唯有充分考虑各地纳税人实际负担能力的差别，才能将"量能课税"贯彻于全国范围的房地产税收征管实践，真正发挥房地产税作为直接税平衡社会财富和调节收入分配的功能。同时，协调房地产税税率与个人

---

❶ 李美云. 我国房地产税课税对象正当性考量［J］. 中国政法大学学报，2017（1）.

所得税等其他直接税税率的衔接和合作，从纳税人总资产上和整个税收系统内保证"量能课税"原则的真正落实。

（二）以信用为基础搭建房地产税的配套体系

我国财税体制改革及其法治化改进是一项综合性和系统性的制度构建与实践工程，相关理论研究和立法及施行工作需要建立在多领域、宽视野的思维模式之上。❶ 就目前而言，在信用法治视域下，房地产税开征需要大力加强以下三项配套设施的建设。

1. 深度挖掘和利用房地产税费信息数据

在引入信用法治规范房地产涉税事务之前，因既有房地产税费体系涉及土地增值税、房产税、城镇土地使用税、耕地占用税等诸多类目，故需加强相关税费信息的统一收集和利用，衔接新旧税制，实现平稳过渡是开启房地产税信用法治模式的基础前提。房地产税作为关涉国家、集体、个人三者利益分配关系，中央与地方财权与事权关系理顺，城乡一体化平稳推进的关键制度，在税收征管实践中对税局信息的精确把握和深度利用，将极大程度上决定房地产税能否真实有效地实现其立法初衷和实践预期。故此，做好新旧税制过渡期间相关税费的收集、清理、归类、测算等深度利用工作，将成为房地产税改革顺利推进，实现新旧税制平稳过渡、顺利衔接的前提。

2. 建立健全税收信用法治体系

在市场经济条件下，信用作为美德进行倡导往往实效有限。经由法治模式的约束，让守信者得益，失信者受罚，方能起到激励和约束的作用。目前我国整体法治建设虽起步较晚，但速度很快。各项立法立制及清理整理工作千头万绪，致使社会信用尚未纳入系统化、科学化的法治轨道，更不必言在税收征管领域信用制度的法治化构建与高效使用。相比之下，市场经济成熟国家一般都有较为完善的信用法体系，具体表现为：首先，在一般民商事立法中明确规定了诚信原则；其次，从特别法角度确保信用经济的建设，建立了信用经济专项法律制度，重点保护被征信对象的信息权利的实现；再次，对信用管理机构或第三方征信公司进行立法规范。结合我国法治建设现实情况，着眼于当前包括房地产税在内的税收征管工作总体思路，可考虑从以下几方面着手，建立健全我国税收信用法治体系。

---

❶ 王桦宇. 房地产税的制度配置与利益平衡：基于税收公平的视角 ［J］. 广东社会科学，2017（4）.

首先，设置个人税收信用机制。借鉴美国、意大利等发达国家实行统一的税务代码制度，制定包括税收信用在内的规范使用相关数据信息的专项法律法规，明确建立全国统一个人信用代码制度。经法律授权国家税收主管部门将公民身份代码、信用代码与税务代码进行合并管理，将分散于税务、工商、社保、银行、房产、医疗、教育等部门的个人信用数据集合共享，互联互通，形成一个全方位、多角度、跨领域的信用监管系统和使用机制。

其次，规范税收信用中介机构。由于信用征收和管理需要较强的技术支撑，在改善我国税收信用环境时，将不可避免地寻求社会第三方信用机构参与其中，譬如，当前广泛深度嵌入公民日常生活的各类互联网平台经济经营者，各类 APP 开发运营商，民间组织机构等，从事征集、中介、管理等技术环节。因此，对相关行业的法治引导，将对信用中介机构所掌握的企业和个人资信信息进行有效掌握、剖析及评估，确保其反映信用状况的真实性、客观性和全面性。国家应出台相关政策，鼓励和发展民间第三方中介机构，对房地产税而言，尤其是对信用评估和房产评估两大类社会机构的政策引导和法治规范，将为税收信用体系建设提供关键技术支持。

最后，完善纳税信用奖惩措施。借助当前已建立的纳税信用评级制度及奖惩机制，增加诚信奖励，加大失信成本，促进诚实守信。可适当提升信用等级较高纳税人的税收优惠待遇，包括但不限于未来房地产税提升免征额度、降低计征税率等举措；而对信用等级较低的纳税人，则要将其及时纳入税收监管名录，并在确认无误且无申诉争议后，向社会公开公告处罚决定。譬如，在房地产税收征管中，可限制其参与房地产市场投资、限制房产转售转租、限制金融贷款及其额度。若长期不缴纳房地产税，在其房产未来发生产权变更或交易买卖时，国家税务机关享有优先受偿权等，以此维护市场经济交易秩序，提高税收征收管理效率，提升社会纳税遵从度。❶ 与此同时，各级政府也应参与到信用制度建设环节，主要致力于预算编列和财政支出的公开透明度，提高税款的使用效益。依托征管信息系统开发应用纳税信用等级评定管理软件，通过互联网、大数据、云计算等先进技术采集信用数据、考核信用指标、公布信用评级，使政府信用与社会信用均能在法治环境中相互制约、协同发展。

3. 联通政府部门及跨区域信用共享平台

税收信用作为社会信用状况的特定内容，其体系化建设无法脱离社会信用体系建设的整体趋势与总体框架。目前各政府部门与各行业间都逐渐意识到信

---

❶ 马学思. 论税收法治和税收信用的结合 [J]. 求是, 2004 (6).

用建设的重要性，花费大量成本开发自己的信用评价系统，但这些信用体系在设计和运行中却出现了各自为政的"信息孤岛"现象，难以相互兼容和制约。房地产税开征后，其征收管理将不可避免地涉及多部门、多层级信息。然而，我国当下税收征管工作执法的明显弊端之一便是多头管理、自成体系、信息独享。包括税收信用信息在内，纳税数据共享度不高，致使数据运算结果仅在税务部门单一领域内具有参考性，相关部门难以有效借鉴。同时，金融信贷、投融资、招投标、进出口等与纳税人生产经营相关的其他经济领域的涉税信用数据，因为录入标准和数据格式的不兼容，也难以被税收征管部门所使用。在政府各部门间，工商、房管、金融监管、海关之间的信用信息推送与共享尚未实现互联互通，严重限制了纳税信用等级的权威性与时效性。❶

考虑到房地产税开征后，其主要作为地方税，故而相关纳税信息应汇集于省级层面，建议可建立省级地方综合治税平台。为确保综合治税平台的规范化运行，一是要在立法上明确相关部门和单位信息互联共享义务，明确共享的具体内容和数据标准，避免在实际执行中出现部门间扯皮推诿的现象；二是要从国务院层面，为省级地方政府进行信息化建设设计整体的规划方案，明确数据信息管理流程、数据介入传统标准、数据共享应用渠道、数据安全风险防范措施等。只有从顶层设计层面确立各部门共同实施的标准与方案，未来房地产税的征管工作才能以信用信息为重要内容，经多部门联合共享，实现其制度目标。❷

（三）为信用治理引入区块链科技以提升治税效能

税收信用法治体系的理论基础和制度设计在前文已有论及，然而，在实操中依然面临信用数据自身的"信用"问题。换言之，在科技层面，如何保证以合法形式收集数据，合规程序使用的信用数据不会产生真实性与客观性被质疑的问题。为此，可考虑大胆引入当下前沿的区块链技术进行实操层面的试验和矫正。2016年，国家工业和信息化部发布了《中国区块链技术和应用发展白皮书（2016）》，将区块链定义为分布式数据存储、点对点传输、共识机制、加密算法等技术的集成应用。可以说，区块链技术是一种融合数学、密码学、计算机科学等学科知识而形成的新技术，具有去中心化、不可逆性、加密安全等特点。

---

❶　邵凌云. 浅析纳税信用体系建设［J］. 税务研究，2018（9）.

❷　陈洁，欧阳明. 房地产税开征相关征管问题研究［J］. 税务研究，2015（7）.

1. 借助区块链科技提升涉税信息真实性

涉税信息的加工、鉴定、共享成本高是以往税收治理活动中造成信息不对称问题的主要障碍。区块链技术的特征能够降低涉税信息的加工、鉴定和共享成本。具体而言，在信息的供给端，纳税人、企业、第三方信用中介与涉税信息管理部门在区块链结构上地位平等，录入的包括纳税信用在内的各类数据信息依靠闭环内多数节点上的公认进行传递。在各个节点公认的计算机审核方式下，数据得以标准化传输，任何的篡改都将影响数据传递过程，并提示各节点参与人。因此，区块链技术总体上降低了涉税信息的人力成本，但同时却提高了篡改信息的技术难度。此外，由于区块链在技术上具有不可逆性，即便出现涉税信息的篡改也可以进行线性追溯，找到问题节点，确保了涉税信息的数据安全。故此，区块链技术对提升包括纳税信用在内的涉税信息的数据质量，降低涉税信息鉴定成本等意义重大。尤为值得注意的是，对第三方信用中介机构虽强调进行法治化规范，但若能够将其置于区块链技术适用的环境下，则可形成一种软性激励与刚性约束，促使其自觉自动遵守。由于在区块链上竞争并获得记账权的人都将获得一定的奖励，理论上在房地产税信息传递闭环中的记账人可经由信息共享获得经济激励。加之，区块链的非对称加密技术，能够在很大程度上保障各类纳税信息在大数据收集、整理及计算分析过程中的数据安全，降低可能产生的技术风险。

2. 引入区块链科技完善纳税信用评价

区块链科技为纳税信用评级的实施提供了技术支撑，税务部门可建立"税务遵从－纳税评估－纳税信用评级－税收征管"的税收治理框架与区块链数据系统的闭环衔接。以房地产税为例，税务部门根据纳税人税收不遵从情况，形成纳税信用评价报告，在前述数据生态链中录入纳税不遵从信息，为最终税务部门的征管行为提供参照。其中，税务遵从与纳税评估侧重于事前影响纳税人行为决策，而纳税信用评级与税收征管主要规范事后纳税人行为。根据预先设置的计算程式，对纳税人一旦出现税收不遵从现象将自动进行行为评估并生成信用评级。如果纳税人对纳税不遵从行为进行纠正，则可以设置区块链据实自动更改纳税不遵从度，相应地修改纳税信用评级。如此一来，不但提高了纳税信用评级的效率和信用评级信息的及时性，还降低了纳税信用评级被篡改的可能性。在纳税信用评级的社会共享方面，可以利用非对称加密技术，合理配置公钥和私钥，实现纳税信用评级在纳税人利益相关者之间的有效公示。由此，区块链技术可以在降低纳税监管成本的同时，提高纳税人的声誉损失成本，以此促进其税收遵从。

综上，区块链科技在税收征管中的应用，若运用得当规制到位，无疑将有效破除当前房地产税立法和未来征收中难以解决的困局。当然，区块链技术自身的成熟性和可靠性还有待进一步讨论和挖掘，但是不可否认的是，随着经济社会的发展与科学技术的进步，越来越多的前沿理论与科技手段全可用于解决以往积沉的关键难题。

虽然，信用法治体系在房地产税收机制中的建设与运行同经济社会发展阶段与科学技术创新水平相适应，但是其同样需要以现有税法税制的建立与完善为基础和前提。当前我国财税体制改革与法治化进程日渐提速，以房地产税为代表的关键税种已提上立法议程，其所受到的关注源自房地产行业同我国市场经济的整体发展以及与每一社会公民的切身利益密切关联的事实，既是经济社会问题，亦是政治民生大事。因此，在信用经济与法治经济作用于统一对象的前提下，房地产产业及其税收立法工作对信用与法治的结合，也就起到了引导与推动作用。❶

目前，房地产税立法在理论界与实务界已逐渐达成了诸多共识。首先，认为其必须坚持立法先行、税收法定，不同于其他税种，房地产行业过于敏感，只有经由法律确认才能保证其合法性基础与纳税人遵从；其次，房地产税并不缺乏法理基础与征收依据，国内外制度实践经验已证明，对于公有土地上的私有房产征收保有环节税可行且合理。若施行得当，对于调整税制结构、弥补地方债务的制度贡献将无比巨大；再次，房地产税与当前房价涨跌之间并不存在必然关系。房地产税在房地产税费体系中仅是因时因地进行的法治化调整，其作用是协同已有经营性地产税费体系、农村土地使用权体系，规范地产市场价格，转变地方政府角色职能。尽管不能苛求单一税种能完成过多的政治、经济、社会功能，然而，如前所述，市场经济的深化要求使得已有基础理论与前沿科技被重新定位。信用法治理论与区块链科技虽不足以完全破解当前房地产税实践困局，但是其所展现的以个体信用为中心的去中心化的未来法治模式，既是整个经济社会发展的必然要求，也是整个税收信用法治体系建设的必经之路，更是房地产税制建设与施行的科学选择和合理期待。

（原文《信用法治下房地产税的价值定位与实践进路》刊于《东北师大学报（哲学社会科学版）》2019年第5期，收入本书时有改动）

---

❶ 黄桦. 论法律信用与我国税收信用体系建设 [J]. 税务研究，2006（6）.

法治维度下看互联网医疗

随着互联网的普及应用和信息网络技术的飞速发展，"平台"已经发展成为经济社会活动的一类重要主体和场域。特别是伴随着移动互联网平台的建设和快速发展，围绕平台展开的社会经济生产生活活动进一步加强，政企服务多元化、平台化、移动化步伐进一步加快。尤其是在公共服务类应用发展领域，基于"互联网＋"行动计划的纵深发展，包括在线教育、互联网医疗、网约车以及互联网慈善等在内的公共服务业得到了高速发展，聚积了巨大的公共服务资源，为公共服务资源的优化配置和结构改革提供了极佳的运行平台，也为缓解公共服务领域长期存在的有效供给不足现象提供了有益的解决方案。但同时也引发了一系列对平台产业如何给予有效监管的问题。其中，依托互联网平台快速发展的新兴平台产业——互联网医疗由于关涉基本的民生安全而备受关注。为了避免魏则西式的悲剧重演，有必要建立科学合理的长效机制，保障互联网医疗产业的健康可持续发展，实现互联网医疗的法治化。为此，从法治维度观察和解读互联网医疗的表象与实质就显得尤为重要。

一、互联网医疗的表象："平台"之上互联网与医疗的跨界融合

互联网医疗是互联网作为载体和技术手段在医疗行业的新应用，是线上线下互动的医疗服务，呈现为互联网技术和信息技术与传统医疗健康服务深度融合的新型业态。作为当前平台经济发展的热门领域之一，互联网医疗在近几年取得了飞速发展，成为推动医疗服务体系创新的新兴力量。2015年被看作互联网医疗的爆发年，各类应用层出不穷，网上预约挂号、可穿戴设备的应用、远程诊疗会诊、药品配送等方面获得突破，互联网医疗一时间成为医药卫生体制改革的重点方向。但是，作为新兴事物，互联网医疗的发展必须经历在市场的洗礼下大浪淘沙、去沙留金的选择过程。根据动脉网研究显示：2011—2016年的五年间，国内共有1134家"互联网＋医疗"企业诞生，分布在健康保健、寻医问诊、专科服务、医疗信息化、生物技术等领域。五年间，获融资的企业为533家，其中已死亡的企业为66家，企业死亡率大致为12.38%。2015

年，互联网医疗企业数量虽多，但行业竞争激烈，获得快速发展的企业不多。互联网医疗正处于"退烧"后的良性发展阶段，此时正是认真观察和解读互联网医疗产业现象的最佳时机。随着互联网与医疗服务的进一步融合，我国互联网医疗的服务内容大致可以分为信息服务、健康咨询、在线诊疗和药品交易四部分，并在各个大类中进一步细分为：信息服务项下的预约挂号、报告查询及专家推荐等，健康咨询项下的健康指导、健康评估及慢性病咨询等，在线诊疗项下的在线复诊、电子病历共享及在线医嘱等，药品交易项下的送药平台、网上药店等。与之相配套的技术平台和支付平台也构成了互联网医疗体系的必要组成部分。在很大程度上，互联网医疗正在被描绘为一个"跨界＋闭环"的完美故事，即将互联网所具备的线上强大的数据信息功能与医疗机构所具备的线下医疗资源，以及巨大的线下医疗需求，通过互联网平台实现线上线下资源需求的有效配给，以满足线下患者的医疗需求。可见，互联网医疗主要表现为一种互联网市场经济下的医疗服务活动，介质是互联网，参与主体除了传统医疗服务中的患者、医院、医生外，还加入了平台经营者和提供者，互联网平台的应用构成了互联网医疗的典型特征。因此，对互联网医疗的描述与评价，从表象上看，应该更加重视信息技术、大数据、物联网等概念和技术在互联网医疗中的运用。互联网医疗发展的重点方向应为网络信息技术对传统医疗服务活动的改造和创新，其发展的瓶颈和亟须应对的问题亦在于理顺互联网与医疗服务的有效接入，并由此加强对平台企业在医疗服务中的监管，保障互联网医疗活动的合规运行，其着力点似乎落在了互联网平台之上。

线下医疗中《执业医师法》《医师外出会诊管理暂行规定》等法律法规以及系列政策补充性文件，保证了医疗活动中主客体清楚以及权责基本清晰。而随着互联网这一介质的进驻，主客体关系和权责关系均发生转变，执业地点的界定、"亲自诊疗"行为的判定、远程医生的责任承担、电子处方的合法要素等问题浮出水面。互联网跨越了线上与线下的界限，把实体医疗与网络服务相连接，其"融"在于人们对于有限资源的无限需求和网络放大资源的能量相一致；而其"合"则在目标一致的基础上，将线上与线下具体操作层面无数衍生出的诸如概念定位、主体责任、法规监管、医疗风险、数据安全等方面真正做到"合"。

二、互联网医疗的实质：法治之下深化医疗卫生体制改革

"互联网医疗"是近几年的高频词汇，各界都对其展开了热烈讨论，有积极乐观的支持者，譬如去年"两会"期间，有代表、委员指出以"互联网＋"

为标志的智慧医疗正在迅速深刻地影响着医疗卫生服务，作为互联网在医疗领域的新应用，互联网医疗被业界认为发展潜力巨大；进而认为，随着我国医疗行业与互联网融合发展力度加大，医药电子商务、远程医疗服务、移动医疗服务、医疗信息化平台应运而生，"云医院"也在多地建成，发展互联网医疗时机日趋成熟。同时，亦不乏消极怀疑的观望者，他们认为医疗行为具有特殊性，医学诊断、临床治疗等都需要线下接触，这意味着网上的诊疗面临方法论层面的困境。特别是在现阶段医患关系紧张的背景下，不负责的线上诊疗更可能触发各种潜在风险。而且，互联网运营早期的巨大投资，以及赢者通吃的行业竞争规律，都会导致互联网医疗平台企业的高风险和由此可能带来的行业欺诈行为，市场上鱼龙混杂，极易出现"劣币驱逐良币"的现象。互联网医疗到底缘何而起，又将去向何处？这些基础性的追问还有待回答，尤其是结合历史背景和现实环境的深入讨论无疑将有助于准确认识我国当下互联网医疗的实质。

虽然互联网医疗是"互联网＋"的纵深发展，是迅速发展起来的平台型新兴医疗服务业态，但其本质仍属医疗服务范畴，是"医疗"的下位概念（子集），线上医疗不能脱离传统的线下诊疗服务独立存在，这个观点已经为越来越多的人所接受。故此，在审视互联网医疗时，必须从互联网这一虚拟社会结构状态回归到真实的场景中来。换言之，当前互联网医疗形式的出现，只不过是深化医疗卫生体制改革的一种面向、一种选择、一种路径，即便不存在互联网，不借助互联网，亦会出现其他形式和类型的便于解决现阶段医疗资源分配不均、"看病难、看病贵"医疗服务困局的医疗服务形态。应该说现实的医疗资料匮乏和深层次的医疗体制弊病才是促使互联网医疗得以迅速发展并得到广泛关注的要点与痛点。由是观之，互联网医疗的实质源于深化医疗卫生体制改革。这也正好顺应了党的十八届三中全会提出的全面深化改革的重点在于制度变革和体制创新，以实现充分释放市场动能，改革政府管制方式，大力推进简政放权的改革目标。这一目标落实到医疗改革领域，则体现为推进医疗服务市场化改革与法治化监管。

需要强调的是，在全面深化改革之际，我国也正面临全球分享经济时代所带来的各种机遇与挑战，开放与改革依旧是我们这个时代的主题，这在客观上为正在进行的制度变革和体制创新提出了挑战，也带来了无限机遇。可以说，互联网医疗的出现是国内外各项因素综合作用的结果。进一步讲，互联网医疗在我国现阶段的发生与发展，一方面源自市场化改革，另一方面亦来源于政府管制改革，是市场和政府共同促成的。故此，互联网医疗在我国自诞生之时，就兼具了市场性与公共性的双重性，其并非是市场自由发展之果，这也就导致了在我国对互联网医疗本相和动向的辨识，必须从市场与政府互动的维度，尤其是政府管制改革的层面予以切入。

由此，互联网医疗的健康发展必须运行在法治轨道上，一方面通过法治规范互联网医疗产业的市场化运行，尤其是规范平台经营者和线下医疗资源供给者的经营行为，清洁互联网医疗市场运行环境；另一方面依靠法治规范政府对互联网医疗这一新兴产业的"放管服"，既要给新事物充分合理的发展空间，实现放权增效，亦要对新事物的野蛮生长提高警惕，对这一关涉民生安全和民众福祉的领域尤其应加强社会管制，注重经济与社会效益的平衡。

（原文刊于《群言》2017 年第 11 期，收入本书时有改动）

抗击新冠肺炎疫情中个人信息保护的法治慎思

2020 年初，一种名为 Corona Virus Disease 2019（COVID－19）的新型冠状病毒肺炎疫情（以下简称"新冠疫情"）在武汉聚集爆发，后迅速席卷全国，截至 2020 年 3 月 1 日 11 时累计确诊病例 79968 例，死亡病例 2873 例。各级政府及有关机构联合数据优势企业共同合作，借助大数据、云计算、人工智能等数字数据技术对新冠疫情进行联防联控，在疫情监测分析、病毒溯源、防控救治、资源调配等方面尽显大数据技术和资源应用的优越性，为精准施策、重点防控，阻止疫情进一步在全国的持续爆发提供了技术保障，既为赢得抗"疫"、治"疫"的最终胜利提供了有力支撑，又体现了数字时代国家治理体系和治理能力现代化的新方向和新尝试。尽管国家机构与科技巨头协同合作所形成的超级权力体，在此次新冠疫情抗击和治理中发挥了显著作用，但是由资本、技术、权力三合一的数字化垄断技术帝国在加速和优化政府治理效能，提升治理能力和水平之外，潜在的一系列社会风险亦不断凸显❶，值得高度警惕和因应反思。

事实上，在我国社会步入互联网数据时代之际，大数据、云计算、人工智能、区块链等数字数据化技术就已成为国家治理和社会生活不可或缺的关键技术和核心设施，❷ 特别在本次抗击新冠疫情的战役中数字数据技术的广泛且深度应用尤为突出。2015 年 8 月国务院颁布的《促进大数据发展行动纲要》明确指出要全面推进我国大数据发展和应用，推动数据的开放和共享。2019 年十九届四中全会通过的《中共中央关于坚持和完善中国特色社会主义制度推进国家治理体系和治理能力现代化若干重大问题的决定》中再次强调要推进数字政府建设。国家及地方层面推动数据开放共享、建设数字政府的努力在本次抗击新冠疫情的过程中起到重要作用，国家机构与其他社会主体运用数字数

---

❶ 新技术环境下，国家权力的巩固和政府治理的有效性，需要政府对各类不确定性的风险具有灵活应变的能力，这是对国家治理体系和治理能力现代化的严峻挑战。樊鹏. 新技术时代国家治理的新方向［J］. 人民论坛，2020（2）.

❷ 李帅. 互联网数据治理的时代挑战及行政法应对［J］. 华南理工大学学报（社会科学版），2019（3）.

据技术，构建联防联控机制，为新冠疫情的防控争取到宝贵时间，提高疫情防控的精准度。然而，值得注意的是，突飞猛进的大数据、云计算、人工智能等技术也给公民个人数据信息安全带来了严峻的权益侵蚀风险，特别是在抗击新冠疫情最为吃紧的时期，个人数据利用的任意性问题被进一步放大，公民个人信息安全遭受侵害或潜在危险。2020年1月26日前后，此次新冠疫情全面爆发后不久，有超过7000名武汉、湖北返乡者的个人信息被大肆泄露，这些信息精确到个人姓名、身份证号码、户籍地址、家庭住址、手机号、车牌号，甚至车票航班信息等，致使其人身和财产安全受到严重威胁，甚或现实损害，令大数据助力疫情防控的正当性饱受质疑，甚至直接影响到后续信息采集过程中公众、机构对采集方的信任问题。

借助新冠疫情期间的汹涌舆情，长久以来在个人数据利用过程中所暴露出的信息安全问题，又一次被推到社会舆论的风口浪尖。随着大数据、云计算、人工智能等数字数据技术的创新发展和广泛应用，个人数据信息泄露事件持续呈现高发态势，如今在新冠疫情这一突发公共卫生事件的加持之下，我国个人数据信息安全总体状况不容乐观，企业对个人数据信息保护缺乏自我治理的意识，政府机关运用个人数据信息过程中保护机制缺位，亟待引入有针对性的科学化、法治化的体制机制予以系统规范的治理。在此之前，必须清晰认识到数据时代个人数据与个人信息之间的密切关联。数据是信息的表现形式和主要载体，数据中包括了大量的个人信息。特别是随着数字数据基础设施、网络基础设施以及个人智能终端的普及，使得个人信息的采集、存储、传输和利用变得更加普遍，信息不断数据化，同时海量的多样化的数据亦正在或者已经经由大数据、物联网、万维网等数字信息技术被信息化和市场化。不夸张地讲，在数据时代，基于数字数据技术和网络信息技术的深度融合，数据与信息已然成为一个密不可分的整体。任何机构或（和）企业对个人数据的收集、存储、分析及使用，都能够从中获取个人的各类信息，其中包括一般的个人信息和个人的敏感信息。❶ 换言之，利用个人数据与保护个人信息之间有着逻辑上的连贯性和统合性。正是在这个意义上讲，在此次抗击新冠疫情中必须处理好科学高效利用个人数据与合法有序保护个人信息之间的平衡，以确保习近平总书记所要求的打赢此次疫情防控的"人民战争、总体战、阻击战"。在这一突发战

---

❶ 全国信息安全标准化技术委员会制定的国家标准GB/T 35273—2017《信息安全技术个人信息安全规范》，对个人敏感信息进行了特别区分，个人敏感信息包括身份证件号码、个人生物识别信息、银行账号、通信记录和内容、财产信息、征信信息、行踪轨迹、住宿信息、健康生理信息、交易信息、14岁以下（含）儿童的个人信息等。

"疫"中"依法战、依法治"成为决胜之保障，须臾不可脱离。

不可否认，互联网、大数据、云计算、人工智能等前沿科技为疫情防控起到了关键作用，但其在辅助各级机关时所呈现出的个人数据保护问题在严峻疫情加持下被进一步放大，突显出个人信息保护法制供给不足、数据应用行业自治规范缺位、公民数据安全意识有待提升等法治风险，暗含着个人数据信息权益在概念内涵、保护原则与例外适用上的学理争议与实践困境。故以此次新冠疫情为考验和契机，检视和慎思个人数据信息有效保护和科学利用之间的平衡，无疑是不断提升国家治理体系和治理能力现代化与法治化进程的关键之举。

一、新冠疫情突显个人数据利用的法治风险

个人信息安全并不是疫情期间显现的新议题，置于互联网大数据时代背景下，越来越多的个人信息以数据形式被记录、收集、分析、挖掘、利用、共享，令其对社会生产生活可能造成的消极影响愈发突出。需要说明的是，目前"个人数据"与"个人信息"的概念内涵趋向统合，[1] 甚至于部分语境下存在同义通用，体现出两者在权益保护对象上的一致性，故下文不再对此作概念上的特殊区分。经此次疫情催化，固有个人数据利用法治化不充分的弊端风险被进一步放大，使本就不乐观的信息保护现状面临强烈质疑，经总结梳理主要体现为宏观基础法制、中观行业自治与微观公民安保意识三个方面。

（一）个人信息保护法制供给不足

目前，我国尚无统一的个人信息保护立法，有关个人信息保护的规定多散见于一些法律、法规、规章或司法解释中。一旦出现新冠疫情等突发公共安全事件，需要政府部门和科技企业进行大规模个人信息采集应用时，其信息保护法治依据与运行机制便会不可避免地出现瓶颈。梳理既有法制框架内涉及个人信息保护的法律规范，较有代表性的包括：2014 年新修订的《消费者权益保护法》第 29 条"经营者及其工作人员对收集的消费者个人信息必须严格保密，不得泄露、出售或者非法向他人提供。经营者应当采取技术措施和其他必要措施，确保信息安全，防止消费者个人信息泄露、丢失。经营者未经消费者同意或者请求，或者消费者明确表示拒绝的，不得向其发送商业性信息"；

---

[1] 齐爱民，张哲. 识别与再识别：个人信息的概念界定与立法选择 [J]. 重庆大学学报（社会科学版），2018（2）.

《刑法》第 253 条之一"违反国家有关规定，出售或提供公民个人信息，情节严重的，处三年以下有期徒刑或拘役，并处或单处罚金。违反国家有关规定，将在履行职责或者提供服务过程中获得的公民个人信息，出售或者提供给他人的，依照前款的规定从重处罚"等。此外，在北大法以"个人信息"进行检索，结果显示，诸如《最高人民法院、最高人民检察院关于办理侵犯公民个人信息刑事案件适用法律若干问题的解释》《电子商务法》《电信和互联网用户个人信息保护规定》《信息安全技术公共及商用服务信息系统个人信息保护指南》《全国人民代表大会常务委员会关于加强公民个人信息保护的决定》《民法总则》《网络安全法》《传染病防治法》《突发公共卫生事件应急条例》等多部法律、法规以及规章均有少许内容涉及个人信息保护。可见，条目众多、规定分散、重复交叉，且有相当一部分为原则性、宣誓性条款的个人信息保护法律规范极其庞杂，使得多项法律法规在立法目的、法益保护、法律责任、救济途径等方面各自为政，直接导致法律实施效果不佳、可操作性不强，出现前述武汉、湖北返乡者信息泄露问题时也就难以提供及时有效规范的保护和救济。

进一步言，近年来随着大数据、云计算、人工智能等数字数据技术的快速发展与广泛应用，现行法制体系对于个人信息的保护已然捉襟见肘，早在疫情爆发前公民个人信息犯罪以及以个人信息犯罪为上游犯罪的犯罪案件数量便呈爆发式增长态势。据最高人民法院统计，从 2009 年 2 月至 2015 年 10 月，全国法院共审结出售、非法提供公民个人信息及非法获取公民个人信息刑事案件 969 起，生效判决人数 1415 人；2015 年 11 月至 2016 年 12 月，全国法院新收侵犯公民个人信息刑事案件 495 件，审结 464 件，生效判决人数 697 人。根据公安部统计，在"净网 2018"专项行动中，公安部加大力度对提供信息支撑、技术支撑和工具支撑的侵犯公民个人信息犯罪、黑客攻击破坏犯罪和非法销售"黑卡"犯罪进行严厉打击，抓获犯罪嫌疑人 8000 余名，其中涉电信服务商、互联网企业、银行等行业内部人员 300 余名；在"净网 2019"专项行动中，公安部组织部署全国公安机关侦破侵犯公民个人信息类案件 2868 起，抓获犯罪嫌疑人 7647 名。固然，以大数据为依托的新兴科技产业需要公众让渡部分数据权益，但是这并非个人数据信息保护法律体系滞后于社会现实需要的借口和理由，相反正是其加大法制供给、厘清法制体系的良好契机。故此，从宏观法制角度而言，如何借助立法技术在促进个人数据信息得到有效利用的同时确保数据信息安全，是化解个人数据利用制度风险，建构信息保护法治模式的前提基础。

(二) 数据应用行业自治规范缺位

除却法律法规及政府相关部门在践行个人信息保护立法的基础性作用外，互联网科技公司在大数据开发应用领域的产业化发展同样是诱发个人数据泄露的重要原因。从积极的方面看，以此次疫情为例，众多互联网科技公司如阿里、百度、腾讯、携程、艺龙等均根据自身模式成立专门数据分析团队，向各级政府防控部门依法规范提供大数据信息，为搜索和定位来自武汉特别是华南海鲜市场的感染者和密切接触者提供了强大信息支持，并在很大程度上疏解了公众的顾虑心理和恐慌情绪。但从常态化角度而言，数据应用行业在信息安保中的消极作用同样明显：个人数据信息的商业价值或潜在商业价值，激发了企业收集个人信息的强烈意愿，个人数据的采集、存储、共享和利用开始变得频繁和隐蔽，然而由于缺乏个人数据利用上的信息安全自治规范或准则，令低行业自律性下的用户数据信息时有泄露，成为个人数据信息安全风险隐患的主要来源之一。

总结当前数据应用领域造成个人数据信息泄露的途径大致可以归结为三种：其一，攻击者或竞争者通过拖库、撞库或网络爬虫等方式窃取数据信息。例如，2015 年 1 月 19 日 13 时 57 分，乌云漏洞报告平台披露"网易 163/126 邮箱过亿数据泄露（涉及邮箱账号/密码/用户密保等）"，网易随后在官方微博上作出回应，称此系"撞库"所致，即黑客通过收集互联网中已泄露的用户和密码信息，尝试批量登录其他网站，从而获取用户的相关信息，如手机号码、身份证号码、银行卡号等。而被列为"影响中国互联网法治进程十大案例"之一的百度与大众点评不正当竞争纠纷案则剑指网络爬虫技术。2016 年，北京百度网讯科技有限公司使用网络爬虫等技术手段在上海汉涛信息咨询有限公司旗下大众点评 APP 上抓取商户的基本信息及点评信息，被认定构成不正当竞争。其二，数据控制从业人员主动或被动泄密。如阿里旗下支付宝的前技术员工，利用工作之便，在 2010 年分多次在公司后台下载了支付宝用户的资料，并伙同两位同伙将用户信息多次出售予电商公司、数据公司，资料内容超 20G。其三，技术原因导致信息管理失密。如企业数据信息维护失时、处置失当、存储失控导致数据信息泄露等。从上述案件中可以看出，不论是哪种途径的信息泄露，作为数据控制或传输的企业莫不兼有一定联系。此外，企业对于个人信息的过度收集和非法收集亦为数据信息泄露埋下了更大的安全隐患。据报道，2019 年有 200 余款 APP 因违法违规收集用户信息被约谈整改，腾讯研究院《2017 年度网络隐私安全及网络欺诈行为分析报告》则显示，高达 96.6% 的 Android 应用会获取用户手机隐私权，甚至 25.3% 的 Android 应用存在越界获取用户手机隐私权限的情况。

为应对数据应用行业野蛮扩展下的信息安全风险，2019 年 4 月 10 日，公安部网络安全保卫局联合北京网络行业协会、公安部第三研究所共同研究制定了《互联网个人信息安全保护指南》用以引导互联网科技公司加强对用户个人信息的安全保护。此外，中国支付清算协会技术标准工作委员会发布了《个人信息保护技术指引》，中国期货业协会发布了《期货公司信息技术管理指引》及检查细则，中国广告协会互动网络分会制定了《中国互联网定向广告用户信息保护行业框架标准》，中国科学技术法学会、北京大学互联网法律中心联合发布了《互联网企业个人信息保护测评标准》，中国电信、中国移动、中国联通等多家企业共同签署《用户个人信息收集使用自律公约》等一系列规范用以维护某一行业或多行业内部的个人信息安全。然而，随着大数据、云计算、区块链等数字数据技术的不断发展，"共享经济""平台经济""宅经济""森林康养"等新业态、新模式、新产业不断涌现，使得信息安全领域的自治性行业规范在数量与质量方面与大数据产业发展逐渐脱节。同时，相当一部分行业规范约束力不足、针对性不强，导致数据应用企业在规制内容上大打擦边球，仅专注于自身的技术研发与应用推广，刻意回避或忽视用户个人数据信息的保护问题。值得一提的是，随着新冠疫情正逐步得到有效控制，疫情后续恢复工作已有序展开，但在防疫期间政府与各互联网科技公司所共享的海量实名制敏感数据却预埋下了极大的安全风险，依照现有行业自律现状，若不及时补足数据应用行业自治规范的标准化与强制力，一旦被用于恶性商业竞争或违法犯罪活动，其现实危害恐怕难以估量。

（三）公民数据信息安全意识有待提升

随着"互联网＋"计划的不断推进，日常生活的方方面面正快速实现信息数据化，从购物、出行、住宿到社交通信、学习娱乐，公众对于提供一定的个人信息以获取便利的服务或产品开始变得习以为常。譬如，通过提供一定的个人数据信息，换取支付宝、京东、百度界面等互联网企业对个人数据的精准分析、定向投放、优化操作等服务，提高信息获取的速度和深度；或者通过提供个人数据信息，深入网上特定群体内部，获得第一手资料等。大数据时代，公民更加关注自己的个人信息收益，却对自身与他人在信息保护上的安全风险重视不足。譬如，在前述武汉、湖北返乡者"污名化"事件中，各地基层防疫信息采集人员及公安、卫生等疫情防控机构在数据采集、比对汇总、对外公布等环节缺乏隐私保护法律意识，致使返乡者信息在微信群外传后迅速扩散至整个网络，造成极其恶劣的社会影响与信任危机。更加严重的是，公民对自身信息安全状况普遍缺乏基本了解和实时关注。2018 年北京市消费者协会发布《手机 APP 个人信息安全调查报告》显示，有 42.31% 的人不知道授权应用采集的个人信息可能一直被留存，有 79.23% 的人认为手机应用上的个人信息不安全，但是只有 6.15% 的人在安装或使用手机应用之前会经常看授权须知。百度公司董事长兼首席执行官李彦宏在 2018 年中国发展高层论坛上表示，中国人对隐私问题更加开放，或者说没有那么敏感，如果要用隐私来交换便捷性或者效率的话，很多情况下中国用户是愿意这么做的。虽然这句话引起了社会各界的猛烈抨击，但却传达出大数据时代个人信息利用与保护的部分现状——以信息交换便利。2018 年，信息安全领域全球领先的解决方案提供商赛门铁克（SYMC.O）旗下公司诺顿 LifeLock 通过民调机构 The Harris Poll 对超过 1000 名中国成年人进行了线上调查，并基于调查结果发布了《诺顿 LifeLock 网络安全调查报告》（以下简称《报告》）。《报告》显示，85% 的中国消费者比以往更加警惕隐私安全，不过尽管存在隐私方面的顾虑，很多消费者仍然愿意以分享个人信息来换取便利，甚至有 62% 的消费者愿意牺牲一定的网络隐私来换取便利。从上述调查中可以发现，尽管近年来我国公民对于个人数据信息安全的防护意识有所上升，但整体仍呈薄弱之势。究其根本，则指向我国目前个人信息权层面法律基础设施与配套建设尚不充分，互联网大数据行业迅猛发展同既有数据保护体系不相适应的客观现实。故一方面应自上而下地加强个人信息保护立法与数据应用行业自治，另一方面应从公民这一微观对象着眼，自下而上、依法依规地主张个人数据权益，倒逼全社会不仅在突发公共安全事件中时刻关注并警惕信息安全风险，更应形成常态化、法治化的数据权利与风险防范意识。

二、新冠疫情中个人信息保护法治化的挑战

此次新冠疫情无疑是对我国信息数据治理能力的一次全面考验，由于个人信息保护立法供给不足、数据应用行业自治规范匮乏以及个人数据信息保护意识薄弱等原因，目前个人数据利用的规范化与法治化状况不容乐观。进一步分析上述个人信息保护问题在收集、分析、挖掘、利用、共享等环节中的机理发现，其核心困境聚焦于个人信息权益在概念内涵、保护原则、例外适用中的争议化解与系统解读。

（一）"个人（数据）信息"的法律内涵未明确统一

对个人信息权益进行概念内涵界定是实现个人数据利用与保护的首要前

提。只有确定为法律层面的个人信息才能够得到法律的保护，反之，则不存在法律保护的可能。我国并未统一对个人信息进行概念上的规范界定，也并未对个人信息的内涵和外延统一厘清，仅在部分法律法规中作原则性说明或补充性说明。如我国第一部关于个人信息保护的法律法规《全国人民代表大会常务委员会关于加强网络信息保护的决定》第 1 条规定"国家保护能够识别公民个人身份和涉及公民个人隐私的电子信息"；其后，2017 年施行的《网络安全法》第 76 条规定："个人信息，是指以电子或者其他方式记录的能够单独或者与其他信息结合识别自然人个人身份的各种信息，包括但不限于自然人的姓名、出生日期、身份证件号码、个人生物识别信息、住址、电话号码等。"《最高人民法院、最高人民检察院关于办理侵犯公民个人信息刑事案件适用法律若干问题的解释》第 1 条中规定："……'公民个人信息'，是指以电子或者其他方式记录的能够单独或者与其他信息结合识别特定自然人身份或者反映特定自然人活动情况的各种信息，包括姓名、身份证件号码、通信通讯联系方式、住址、账号密码、财产状况、行踪轨迹等。"由此可见，目前我国法律仅是一般性地将"可识别公民特定身份"作为个人信息侵权保护的判定前提，即只有与个人相关，能够直接或间接识别特定自然人的信息侵权才能诉诸现行法律予以规制，反之则不予保护。

然而，大数据技术的快速发展与广泛应用，改变了信息的收集和使用方式，模糊了个人数据信息与非个人数据信息的边界。人们上网、社交、旅游、工作、娱乐等，无时无刻不在产生信息，无时无刻不被记录数据，海量的多样化数据促进了大数据技术的发展，反过来，发展的大数据技术又大大降低了数据获取、存储和处理的成本。双向增强的大数据使得更多的数据被聚合起来，大大增强了人们将非个人信息转化为个人信息的能力。数据控制者可以通过交叉验证或其他方式对特定个体之外的原始数据和衍生数据❶进行分析处理来获取某特定的个人信息，也即多重来源的个人信息通过比对累积，能够形成完整的用户画像和实时追踪，不仅增加信息泄露的风险，还会影响有关个人权益的决策。

举例来说，甲、乙、丙为一家人，通过分析处理乙、丙的原始数据和衍生数据可以获得甲的数据画像，画像直接指向甲。然而，按照传统个人数据信息

---

❶　原始数据，是指从用户个体直接简单收集所形成的数据初级产品，这部分数据是数据汇集单位根据不同的需求对个体特定信息的汇集，在用户授权范围内享有使用权。衍生数据，是指通过人力、物力和财力的投入对原始数据进行更深程度的汇总、整理和开发而形成的数据。高富平．数据生产理论：数据资源权利配置的基础理论［J］．交大法学，2019（4）．

概念内涵的界定，该数据画像并不需要甲的授权且不侵犯甲的合法权益。此时，如果甲的个人数据信息被泄露或滥用就很难获得法律层面的保护。故此，如何因时因应地刻画个人信息在数据保护上的合法边界成为当前引入法治规范的首要难题。这一问题已经在此次抗击新冠疫情中被着重提出，鉴于新冠肺炎传播途径的不断发现和增加，家庭、单位等聚集型的疫情爆发特别明显，如此一来很多确诊患者、疑似患者、密切接触者等之间的个人数据信息，在防控疫情的特殊需要下已经无所谓隔离区分，必须作为一个整体来收集、存储、分析及使用，在这一过程中就存在如何规范对不在场当事人的个人数据信息予以授权收集和使用的问题。换言之，在疫情防控之下，对任何公民个人的数据信息的收集和使用等数据行为，都存在未经当事人知情同意的情况下发生的可能。这就对个人信息的内涵、外延及附属之上的各类权益的明确划定提出了现实要求，即哪些信息包括个人敏感信息，在突发公共事件场景下是可以经由法定机构在法定程序下自动获取和使用的，哪些信息尤其是特别敏感涉及人身财产重大安全的是必须予以征得当事人知情同意且明确授权的，以此来构筑个人数据信息保护制度运行的压舱石和划定突发公共事件中个人数据信息使用的安全港。

（二）抗击疫情时期数据利用对信息保护原则的突破

2019 年 2 月 1 日全国信息安全标准化技术委员会发布了《信息安全技术个人信息安全规范（草案）》GB/T 35273，其中的突出亮点是详细规定个人信息控制者在开展个人信息处理活动时应遵循的基本原则，包括：a）权责一致——采取技术和其他必要的措施保障个人信息的安全，个人信息处理活动对个人信息主体合法权益造成损害时应承担责任；b）目的明确——具有明确、清晰、具体的个人信息处理目的；c）选择同意——向个人信息主体明示个人信息处理目的、方式、范围、规则等，征求其授权同意；d）最小必要——只处理满足个人信息主体授权同意的目的所需的最少个人信息类型和数量。目的达成后，应及时删除个人信息；e）公开透明——以明确、易懂和合理的方式公开处理个人信息的范围、目的、规则等，并接受外部监督；f）确保安全——具备与所面临的安全风险相匹配的安全能力，并采取足够的管理措施和技术手段，保护个人信息的保密性、完整性、可用性；g）主体参与——向个人信息主体提供能够查询、更正、删除其个人信息，以及撤回授权同意、注销账户、投诉等方法。结合现行《关于加强网络信息保护的决定》第 2 条规定，"网络服务提供者和其他企业事业单位在业务活动中收集、使用公民个人电子信息，应当遵循合法、正当、必要的原则，明示收集、使用信息的目的、方式和范围，并经被收集者同意，不得违反法律、法规的规定和双方的约定收集、使用信息”，以及《网络安全法》第 41 条“网络运营者收集、使用个人信息，应当遵循合法、正当、必要的原则，公开收集、使用规则，明示收集、使用信息的目的、方式和范围，并经被收集者同意。网络运营者不得收集与其提供的服务无关的个人信息，不得违反法律、行政法规的规定和双方的约定收集、使用个人信息，并应当依照法律、行政法规的规定和与用户的约定，处理其保存的个人信息”等规定初步确立了我国个人数据利用的基本原则体系。

　　然而，大数据时代下的个人信息正演变为一种无法用常规软件工具进行捕捉和处理的数据集合，表现为存储在各种存储介质中的多形态海量数据。在此基础上，通过对海量数据进行分析，可令政府部门实现精准决策预测，互联网科技企业获得产品与服务的巨大增值。在此次抗击疫情过程中，各级政府与医疗机构借助大数据有效实施防控治理举措，借助铁路、航空、电信，以及多家互联网科技公司提供的业务数据，令防疫工作在收集监控信息、追踪传播路径、定位疑似病例环节效果十分明显。作为一种新型生产和治理工具，大数据的运用提高了资源配置的速度和精确度，在价值上甚至超过了为特定目的专门采集的数据。随着大数据和人工智能技术的发展，信息的价值反而不在其本身，而建立在数据的深度挖掘、分析、共享、利用、决策之中。可以想见，经新冠疫情这一重大公共安全事件的强势助推，未来将大大激发未来政府、企业甚至是个人收集和处理海量数据信息的意愿动机。故该技术大范围、多层级、宽领域的深度应用对公民个人信息权利将不可避免地造成一定侵蚀。早于疫情爆发之前，众多企业便会在收集业务范围内所必须的信息之外，收集一些现阶段不必要的信息，例如某些 APP 会以提供附加功能、个性化服务、提升用户体验等为由收集某些个人信息（包括非必要信息）/系统权限，要求用户一并同意，对传统个人信息保护法的最小必要原则形成了突破；再如企业通过对衍生数据深度挖掘分析得到的信息并不需要明示告知信息使用的目的、方式和范围，而该信息的泄露依然有可能对原始数据提供者造成人身、财产或其他方面的损害，这俨然同个人信息保护的最小必要、目的明确与公开透明等原则初衷相违背。❶ 值得注意的是，作为危机时期的非常举措，在借助大数据进行疫情防范等危机治理活动时，个人信息权益服务公共利益大局的底线被一再降低，大量数据利用行为不断突破既有信息保护原则，其必要性与正当性质疑亟待规范化、法治化的回应与廓清。

---

❶　范为. 大数据时代个人信息保护的路径重构［J］. 环球法律评论，2016（5）.

（三）抗击疫情时期公共利益对数据保护与利用的激变

对于新冠疫情的防控工作而言，特殊时期公共利益先行之下，法治保障机制尚不充分的个人信息权益如何调整权利边界以实现数据利用与保护间的协调平衡值得重点关注与深入思考。利用大数据技术有效管控追踪潜在或病毒携带人员对于及时阻断传染源、切断传播途径、防止疫情进一步传播无疑具有关键性意义。因此，做好对公民个人信息包括姓名、家庭住址、手机号、身份证号、行踪轨迹、位置定位、交际交往、购物医疗等的依法采集工作显得尤为重要。我国《传染病防治法》第 12 条规定"在中华人民共和国领域内的一切单位和个人，必须接受疾病预防控制机构、医疗机构有关传染病的调查、检验、采集样本、隔离治疗等预防、控制措施，如实提供有关情况"，这里的如实提供有关情况就包括配合与传染病有关的个人信息采集工作。我国《突发公共卫生事件应急条例》第 40 条规定，"传染病暴发、流行时，街道、乡镇以及居民委员会、村民委员会应当组织力量，团结协作，群防群治，协助卫生行政主管部门和其他有关部门、医疗卫生机构做好疫情信息的收集和报告、人员的分散隔离、公共卫生措施的落实工作。"《个人信息安全规范》《信息安全技术个人信息告知同意指南（征求意见稿）》等亦规定，与公共卫生相关的个人信息采集无需征得信息主体同意。上述法律法规作为个人数据利用在特殊情况下的例外适用，应当严格遵守法定程序，不宜令私人权益在服务公益大局的过程中被肆意侵蚀。

在此次疫情防控的实际操作中，有关政府和部门同相关数据企业协同合作通过地毯式、网格化广泛收集公民诸如家庭关系、工作/学习背景、实时位置信息、旅行及交通信息等个人信息，经大数据处理后所形成的疫情地图则有效地缓解了民众对疫情未知的恐惧。大数据技术之于国家治理的重要性不言而喻。为此，中共中央网络安全和信息化委员会办公室专门出台《关于做好个人信息保护利用大数据支撑联防联控工作的通知》（以下简称《通知》）以鼓励运用大数据进行疫情防控。尽管《通知》注意到了可能发生的信息安全风险，并申明"为疫情防控、疾病防治收集的个人信息不得用于其他用途。任何单位和个人未经被收集者同意，不得公开姓名、年龄、身份证号码、电话号码，家庭住址等个人信息，因联防联控股工作需要，且经过脱敏处理的除外"。但疫情防控过程中对超过 7000 名武汉、湖北返乡人员姓名、家庭住址、身份证号等信息的泄露，以及政府有关主管部门泄漏确诊病人和疑似病人个人信息的事件，无疑显示出我国疫情防控乃至常态化生产生活中个人信息保护的法治困局。换言之，法律并不禁止突发公共事件下，政府或者有关部门对个人数据信息的扩大化采集以及充分利用数据企业的信息处理能力，只是原则上必须对信息进行匿名化处理，防止信息恶意泄露对信息主体造成的人身或财产损害。

三、重大突发公共卫生事件中个人信息保护的法治构想

对作为中华人民共和国成立以来重大突发公共卫生事件的新冠疫情的全国联防联控既是对国家治理体系和治理能力的重大挑战，也是优化国家治理体系、提升国家治理能力的重要契机。经新冠疫情的严峻考验，总体而言，我国个人数据利用的法治化进路正逐渐明晰。未来，随着新技术、新模式、新业态的不断涌现，数据价值最大化的内在扩张性会不断显现，甚至会不断颠覆人们对于个人信息保护边界的认知。固然大数据时代需要社会公众提供部分个人数据，但这绝不意味着以牺牲公民合法的基本权益为代价，技术发展的根本在人，只有促进人的全面发展才应是数据价值最大化挖掘的初衷。❶ 因此，处理好个人数据利用与保护的平衡关系，在法治思维框架引领下，综合考量政府、社会、个人的多元诉求，与时俱进"找问题、查不足、补短板、促发展"，从而实现大数据应用与公民全面发展的和谐共赢。

（一）提高个人信息保护立法的速度和效度

统一个人信息保护法制体系并出台专门性立法是促进个人数据利用法治化的制度前提。从司法和执法实践来看，我国有关个人信息保护的规定较为分散，相关保护条款内容不集中、阐述不清晰、适用不明确、范围受局限、处罚不具体，且法律法规体系之间关于个人信息的规定缺乏有效衔接，相关法律法规可操作性并不强，即使在司法部门出台了相关意见、解释的情况下，仍然会造成具体实践中案件处理认识不一、法律适用存在争议的问题。并且随着大数据技术的深入发展和广泛应用，个人信息权益的概念边界和基本原则也受到很大挑战，这些都不利于数字经济新业态下个人数据利用与保护的平衡。

故此，在疫情过后，对已进入立法程序的《个人信息保护法》须加快立法步伐，重点厘清个人信息的概念、内涵、外延、基本原则、侵权责任、救济途径等内容。譬如，在个人信息界定环节，可以扩围"个人身份可识别"标准，即关联性验证，对于通过交叉验证获取的明确指向特定个人的用户画像，赋予画像主体信息控制的权利，建立统一的数据信息安全等级保护管理规范，

---

❶ 高富平. 个人信息保护：从个人控制到社会控制［J］. 法学研究，2018（3）.

对公民、法人和其他组织实行分等级保护；在数据采集环节，除对数据使用的目的进行明确和限制、遵循数据最小化的限制利用原则，保证采集的数据要限于相关且实时更新的数据外，还要确保数据主体或通过交叉验证等方式获取特定用户画像的主体以修正、删除数据或画像的权利；在数据存储环节，提高相关从业人员的数据信息安全保护意识，例如可以通过培训或者将信息保护工作纳入政府绩效考核等措施，增强相关责任主体保护政府数据开放平台用户信息安全的意识，以意识带动行为，从而为政府数据开放创造良好的人文环境；在数据共享环节，建立畅通的数据通道，通过及时、有效、高速、规范的数据共享通道，实现信息快速交换的目的，减少不规范泄露信息行为的产生；在数据安全保障环节，定期更新和测试现有的隐私数据安全保障技术，避免未经授权访问、披露等信息泄露对用户造成损害行为的发生。此外，应积极借鉴域外个人信息保护法律实践成果，通过对日本《个人信息保护法》（2003）、俄罗斯《个人数据保护法》（2006）、欧盟《通用数据保护条例》（2018）、美国《开放政府数据法案》（2018）和澳大利亚《用户数据权利法案》（2019）等有益经验的汲取，完善数据采集、存储、利用、共享、安全保障等全周期立法规定。❶ 再者，配合《民法典》"隐私权和个人信息保护"章节中的基础性权利规定，全面推进个人信息的专门化、系统化的法治保障体系。

（二）强化数据应用自治规范建设和完善

在互联网大数据时代，数据信息安全保护不仅需要国家在宏观法制层面建立统一的数据信息立法体系，还需要引导有关个人数据信息安全的主要参与者，尤其是企业数据主体与第三方数据主体密切合作共同设置和实施中观层面上的个人数据信息安全实体标准和程序规范，构建和完善多元数据主体共建共治共享的数据信息安全保护规范或者行动守则。❷ 相较于国家立法作为权益保障和救济的正式规范形式，数据应用领域的自治性规范对于个人数据利用与保护而言，更易被各类数据主体所接受。尽管我国已经出台《互联网个人信息安全保护指南》用以指导互联网行业的个人信息安全保护，但是就当前云计算、人工智能和区块链等数据技术的广泛应用前景而言，仅仅出台指南式规范还远远不够，还应从企业自建数据安全规则角度出发，提高信息泄露的行业自治与惩罚约束，倒逼企业增强数据信息安全的防范意识。尤其在疫情结束后的

---

❶ 周汉华. 探索激励相容的个人数据治理之道：中国个人信息保护法的立法方向［J］. 法学研究，2018（2）.

❷ 张新宝. 从隐私到个人信息：利益再衡量的理论与制度安排［J］. 中国法学，2015（3）.

恢复重建过程中，早前广泛收集的公民个人数据信息安全管理风险逐渐显现，包括攻击者或外部竞争者通过拖库、撞库或网络爬虫等方式窃取数据信息行为，数据信息控制从业人员泄密以及企业数据信息维护失时、处置失当、存储失控等行为均应提前防范、实施监督、严格管控。

在具体操作环节，应分两阶段完善当前及未来数据应用行业领域自治规范。其一，在疫情防控期间，鉴于《民法典》尚未生效，个人信息保护法尚处在立法制订环节，当务之急可暂以《国家安全法》第51条和《网络安全法》第四章的法律规定为基准，对突发公共事件中个人数据利用进行行业统一规制和调节。对上述条文规定模糊的，需进一步出台行政规范性文件或其他措施进行弥补，引导数据应用领域尽快完善个人信息保护与分享配套自治性行业共识或统一技术标准；其二，从长远制度建设着眼，可由政府主导积极建构数据应用方向的共享合作长效机制，敦促相关经营者共同推动大数据行业组织协会建设与功能履行，以提高彼此之间的相互协作来降低信息泄露风险，增强信息提供者、数据控制者、数据利用者的多方互信，为下一步数据信息的收集、存储、分析、传输、共享、利用打下坚实基础，并最终形成激励相容、利益共享、互相监督的大数据共治生态，使各主体既有挖掘、收集数据的积极性，又能打通数据壁垒、串联信息孤岛，在法治框架下实现政府大数据精准决策与经营者和行业组织便捷利用的协调良性发展。

（三）提高公民个人信息安全法治意识和能力

由于数据信息的大体量、多样性、瞬时性特征，单凭政府、企业抑或第三方机构均无法对每一位公民的个人数据信息提供及时、充分、高效、全面的实时保护。故需要作为数据信息原始提供者的公民个人必须主动增强对自身和他人数据信息安保的自觉性意识，依法合规地管理和行使相关数据权益，实现个人利益、企业利益与国家利益三方平衡。[1] 以此次新冠疫情期间出现的个人数据泄露事件为例，基层防疫信息采集管理人员或因数据保护立法缺位致使主观上存有任意性，但其个人在该方面法治意识淡薄也是不争的事实。在实际生活中，公民享受互联网大数据便利的同时，鲜有关注其个人信息管理与保护的具体细节。譬如，用户为了方便记忆，通常会采用一个密码登录多个互联网服务平台，在方便了自己的同时，也给个人数据信息的泄露或滥用埋下了隐患。故此，增强公民个人对数据信息的防护意识，是保障个人数据信息安全在微观层面的第一步，也是大数据时代公民自身应承担的义务和责任。在数据信息安全

---

[1] 张新宝. 我国个人信息保护法立法主要矛盾研讨 [J]. 吉林大学社会科学学报，2018（5）.

愈发成为社会生活和社会治理重要议题之时，相对于通过事后的法律救济或是事中的数据企业或其他数据控制主体的信息安全防范来杜绝个人数据信息泄露，公民个人自身的数据信息安全保护意识尤为重要，事前安全预防应纳入个人数据信息利用法治体系的软环境建设环节，进行常态化的宣传强调与法律普及。正所谓预防是最好的治疗，就此次新冠疫情突发公共卫生事件而言，防控胜于救治，事前安全预防应该受到更多的重视，这一点在个人数据信息保护法治系统的建设中理应放置首位。"节物风光不相待，桑田碧海须臾改"，数据时代个人信息安全保护在任何场景下都没有局外人。

此次疫情是对坚决推进国家治理体系和治理能力现代化，不断增强人民幸福感和获得感的重大考验。事实证明，党中央对疫情形势的判断是准确的，各项工作部署是及时的，采取的举措是有力有效的。然而，在公共利益先行之下，包括个人数据利用在内的社会风险逐渐显现。此次疫情防控过程中的信息泄露问题，突显了我国公民个人数据信息安全中的漏洞和短板。个人数据信息保护立法、信息安全领域自治规范、公民个人数据防范意识与大数据技术及产业发展脱节，使得公民个人信息相关违法犯罪问题频发，严重影响了公民人身财产安全和社会稳定和谐。因此，亟须从国家专门立法、行业领域自治、公民增强防范意识等维度出发，更新数字数据技术对传统个人数据理念的认知和定位，廓清个人信息概念内涵、保护原则、例外适用等权利救济内容程序，拓宽社会公众寻求且获得及时有效法律救济的正当途径，系统构建个人数据有效保护与科学利用的平衡，不断赋能国家治理体系和治理能力的现代化与法治化进程。

（原文刊于《社会科学辑刊》2020年第2期，收入本书时有改动）

网络直播带货的商业热捧与监管冷思

近年来，"直播带货"成为互联网经济发展的新风口，更在助推线上经济与实体经济深度融合的过程中不断激发出新的经济增长点。据统计，2019年我国直播电商行业总规模达4338亿元，同比增长226%。2019年在由淘宝直播带动的"双11"活动中仅63分钟成交额就超越2018年"双11"全天。自2016年起步以来，直播电商行业不断迸发新的活力，尤其在新冠肺炎疫情期间线上"无接触经济"得到广泛倡导之际，更为直播电商的推广和普及带来新的契机。有关数据显示，至2020年我国直播电商行业规模还将较2019年翻一番。2020年2月，国家多部委联合发布《关于促进消费扩容提质加快形成强大国内市场的实施意见》，其中将鼓励线上线下融合等新消费模式发展作为重点关注对象之一，直播电商业态契合促进线上线下互动，打造"互联网＋"消费生态系统的时代要求，推动直播电商行业发展已成为当下和未来一段时间经济发展的焦点和热点。

在直播电商为实体经济赋能的同时，诸多问题或者说潜在风险已然显现或说正在集聚，直播活动准入门槛较低，"带货主播"、直播平台、销售商家及生产厂商之间的角色有所混同甚或交织复杂，可能引发多重法律关系，抑或适用多部门法律规范，致使相关法律责任的承担不够清晰，参与各方主体权益难以准确划定，特别是对消费者权益有效保护的路径受阻。虽然对此类问题已引起了社会各界的广泛关注和激烈讨论，但是仍有缺憾，譬如如何定位直播电商业在我国新经济时代的属性和功能，是将其作为互联网经济新兴业态的重要组成部分看待，抱持促进其长期健康发展之态度，抑或作为当前纾解经济社会发展困境的权宜之计；如何透过表象剖析直播电商活动中存在的用户数据安全等深层次问题，行业正处于"野蛮生长"的状态，其中监管缺位的情况突出，包容审慎监管不等于不管，必须避免"一放就乱，一管就死"的监管怪圈在直播电商行业发展中再现。面对诸类问题，并非"头痛医头、脚痛医脚"，运动执法和选择执法都不可行，需要冷静下来系统思考，做到科学监管、精准监督及有效监管。

日前，由中国广告协会牵头制定的《网络直播营销行为规范》（以下简称

《规范》）已于 2020 年 7 月 1 日正式施行，《规范》专门针对参与直播活动的各类主体提供行为指南，由行业协会牵头，率先从行业自律、市场主体自治角度入手，对直播带货中的乱象开展矫正。当然，《规范》的出台仅是拉开对直播带货行为予以规范的大幕，《规范》作为自律文件效力层级较低。当前，直播电商行业发展势头正盛，正处于争夺流量红利的关键时期，仅依靠行业自律、市场自治无法充分满足需要，还需进一步厘清直播带货的正向带动效应与负面抑制影响，从推动整个直播电商行业持续向好发展的角度出发，客观冷静地推进监管活动。

一、网络直播带货的商业热捧

直播电商行业自兴起以来，在短短三四年间取得喜人成绩，为实体经济注入新活力，成为沟通互联网线上经济与线下实体经济的纽带，突破地域时空限制，减少运营成本，实现营销方式的创新，与此同时，也推动整个直播电商行业的逐步成型与日趋成熟化发展。

值得注意的是，与以往"带货主播"孤军作战的情形不同，互联网平台，譬如直播平台或电商平台等作为数据与资源的支持力量入驻直播活动，进一步实现了营销对象精准化、营销内容精细化，为前端主播提供源源不断，且始终处于持续优化状态的关键信息作为支撑。基于此，围绕直播电商活动逐渐形成相对完整的线上线下一体化、数字化、智能化的产业链。直播电商行业的蓬勃发展对我国经济社会创新发展产生正向激励效果，特别是在疫情防控进入常态化，经济存量亟待盘活、经济动能亟待释放的当下，应更加积极地拥抱直播电商行业为经济社会发展带来的新变革。

直播带货有效节约时间成本、信息成本以及经济成本，优化资源配置方式。直播电商活动解决了以往线下销售中存在的诸多障碍，尤其是人力与组织成本，以"主播带货"方式扩大销售范围，增强影响力，时间与地点也相对灵活，在手机、平板电脑等移动客户端得到充分普及的今天，"短、平、快"式的线上直播更贴合大众生活方式与消费需求，在短时间内以视频观看、音频推介的直观形式，即可获得类似线下购物的体验感。加之对人气主播的好感度与信任度，直播电商活动在有效降低企业成本的同时，显著提升了经济活动的效率。与此同时，直播活动投放对象的精准度也较以往线下商业模式具有更为突出的优势，在很大程度上有效推动了生产者与消费者之间的信息对称，通过大数据、云计算、人工智能算法等新技术手段实现对消费者购买力的精准评估，由此进一步实现了市场供需之间的有效对接，节约了资源配置成本，增加了社会总剩余。

直播带货助推市场下沉，盘活基层经济活力。《规范》中特别指出"鼓励网络直播营销活动主体响应国家脱贫攻坚、乡村振兴等号召，积极开展公益直播"。数据显示，我国下沉市场，即三线及以下城市，约有 10 亿人口，远超一二线城市人口总量，因此下沉市场消费潜力巨大，加之脱贫攻坚进入决胜的关键阶段，在疫情影响下更需创造新的经济刺激点来带动基层地区经济发展，直播电商行业与推动市场下沉的需求有着高度匹配性。一方面，短视频类 APP 在先前下沉用户的流量争夺战中已经取得显著成效，而当前直播电商活动主要也依托同类 APP 展开，省去用户在平台间转换的成本，以此为用户数量做好了铺垫。另一方面，直播电商形式亲民、操作简便，成为各基层推介本地方农产品作物，推进脱贫攻坚工作的有力支撑。越来越多基层地方的官员采用直播带货的方式积极宣传本地特产，在地方产业、贫困户与消费市场之间建立了纽带，显著扩展了销售渠道，真正实现了"消费扶贫、精准扶贫"。

直播带货增强用户黏性，助力企业服务升级。据统计，平台直播用户周人均单日使用市场超过 120 分钟，远高于非直播用户，直播可以显著提升平台的用户黏性，持续获得用户注意力，帮助企业巩固用户群。此外，当前直播电商产业普遍采取前端营销引流、中端平台技术支持及后端客情分析的一体化商业模式，在利用直播活动持续吸引用户的同时实现利用数字技术对用户数据进行分析开发，深入了解用户喜好，并将研究结论反哺到前端直播活动当中，以此形成良性闭合循环模式，不断提高商品和服务的质量，促进用户体验提升，实现数字数据技术与经济发展深度融合的实践，采取更为智能化、科技化的方式优化营销路径，助推企业自身实现转型升级。

二、网络直播带货的监管冷思

当前，直播电商行业的发展已经步入快车道，与此同时，在其起步早期，监管相对缺位的现实也为整个行业未来的健康、稳定发展埋下一定隐患。人气主播在带货直播中"翻车"的情况屡屡发生，当前媒体关注焦点多集中于对主播身份重叠背景下其法律责任的认定问题，或者在直播中购买商品或（和）服务存在质量问题时消费者如何维权，抑或对直播活动主要应适用《广告法》《互联网广告管理暂行办法》《反不正当竞争法》《反垄断法》抑或是《电子商务法》等哪部法律法规更为合理的相关讨论。然而，若想有效整治直播带货行为背后的乱象还应从对整个直播电商行业系统规制的角度出发，挖掘行业整体发展中存在的问题，从更为宏观和全面的维度切入，冷静思考乱象背后的监管痛点和难点。

当前，对直播带货活动的监管视角多聚焦于主播，相较忽视对平台的监管。在整个直播电商行业中，"带货主播"是不可忽视的存在，他们的一言一行最能牵动消费者的购买欲，因此其行为也更受瞩目。然而，应当注意到，"带货主播"从来不是"一个人在战斗"，在他们的背后是强大的平台在不断进行信息供给，从前期对用户群体直播预告推送的精准筛选，到在有限的直播时间内切中消费者心理要害，激发消费者购买欲，每一次流量变现的转化均离不开平台大数据分析的技术支持。基于此，需要适当将关注重心转向对"带货主播"背后平台的监管上来，审视平台作为直播活动的后备支持，从商品质量责任的承担、宣传用语的选择，到数据收集与使用等各个环节是否符合法律法规要求，以平台作为对整个直播电商行业监管的切入视角。当前无论是对直播平台或是电商平台等，均缺乏专门性法律法规予以规范——尽管《规范》弥补了相关领域专门性规范文件的空白，究其本质也仅是由中国广告协会发布的行业自律文件，对各类平台主体并不具备强制约束力，仍有待国家规范性文件出台。《电子商务法》的施行虽然为规制电商平台行为提供了一定参考，然而直播带货实质上超出了电子商务活动范畴，多方主体牵涉其中，故此，亟须针对直播带货背后平台的性质与法律责任进行细致梳理，为有效精准执法，科学合理立法提供参考。

直播带货活动中缺乏分级分类精准规制的思维，给市场监管带来一定难度。囿于直播活动门槛较低的显著特征，直播带货过程中极易出现良莠不齐的情况，既有相对正规成体系的主播与直播间，同时也存在诸多"草根主播"推介产品的现象。"专业的人做专业的事"这一观点始终备受推崇，落脚到直播电商行业，在行业逐渐趋向成熟的过程中也应当逐步考虑对直播资质进行合理划分，譬如"薇娅卖火箭"现象的出现，虽然背后更多的是商业噱头的成分，但是这个相对极端的例子也侧面揭示出依据推销产品的量级和专业程度对直播带货主体资格进行分级分类的合规化监管已经迫在眉睫。

其一，应当根据商品的专业领域划分，对于专业性较强的商品需要采取更加严格的准入标准和监管措施，必要时还可要求主播或平台提供一定的资质证明，以此保证消费者在购买专业商品时自身权益能够得到有效保护。《规范》第20条也对主播的专业技能以及个人有效身份信息等提出了一定要求。

其二，建议依据主播从事平台直播的时长和评价以及所在平台的用户规模、基础设施等软硬件条件，划分直播带货活动的等级和分类标准，并要求在直播活动进行时将此类信息在显著位置标明，类似于电商平台中卖家的级别，以此起到提示消费者注意的作用。

当前，网络直播带货的优势之一是能够实现精准营销，提供营销效益；然而，在营销精准度提升的背后，是数据采集及使用问题可能引发的担忧，对此类隐性活动的监管有待增强。直播电商行业的日渐精细化发展离不开大数据、云计算、人工智能算法等数字数据技术的支持，在用户享受直播服务带来的足不出户、便捷购物体验的同时，实质上是在以自己的个人信息（数据）作为交换。进一步言，平台通过对用户数据的处理所挖掘出的信息可能达到比用户本人还了解自身消费习惯和喜好的效果，这便是直播电商行业得以持续维护用户群，不断提升用户忠诚度的关键所在，即不断强化其用户黏性，巩固其巨大流量。

在平台对用户数据进行收集处理的过程中，目前尚存在相当的监管盲区：第一，数据脱敏、个人信息数据匿名化处理工作是否到位。2020年5月28日通过的《民法典》第1038条明确规定，信息处理者负有信息安全保障义务，其中在未经自然人本人同意，向他人提供其个人信息的过程中需要将信息加工至"无法识别特定个人且不能复原"的程度。显然，当前直播电商行业中对用户个人信息的应用反而更需要凸显用户的个人特质以达到精准营销的目的，故此，直播电商活动中个人信息保护目的的实现仍然需要历经多方利益的反复平衡与博弈。第二，在直播带货受到"热炒"的当下，是否存在数据造假、流量注水等情形。目前很多平台主播都存在拥有大量"僵尸粉"的情况，为赚取"网红"效应的红利，一些平台也不惜冒着涉嫌违法的风险，制造虚假流量的假象为主播"造势"。诸如此类行为有违反现行《反不正当竞争法》的风险，严重者甚至触犯刑法，同时，也会在一定程度上对直播电商行业的信誉度造成打击，如若不及时加以监管，则可能有碍于整个行业的长期健康发展。目前，《规范》第6条也作出了"网络直播营销主体不得利用刷单、炒信等流量造假方式虚构或篡改交易数据和用户评价"的相关规定，但如何在监管中进一步落实还有待探索。

三、科学建构网络直播带货市场监管法律机制

直播带货早已超越主播个人营销行为而逐渐呈现出更加完整的成体系化的智能型直播电商产业链，对其整个产业链的全周期系统性监管迫在眉睫。以往普遍采取碎片化、运动式的监管模式，具体言，多针对具体问题进行事后监管，且监管缺乏连续性，不够规范化，致使旧问题刚刚处置成，新问题仍不断涌现。《规范》中仅规定中国广告协会对本规范的实施情况进行检测和评估，当前针对直播带货行为仍以鼓励自律自治为主，行业协会仅有提示劝诫、督促

整改、公开批评等权限，对于涉嫌违法的，也仅能提请相关机关查处。可见，当前并未针对直播电商行业建立真正可行且有效的监管制度和监管体系。

长远观之，直播电商行业不应作为"昙花一现"的互联网猎奇产物而存在，不能为了在短期内"收割流量"，实现一时的经济效益而滋长行业乱象。相反，直播电商行业是互联网经济商业模式的一次创新，符合线上与线下经济相辅相成、繁荣共生的长期发展目标，应从监管的尺度、维度以及效度等多个方面探索建立规制直播电商行业在法治轨道上发展的科学监管机制。

在遵循审慎监管尺度的前提下，适当将监管链条前移。监管机制的建立首先应明确监管的基本理念和态度，作为一种互联网经济新业态，直播电商行业既延续了传统线下营销方式的部分特点，同时也借助互联网线上平台创新了运营方式，在尚未对整个直播电商行业有着较为清晰全面的认知前，应当秉持"让子弹飞一会儿"的监管思路，采取包容审慎的监管态度，谨慎介入正常的市场交易活动。在具体监管尺度的把握上，建议采取宽严并济的策略，尤其是一些传统线下违法行为在互联网领域的延伸或翻版，譬如，产品质量问题、虚假宣传、商业诋毁等，诸如此类问题事实上仍是"新瓶装旧酒"，可以沿用已有的法律法规处置，此时需要果断进行监管调查与处罚。而对于一些最终结果尚不明朗的问题，可以采用一定的预防措施，譬如，对主播或平台设立信用积分制度，出现违规行为则扣除相应积分，以此达到事前监管的效果。

拓宽监管维度，明确监管职责，实现全方位和全周期持续性监管。直播电商活动中涉及多元主体，其中，各主体之间的法律角色又有所重叠，涉及多头监管问题，监管部门之间需着重关注监管行为的分工与合作。对于主播来说，粉丝量级较高的"网红主播"在一定程度上等同于《广告法》中规定的代言人，故此，可以以代言人诚信义务的要求来进行监管，而一般商家的主播仅起到为用户试穿、试用产品的作用，对用户不产生信用度上的影响，可能仅涉及《产品质量法》等法律法规的适用。

对于平台来说，现行《电子商务法》《反不正当竞争法》甚或《反垄断法》都有可能是相对恰当的监管工具，前者是规范电商领域行为的专门性法律，后两者则可囊括更为丰富的市场行为类型，彼此互补能够对平台的监管形成更为科学且周延的规制体系。就消费者层面来说，《合同法》《消费者权益保护法》以及其他相关市场规制法律法规中所规定的救济条款也可以作为消费者在直播中遭受损害的维权工具予以使用。

设立监管效度评估标准，以保障消费者权益和行业信誉度为先。对于直播电商行业的规制需要置于推动互联网新经济产业创新发展的整体视阈之下，不仅关注直播带货中的主播、平台等主体的私行为，更应聚焦于整个业态的发展前景。进言之，若想推动整个业态平稳向好发展，需明晰监管活动的评价标准，特别是对于危害消费者权益和市场公平自由竞争秩序的行为应严格监管，绝不手软。一方面，逐步培育直播电商活动的信誉度，破除消费者对直播带货的顾虑，为直播电商行业的长期发展打下坚实的信用基础，这一目标的实现既需要主播、平台等直播主要参与者严格遵守《规范》等建立行业自治规范，更亟待有力的监管举措起到激励和约束作用。另一方面，持续推进直播电商行业在法治框架下有序发展，当前直播带货中部分行为由现行法律法规可以予以规制，但是也存在一些立法空白，有待在法律实践中不断总结经验，及时反馈到立法活动中去。

直播带货是互联网经济发展中的新业态，是新旧商业样态混搭融合的产物，既具有传统营销模式的烙印，又有当今电商架构的特色。它既对实现疫后经济社会恢复和发展具有积极意义，也对未来孕育新型电商模式发挥显著促进作用。在守正中创新，不仅是对新时代下新经济及其商业模式转化升级的基本定位，亦是对新时代下新制度及其实施机制转型创新的基本要求；既有的制度优势需要保留并发扬，同时也要释放新动能建造新机制。基于此，对直播带货这类新兴电商业态应按照不同类型精准施策，加强对直播带货具体行为的有效监管，以科学精准的法治化监管使直播带货"走更稳""带更多""播更美"。

将直播带货带入法治轨道

直播带货是近年来新兴的一种互联网电商营销模式。经线上直播平台播出，通过主播的推介，让消费者了解商品和服务，吸引和推动消费者在线购买商品和服务。直播带货将网络视频直播与商业营销相结合，借助直播平台达到推销商品和服务的目的。在促进商品和服务在线销售的同时，也实现平台和主播的流量变现，已成为互联网经济的新业态，在此次新冠疫情期间达到新高度。从政府官员、企业家到网红、演员乃至普通主播，从高科技产品、奢侈品到普通日用品甚至各类服务，"人人当主播，样样可为货"。

一、直播带货的基本类型

直播带货作为一种互联网经济新业态，其基本类型主要包括直接交易型与帮助交易型。直接交易型是指经营者在平台进行直播，不通过本单位以外的人作为主播，而是本单位内部人员作为主播直接向消费者推销其商品和服务。典型例子是董明珠的直播带货，董明珠作为格力集团法人代表，在直播平台上作为主播向消费者推介格力集团的产品，本质上是格力集团直接向消费者推销。这种类型符合我国《广告法》第2条第1款对广告的规定，属于商品经营者或者服务提供者通过互联网媒介和直播形式直接介绍自己的商品或者服务的行为，直接适用《广告法》即可。这一点在2020年7月1日起施行的由中国广告协会牵头制定的《网络直播营销行为规范》第17条中也有明确规定："商家发布的产品、服务信息，应当真实、科学、准确，不得进行虚假宣传，欺骗、误导消费者。"其第2款规定"商家营销商品和服务的信息属于商业广告的，应当符合《中华人民共和国广告法》的各项规定"，这类情况识别和处理起来相对容易。

帮助交易型是指经营者并不出面，而是通过本单位以外的人作为主播，借主播代言行为推销其商品和服务，消费者通过观看直播了解相关信息后，向经营者购买商品和服务。典型例子是薇娅、李佳琦等知名带货主播。在此类型中，至少存在两种以上法律关系。其一，在消费者向经营者购买商品和服务的，属于合同关系，可选择适用《合同法》《消费者权益保护法》等相关调整经营者与消费者相对关系的法律法规。其二，争议比较大的是在主播代言所形成的关系中如何看待主播的法律定位，以及由此产生的相关权利义务及责任的承担。对主播法律地位的界定，直接决定主播和经营者之间，以及主播和消费者之间各自属于何种法律关系，以及由此承担何种相应的法律义务与责任。此时，应分情况处理，主播与经营者之间有明确约定的，譬如，双方签订广告代言协议或者代理协议，应依约定，确定主播的法律身份；没有明确约定的，由于这种构造在外观形式和实质效果上都接近于《广告法》中关于广告的规定，属于商品经营者或者服务提供者通过互联网媒介的直播形式间接介绍自己的商品或者服务的行为，故倾向认定为广告，主播和经营者之间以及主播和消费者之间应依照《广告法》规定确定相关权利义务及责任。

也有观点认为，《互联网广告管理暂行办法》第3条第2款第（4）项规定经营者按照法律、法规和规章规定，向消费者提供的信息展示不应认定为商业广告，故在网络直播带货中商品或服务的产地、性能、规格、等级、生产日期等基本信息不应认定为广告。然而，《广告法》第8条却规定商品的基本信息属于广告，两者冲突。究竟是依《广告法》属上位法定位，根据上位法优先于下位法的原则，优先适用《广告法》，认定这些内容属于广告，抑或针对互联网领域宣传推广的特殊性，尊重互联网领域的有关广告管理的特殊规定不将其认定为广告，对此仍需进一步明确。虽然，在实践中市场监管部门会针对互联网领域的特殊性倾向适用本部门规章，但是基于网络直播带货的迅猛发展并由此引发的诸多问题，可以考虑针对直播带货的具体行为及内容，进一步明确和协调《广告法》与《互联网广告管理暂行办法》针对直播带货具体类型适用时的关系。幸运的是，这一点已在《网络直播营销行为规范》中予以了部分明确，对"网络直播营销活动"中发布商业广告的行为，应当遵循《广告法》的规定，但是对在网络直播带货中何种行为属于发布商业广告的行为并没有明确规定。

在以上两种主要直播带货类型中平台均发挥重要作用。对平台也应分情况对待，如果平台自身借直播推销自营商品和服务，那么平台即成为经营者，属第一种构造；如果平台本身并不直接参与，它与主播、经营者和消费者之间就并无直接关系，对商品和服务的推销并不负有直接责任，此时根据我国互联网相关法律法规的规定，平台仅对直播行为负有管理义务。然而，如果平台本身就是以提供直播服务为内容展开经营，为入驻平台的直播带货业务提供数据、直播室等基础设施，并以此收取费用，那么此类平台需承担的责任就应分情形，依照现行《电子商务法》第38条上所规定的"连带责任"或"相应责任"类型予以规范，这一点在《网络直播营销行为规范》第四章中予以专门规定，遗憾的是，该规范仅为行业自律规范，缺乏必要的国家强制力保障。

二、直播带货的主要法律风险

直播带货的热兴是互联网经济多元化发展的产物，在为社会生活提供诸多便利的同时，也引发或暗埋了诸多法律风险。

（一）商品和服务缺乏质量保障

直播带货兴起，吸引众多商家加入，一个主播往往要为多个商家直播带货，缺乏时间、精力和能力对带货的商品和服务进行必要的审查，使得直播推销的商品和服务良莠不齐。其中不乏有的主播明知商品和服务存在质量瑕疵甚或严重问题，然而，为了自身经济收益仍向消费者进行推介。不得不承认，在直播带货中存在商品和服务的质量难以得到保障的巨大隐患甚或现实。

（二）不当宣传导致不正当竞争

直播带货涉及不同经营者的商品和服务，而经营者之间又存在竞争，这就可能导致不正当竞争行为。普遍存在的情形是在直播过程中，为了实现促销目的，会对商品和服务的优点进行介绍和宣传，这就涉及与其他商品的比较，在与其他商品进行比较的过程中，很可能会出现对其他商品乃至其经营者缺点的揭露和批评，客观上有可能出现对其他商品和经营者进行诋毁的情况，甚至是"假借比较之名，行诋毁之实"，这就可能构成反不正当竞争法中商誉诋毁这一不正当竞争行为。直播带货发生在互联网上，互联网本身有一套独特的话语体系，直播中网络语言的表达可能与现实中的理解相冲突，如何辨别直播带货中正当宣传和不正当竞争之间的界限，成为竞争法上一大难题。

（三）法律适用竞合难处理

直播带货过程中涉及主体多元，兼具多重法律关系，又发生于互联网领域，具有很强的聚集扩散效应，且横跨民法、商法、经济法及网络法等多个法律部门，甚或同一法律部门内的多部法律法规，在这些规范中均存在可适用于处理直播带货的条款，故极易导致直播带货行为在法律适用上的竞合。这一问题的根源在于其法律关系界定尚不清，正因为其法律关系性质不明，无法明确其属于哪一部门法调整范畴。目前直播带货处于发展初期，理论界和实务界对其研究也处于起步阶段，基于此，其法律性质的界定仍然具有较大争议，这就使得其法律适用成为一个极为棘手的现实问题。值得注意的是，在刚施行的《网络直播营销行为规范》中明确以"商家""主播""网络直播营销平台""其他参与者"等主体为规范对象，从行业自治角度首次对网络直播带货生态系统进行了规范，其规范和引导的意义不言而喻，然而，能否起到填补现行法律法规缺位，有效供给监管执法依据的作用尚待实践观察。

（四）官员带货直播缺乏规范约束

新冠疫情发生早期，国家经济生产生活停摆，给全国各地带来巨大经济损失。为了尽快实现疫后复工复产，政府官员走进直播间，其本质上是以政府公权力和公信力为商品和服务背书，在于以政府权威担保商品和服务质量，推动商品和服务销售，带动地方经济发展。官员直播带货，对经济发展和恢复起到积极作用，然而由于缺乏规范约束，导致乱象丛生。某些官员直播带货中出现强行摊派、销量造假、流量注水等形式主义和官僚主义问题。一些地方政府在直播带货上投入过多人力和财力，导致行政资源不合理配置和浪费。直播带货还潜藏官员为企业站台并从中牟利的新型权力寻租隐患。此外，官员带货直播以政府的公信力为担保，一旦其推销的商品和服务出现问题，会对政府公信力造成负面影响。

（五）利益追逐催生流量造假

为追求利润，商家倾向于选择流量大的主播和直播平台。对于主播和平台而言，直播带货是流量变现的重要方式，能够给平台和主播带来巨大经济收益。在经济利益驱使下，一些平台和主播会通过伪造流量数据的手段来虚构自己吸引大量受众的事实，从而诱使商家与其达成带货直播协议。这种行为在《网络直播营销行为规范》中被明确禁止，该规范第 28 条要求"主播向商家、网络直播营销平台等提供的营销数据应当真实，不得采取任何形式进行流量等数据造假，不得采取虚假购买和事后退货等方式骗取商家的佣金"。若此类违规行为情节严重、数额巨大，则构成商业欺诈，对经营者和消费者利益造成损害的应承担相应法律责任。

三、直播带货的法治出路

直播带货带来诸多法律问题，亟待推动相关法律制度建设和优化，将其纳入法治化、规范化的发展轨道，使其更好地对经济社会的恢复和发展起到正向激励作用。为此，建议从明确权利、义务及责任和加强过程监管两方面入手，完善直播带货的法治供给。

（一）明确各方主体的权利义务及责任

直播带货中基本的主体关涉主播、经营者和消费者三方，在有些情况下还涉及直播平台，应在准确界定直播带货主要法律关系和厘清基本法律适用的前提下，明确直播带货的各方主体享有的权利和承担的义务。特别是应明确主播的法律地位及权利义务内容，解决主播的法律性质定位不清、责任不明的问题。这一点虽在《网络直播营销行为规范》中有所体现，譬如规定在网络直播营销活动中提供直播技术服务的各类社会营销平台，包括电商平台、内容平台、社交平台，亦应对直播带货的内容承担部分义务和责任。然而，由于该规范仅为行业自律守则，缺乏国家强制力保障，故需要依托现行《电子商务法》《消费者权益保护法》《反不正当竞争法》《广告法》《互联网广告管理暂行办法》等正式规范要求平台对直播带货行为加强审查管理，实现直播带货的依法依规运行。

（二）加强监管部门和直播平台协同监管

监管部门应同直播平台一道，从直播带货的事前、事中、事后环节入手，共同合作参与直播带货市场监管。直播开展前，应加强监管部门对直播平台的准入资格审查和直播平台对主播的直播资格审查；直播进行中，应强化监管部门对平台直播内容的抽查和直播平台对主播直播间的动态监测；出现问题后，应完善监管部门对直播平台的责任追究机制和直播平台对主播的处罚机制。由此，形成监管部门和直播平台联动的监管机制。

（三）强化对官员直播带货的规范

应特别加强对官员直播带货的规范管理。官员身为政府领导干部，代表政府权威，体现政府公信力。如果放任官员直播带货乱象蔓延，不仅不利于国民经济的发展，还会导致公权力的滥用和各种腐败问题的发生。所以必须强化对官员直播带货的规范，重点加强对其推销的商品和服务的质量监测，完善直播前审查机制和直播过程中实时监测机制。使党员干部真正做到权为民所用、利为民所谋，推动官员直播带货成为地方和国家经济发展新动能。

（原文刊于《第一财经报》2020年7月8日第A11版，收入本书时有改动）

"地摊经济"重启与更生的法治轨道

当前中国经济迫切需要于新冠疫情常态化防控下，实现复工复产、激发经济活力。两会期间，党中央以民生为要重提"地摊经济"，鼓励各地适度发展以扩大就业、拉动内需。但随着地摊经济的迅速铺开，由其引发的人群聚集风险、城市治理困境、商户及消费者个人数据信息泄露等诸多问题逐渐凸显，成为新情势下考验各级政府部门治理能力的重要命题。坚持和依循依法治国的总基调，聚焦地摊经济的特征与本质，建议依法设定城市经济重启与常态化防控的合理限度，依法实现民生保障与精准施策的城市治理平衡，依法推动消费形式降级与现实场景升级的平顺融合。在法治轨道上规范和引导地摊经济的重启与更生，赋予国家治理体系和治理能力建议的强大韧性以及丰富的包容性。

一、设定城市经济重启与常态化防控的合理限度

人民群众的生命财产安全高于一切。基于此，在全球遭受新冠疫情侵扰之际，党中央和各级政府不惜代价成本，以一季度国民经济负增长的巨大牺牲换取了国内疫情防控的初步胜利。如今，境外输入风险依然高企，被重创的国际贸易和投资体系短期内难以支撑经济复苏，"三驾马车"仅剩"消费"一项堪堪可行。相较于数月前居家防控时一片冷清的城市景象，地摊经济带来的"人间烟火"既是迫切的民生所在，亦是久违的欣欣向荣。但时有出现的境内无症状确诊病例仍然警示新冠病毒防控不容松懈，而地摊经济必然带来人群聚集，如何在保障"复工复产、民生为要"的基调之上落实常态化防控举措、重启城市经济发展，无疑是地摊经济首要解决的矛盾冲突。回顾新冠疫情爆发以来的防控要求不难发现，"依法防疫"始终被放置于关键核心位置。习近平总书记在 2020 年 2 月 5 日主持召开的中央全面依法治国委员会第三次会议上发表重要讲话时，强调"疫情防控越是到最吃劲的时候，越要坚持依法防控，在法治轨道上统筹推进各项防控工作"。2 月 23 日在统筹推进新冠肺炎疫情防控和经济社会发展工作部署会议上习总书记再次强调："要依法依规做好疫情防控，坚持运用法治思维和法治方式开展工作"。依法防疫作为各项防控治理

工作的前提要求，包括引导和治理地摊经济在内均须时刻以法治精神为指引，以制度框架为约束。

纵观目前地摊经济可能引发的疫情风险源头，集中在人员聚集密度大、流动性强、监控难等问题，对城市摆摊区域内的基层疫情防控形势势必造成消极影响。故部分基层政府和社区乡镇工作人员为避免"疫情防控不力"而强行禁止地摊经济，实属懒政的不作为、不担当行为。从法治角度言，《中华人民共和国宪法》明确规定包括"地摊经济"形式在内的个体经济、私营经济等非公有制经济，是社会主义市场经济的重要组成部分。国家保护个体经济、私营经济等非公有制经济的合法的权利和利益。故公民通过自身劳动和正当市场竞争行为获取经济收入合理合法，在法律规定范围内应当受到各级政府和基层社区组织的鼓励支持。即便是考虑到新冠肺炎疫情的影响，《中华人民共和国传染病防治法》第 42 条亦在采取"限制或者停止集市、影剧院演出或者其他人群聚集的活动"等措施前限定为"传染病暴发、流行时"。如今，截至 6 月 1 日全国各省区市响应级别保持二级的 4 个、三级的 24 个、四级的 4 个，调级后的省区市总体疫情无反弹。根据《中华人民共和国突发事件应对法》《突发公共卫生事件应急条例》《国家突发公共卫生事件应急预案》等法律规范性文件，三级响应意味着地级以上市、省直管县（市、区）可根据辖区内疫情防控形势，除坚持对来自境外及境内中高风险地区人员实施隔离管控外，在对人群聚集区域进行定时消毒、设置发热观测点并有效督促公民正确佩戴口罩的情况下，完全可以开展地摊经济等复工复产活动。故以"疫情防控"为由禁止或变相妨碍地摊经济不具备正当性基础。各级政府、城市管理执法部门以及社区乡镇基层组织应根据情势适时转变工作观念，在法律法规规定限度内，积极引导和支持地摊经济的规范经营。

二、实现民生保障与精准施策的城市治理平衡

李克强总理在今年两会期间答记者问时提出，中国有 6 亿人月收入仅为 1000 元，在一个中等城市租房尚有困难，故疫情过后"民生为要"。由此，2020 年国务院政府工作报告没有提出具体的全年经济增速目标，而将"稳就业保民生"放在了优先考虑的重要位置。是故中央通过密集释放的政策信号，提倡以"地摊经济"拉动内需、扩大就业、保障民生：5 月 28 日，李克强总理答中外记者问时提到"西部有个城市，按照当地的规范，设置了 3.6 万个流动商贩的摊位，结果一夜之间有 10 万人就业"；中央文明办在今年全国文明城市测评指标中，明确要求不将占道经营、马路市场、流动商贩列为文明城市测

评考核内容；6月1日，李克强总理在山东烟台考察时表示，地摊经济、小店经济是就业岗位的重要来源，是人间的烟火，和"高大上"一样，是中国的生机。关涉地摊经济的一轮社会热潮旋即铺开，如今成都、南京、济南等市相继明确鼓励发展地摊经济，允许在规定范围内限时占道经营、设置临时摊点、实施柔性执法等。一时间，摆满街头巷尾的琳琅商品、风味小吃令市民趋之若鹜、火爆异常。但与此同时，逐渐暴露出的法治问题同样值得冷静思考。除却上述提到的疫情风险外，食品安全、产品质量、市容环境、治安管理等均存在一定程度的治理隐患。地摊经济之所以被定义为一种城市经济的边缘形态，便在于其不可持续和不确定性，摊主流动性过大，一旦出现商品质量安全问题便难以及时有效维权。同时，对城市治安及生态环境影响较大，北京日前便出现了被迫驱离地摊的现象。如何运用法治思维提升地摊经济治理水平，实现适度监管与保障民生的平衡协调亟待回应。

　　就地摊经济内涵而言，传统意义上的地摊经济体现为街头巷尾就地放置商品进行销售。而今，中央所提倡的"地摊经济"已不再是过往简单的"街边市场"，依托移动互联网信息技术，出现了"电商线下摊位""平台＋直播摊位""品牌专营摊位""营销引流摊位"等诸多新型地摊形式。但从其所售商品或服务角度，总体而言摊贩合规经营的内在动因较强，监管执法部门依托现有法律规范体系足以应对。实际上，地摊经济能否成功有两点至关重要：其一是所售商品或服务的品质；其二是地摊自身口碑，即安全和诚信问题。随着电子商务模式深入人心，即便是线下摆摊售卖，也大多依托于线上进货渠道或销售数据管理，而消费者也同样关注产品质量和品牌效应，故所售商品若能保证进货自正规销售渠道，根据现行《中华人民共和国侵权责任法》第43条、第44条之规定，即便因产品存在缺陷或因运输者、仓储者等第三人过错使产品存在缺陷造成消费者损害的，消费者可向生产者请求赔偿以实现权利救济。而摊贩的诚信经营则是决定产品销量的另一重要因素，随着手机移动互联网的普及，即便是一方地摊，其口碑积累也极其便捷，在同质化竞争激烈的小商品市场环境中，诚信经营才能最大限度稳定客源，同时也降低了消费者维权的可能。从外部监管治理途径而言，同样是由于手机支付和移动网络技术的应用，令执法部门实施"分级分类"的精准化治理成为可能。尤其在主要城市，地摊经济对新技术场景利用度较高，其经由支付、电商和短视频平台形成的数据流量可有效支撑执法部门实现即时监控及决策研判。在经过摆摊热度大数据的分析后，相关部门可邀请摆摊商贩扫描指定经营区域的城市管理微信公众号，定期推送摆摊管理细则、注意事项、惩治案例，明确摆摊时间、地点和卫生安全要求。同时，支付宝和微信等支付工具可为遵守管理规范的商贩提供优质商户资格认证与收付款优惠通道，在依法依规收集必要摊主信息后提供给该区域执法部门以便统一管理和事后追责。由此，在市场主体的内在迎合及监管主体的外在规范共同作用下，于法治框架内实现地摊经济健康有序发展的协调平衡。

三、推动消费方式降级与现实场景升级的平顺融合

纵观地摊经济的兴衰历程，可以明显地发现当前所谓"地摊经济"在表象上似是回归马路市井的降级型消费模式，但无论其商品来源、获客渠道、监管技术均已发生了显著变化，而背后不可忽视的因素便是各类大数据平台的参与和支持。首先，从进货渠道而言，京东、阿里等电商平台专门开辟了地摊商品专区以便畅通货源；其次，抖音、快手、腾讯微视等短视频平台通过发布相关内容获取客源关注流量、扩大地摊市场知名度；再次，利用支付宝、微信等支付或社交平台在便捷买卖双方交易的同时，亦为执法部门提供了实时监控治理的资金流和信息流数据。故相较于过往脏乱差的马路市场，新技术场景下的地摊经济并非消费方式的降级，反而在解决了诚信缺失、客流不稳、监管困难等痛点后，实现了消费体验和治理模式的升级。

当然，新经济业态必然引发不同以往的风险挑战，其中尤为重要的便是各类型大数据平台的个人信息保护及数据合理使用问题。能否依法合规地使用源自地摊经济等现实场景的个人信息数据并保护用户隐私安全，无疑将从更长远的意义上决定后疫情时代经济发展质量并考验法治建设联动能力。

根据最新发布的第 45 次《中国互联网络发展状况统计报告》，截至 2020 年 3 月，在地摊经济所依托的城镇区域网民规模已达 6.49 亿，其中手机上网率 99.3%。在网民年龄结构中，20~49 岁中青年网民占比 59.9%，而 50 岁以上中老年网民占比 16.9%；在学历结构上，大学及专科以上网民仅占比 19.5%，其余则为高中及以下受教育程度。从中不难发现：第一，互联网信息化技术已融入日常生活的方方面面，包括地摊经济在内的应用场景必然受到大数据、云计算、人工智能等技术加持；第二，就地摊经济而言，城镇网民中近 17% 的中老年人不擅使用网购平台且低学历低收入群体占比较多，使得线下地摊市场潜力巨大、消费需求旺盛。由此，围绕地摊经济便产生了新技术场景下的共性与个性两方面数据问题。

对包括地摊经济在内的新技术应用而言，其共性问题是，超级平台引领下的数字产业化或产业数字化竞争异常激烈，任何线下场景都不可避免地成为争夺数据流量的前端热点，地摊经济更因其具备"真实、庞大且迫切"的市场

需求，作为疫情常态化下"虚实结合"的代表性惠民场景必然会引发平台间与数据相关行为的竞争效果冲突。此外，从数字市场结构而言，各细分市场上的独立平台须依靠少量超级平台提供数据接口以获取流量，故日渐形成了基于各自数据群域的互联网产业生态。加之未来"新基建"对数据中心和5G网络的建构架设，各生态基于数据流量的市场支配力无疑将日趋强大，故确有必要对超级平台可能的数据滥用风险进行法治思考。依据2019年9月1日施行的《禁止滥用市场支配地位行为暂行规定》第11条及国家市场监督管理总局于2020年1月2日公布的《〈反垄断法〉修订草案（公开征求意见稿）》第21条明确在认定平台等互联网企业具有市场支配地位时应考虑"网络效应、规模经济、锁定效应、掌握和处理相关数据的能力"等因素，权且将地摊经济比作一项新技术场景下的交易应用"APP"，虽然不宜将其定义为反垄断法意义上的产品市场，但在该交易场景中，贯穿货源、客源、支付等各环节的信息流、物流和资金流数据已然被阿里、腾讯和字节跳动等少数平台及其生态所掌握。而地摊经济又不同于一般意义上的网络购物，其受众群体更加广泛，即数据来源更加丰富，对于充实数据分析样本、优化大数据算法意义重大。结合2020年4月9日中共中央、国务院印发的《关于构建更加完善的要素市场化配置体制机制的意见》中已将"数据"作为一项关键市场要素，要求"加快培育数据要素市场、加强数据资源整合和安全保护"。综上，借地摊经济这一管而窥全豹，对于数据平台型企业的审慎监管和反垄断调查应及时跟进，在鼓励其利用新技术激活旧经济形态动能之余，依法依规施加必要的制度约束以避免对数字经济市场秩序的潜在危害。

地摊经济自身所凸显的个性问题在于，因其对各年龄段、各学历结构的消费者均具有较强吸引力，在弥补主流电商平台在下沉市场上数据缺失的同时，极易引发中老年和低学历群体的数据安全问题。受制于生活习惯、传统观念和受教育程度，该部分人群更倾向于选择地摊经济进行实物交易，并手机扫码支付，全过程信息保护意识相对薄弱，特别是在被各类平台引导进行"一键操作""扫码有礼""分享兑现"时难免会提升信息泄露风险和资金安全风险。而一旦该类用户的数据信息被泄露，则受到后续电信诈骗和骚扰营销时极易造成财产损失。由此，平台用户的隐私安全义务和法律责任分配亦需重新审视和解读。

根据2020年5月28日通过的《中华人民共和国民法典》，在人格权编关涉"隐私权和个人信息保护"的第1038条规定，包括平台在内的信息处理者"不得泄露或者篡改其收集、存储的个人信息；未经自然人同意，不得向他人非法提供其个人信息，但是经过加工无法识别特定个人且不能复原的除外"。

此外，该条以强调信息处理者具有信息安保义务，在收集、存储个人信息时应采取必要技术措施防止信息泄露、篡改、丢失；发生或者可能发生个人信息泄露、篡改、丢失的，应当及时采取补救措施，按照规定告知自然人并向有关主管部门报告。可见，对于个人信息保护和隐私安全的保护升级将是未来必然趋势。

值得注意的是，由于《民法典》2021年1月1日起正式实施，且个人信息保护法等专项立法尚在制订过程中，故现有调整互联网平台企业数据信息安全行为的法律规范总体匮乏、约束有限。基于此，建议有关部门可根据地摊经济等经显现出数据安全风险的具体场域，由当地市场监管部门或工商联团体设计相关市场行为规范指南进行弥补，并尽快完善个人信息保护与共享配套法律法规。此外，从长远制度建设着眼，应依法鼓励政府与平台企业间建立开放共享合作机制，形成激励相容、利益共享、互相监督的互联网数据共治生态，使各主体既有挖掘、收集数据的积极性，又能保证数据利用和共享的安全底线，从而强化法治规范设计同社会发展新样态间的关联与互动。

地摊经济作为疫情常态化下保障民生、扩大就业、拉动内需的务实举措，看似旨在打通"复工复产"中经济复苏的"毛细血管"，本质上则是立足民生为要、推动治理能力"脱虚向实"的明智之举。不可否认，在党中央和各级政府部门的鼓励支持下，地摊经济令饱受疫情侵扰的市场重焕生机，令处于生计困境的家庭重拾信心。与此同时，特殊时期所采取的措施仍不能突破"依法防疫""依法治市""依法监管"的总体基调。尤其是地摊经济逐渐显露的人群聚集、治理监管、信息安全等现实风险，亟待法治思维予以及时回应和因应化解。故地摊经济在助力中小微经营者的同时，应关注疫情防控、城市治理以及新经济发展等多维利益的平衡，以地摊经济科学有序健康发展为目的，更新其形式、完善其内涵、释放法治力量。引导新技术场景下旧经济形态的重启升级，践行新时期法治场景下旧治理机制的与时俱进。

（原文刊于《人民论坛》2020年第22期［8月上］，收入本书时有改动）

后　记

文集出版了，并未有丝毫的轻松，相反内心的困惑和理论的迷思不断复现和引申，有些问题是已在文集中被提及的，有些问题则是在整理编撰文集时新发现或被激活的，让我久久不能平静，不停地追问"解决问题，还是制造问题？""真问题，还是假问题？"

互联网作为划时代的产物，在四分之一个世纪以来全功能接入我国经济社会发展，在不断放大和创新信息通信技术与数字数据技术深度融合的同时，更深刻地影响和改造着新时代"三新"经济（新产业、新业态、新商业模式）下我国经济社会的生产组织结构和人民群众的生活行为方式。特别是在2020年初爆发的影响全球的新冠疫情大流行的场景下，以互联网经济为基础形态和核心设施的各类无接触经济、在线经济异军突起，为全球疫情防控、应急救助、物资供给以及复工复产提供了重要通路和有力支撑。互联网经济正在引领和加速我国经济社会步入下一个新的奇点时代。

面对以互联网经济为牵引和拉动的新时代产业升级革命，我国经济社会治理理念、模式及方法也随之发生变化。自党的十八届四中全会以来，至党的十九届四中全会，完成了将法治思维和法治方式上升并确立为新时代国家治理体系和治理能力现代化建设的关键抓手和实践进路的顶层设计，以及下一个70年国家关键制度建设方向的历史性战略定位，中国特色社会主义法治精神、制度及实施机制成为建设法治国家、法治政府、法治社会的重要基石和根本保障。

当前，我国社会发展步入新时代，社会主义市场经济法治改革与互联网经济发展全面相遇，诸多新型的互联网经济法治问题应运而生。譬如，互联网竞争法治、数据法治、算法与人工智能法治及互联网各类应用场景法治等。其中既有现有经济法治问题的线上化，也有全新的基于互联网平台经济纵深发展引发的超级平台竞争治理问题，特别当"数据、平台、算法"三者相融合给市场运行带来的新问题、新挑战正在动摇以工业时代经济发展特征为基础构建的现代经济法治的理念、原则、逻辑及方法。

基此，文集仅是对目前互联网经济法治建设中呈现的若干问题的一种描述或说一种有限度的回应，毕竟对互联网经济这一新兴事物的发展还需时日予以观察，特别是对由科技创新引发的法治变革更需要抱持一种审慎的态度，在科技进步面前法学工作者必须时刻学习，严谨且谦逊。可以预见，未来法治的发展与变革的第一推动力源于信息通信技术和数字数据技术为底层技术的人工智能技术的创新发展和广泛适用。"科技改变生活，科技变革法治"已是时代主题。在这个意义上讲，互联网经济法治作为未来法治的重要组成部分，是客观且真实存在的问题，是亟待投入更多时间和精力予以系统深入研究的现实问题，是真正超越"马法之议"的新时代和下一个时代共同关心的问题。

文集收录的文字跨度时间较长，部分成果得到了教育部人文社会科学青年项目、韩国高等教育财团（KFAS）国际学者项目（ISEF）、中国博士后科学基金国际交流计划派出项目、司法部国家法治与法学理论研究中青年项目、国家社科基金后期资助项目、教育部高校人文社会科学重点研究基地重大项目、天津市哲学社会科学基金重点项目、天津市教委社会科学研究重大项目，以及腾讯科技（深圳）有限公司、支付宝（杭州）信息技术有限公司、北京字跳网络技术有限公司等委托项目的资助。特别感谢韩国首尔大学竞争法研究中心李奉仪教授作为外方合作教授，提供了我在首尔大学从事博士后研究的机会（中国博士后科学基金国际交流计划派出项目 2015—2017 年）。其间有了能近距离观察韩国高通案的条件，使我能与韩国经济法学界的同行深度交流共同关心的互联网经济法治问题，并在此基础上策划、组织了"中韩竞争法前沿论坛"国际研讨会。研讨会至今已成功举办两届，若非新冠疫情第三届应已于2020 年 6 月在南开大学法学院召开。前两届已讨论和第三届拟讨论的主题都与互联网经济法治相关。

文集中的部分成果已刊于《法学》《人民论坛》《国家治理》《法治现代化研究》《中国应用法学》《江海学刊》《江汉论坛》《社会科学辑刊》《上海财经大学学报》《东北师大学报（哲学社会科学版）》《东北大学学报（社会科学版）》《学术论坛》《兰州学刊》《辽宁师范大学学报（社会科学版）》《群言》《第一财经日报》《深圳特区报》等，在此一并感谢各位评审专家和编辑老师所提出的宝贵意见，才使得各篇文章得以顺利刊出，也正是因为各位评审专家和编辑老师的鞭策和鼓励我才有了将文章结集出版的信心和决心。

由于互联网经济发展速度快、形态多、问题繁，在整理编撰文集时，我与团队的博士后赵青博士、程前博士，以及博士生徐文、马贤茹，多次讨论如何设定相关主题，将哪些文章收录其中，哪些文章不得不割舍，并在他们的帮助下对文集进行了编校。同时，也对部分文章进行了修改甚至是重写，增加了互联网经济最新发展所引发的法治问题。在这一过程中，升华了亦师亦友的深厚情谊，深深感谢他们的付出，特别是疫情期间，他们在学校允许返校的第一时间回来，以实际行动践行"科研战疫"。

文集得以顺利出版离不开知识产权出版社的领导和责任编辑的关照和帮助，特别是疫情期间不得不远程办公，各项工作的推进在客观上受到影响；然而，在文集编校和出版过程中可为编辑一直保持高度的热情和认真负责的态度，不仅对文字内容、逻辑结构进行了多次修改，而且对文集的题目提供了很好的建议，且在出版诸事的协调上给予了极大帮助，深表谢意。

文集作为我首部学术专著，不能说最满意，却最具有意义。对于出书，其实一直不够自信，自认很难驾驭著作的结构和论证。然而，凡事总要尝试。在考核的外部压力下，加上也希望对近五年来的互联网经济法治研究有所总结，我着手文集的整理出版，以期"温故而知新"，通过回望问题的起点，发现解决问题的通路。

书首先是写给自己的！

期望没有辜负自己！

特别感谢家人十年如一日的宽容和支持。

同时期待各位读者的宝贵意见，以待在接下来的研究中不断改进和完善。

陈　兵

于长春·太阳世家

2020 年 8 月